Georg.* Praák, Georg Prazak

Das Recht der Enteignung in Österreich

Georg.* Praák, Georg Prazak

Das Recht der Enteignung in Österreich

ISBN/EAN: 9783743320833

Hergestellt in Europa, USA, Kanada, Australien, Japan

Cover: Foto ©Suzi / pixelio.de

Manufactured and distributed by brebook publishing software
(www.brebook.com)

Georg.* Praák, Georg Prazak

Das Recht der Enteignung in Österreich

DEM HOCHVEREHRTEN HERRN

HERRN

J. U. DR. ANTON RANDA,

ord. öff. Professor der Rechte an der k. k. Karl-Ferdinands-
Universität zu Prag, Präses der k. k. theoretischen Staatsprüfungscommission rechts-
historischer Abtheilung etc.

ALS ZEICHEN WAHRER HOCHACHTUNG

UND

TIEFGEFÜHLTER DANKBARKEIT

FÜR DIE

FÖRDERUNG SEINER WISSENSCHAFTLICHEN BESTREBUNGEN

ZUGEEIGNET VOM

VERFASSER.

Vorwort.

— —

Es fehlt auf dem Gebiete des Verwaltungsrechtes bei uns in Oesterreich noch so sehr an literarischen Vorarbeiten, dass es als ein Wagniss erscheinen mochte, den Versuch einer wissenschaftlichen Darstellung des einheimischen Enteignungsrechtes der Oeffentlichkeit zu übergeben. Mich veranlasste hiezu einerseits die unbestreitbare Wichtigkeit des Gegenstandes, welcher auch dem Civilisten mehrfaches Interesse bietet, andererseits die Erwägung, dass wohl die Zeit nicht ferne liegt, wo den verwaltungsrechtlichen Institutionen überhaupt auch von Seite unserer praktischen Juristen ein erhöhtes Interesse zugewendet werden wird.

Ich war bestrebt, das Recht der Enteignung auf Grund des dermal geltenden österreichischen Rechtes möglichst vollständig, doch mit Vermeidung aller Weitläufigkeiten systematisch zu behandeln. Hiebei hatte ich — abgesehen von einigen kleineren, in Fachzeitschriften veröffentlichten Aufsätzen — keinen Vorgänger. Einen theilweisen Ersatz für diesen Abgang bot mir die reichhaltige Literatur Deutschlands, der ich vielfache Anregung verdanke, und die ich, soweit dies der Raum gestattete, in den Anmerkungen möglichst vollständig bezogen habe.

In gleicher Weise fanden auch die auswärtigen Legislationen, und zwar nicht nur die Enteignungsgesetzgebungen der deutschen Staaten, sondern auch jene Frankreichs,

Italiens, Englands und Ungarns Berücksichtigung. Von einem vollständigen Abdrucke der betreffenden Bestimmungen glaubte ich aber umsomehr Umgang nehmen zu müssen, als hiedurch die Uebersicht des Stoffes ohne zwingende Nothwendigkeit wohl nicht unwesentlich erschwert worden wäre.

Besondere Aufmerksamkeit habe ich der einheimischen Spruchpraxis — sowohl der obersten Gerichts- als auch der obersten Verwaltungsbehörden — zugewendet. Ich hoffe hiedurch das Werk auch Praktikern brauchbar gemacht zu haben, denen es aus leicht begreiflichen Gründen Beruhigung gewährt, die in Ansehung einzelner Fragen bisher erflossenen Entscheidungen der höchsten Instanzen kennen zu lernen. Selbstverständlich musste sich hiebei auf die Hervorhebung der leitenden Grundsätze beschränkt werden; wem es um den vollständigen Wortlaut der betreffenden Entscheidungen und den denselben zu Grunde liegenden Sachverhalt zu thun ist, dem wird auch die Quelle, die anzugeben ich nirgend unterlassen habe, wohl nicht unschwer zugänglich sein.

Es würde mich freuen, wenn die vorliegende Schrift die Erkenntniss fördern würde, dass uns auf dem Gebiete des Enteignungsrechtes eine durchgreifende legislative Reform dringend Noth thut. Aufgabe dieser Reform wäre es insbesondere, die einzelnen, eine gleiche Behandlung naturgemäss erheischenden Fälle auch wirklich von einem einheitlichen Gesichtspunkte aus der gesetzlichen Regelung zu unterziehen.

Prag, im October 1876.

Dr. G. Pražák.

Uebersicht der einschlägigen Literatur.*)

Aeneas Sylvius: De ortu et auctoritate Imperii Romani ad Serenissimum et invictissimum Principem Fridericum romanum regem libellus. Cap. XVII. et XVIII

Bähr (Dr. O.) und Langerhans (W.) Das Gesetz über die Enteignung von Grundeigenthum vom 11. Juni 1874. Berlin 1875.

Berg (Dr. Günthner Heinrich v.) Handbuch des teutschen Polizeirechtes. Hannover 1799.

Beschorner (Julius Hermann) Das deutsche Eisenbahnrecht mit besonderer Berücksichtigung des Actien- und Expropriationsrechtes. Erlangen 1858.

Beseler (Dr. Georg) System des gemeinen deutschen Privatrechtes, II. Auflage, I. Buch §. 20, II. Buch §. 92.

Bischof (Hermann) Das Nothrecht der Staatsgewalt in Gesetzgebung und Regierung, historisch und dogmatisch nach allgemeinem und deutschem Rechte erörtert. Giessen 1860.

Bluntschli, Allgemeines Staatsrecht, 3. Auflage (1863), I. Band, 2. Buch 25. Capitel.

Bopp im Rechtslexikon für Juristen aller deutschen Staaten von Dr. Jul Weiske 1843, IV. Band, verb. Expropriation S. 136 – 141.

Böcking (Eduard) Pandekten des römischen Privatrechtes, II. Band. 1. Lieferung (1855).

Brinz in Bluntschli und Brater's Staatswörterbuch, v. Expropriation S. 467—473.

Buddeus in der allgemeinen Encyklopädie für Wissenschaften und Künste von J. J. Ersch und J. G. Gruber. 1873. 39. Band, S. 395—402.

*) Zur Vermeidung von Wiederholungen wurden die Schriften der an mehreren Stellen des Werkes bezogenen Schriftsteller nur beim ersten Citate benannt und hierauf in der Folge lediglich verwiesen. Zur bequemeren Auffindung wurde auch noch dieses Verzeichniss vorausgeschickt; wo dasselbe mehrere Werke desselben Schriftstellers enthält, ist bei Anrufung des Autors ohne nähere Bezeichnung des Werkes stets das hier zuerst genannte zu verstehen.

Burckhardt (Dr.) „Zur Lehre von der Expropriation" in der Zeitschrift für Civilrecht und Process. Neue Folge, Band VI (1849). S. 208—247.

Carpcow (Fridericus Benedictus) Opus definitionum forensium (jurisprudentia forensis) Pars II. constit. 33, definit XVI.

Christiansen (Dr. C.) Ueber erworbene Rechte, Kiel 1856.

Cujacius (Jacobus) Observationum et emendationum lib. 28. Lib. XXVII cap. IX. (1598.)

Dalcke (A.) Das Gesetz über die Enteignung von Grundeigenthum vom 11. Juni 1874, Berlin 1874.

Dernburg (Dr. Heinrich) Lehrbuch des preussischen Privatrechtes. I. Band. Halle 1871.

Egger (Dr. Franz) Das natürliche öffentliche Recht. — Wien u. Triest 1809. 1. Band.

Elvers (Dr. Rudolf) Die römische Servitutenlehre 1856, §. 533, P. 291 bis 296.

Förster (Dr. Franz) Theorie und Praxis des heutigen gemeinen preussischen Privatrechtes auf der Grundlage des gemeinen deutschen Rechtes. II. Band. Berlin 1866.

Gerber System des deutschen Privatrechtes. 10. Auflage. Jena 1870.

Gneist (Dr. Rudolf) Selfgovernment, Communalverfassung und Verwaltungsgerichte in England. Dritte Auflage. Berlin 1871.

Grotius (Hugo) De jure belli et pacis.

Gruchot (Dr. Jul.) Beiträge zur Erläuterung des preussischen Rechtes durch Theorie und Praxis. IX. Jahrg. (1865). Glossen zum allg. Landrechte. Von Kaufs- und Verkaufsgeschäften S. 69 ff. Besonders vom nothwendigen Kaufe S. 74—102.

Grünhut (Dr. C. S.) Das Enteignungsrecht. Wien 1873.

Häberlin (Dr. C. F. W. J.) „Die Lehre von der Zwangsenteignung oder Expropriation, historisch dogmatisch erörtert" im Archiv für civilistische Praxis von Franke, Linde, Mittermaier und Vangerow im 39. Bande (1856). I. Heft S. 1—46. II. Heft S. 147—217.

Hillbricht (Dr. L.) „Ueber die Gesetze und deren Anwendung auf Eisenbahnunternehmungen" in der „Gerichtshalle" 1869. Nr. 2. 3 und 4.

Hingenau (Otto Freiherr v.) Handbuch der Berggesetzkunde. Wien 1855.

Höinghaus (R.) Das neue Expropriationsgesetz. Gesetz über die Enteignung von Grundeigenthum auf Grund amtlicher Materialien. Berlin 1874.

Jordan (Sylvester) Versuche über allgemeines Staatsrecht. Marburg 1828, VII. Abtheilung.

Kalessa (Dr. Franz) „Einige Betrachtungen über die Expropriation" in der österreichischen Zeitschrift für Rechts- und Staatswissenschaft 1846. II. Band, S. 247—253.

Kletke (Dr. G. M.) Das Expropriationsrecht des preussischen Staates auf Grund des neuesten Gesetzes über die Enteignung des Grundeigenthumes vom 11. Juni 1874. Berlin 1874.

Klueber (Johann Ludwig) Oeffentliches Recht des deutschen Bundes und der deutschen Bundesstaaten. 3. Auflage. Frankfurt a. M. 1831. I. Abth. §§. 551 und 552

Koch (Dr. C. F.) Commentar zum preussischen Berggesetze vom 24. Juni 1865. Berlin 1871.

Koch (Dr. Wilhelm) Deutschlands Eisenbahnen, Marburg 1858. I. Bd.

Laband (Dr. Paul) „Die rechtliche Natur des Retracts und der Expropriation" im Archiv für civilistische Praxis. 52. Band (1869). II. Heft, S. 151—194.

Lauterbach Collegium theoretico-practicum ad L. Pandectarum libros (1699) lib XVIII. tit. I. de contrahenda emptione etc. §. X.

Martin (Oberappellationsrath) Ueber die rechtliche Natur der Zwangsenteignung des Privateigenthums mit Berücksichtigung des kurhessischen Rechtes. Archiv für praktische Rechtswissenschaft aus dem Gebiete des Civilrechtes, Civilprocesses und Criminalrechtes. IX. Band (1862) S. 64—98 und 169—292.

Maurenbrecher (Dr. Romeo) Grundsätze des heutigen deutschen Staatsrechtes. Frankfurt a. M. 1837.

Mayer (F. F.) Grundsätze des Verwaltungsrechtes. Tübingen 1862. §. 101, S. 405—412.

Mayerhofer (Ernst) Handbuch für den politischen Verwaltungsdienst in den im Reichsrathe vertretenen Königreichen und Ländern. 3. Auflage. Wien 1875.

Meyer (Dr. Georg) Das Recht der Expropriation. Leipzig 1868.

— „Das Recht der Enteignung des Grundeigenthums in Preussen nach dem Gesetze vom 11. Juni 1874" in der Zeitschrift für die deutsche Gesetzgebung und für einheitliches deutsches Recht von Behrend und Dahn, VIII. Band (1874), S. 517—608.

Michaelis (Otto) „Die Eisenbahnen und die Expropriation" in der Vierteljahrsschrift für Volkswirthschaft und Culturgeschichte von Jul Faucher u. Otto Michaelis 1866. Band I. P. 146—181, Band III. P. 153—186.

Michel (Dr. Adalbert Theodor) Oesterreichs Eisenbahnrecht. Wien 1860.

Michel (Dr. Adalbert Theodor) Handbuch des allg. Privatrechtes für das Kaiserthum Oesterreich. I. Band. Olmütz 1853.

Mittermaier „Gezwungene Eigenthumsabtretung" in Rotteck und Welckers Staatslexicon. VII. Band, P. 16—28.

Nippel (Franz X.) Erläuterung des österreichischen allgemeinen bürgerlichen Gesetzbuches ad §. 365. III. Band, S. 207—210.

Pfeiffer (Dr. B. W.) Praktische Ausführungen aus allen Theilen der Rechtswissenschaft. III. Band 1831. „Ueber das rechtliche Verhältniss der Justiz zur Administration." S. 182—435.

Pöhls (Dr. Meno) Das Recht der Actiengesellschaften mit besonderer Rücksicht auf Eisenbahngesellschaften. Hamburg 1842 Seite 111—153.

Pollanetz-Witteck. Sammlung der das österreichische Eisenbahnwesen betreffenden Gesetze, Verordnungen und Staatsverträge, dann Constitutiv-Urkunden. Im Auftrage des k. k. Handelsministeriums zusammengestellt von Joseph Pollanetz und Dr. Heinrich Edlen von Witteck. Wien 1869.

Pufendorf (Sam. J. B.) De jure naturae et gentium libri octo. lib. VIII. Cap. V. §. VII.

Purgold (Justizrath) „Können dem Enteigneten die ihm durch die Zwangsenteignung unmittelbar erwachsenen besonderen Vortheile bei Festsetzung des ihm für einen entzogenen Theil seines Grundeigenthums zu leistenden Entschädigungsbetrages mit in Aufrechnung gebracht werden?" Archiv für praktische Rechtswissenschaft. Neue Folge VI. Band (1869). Seite 352—364.

Randa (Prof. Dr. Anton) Právo vlastnické dle rakouského práva v pořádku systematickém. (Das Eigenthumsrecht nach österr. Rechte in systematischer Darstellung) 2. Aufl. Prag 1874.

— Der Besitz nach österr. Rechte. 2. Aufl. Leipzig 1876.

Rohland (Dr. Woldemar v.) Zur Theorie und Praxis des deutschen Enteignungsrechts. Leipzig 1875.

Rönne (Dr. Ludwig v.) Das Staatsrecht der preussischen Monarchie. II. Band, das Verwaltungsrecht. Leipzig 1859.

Rössler (Dr. Hermann) Lehrbuch des deutschen Verwaltungsrechtes, I. Band. Das sociale Verwaltungsrecht 1. Abth. Einleitung, Personenrecht, Sachenrecht. Erlangen 1872. 2. Abtheilung, Berufsrecht, Erwerbsrecht. Erlangen 1873.

Roth (Paul) Bayrisches Civilrecht. Tübingen 1872, II. Theil, Seite 172—184.

Scheidlein Handbuch des österr. Privatrechtes (1814). II. Band, P. 45. ad §. 365.

Schmitthenner (Dr. Friedrich) Zwölf Bücher vom Staate. III. Band: Grundlinien des allgemeinen oder idealen Staatsrechtes. 1845.

Schneider (Anton) Erläuterungen über das allg. österr. Berggesetz vom 23. Mai 1854. Prag 1854.

Schneider (Dr. Franz X.) Lehrbuch des Bergrechtes, II. Auflage, Prag 1867.

Schopf (Franz Joseph) Die Amtshandlungen der Civilbehörden zur Beförderung des Militärwesens. Wien 1839. 3 Bände.

Schosserer (Dr. Guido) Die Expropriation von Steinbrüchen zu deren zeitweiligen Ausnützung für Eisenbahnbauten, in der österr. Zeitschrift für Verwaltung 1871. Nr. 48, S. 189, 190.

Schulze (Dr. Hermann) Das preussische Staatsrecht auf Grundlage des deutschen Staatsrechtes. I. Abth. Leipzig 1870.

Stahl Rechts- und Staatslehre auf Grund christlicher Weltanschauung.

Stein (Dr. Lorenz) Die Verwaltungslehre. III. Hauptgebiet. Die wirthschaftliche Verwaltung. I. Theil. Die Entwährung. Leipzig 1868.

Stobbe (Otto) Handbuch des deutschen Privatrechtes. II. Band. Berlin 1875.

Strohal (Dr. Emil) Die Eintragungstheorie in ihrer Geltung für das österreichische Recht, in Grünhuts Zeitschrift für das Privat- und öffentliche Recht der Gegenwart. III. Band, 2. Heft, Seite 320 ff. (Neuestens auch übereinstimmend in desselben Verfassers „Zur Lehre vom Eigenthum an Immobilien. Eine Studie aus dem österr. Grundbuchsrechte." (Graz 1876).

Stubenrauch (Dr. Moritz von) Zur Lehre von der Expropriation in Haimerls österr. Vierteljahrsschrift für Rechts- und Staatswissenschaft. III. Band (1859). 2. Heft, P. 159—196.

Thiel (Adolar) Das Expropriationsrecht und das Expropriationsverfahren nach dem neuesten Standpunkte der Wissenschaft und der Praxis dargestellt. Berlin 1866.

Treichler (J. J.) Ueber zwangsweise Abtretung von Eigenthum und anderen Rechten (Expropriation) in der Zeitschrift für deutsches Recht und deutsche Rechtswissenschaft von Beseler, Rayscher und Wilda XII Band (1849). P. 123—167.

Weiss (Dr. Carl Eduard) System des deutschen Staatsrechtes. Regensburg 1845

Westphal (Dr. Ernst Christian) Das deutsche Staatsrecht (1787) VI. und VII. Abhandlung. S. 75—94.

Winiwarter Das österr. bürgerliche Recht. II. Theil, §. 69.

Wolff (Dr.) „Einzelne Fragen aus dem Expropriationsrechte" im Archiv für praktische Rechtswissenschaft. Neue Folge. III. Band (1866). S. 240—272.

Zachariae (Dr. Heinrich Albert) Deutsches Staats- und Bundesrecht II. Auflage (1854). II. Theil. Das Regierungsrecht der Bundesstaaten und das Bundesrecht.

— Ueber das angebliche Eisenbahnregal und die richtige Auffassung des Rechtes des Staates in Bezug auf Eisenbahnen. Recension von Koch's Eisenbahnrecht in den Göttinger gel. Anzeigen, 1861, 3. Stück, P. 81—120.

Zachariae (Dr. Karl Salomon) Vierzig Bücher vom Staate 1820.

Zeiller (Edler von) Commentar über das allgemeine bürg. Gesetzbuch. Wien 1872. II. Band.

Zöpfl (Dr. Heinrich) Grundsätze des gemeinen deutschen Staatsrechtes. V. Auflage, 2. Theil.

Inhaltsverzeichniss.

―――

XIV

Einleitung.

§. 1.

Feststellung des Begriffes der Enteignung.

Man ist gewohnt, das Recht der Gesammtheit einerseits, das Recht des einzelnen Individuums andererseits als Gegensätze aufzufassen, die in ihrer Wechselwirkung den Erklärungsgrund für die bedeutsamsten Erscheinungen im Staatsleben bilden. [1]) Dieser Auffassung liegt die richtige Erkenntniss zu Grunde, dass die Erreichung des Staatszweckes, die Verwirklichung der Lebensaufgaben des im Staate vereinigten Volkes ohne angemessene Einschränkung der persönlichen Sphäre der im Staate lebenden Individuen unmöglich ist.

Allein der dem Individuum als solchem zukommende selbstständige Wirkungskreis kann doch andererseits nicht als eine Errungenschaft betrachtet werden, die erst dem staatlichen Verbande ihr Dasein verdanken würde. Der Staat ist nicht Schöpfer der menschlichen Persönlichkeit und all die reichen Anlagen, deren sich der Mensch erfreut, sind keine Gaben der Staatsgewalt, wenngleich die zweckmässige Ausnützung und Weiterentwicklung derselben ausserhalb eines geordneten Gemeinwesens nicht wohl gedacht werden kann.

Auch das Eigenthum, die unbeschränkte Herrschaft einer Person über eine bestimmte Sache ist an und für sich kein staatlicher Begriff, es ist ein Werk des individuellen Lebens, gewissermassen eine Erweiterung des leiblichen Daseins des

---

[1]) Karl Sal. Zachariae stellt (40 Bücher vom Staate I. Band, S. 76 ff.) diesen Gegensatz in eine Parallele mit dem Widerstreite der Anziehungs- und Abstossungskraft in der Natur, als dessen Wirkung sich die Materie darstellt

1

Individuums.[2]) Wenngleich es richtig ist, dass nur in der
staatlichen Verbindung die factischen Besitzverhältnisse eines
wirksamen Schutzes theilhaftig werden können, der ihnen die
Anerkennung nach Aussen, gegen andere Rechtssubjecte sichert,
so wäre es doch ein Irrthum, anzunehmen, dass der Staat Grund
und Quelle des Eigenthums sei. Letzteres ist vielmehr ein
unmittelbarer Ausfluss der menschlichen Persönlichkeit.[3])

Wenn daher im Staate das Eigenthumsrecht des Einzelnen
vielfach Einschränkungen im Interesse der Gesammtheit erleidet,
wenn dieses Interesse sogar unter Umständen die Aufhebung
des erworbenen Eigenthumsrechtes fordert, so kann diese Erscheinung keineswegs durch die Annahme erklärt werden, dass
im Staate das erworbene Recht nur unter der stillschweigenden
Voraussetzung der Wiederaufhebung desselben durch ein etwa
nachfolgendes Prohibitivgesetz[4]) oder eine besondere Verfügung
der Staatsgewalt anerkannt werde. Die Annahme eines solchen
Vorbehaltes ist weder nothwendig, noch auch mit dem Wesen
des Staates als einer auf ethischer Nothwendigkeit basirenden
Institution vereinbar.[5])

---

[2]) Bluntschli, Allgemeines Staatsrecht I. Band S. 221. Stahl
Rechts- und Staatslehre III. Buch, 1. Abth., 3. Cap., S. 336,
Rödinger (die Gesetze der Bewegung im Staatsleben) S. 32.

[3]) Ahrens, Naturrecht und Philosophie des Rechtes und des Staates
II. Bd. §. 68, S. 110: „das Eigenthum ist eine Objectivirung, eine
Widerspiegelung der Persönlichkeit in der äusseren Sachgüter-
welt." §. 73, S. 130: „So wenig der Staat Schöpfer der menschlichen
Persönlichkeit ist, ebensowenig ist er Grund und Quelle des aus
derselben fliessenden Eigenthumes."

[4]) Lassalle, System der erworbenen Rechte I §. 7 S. 193.

[5]) Mit Recht hat Stein Verwaltungslehre III. Hauptgebiet I. Theil
S. 297, 298 der Argumentation Lassalles vorgeworfen, dass sie
sich in einem circulus vitiosus bewege, indem einerseits die nur
bedingte Anerkennung des Eigenthumserwerbes durch die Möglichkeit der späteren Wiederaufhebung desselben, diese Wiederaufhebung dagegen durch den diesfälligen stillschweigenden Vorbehalt
begründet werden soll. — Richtig führt Held Verfassungsrecht
II. §. 469 S. 587 aus, dass aus der Anerkennung der menschlichen
Freiheit schon mit Nothwendigkeit die Anerkennung der freien
individuellen Verfügung über den rechtlich erworbenen Stoff folge.

Nichtsdestoweniger ist die Thatsache zu constatiren, dass das Eigenthum im Staate in mannigfache Beziehungen zum öffentlichen Rechte tritt. Der Staat regelt die Eigenthumsverhältnisse kraft der ihm innewohnenden Herrschergewalt, er accommodirt selbe den Interessen der Gesammtheit.[6]

Im Staate bilden wohl die bestehenden Rechte keine factischen Hindernisse der Realisirung des Willens der Staatsgewalt.[7] In rechtlicher Hinsicht wird jedoch die Aufhebung oder Beschränkung solcher Rechte nur insofern als begründet angesehen werden können, als dies die Idee des Gemeinzustandes, sowie die naturgemässe Fortbildung derselben mit unabweisbarer Nothwendigkeit fordert.[8]

Die Verpflichtung der einzelnen Staatsangehörigen, zur Realisirung dieser Idee beizutragen, ist eine principielle, sie ist im Wesen des Staates begründet.[9]

———

[6] Man kann die Gesammtheit jener gesellschaftlichen Verhältnisse, welche das Eigenthum im Staate durchdringen, und in seinem organischen Verbande mit Staat und Gesellschaft bestimmen, mit Ahrens (a. a. O. §. 73 S. 131) das sociale oder gesellschaftlich-politische Element des Eigenthumes nennen.

[7] Held, Staat und Gesellschaft II. S. 494: „der Staat hat keine von der Gesammtheit seiner Glieder trennbare Wesenheit; doch giebt es für den Staat keine absolute Geltung rein individueller Persönlichkeiten als solcher."

[8] Stahl, Rechts- und Staatslehre II. Band, III. Buch (Privatr.) 1. Abth. 3. Cap. „der Schutz der erworbenen Rechte" S. 336—345.

[9] Jene Schriftsteller, welche im Sinne der älteren Theorie den Staat als durch einen Vertrag entstanden bezeichnen, begründen in Consequenz dieser Auffassung die unter Umständen stattfindende Aufhebung erworbener Rechte damit, dass jene, die sich zu einem Staate vereinigten, schon hiedurch im Voraus einen Theil ihres Rechtes zu Gunsten der Gemeinschaft aufgegeben haben. So bemerkt Pufendorf (de jure naturae et gentium lib. VIII cap. V. §. 7): „Ipsam enim vim imperii propter salutem publicam instituti, sufficientem principi titulum praebere, urgente necessitate utendi bonis suorum subditorum, eo quod omnia simul concessa intelligantur, sine quibus obtineri bonum commune non potest." Jordan (Versuche über allgem. Staatsrecht VII. §. 6-7) zieht eine Parallele zwischen dem Staate und einem Vereine, und deducirt hieraus, dass, wie in einem Vereine der Einzelne sich dem Willen der Mehrheit unterwerfen müsse, auch der Staat das

1

Wir pflichten sohin der Ansicht bei, dass der Rechtfertigungsgrund für die dem Eigenthume im Staate aufzulegenden Beschränkungen darin liege, dass diese Einschränkungen ein nothwendiges Mittel zur Erreichung des Staatszweckes sind und dass der Staatszweck auch die rechtliche Grenze bildet, über welche hinaus in die Rechtssphäre des Individuums nicht eingegriffen werden soll. Dies wird auch von den meisten Schriftstellern theils ausdrücklich [10]), theils implicite dahin ausgesprochen, dass die Aufhebung oder Beschränkung erworbener Rechte von Seite der Staatsgewalt als eine durch das öffentliche Interesse, die gemeine Wohlfahrt gebotene Massregel bezeichnet wird. [11])

Recht habe, Privateigenthum zu allgemeinen Zwecken in Anspruch zu nehmen. Westphal (deutsches Staatsrecht VI. S. 75—78 VII. S. 78, 79) will dies nur in ausserordentlichen Fällen gelten lassen, weil auch bei einer Gesellschaft in der Regel über Sachen, welche lediglich die Rechte der einzelnen Mitglieder betreffen, eine Majorisirung (Pluralität) nicht stattfinde. Egger (Das natürliche öffentliche Recht I S. 182) begründet das sog. jus eminens folgendermassen: „In jeder Gesellschaft hat das Ganze gegen die einzelnen Mitglieder ein Recht auf alle nicht besonders ausgenommenen Mittel, welche zur Erreichung des gesellschaftlichen Zweckes nothwendig sein könnten. Die Erfahrung lehrt aber, dass die Aufopferung des Privatgutes ein nothwendiges Mittel zur Erreichung des Staatszweckes sein kann."

[10]) Berg (Polizeir. I. S. 90), Maurenbrecher Grundsätze des heutigen deutschen Staatsrechtes §. 60, Pöhls Recht der Actiengesellschaften P. 112, Mohl Polizeiwissenschaft, I. §. 5 und Encyclop. der Staatswissensch. §. 31 S. 228, Häberlin die Lehre von der Zwangsenteignung oder Expropriation im Archiv für civil. Praxis 39. Band S. 154 ff., Dalcke Ges. über die Ent. v. Grundeigenthum S. 37, Meyer Das Recht der Expropriation S. 177—182, welch' Letzterer insbesondere die wechselnde Gestaltung der Realisirung des Staatszweckes in den verschiedenen Epochen der gesellschaftlichen Entwicklung hervorhebt.

[11]) Mittermaier in Rotteck und Welckers Staatslexicon „Gezwungene Eigenthumsabtretung" VII S. 16, Gerber deutsches Privatrecht §. 174, b, Schulze preuss. Staatsrecht I. §. 117, S. 414, Burckhardt „zur Lehre von der Expropriation" in der Zeitschrift für Civilrecht und Process, Neue Folge VI. Bd. S. 219; Zöpfl, Grundsätze des gemeinen deutschen Staatsrechtes §. 433, II. A. Zachariae deutsches Staats- und Bundesrecht §. 151,

Allerdings wechseln die Mittel, durch welche der Staat die Erreichung des ihm vorgesteckten Zieles anstrebt, nach Zeit und Ort; die gesammte Lebensrichtung des Volkes wirkt hier bestimmend ein, und was bei einem Volke, in einer Epoche als eine durch das Staatsinteresse dringend gebotene Massregel erscheinen mag, wird anderswo, zu anderen Zeiten als ein willkürlicher Eingriff in die Privatrechtssphäre betrachtet werden.[12]

In diesem Sinne hat denn auch die Gliederung der menschlichen Gesellschaft innerhalb des Staates, die sociale Ordnung auf das Verhältniss der Staatsgewalt zu den erworbenen Rechten der Staatsbürger seit den frühesten Zeiten entscheidenden Einfluss geübt. Die gesellschaftlichen Verhältnisse kommen jedoch hier stets nur als secundäres Moment, nämlich insofern in Betracht, als der Staatszweck durch die Bestrebungen der bürgerlichen Gesellschaft eben erst seinen Inhalt erhält.[13] Diese Bestrebungen sind, was speciell die Enteignung anbelangt, an und für sich weder ein hinlänglicher Erklärungsgrund des Eingreifens der Staatsgewalt, noch sind sie im Stande eine allgemein giltige Grenze jener vernichtenden Einwirkung zu statuiren.[14]

S. 114, 115. Von österreichischen Schriftstellern vgl. insbesondere: Zeiller, Commentar II. Bd. S. 127, Nippel, Erläut. des allg. bürg. Gesetzb. §. 365 S. 207, Stubenrauch in Haimerl's österr. Vierteljahresschrift III. Bd. S. 160, 164. — Selbst Stahl, der (a. a. O. III. Buch 1. Abth. 3. Cap. S. 343—345) zur Enteignung ausdrücklich die „öffentliche Nothwendigkeit" im Gegensatze zur blossen „Gemeinnützigkeit" fordert, meint im Wesen dasselbe, indem er weiter als Princip der Expropriation „die nothwendige organische Fortentwicklung des Gemeinzustandes und die nothwendige Theilnahme, daher Mitleidenschaft des Einzelnen an derselben" hinstellt.

[12] Es möge hier nur beispielsweise an die sog. Säcularisationen erinnert werden, die noch Stein a. a. O S. 82 als eine Forderung des staatsbürgerlichen Princips darstellt, welches die Aufhebung des ausschliesslichen Berufsrechtes und des der „ständischen Berufskörperschaft" als solchen gehörigen Besitzes erheische.

[13] Treitschke Gesellschaftswissenschaft S. 83.

[14] Ist es ein Widerspruch, dass der Staat ein Recht anerkenne, dem er selbst nachträglich die Existenzberechtigung abzusprechen

Mannigfach ist der Einfluss, welchem die persönliche Sphäre des Individuums im Staate unterworfen ist. Um zu dem Begriffe der Enteignung zu gelangen, müssen wir vorerst einige hieher nicht gehörige Fälle ausscheiden, welche vielfach mit unserem Institute verwechselt werden.

Auch Steuern und andere ähnliche Leistungen an den Staat finden ihre Rechtfertigung darin, dass letzterer zu seiner Existenz, zur Realisirung seiner Aufgabe äusserer Mittel bedarf, welche nur durch Opfer der einzelnen Staatsbürger beschafft werden können. Man hat den Unterschied zwischen Leistungen dieser Art und dem mit der Enteignung verbundenen Opfer mitunter darin zu finden geglaubt, dass die Steuern in der Regel nach einem gleichartigen Massstabe alle Staatsbürger oder eine gewisse Classe ihres Vermögens und Einkommens treffen, während die Enteignung das bestimmte Recht eines einzelnen Staatsbürgers

---

für nothwendig erachtet, so ist es nicht minder widersprechend, dass eine Gesellschaftsordnung ein Recht bilde, welches sie als ihrem Grundprincipe widerstreitend nachgerade wieder aufzuheben sich bemüssigt sieht. Wenn daher Stein a. a. O. S. 83, dann 294 ff. die Enteignung als jene Entwährung darstellt, welche sich in der staatsbürgerlichen Gesellschaft selbst, u. zw. dort vollzieht, wo das Einzeleigenthum an einem bestimmten Gute ein Hinderniss für die volle Entwicklung des Erwerbes aller Andern ist, so hat seine geistvoll vertheidigte Auffassung allerdings das grosse Verdienst, das sociale Moment dieses Zweiges der Verwaltung nachdrücklich hervorgehoben zu haben, es kann ihr jedoch nicht gelingen, ohne Zuhilfenahme des Staatsbegriffes die Enteignung lediglich auf gesellschaftliche Principien zurückzuführen. — Entsprechend seiner Anschauung über Begriff und Aufgabe der „socialen Verwaltung" hat auch Rössler (Lehrbuch des deutschen Verwaltungsrechtes I. §. 195 not. 2) das Enteignungsrecht als eine „nothwendige Verzweigung der socialen Rechtsgestalt des Eigenthums" bezeichnet. Es ist selbstverständlich hier nicht der Ort, auf die in neuerer Zeit so vielfach erörterte Frage über das Verhältniss der Gesellschaft zum Staate und den Einfluss der socialen Anforderungen auf die Verwaltungsthätigkeit des Staates näher einzugehen. Eine eingehende Kritik der Rössler'schen Auffassung enthält der Aufsatz „Zur Lehre vom Staat und Gesellschaft und ihrer Verwaltung" von Prof. Dr. Lustkandl in der Zeitschr. f. d. Privat- u. öffentl. Recht der Gegenwart I. Bd. (1874) S. 584—607 und 637—679.

zum Gegenstande hat. [15]) Das unterscheidende Merkmal muss jedoch darin erblickt werden, dass bei der Enteignung das vom Einzelnen gebrachte Opfer keine Leistung ist, die der Einzelne für sich selbst prästirt, um die Bedingungen seiner durch die Gemeinschaft gewährleisteten Existenz und Entwicklung zu verwirklichen, sondern eine Leistung, die ihn ausnahmsweise, in Folge seiner individuellen Verhältnisse für die Gesammtheit trifft. [16])

Es müssen aber auch weiter die dem Eigenthume an gewissen Objecten im Staate auferlegten Beschränkungen, welche die Regelung der Art der Benützung dieser Objecte im öffentlichen Interesse nothwendig zur Folge hat, von der Enteignung wohl unterschieden werden. Wenn z. B. an den Staat die Nothwendigkeit herantritt, behufs Erhaltung des in nationalökonomischer Hinsicht so wichtigen Waldbestandes eine geregelte Forstwirthschaft einzuführen, wenn behufs Abwendung einer Gefahr für die Gesundheit und körperliche Sicherheit der Staatsbürger Bestimmungen erlassen werden, wie Baulichkeiten errichtet und im guten Stande erhalten werden sollen etc., so gerathen alle diese und ähnliche Verfügungen mit dem Principe der Unverletzlichkeit des Eigenthumes eben so wenig in Collision, als etwa die Vorschriften des Strafgesetzes mit dem Principe der persönlichen Freiheit. Dieselben sind von der Enteignung nicht nur quantitativ, sondern qualitativ verschieden; dem Individuum wird durch Unterwerfung unter diese Verfügungen kein Opfer auferlegt, für das es nicht schon an und für sich durch seine Theilnahme am staatlichen Verbande entschädigt würde. Wenngleich auch hier der Staatszweck

---

[15]) So scheidet Egger (a. a. O. §. 182) das sog. ius eminens von der Finanzgewalt des Staates unter Hinweis darauf, dass Letztere nur einen Theil der Einkünfte des Privatvermögens, ersteres hingegen die Substanz des Gutes selbst ergreift. Dem gemäss würde jede Steuer, die entgegen den Grundsätzen der Nationalökonomie statt des Einkommens das Vermögen selbst trifft, als Enteignung angesehen werden müssen und eine Entschädigungsforderung begründen! — Weiss (deutsches Staatsr. S. 276) stellt ganz allgemein das Recht der Expropriation mit dem Rechte der Ausschreibung von Abgaben unter denselben Gesichtspunkt.

[16]) Stein a. a. O. S. 296.

als der letzte Rechtfertigungsgrund der betreffenden Beschränkungen angesehen werden muss, so werden Letztere doch nicht von Aussen in die persönliche Sphäre des Individuums hineingetragen, sie bilden vielmehr nur einen Bestandtheil der Form, in welcher sich das wirklich freie Eigenthum im Staate äussert.[17]) Nur dort, wo ein ausserhalb des betreffenden Vermögensobjectes liegender Zweck die Aufhebung oder Einschränkung des Eigenthumsrechtes zu Letzterem fordert, kann von einem wirklichen Conflicte zwischen dem öffentlichen Rechte des Staates und dem Rechte des einzelnen Individuums gesprochen werden. Dieser Conflict findet seine naturgemässe Lösung in der Unterordnung des Privatrechtes unter die Macht des öffentlichen Interesses, insoweit sich die beiderseitigen Anforderungen als wirklich unvereinbar darstellen.[18])

Wenn jedoch diese Unterordnung durch einen Nothfall unausweichlich geboten wird, wenn z. B. im Kriege aus Anlass nothwendiger militärischer Operationen Feldfrüchte beschädigt, wenn zur Beseitigung einer eingetretenen Feuer- oder Wassergefahr Häuser demolirt werden müssen etc., so erscheint die Aufhebung erworbener Rechte nicht als Folge eines freien Entschlusses der Staatsverwaltung, vielmehr als ein Act, über dessen Statthaftigkeit keineswegs Grundsätze des öffentlichen Rechtes, sondern einzig und allein die factischen Verhältnisse entscheiden.

---

[17]) Die älteren Schriftsteller identificiren allerdings vielfach das Recht der Enteignung mit dem allgemeinen Administrationsrechte des Staates und noch K. S. Zachariae bemerkt (40 Bücher v. Staate 3. Bd. 135 not. 68) im Hinblicke auf das sog. ius eminens: „Mit diesem Grunde vertheidigt man auch die Aufsicht des Staates über die Benützung der Privatwaldungen." Vgl. auch von den Neueren: Held Verfassungsrecht II §. 469 S. 587 not. 2, Walter Naturrecht und Politik §. 169 S. 119, 120.

[18]) Christiansen, System der erworbenen Rechte S. 78: „das erworbene Recht steht einmal, ungeachtet seiner Selbständigkeit, nicht isolirt, sondern als Theil des ganzen Rechts- und Staatsorganismus da; die Selbständigkeit kann also nur eine relative sein, insofern sie durch die höhere und allgemeine Rücksicht auf das Wohl des ganzen Organismus aufgehoben oder modificirt werden muss."

Nach dem Grundsatze: „Noth kennt kein Gebot" ist es in solchen Fällen Sache der einzelnen Organe der vollziehenden Gewalt, zur Abwendung der drohenden Gefahr das Erforderliche vorzukehren. Allerdings greifen hiebei aus Billigkeitsrücksichten und in Folge ausdrücklicher Vorschrift des Gesetzes vielfach, namentlich in Betreff der zu verabfolgenden Entschädigung ähnliche Grundsätze wie bei der Expropriation Platz,[19]) allein dieses sog. Staatsnothrecht (jus supremæ necessitatis) unterscheidet sich von dem Rechte der Enteignung wesentlich und es ist auch in der neueren Literatur der verschiedenartige Charakter beider Institute nahezu allgemein anerkannt.[20])

---

[19]) Doch kann der Ansicht Rösslers (a. a. O. §. 201 not. 4) nicht beigepflichtet werden, dass in Nothfällen die Entschädigungspflicht bei Entziehung oder Belastung von Eigenthum in allen Fällen bestehe, auch wo sie nicht vom Gesetze ausdrücklich ausgesprochen ist. Nachdem wie Rössler (§. 202 not. 2) selbst zugiebt, die Grundsätze über damnum injuria datum hier unanwendbar sind, dürfte wohl der allgemeine Grundsatz „casum sentit dominus" bei Abgang einer ausdrücklichen Vorschrift einen Ersatzanspruch nicht aufkommen lassen.

[20]) Mit richtigem Tacte scheiden schon die Schriftsteller des 17. Jahrhunderts das Staatsnothrecht von dem Rechte des Staates, im Interesse der Verwaltung in die Privatrechtssphäre des Einzelnen einzugreifen. — So führt Hugo Grotius (de jure belli et pacis lib. III. cap. 20 §. VII) aus, dass der König im Grunde des „Obereigenthums" die Sachen der Unterthanen gebrauchen, ja selbst zerstören und veräussern könne und zwar nicht nur im Falle der höchsten Noth, welche auch den Privaten ein entsprechendes Recht ertheilt, sondern auch um des allgemeinen Wohles willen. Auch bei Pufendorf, welcher (de jure naturae et gentium lib. VIII. cap. 5 §. VII) bemerkt: „adparet dominio eminenti locum non esse, nisi rei publicae necessitas requisierit", ist das Wort necessitas unzweifelhaft im weiteren Sinne und mit „salus" gleichbedeutend aufzufassen. Carpcow zählt (jurisprudentia forensis II. const. 33 def. XVI.) die eigentlichen Nothfälle neben den Fällen des öffentlichen Wohles auf, indem er ausführt: „excipitur tamen causa necessitatis et causa boni publici, quod tanti aestimandum, ut subditus quivis illud potius promovere, quam lucrum quaerere debeat " — Doch später werden die Ansichten schwankend. Während Egger (a. a. O. §. 186) gegen die Identificirung des Staatsnothrechtes mit dem jus eminens eifert, sind sich die Staatsrechtslehrer der ersten Hälfte unseres Jahrhundertes des in Rede stehenden

Nachdem sowohl die beiderseitigen Voraussetzungen, als auch die Wirkungen des Staatsnothrechtes und des Rechtes der

Unterschiedes keineswegs bewusst (Vgl. auch Weiss a. a. O. §. 276) und spricht noch Maurenbrecher (Grundsätze des heutigen deutschen Staatsrechtes 1837 §. 60) wie auch Klüber (öffentl. Recht des deutschen Bundes und der Bundesstaaten 1831 §. 551 S. 761) lediglich von dem Staatsnothrechte, als dem Rechte des Staates, bei evidenter dringender Noth, bei unvermeidlicher Collision zwischen Gemeinwohl und Privatrecht die Rechte Einzelner aufzuheben, wo diese Verletzung absolute Bedingung zur Erhaltung des Staates ist. In Consequenz dieses Grundsatzes wird denn auch von Klüber (a. a. O. §. 552 not. b) die Behauptung aufgestellt, dass „das sog. Beste des Staates, das Staatswohl, salus publica genannt" die Aufhebung des Privateigenthumes z. B. zur Anlegung neuer Strassen, oder Aenderung der bestehenden, zur Beförderung des äusseren oder inneren Verkehres etc. nicht rechtfertige und Berg will (a. a. O. S. 91) nur so viel zugestehen, dass „blosser Eigensinn einzelner widersprechender Unterthanen allgemein gemeinnützige Anstalten nicht völlig rückgängig machen darf." Denselben Grundsatz vertheidigt, wenigstens vom allgemeinen Standpunkte auch Pöhls (das Recht der Actiengesellschaften 1842), welcher speciell (S. 113 not. b) die von Jordan (Versuche über allg. Staatsrecht 1828 VII. §. 6) aufgestellte Distinction zwischen dem sog. dominium eminens im eugeren Sinne (nämlich dem Rechte, Privateigenthum zu allgemeinen Staatszwecken gegen völligen Ersatz an sich zu nehmen) und dem ius supremae necessitatis (dem Rechte, „die veräusserlichen Rechte der einzelnen Unterthanen zur Erhaltung des Staates in auf andere Weise unabwendbaren Nothfällen gegen nachfolgende Entschädigung auch ohne Befragung der Eigenthümer zu verwenden") als „überflüssig" verwirft. — Dagegen haben die neueren Schriftsteller fast durchgehends die wesentlich verschiedene Natur des Staatsnothrechtes anerkannt und wollen nur die Ermittlung der in diesem Falle nicht vorgängigen sondern nachfolgenden Entschädigung nach den für das Expropriationsverfahren geltenden Vorschriften beurtheilt wissen. So insbesondere Pfeiffer (prakt. Ausführungen III. Band, 1831 §. 6 S. 290), Schmitthenuer (12 Bücher v. Staate, VI §. 106 S. 374), Mittermaier a. a. O. §. 28, Buddeus (in der Encyclop. von Ersch und Gruber verb. Expropr. S. 396, Häberlin a. a. O. S. 217, 218). Der charakteristische Unterschied von dem Rechte der Enteignung wird i. d. R. darin erblickt, dass das eigentliche Expropriationsrecht nur in Folge eines Gesetzes, das Staatsnothrecht hingegen in Folge einfachen Beschlusses der Staatsregierung, einer Specialverfügung aus-

Enteignung verschieden sind, so gehört der erwähnte Unterschied nicht nur dem formellen, sondern dem materiellen Rechte an, und es ist daher auch nicht gerechtfertigt, lediglich die Art der Ausübung des Staatsnothrechtes als eine besonders beschleunigte und an weniger Förmlichkeiten gebundene Art des Expropriationsverfahrens hinzustellen.[2][1])

Hiemit wären wir wohl bei der Enteignung im gangbaren Sinne des Wortes angelangt. Allein es scheint uns nicht möglich, das Recht der Enteignung in dieser allgemeinen Bedeutung von einem einheitlichen Standpunkte aus der wissenschaftlichen Behandlung zu unterziehen.

Die Enteignung ist ein Institut des öffentlichen Rechtes; nicht die äussere Erscheinung — die Aufhebung oder Einschränkung erworbener Rechte; sondern der innere Rechtfertigungsgrund — die Förderung einer bestimmten Seite des Staatszweckes durch die Enteignung — ist es, worauf wir bei einer juristischen Analyse derselben unser Hauptaugenmerk zu richten haben werden. Und in dieser Richtung glauben wir einen wesentlichen Unterschied zwischen jenen Fällen erblicken zu müssen, wo die Aufhebung oder Einschränkung erworbener Rechte des einzelnen Staatsbürgers im Interesse der Realisirung der Aufgaben der wirthschaftlichen Verwaltung geboten

---

geübt werden könne. — Vgl. Burckhardt a. a. O. S. 208—213, Martin (über die rechtliche Natur der Zwangsenteignung des Privateigenthumes im Archiv f. prakt. Rechtswisssch. IX. Bd. 1862) S. 67—69, Förster (Theorie und Praxis des heut. gem. preuss. Privatrechtes II. Bd. 1866) S. 143, Zöpfl a. a. O. II. §. 489 S. 697, II. A. Zachariae a. a. O. II. Thl. §. 152 S. 119—126.

[21]) Dies unternimmt nach dem Beispiele Thiel's (das Expropriationsrecht und das Expr.-Verfahren 1866 S. 167—184) insbesondere Stein a. a. O S. 315, Meyer a. a. O. S. 182, 183, Roth bair. Civilr. V. §. 141 S. 174, Grünhut (das Recht der Enteignung 1873) S. 362—372; ersterer jedoch mit Ausschluss des Nothverordnungsrechtes. Rücksichtlich der eigentlichen Nothfalle will übrigens auch Grünhut (S. 263) das materielle Expropriationsrecht nicht angewendet wissen; es kann daher hier auch nur in einem sehr uneigentlichen Sinne von einem a. o. Enteignungsverfahren gesprochen werden.

erscheint, und jenen Fällen, wo andere öffentliche Interessen
in Frage kommen.

Der Mensch, von der Natur angewiesen, die Welt der
wirklichen Dinge seinen Zwecken zu unterwerfen und dienstbar
zu machen, aus letzteren Güter zu schaffen, kann in diesem
seinen Streben von der Staatsverwaltung nicht isolirt gelassen
werden. Es ist Grundbedingung eines geordneten Gemeinwesens, dass einerseits dem Streben des Einzelnen nach Erwerb
und Erhaltung von Lebensgütern in Gemässheit der Anforderungen
jenes Lebenskreises, dem er angehört, Mass und Ziel gesetzt
werde, dass jedoch andererseits dem einzelnen Individuum jene
Bedingungen seiner wirthschaftlichen Entwicklung mit Hilfe
der Gemeinschaft gewährt werden, welche es abgesondert für
sich zu verwirklichen nicht im Stande ist.

Dem so vorgesteckten Ziele entspricht eine zweifache Thätigkeit des Staatsverwaltung. Dieselbe bestrebt sich einmal das
nach Massgabe des bürgerlichen Rechtes dem Einzelnen zustehende
freie Verfügungsrecht über die von ihm erworbenen Güter,
beziehungsweise seine natürliche Freiheit zur Erwerbung neuer
Güter im Interesse des Gemeinwesens einzuschränken, dann
aber auch durch Errichtung und Förderung gemeinnütziger
Unternehmungen, mithin durch positive Thätigkeit die wirthschaftlichen Interessen der Gesammtheit wirksam zu fördern.

Jene einschränkende und die positiv wirkende Thätigkeit
der Verwaltung ergänzen sich wechselseitig derart, dass gerade
erst durch die Beschränkung der Selbstbestimmung des einzelnen
Individuums die Erfüllung der wirthschaftlichen Aufgaben des Staates
ermöglicht wird. Nicht nur die Macht der Elemente ist es, zu
deren wirksamer Bekämpfung, um selbe den menschlichen Bedürfnissen dienstbar zu machen, der Staat dem einzelnen Individuum
hilfreiche Hand zu bieten sich veranlasst sehen wird; vielmehr
kann das eigene Product der bisherigen wirthschaftlichen
Thätigkeit des Individuums, es kann das von Letzterem in Uebereinstimmung mit den bestehenden Gesetzen erworbene Eigenthum mit den Anforderungen einer gedeihlichen Entwicklung
des Gemeinwesens in Widerstreit gerathen.

Wenn nun in dieser Richtung das Interesse der Gesammtheit die Aufhebung und Einschränkung der Rechte Einzelner zu

erheischen scheint, darf die Verwaltung in dem Privateigenthume keineswegs ein fremdes Element erblicken, dem gegenüber sie sich theilnahmslos verhalten könnte; sie wird vielmehr den Umstand nicht ausser Acht zu lassen haben, dass auch eine gedeihliche ökonomische Entwicklung der Gesammtheit nur dort denkbar ist, wo den erworbenen Rechten der gebührende Schutz zu Theil wird, sie wird sich der Erwägung nicht verschliessen können, dass der Einzelne sich nur dann zu wirthschaftlicher Thätigkeit angespornt sehen kann, wenn er dessen versichert ist, dass ihm sein Eigenthum nur im wahren, nicht etwa blos im prekären Interesse des Gemeinwesens entzogen werden wird.

Die Staatsverwaltung steht in diesem Falle, wo die Realisirung der Anforderungen der Volkswirthschaftspflege mit dem Grundsatze der Unverletzlichkeit des Eigenthumsrechtes in Widerstreit geräth, homogenen Interessen gegenüber, sie wird unter wechselseitiger Abwägung der Letzteren darüber schlüssig werden müssen, ob die unverkürzte Erhaltung erworbener Rechte oder deren Einschränkung zu Gunsten des Gemeinwesens grössere wirthschaftliche Vortheile bietet.

Andererseits darf nicht übersehen werden, dass, sowie überhaupt das Recht nur durch Anerkennung des in ihm liegenden Zweckes Geltung und Kraft erhält,[22]) auch das Eigenthum schon um seiner selbst willen auf keine absolute Geltung Anspruch erheben kann. Soll dasselbe in der äusseren Sachgüterwelt wahrhaft eine Persönlichkeit repräsentiren, so muss in demselben vor Allem der Vernunftcharakter zum Ausdrucke gelangen, der sich nicht nur in der freien Macht über eine Sache, sondern vor Allem in der Verfolgung vernünftiger Zwecke mittelst derselben kundgibt.[23])

In dem weiten Gebiete der Volkswirthschaftspflege begegnet sich also das auf nachhaltige Förderung der wirthschaftlichen Entwicklung der Gesammtheit gerichtete Streben der Staatsverwaltung mit der dem Einzeleigenthume selbst innewohnenden höheren Bestimmung. Der Staat kann, er darf dem Eigenthume die Anerkennung nicht versagen; dieses aber kann

---

[22]) Fröbel, Theorie der Politik, S. 94.
[23]) Ahrens a. a. O. S 111, 112.

andererseits auch den eigenen Zweck nicht verläugnen, um
dessentwillen es durch vernünftige Wesen überhaupt gesetzt
wurde [24]), es darf den wirthschaftlichen Bestrebungen Aller nicht
hindernd in den Weg treten. Als ein Product dieser Wechsel-
beziehung muss auch der principielle — nicht nur auf Billigkeitsgründe gestützte — Anspruch des Einzelnen angesehen
werden, dass ihm der durch gänzliche oder theilweise Aufopferung seines Eigenthumes in seinem Vermögen entstehende Ausfall von der Gesammtheit ersetzt, mit anderen Worten, dass
ihm vollständige E n t s c h ä d i g u n g geleistet werde. Es ist
hier der Schluss vollberechtigt, dass nur die i n d i v i d u e l l e
Sache in ihrer dermaligen Gestalt, keineswegs jedoch ihr W e r t h
ein Hemmschuh des auf Förderung des Erwerbes der Staatsbürger gerichteten Strebens der Staatsverwaltung sei, es wird
daher dieser Werth dem Eigenthümer im allgemeinen Werth-
messer, dem Gelde, zurückerstattet werden müssen.[25])
Der soeben berührten Thätigkeit der wirthschaftlichen
Verwaltung gegenüber erscheinen die übrigen Fälle, wo behufs
Erreichung des Staatszweckes die Aufhebung oder Einschränkung erworbener Rechte verfügt wird, wenn auch nicht als
Ausflüsse des Staatsnothrechtes, doch wenigstens als Erscheinungen, die dem Letzteren, beziehungsweise der Ausübung desselben nahe verwandt sind. Im Falle z. B. behufs Erhaltung
oder Erhöhung der Wehrkraft des Staates Festungswerke angelegt und hiezu Privaten gehörige Grundstücke in Anspruch
genommen werden sollen, wenn aus Sanitätsrücksichten die
Trockenlegung eines Teiches angeordnet wird, und dergl., so
kann von einer Abwägung nationalökonomischer Interessen und
einer hierauf basirten freien Entscheidung der Verwaltungsbehörde keine Rede sein. Es liegt lediglich ein Zwang vor,
welchem sich der Einzelne unterwerfen muss; das Eigenthum
an einer individuellen Sache wird hier einem Zwecke geopfert,
welcher mit der dem Eigenthume überhaupt innewohnenden

[24]) Schon K. S. Z a c h a r i a e bemerkt a. a. O. VI. S. 134: „der End-
zweck des Eigenthums ist der Gebrauch oder Verbrauch des
Erworbenen.“
[25]) S t e i n a. a. O. S. 298.

wirthschaftlichen Bestimmung in keinem Zusammenhange steht,
und es kann demgemäss hier auch kein Erkenntniss der Verwaltungsbehörde erfliessen, welches einen Conflict zwischen gleichartigen Interessen zu lösen berufen wäre.

Wenn nun im Nachstehenden versucht wird, die Enteignung als Massregel der Volkswirthschaftspflege
zum Gegenstande einer selbständigen Abhandlung zu machen,
so soll hiemit keineswegs die Rücksichtnahme auf analoge Massnahmen in anderen Zweigen der Verwaltung ausgeschlossen,
noch auch die Thatsache geläugnet werden, dass die Enteignung
in allen ihren verschiedenen Formen ein staatsrechtlicher
Begriff ist und bleibt.

Auf der anderen Seite aber wird nur bei Festhaltung
unseres Standpunktes eine einheitliche Behandlung des Enteignungsrechtes und dessen Einfügung in ein System des positiven
Staatsrechtes ermöglicht.

In ersterer Richtung muss insbesondere darauf hingewiesen
werden, dass im Gebiete der Volkswirthschaftspflege die Staatsgewalt keineswegs direct eingreift, um das vorgesteckte Ziel
zu erreichen. Es wird vielmehr hier eine ihrer Hauptaufgaben
in der Förderung solcher Unternehmungen bestehen, von denen
sie sich einen nachhaltig günstigen Einfluss auf die wirthschaftliche Entwicklung der Gesammtheit verspricht. Es ist nun für
die wissenschaftliche Construction des Enteignungsbegriffes keineswegs gleichgiltig, ob die Einschränkung oder Aufhebung erworbener Rechte in Folge directen Eingreifens der Staatsgewalt oder lediglich durch Vermittlung der Letzteren zu
Gunsten eines gemeinnützigen Unternehmens stattfindet. Nur
im letzteren Falle kann wirklich von Enteignung gesprochen
werden, während andererseits das directe Eingreifen der Staatsgewalt die Ausübung des Staatsnothrechtes oder doch unter
dieselbe Kategorie fallende Verwaltungsacte charakterisirt.

Wir werden in der Folge wiederholt Gelegenheit haben,
die wichtige Stellung zu beleuchten, welche dem Unternehmer
im Processe der Enteignung zukommt, und bemerken hier nur,
dass erst in neuerer Zeit die Bedeutung dieses Factors für die

Darstellung des Enteignungsrechtes einigermassen gewürdigt
worden ist.[26])

Was aber die Stellung des Rechtes der Enteignung in
einer systematischen Darstellung des öffentlichen Rechtes anbelangt — deren Möglichkeit wohl auch im österreichischen Rechte
nicht ernstlich bezweifelt werden kann[27]) — so dürfte die
Lehre vom Principe der Enteignung wie auch das Staatsnothrecht im Verfassungsrechte zu behandeln, das Recht der Enteignung selbst hingegen nach dem Vorbilde Stein's der Darstellung der auf Förderung der wirthschaftlichen Wohlfahrt
gerichteten Thätigkeit der Staatsverwaltung als allgemeine Einleitung vorauszusenden sein.[28])

Die wirthschaftlichen Anforderungen der Gemeinschaft
können sich entweder einer ganzen Classe von Privatrechten
oder lediglich einzelnen Rechten entgegenstellen. Das
erstere ist dann der Fall, wenn historisch begründete Privatrechte mit solchen Anschauungen in Widerstreit gerathen, denen
sich als durch die thatsächlichen Verhältnisse gerechtfertigt,
die Staatsverwaltung unmöglich verschliessen kann. Es ist mit

---

[26]) Vgl. Rohland (zur Theorie und Praxis des deutschen Enteignungsrechtes Leipzig 1875), welcher (S. 3—5) ganz richtig darauf hinweist, dass gerade in dem Hinzutritte der Unternehmung sich der
Gegensatz zwischen der Enteignung und der blossen Ausübung
des Staatsnothrechtes äusserlich offenbart. Nur wird von Rohland
der Begriff der Unternehmung einerseits zu eng gefasst, indem er
die Enteignung nur zu Gunsten öffentlicher Unternehmungen
zulässt, daher speciell die Enteignung zu Gunsten des Bergbaues
als ein ganz singuläres Rechtsinstitut auffasst; andererseits geschieht
nach Rohland z. B. auch die Enteignung zum Behufe der Errichtung
von Festungswerken zu Gunsten einer „öffentlichen Unternehmung",
während doch hier nur von einem directen Eingreifen der Staatsgewalt gesprochen werden kann.

[27]) Vgl. den Aufsatz von Prof. Dr. Schier: „Ueber das System einer
wissenschaftlichen Behandlung der Administrativgesetzgebung" in
Haimerl's österr. Vierteljahresschr. I. S. 102—132, dann „über
die Methode einer wissenschaftlichen Behandlung der Administrativgesetzgebung" ebenda IV. S. 159—172.

[28]) Mayerhofer (Handb. f. d. polit. Verwaltungsdienst) behandelt
die Enteignung daher ganz richtig in dem Abschnitte „die Verwaltung in Beziehung auf das wirthschaftliche Leben" II. S. 1371 ff.

Recht darauf hingewiesen worden [29]), dass die wechselnden sogenannten Systeme oder Schulen der Nationalökonomie in Wirklichkeit als Systeme der wirthschaftlichen Verwaltung anzusehen, dass sie — gewissermassen Kinder ihrer Zeit — ein getreuer Ausdruck jener Anschauungen und Bestrebungen sind, welche die fortschreitende Entwicklung des Menschengeschlechtes im Staatsleben zur Geltung bringt.

Wenn nun ein neues wirthschaftliches System mit der bestehenden Rechtsordnung derart in Collision tritt, dass selbes die Aufhebung oder Einschränkung einer ganzen Gattung von Privatrechten dringend erheischt, so kann dieser Gegensatz keineswegs durch einen Act der Verwaltung ausgeglichen werden. Es ist vielmehr Sache der G e s e t z g e b u n g, durch Aufstellung einer allgemeinen Norm die bestehende Rechtsordnung mit den Anschauungen und Bedürfnissen der Zeit in Einklang zu bringen. [30])

Allein auch abgesehen von solchen, einen ganzen Kreis von Privatrechten ergreifenden wirthschaftlichen Strömungen, kann im einzelnen Falle ein bestimmter wirthschaftlicher Zweck ohne Aufhebung oder Beschränkung eines b e s t i m m t e n Privatrechtes sich als unerreichbar darstellen. Hier ist die Entwährung principiell eine Aufgabe der V e r w a l t u n g und nur diesen Fall haben wir in der nachstehenden Darstellung vor Augen.

Schliesslich verdient hier noch hervorgehoben zu werden, dass es für die Begriffsbestimmung der Enteignung gleichgiltig ist, ob die Privatrechte der Einzelnen durch selbe gänzlich a u f g e h o b e n, oder in einem grösseren oder geringeren Masse b e s c h r ä n k t werden. Das Mass dieser Beschränkung begründet

---

[29]) S t e i n a. a. O. S. 17 ff.

[30]) Vgl. R a u Lehrb. d. polit. Oekonomie II. §. 8. S t a h l (a. a. O., III. Buch, 1. Absch. 3. Cap. S. 343). Beispiele solcher Aenderungen der objectiven Rechtsnorm bieten insbesondere die neueren Grundentlastungsgesetze. — Es ist Sache des Gesetzgebers, festzusetzen, ob in solchen Fällen den in ihrer bisherigen rechtlichen Stellung Benachtheiligten eine Entschädigung gewahrt werden soll, oder nicht. Vgl. auch C h r i s t i a n s e n a. a. O. S. 14. 15.

vom Standpunkte des Verwaltungsrechtes lediglich einen quanti-
tativen Unterschied.[31])

Wir können sohin die Enteignung in unserem (dem engeren)
Sinne als jene Function der Verwaltung bezeichnen,
kraft welcher dieselbe im Grunde freien Entschlusses ein dem einzelnen Individuum in Anschung einer bestimmten Sache zustehendes Recht
behufs Erreichung eines ausserhalb des betreff-
fenden Vermögensobjectes liegenden staatlichen,
auf Beförderung der wirthschaftlichen Wohlfahrt
gerichteten Zweckes zu Gunsten einer gemeinnützigen Unternehmung gegen Gewährung voll-
ständiger Entschädigung aufhebt oder beschränkt.

§. 2.
Uebersicht der geschichtlichen Entwicklung der Enteignung.[¹)]

Insolange sich das Privateigenthum nicht zu jenem Institute herangebildet hatte, kraft dessen das ausschliessliche Ver-

---

[31]) Wenn daher Grünhut (a. a. O. §. 1. S. 3) das Wesen der Enteignung in der Uebertragung des Eigenthums in das öffentliche Gut resp. in der zwangsweisen Constituirung eines dinglichen Rechtes an einer fremden Sache für das öffentliche Gut
findet, so mag diese Unterscheidung vom civilistischen Standpunkte
einen Werth haben, sie ist jedoch zur Feststellung des Enteignungsbegriffes als eines Begriffes des öffentlichen Rechtes nicht geeignet.
Vom Standpunkte der Verwaltung hat offenbar die Gestattung der
einmaligen Betretung eines fremden Grundstückes dieselbe Bedeutung wie die Entziehung des Eigenthumsrechtes oder die Einräumung
einer Wegeservitut. Dagegen kann allerdings zugegeben werden,
dass die durch ein Gesetz gestattete zwangsweise Entziehung des
Eigenthumsrechtes auch ohne ausdrückliche gesetzliche Bestimmung
gleichfalls zur Entziehung einzelner Rechte rücksichtlich einer
bestimmten Sache berechtigt. Die entgegengesetzte Ansicht Beseler's (d. Privatr. S. 354) verkennt den hier vollkommen berechtigten
Schluss a maiori ad minus. Vgl. auch Schosserer in der österr.
Zeitsch. f. Verw. 1871, Nr. 48 S. 189.

[¹)] Vgl. insbesondere Meyer das Recht der Expropriation 1868,
Historischer Theil S. 9—159.

fügungsrecht des Einzelnen über die von ihm erworbenen Lebens-
güter gesetzlich sanctionirt, und in dessen Heiligkeit und Unverletzlichkeit eine der ersten Voraussetzungen eines geordneten staatlichen Gemeinwesens erblickt worden war, konnte
selbstverständlich auch das Institut der Enteignung zu keiner
Entwicklung gelangen. Die omnipotente Staatsgewalt bedurfte
keiner Enteignung, um in den Besitz der zur Förderung ihrer
Zwecke erforderlichen Güter zu gelangen, da die Einzelpersön-
lichkeit gegenüber der Macht des Gemeinwesens vollständig in
den Hintergrund trat, und ein Recht des Einzelnen auf Besitz
und Erwerb von Gütern nur insoferne vom Staate anerkannt
wurde, als diese Güter nicht zur Erreichung des wirklichen
oder vermeintlichen Staatszweckes nothwendig erschienen.

Hieraus erklärt es sich auch, dass wir bei den Griechen
fast keinerlei Spuren des Enteignungsrechtes finden.²)

Dagegen haben die Römer frühzeitig, wenigstens in Betreff
der wichtigsten Vermögensobjecte, speciell des heimischen Grund
und Bodens den Grundsatz der Unverletzlichkeit des Privateigenthumes zur vollen Geltung gebracht und das quiritische
Eigenthum des älteren römischen Rechtes kann noch immer als
die Grundlage unserer modernen Eigenthumsbegriffe angesehen
werden.

Wenn wir nichts destoweniger in den älteren römischen
Rechtsquellen keine Spur des Enteignungsrechtes in unserem
Sinne vorfinden, so mag diese auffallende Erscheinung theilweise
darin ihre Erklärung finden, dass die grösseren Bauten meist
in den Provinzen ausgeführt wurden, wo ohnedies an Grund
und Boden kein quiritisches Eigenthum erworben werden konnte³),
und dass, was die Stadt selbst anbetrifft, ohnedies genügend
Grund und Boden vorhanden war, welcher dem Staate gehörte,
den daher zu enteignen keine Nothwendigkeit vorlag.⁴) Auch
ist die Vermuthung nicht ausgeschlossen, dass das Expropriationsrecht nicht so sehr gesetzlich definirt, als vielmehr

- - -

²) Grünhut a. a. O. S. 14—18.
³) Mittermaier „Gezwungene Eigenthumsabtretung" in Rotteck
und Welcker's Staatslexicon VII. Bd. S. 17.
⁴) Meyer a. a. O. S. 28.

stillschweigend in dem imperium und der potestas der höheren
Magistrate inbegriffen war. [5]) Als dann später das bonitarische
Eigenthum dem quiritischen, was den Rechtsschutz anbelangt,
immer mehr gleichgestellt wurde, war eine allgemeinere Anwendung des Enteignungsrechtes von selbst gegeben [6]), und die
absolute Machtvollkommenheit der römischen Cäsaren machte,
wie einzelne Stellen im corpus iuris vermuthen lassen [7]), von

[5]) Brinz in Blunschli und Brater's Staatswörterbuch v. Expropriation S. 468. Dagegen nimmt Blunschli Allgem. Staatsrecht I.
S. 225 an, dass es bei den Römern wohl kein allgemeines Expropriationsrecht gab, dass es jedoch zur Enteignung, wie heutzutage in
England, eines Specialgesetzes bedurfte. Es wäre jedoch auffal-
lend, dass uns von solchen Gesetzen keine Spuren überliefert
worden wären.

[6]) So lange das bonitarische Eigenthum nur durch den Prätor geschützt
wurde, mochte es als selbstverständlich angesehen werden, dass
selbes, namentlich das Eigenthum am ager provincialis gegenüber
dem Staate kein rechtliches, sondern bloss ein factisches Verhältniss sei, so dass der Staat, falls er es für nothwendig erachtete,
solches Eigenthum für seine Zwecke in Anspruch nehmen konnte,
ohne einer Enteignung zu bedürfen. — Vergl. Meyer a. a O.
S. 12—58 und Grünhut a. a. O. S. 18—33, welche jedoch für
die ältere Zeit ein Expropriationsrecht nicht anerkennen und als
äussere Veranlassung der Entwicklung dieses Rechtes die durch
das Streben nach gerechter Vertheilung des ager publicus hervor-
gerufenen agrarischen Kämpfe, und die zur Zeit der Bürgerkriege
verfügte Vertheilung von Ländereien, mitunter auch von ager privatus
an das Militär bezeichnen, wodurch zuerst die Unverletzlichkeit
des Eigenthums an Grund und Boden in Frage gestellt worden
war. — Vgl. auch Mommsen röm. Gesch. II. S. 93.

[7]) Vgl. hier insbesondere lib. VIII, lit. 12 C. de operibus publicis.
Die gewöhnlich angerufene c. 9 dieses Titels: „si quando concessa a nobis licentia fuerit exstruendi id sublimis magnificentia
Tua sciat esse servandum, ut nulla domus inchoandae publicae
fabricae gratia diruatur, nisi usque ad L libras argenti aestima-
matione(s) taxabitur. De aedificiis vero maioris pretii ad nostram
scientiam referatur, ut si amplior poscitur quantitas, imperialis
exstet auctoritas" — (vgl. auch Grünhut a. a. O. S. 31) kann
wohl nicht als völlig entscheidend angesehen werden, da in dem
Rescripte von einer zwangsweisen Aufhebung des Privateigenthums keine Erwähnung geschieht. Wenn in dem Rescripte dem
Präfecten aufgetragen wird, die kaiserliche Genehmigung einzuholen, wenn für ein zu öffentlichen Zwecken zu zerstörendes

diesem Rechte, selbst zu blossen Verschönerungszwecken ⁸), umfassenden Gebrauch.

Es ist jedoch im Allgemeinen ein Grundzug zu beobachten, den das römische Recht rücksichtlich des Einflusses der wirthschaftlichen Verwaltung auf das Privateigenthum consequent festgehalten hat. Es ist nämlich der Charakter des Privatrechtes bei den Römern so prägnant entwickelt worden, dass auch die im allgemeinen Interesse getroffenen wirthschaftlichen Vorkehrungen allmählig als Privatrechte derjenigen aufgefasst wurden, welche von ihnen vermöge ihrer persönlichen und wirthschaftlichen Verhältnisse in erster Linie Vortheil zu

Gebäude mehr als 50 Pfund Silber gefordert werden, so mochte diese Verfügung wohl nicht so sehr die Schonung des werthvolleren Privateigenthumes, als vielmehr die grössere Schonung der Staatscassa bezwecken. Dem entgegen scheint allerdings das vorhergehende Wort „taxabitur" auf eine vorgängige Schätzung hinzudeuten und wird daher diese Stelle schon von älteren Schriftstellern (vgl. Lauterbach colleg. theor. practicum ad L Pand. libros, lib. XVIII lit. 1 §. 10) im Sinne einer zwangsweisen Entäusserung aufgefasst.

⁸) So verordnet c. 14 C. eodem die Wegräumung der an öffentliche Gebäude angelehnten Vorbaue (parapetasia): „Aedificia, quae vulgo parapetasia nuncupantur, vel si qua alia opera moenibus, vel publicis operibus ita sociata cohaerunt, ut ex his incendium vel insidias vicinitas reformidet, aut augustentur spatia platearum, vel minuatur porticibus latitudo, dirui ac prosterni praecipimus. Dagegen dürften die c. c. 6 und 17 C. eod., wie Haeberlin (in dem Aufsatze: Die Lehre von der Zwangsenteignung etc. im Archiv für civil. Praxis, 39. Band (1856) 1. Heft S. 1—46, 2. Heft S. 147—217) S. 7 mit Recht bemerkt, nicht hieher zu rechnen sein, denn wenn auch das erstere Rescript (vgl. Bopp in Weiske's Rechtslexicon IV. Bd. ver. Expropriation S. 137, Buddeus in der Encyclopaedie von Ersch und Gruber, 39. Bd. ver. Expropriation S. 396) verfügt: „diruenda sunt omnia, quae per diversas urbes vel in foro, vel in publico quocunque loco contra ornatum et commodum ac decoram faciem civitatis exstructa noscuntur", — so geht doch aus den Eingangsworten „praescriptio temporis juri publico non debet obsistere" hervor, dass es sich hier nicht um Entziehung von Privateigenthum, sondern um Einziehung von widerrechtlich auf öffentlichem Grunde erbauten Privatgebäuden handelt. Dasselbe gilt von der c. 17, worauf deren Schlussworte „in futurum etiam universis ab huiusmodi usurpatione prohibendis" hinweisen.

ziehen berufen sein konnten. Dies ist der Ursprung der sog. Legalservituten des römischen Rechtes. Dieselben können den Dienstbarkeiten an fremder Sache keineswegs gleichgestellt, sie können auch nicht mit einer selbstständigen Klage gerichtlich geltend gemacht werden; zu ihrem Schutze besteht keine actio confessoria [9]); sie sind vielmehr eine privatrechtliche Umschreibung der allgemeinen Principien der Volkswirthschaftspflege. [10]) Allein durch diese Form wird das Princip selbst ver-

---

[9]) Elvers röm. Servitutenlehre §. 33 S. 296. Zum Schutze der Legalservituten dienten entweder eigene Interdicte z. B. de glande legenda, arboribus caedendis etc., oder es wurden diese sog. Servituten nur als ein Ausfluss des Eigenthumsrechtes zum Nachbargrundstücke aufgefasst, und durch die dem Eigenthümer dieses Grundstückes zustehende actio negatoria geschützt.

[10]) Vgl. die Zusammenstellung der diesbezüglichen Vorschriften des Pandektenrechtes bei Arndts Pandekten §. 131, Vangerov Lehrb. der Pandekten I §. 297 und insbesondere ausführlich bei Böcking Pandekten des röm. Privatrechtes II. Bd. §. 140, S. 43—52. Letzterer theilt die Legalservituten ein 1. in solche, die hauptsächlich zur Beförderung der unmittelbaren Staatsinteressen dienen, namentlich a) solche, die das Beerdigungswesen betreffen, z. B. das Verbot der eigenmächtigen Ausgrabung eines Bestatteten, insbesondere jedoch die in der vielbesprochenen l. 12. pr. D. de religiosis etc. (11, 7) enthaltene Beschränkung des Eigenthümers, einem Anderen den nothwendigen Weg zu einem Grabmale gegen angemessene Entschädigung abzutreten. Bekanntlich hat hieraus die gemeinrechtliche Praxis das allgemeine Recht eines sog. Nothweges abzuleiten versucht; b) solche, welche die Errichtung und Instandhaltung der öffentlichen Wege und Wasserleitungen betreffen. Die Verpflichtung der Grundeigenthümer, den zum Baue oder zur Erhaltung öffentlicher Wege nöthigen Grund und Boden, oder Material gegen Entschädigung abzutreten, wird allerdings in keiner Stelle des corpus juris direct ausgesprochen, es findet sich jedoch eine Andeutung rücksichtlich des Gebrauches von, im Privateigenthume befindlichen Steinbrüchen in l. 13, §. 1. D. communia praediorum etc. (8, 4) „ut neque usus necessarii lapidis intercludatur, neque commoditas rei jure domino adimatur." — c) solche, welche die Handhabung der Baupolizei betreffen. Neben den, die Entfernung der Häuser von einander etc. betreffenden Vorschriften gehört hieher auch die Ausschliessung der Vindication rücksichtlich des in ein fremdes Gebäude oder einen fremden Weinberg eingefügten Materials nach l. 11. pr. und §. 1. D. de tigno juncto

nichtet; mit der privatrechtlichen Auffassung und der hiedurch
gebotenen Möglichkeit durch gegenseitige Uebereinkunft der
Parteien die im allgemeinen Interesse verhängten Eigenthums-
beschränkungen zu beseitigen [11]), hören die Legalservituten auf,

(47. 3); — 2. solche, die zur Beförderung der nachbarlichen, und
so mittelbar auch der Staatsinteressen dienen, insbesondere a) rücksichtlich der Grundstücke überhaupt. Hieher gehört u. A. das
Verbot gewisse Baulichkeiten und Pflanzungen, namentlich aber
weitschattende Bäume in einer gewissen Entfernung von der Grenze
anzulegen nach l. 13. D. finium regundorum (10, 1), das Recht des
Grundeigenthümers, wegen gefahrdrohender Beschaffenheit einer
Vorrichtung auf dem Nachbargrundstücke Caution zu verlangen
nach tit. D. de damno infecto etc. (39, 2) u. s. w.; b) rücksichtlich der Feldgrundstücke. Hieher gehören u. A. das Recht des
Nachbars, die auf fremden Grund gefallenen Früchte aufzulesen
nach tit. D. de glande legenda (43, 28), die Beschränkungen des
Eigenthümers rücksichtlich der Beeinflussung des Wasserlaufes
nach l. 1, §. 1. D. de aqua et aquae pluviae arcendae (39, 3), das
Verbot, den Luftzug zu des Nachbars Tenne zu verbauen, nach
c. 14, §. 1. C, de servit. et aqua (3, 34) u. a. m.; c) rücksichtlich
der Gebäude. Hieher gehört die Vorschrift, wonach der Grundeigenthümer die Ausbauchung der Mauer des Nachbars bis zu
¼ Fuss zu dulden hat nach l. 17. pr. D. si servitus vindicetur
etc. (8, 6), wie auch die Gestattung, über ein Gebäude hängende
Bäume und Sträuche des Nachbars zu beseitigen, nach l. 1, pr.
D. de arboribus caedendis (43, 27). Die meisten dieser Vorschriften
werden allerdings als antiquirt h. z. T. von der gemeinrechtlichen
Praxis nicht mehr beachtet. Dieselben repräsentiren durchwegs
Massregeln der Verwaltung, insbesondere der intellectuellen und
moralischen Cultur, der Baupolizei u. s. w., gehören jedoch vor-
wiegend dem Gebiete der Volkswirthschaftspflege an. Dass den
gedachten Bestimmungen eine publici iuris ratio zu Grunde liegt,
wird von Arndts und Böcking a. a. O. ausdrücklich anerkannt
[11]) Böcking a. a. O. findet das unterscheidende Merkmal zwischen
den Legal- und den übrigen Servituten in der Unabhängigkeit
der Entstehung der ersteren vom Privatwillen. Elvers (a. a.
O. S. 293) stellt den Grundsatz auf, dass die Legalservituten durch
Dispositionen der Betheiligten aufgehoben werden können, soweit
sie nicht im öffentlichen Interesse, sondern lediglich zu
Gunsten des benachbarten Grund-tückes aufgestellt sind. Dieser
Grundsatz dürfte zu allgemein sein, da, wie bemerkt, alle sog.
Legalservituten wenigstens mittelbar im öffentlichen Interesse
statuirt sind, während doch bei den meisten die historisch zu er-

die Interessen der wirthschaftlichen Verwaltung wirksam zu fördern. [12])

---

klärende privatrechtliche Natur derselben kaum einem begründeten Zweifel unterzogen werden kann. Eine Ausnahme dürfte nur bezüglich der in not. 10 sub. I, b, gedachten Vorschrift stattfinden, falls selbe überhaupt aus den Quellen mit Recht abgeleitet werden kann. Hiebei wäre allerdings die Privatdisposition ausgeschlossen. Zweifelhafter ist dies rücksichtlich der Anordnung des l. 14, §. 1. D. quemadm. servitutes amittuntur (8, 6): „cum via publica vel fluminis impetu, vel ruina amissa est, vicinus proximus viam praestare debet", in welcher mehrere Schriftsteller (so Meyer a. a. O. S. 65, Mittermaier a. a. O. S. 17, Treichler in der Zeitschrift für deutsches Recht XII. Bd. S. 125) eine Spur des Enteignungsrechtes erblicken, wogegen Andere (Brinz a. a. O. S. 470) und, wie es scheint, mit Recht, diese Stelle dahin auslegen, dass hiedurch nur den Anrainern ein Nothweg anstatt des zu Grunde gegangenen öffentlichen Weges eingeräumt werden solle, wobei es allerdings der Uebereinkunft der Betheiligten anheimgestellt bliebe, von dieser Begünstigung abzusehen. Oeffentlicher Natur ist ferner die Vorschrift der c. c. 3 und 6 C de metallariis (11, 6), welche das Suchen nach Mineralien unter der Erde selbst auf fremdem Grund und Boden, jedoch mit Ausnahme des Raumes unter den Gebäuden gegen einen Antheil des Erträgnisses gestatten. Hier haben wir es mit einem wirklichen Enteignungsfalle zu thun, der noch h. z. T. von eminenter praktischer Wichtigkeit ist.

[12]) Die auch in mehrere neuere Gesetzgebungen (Vgl. allg. preuss. L R. I. Th. II. Titel §. 7, dann die österr. Verordnung vom 6. August 1768, Codex Austr. VI, S. 1133) übergegangene, jedoch nach Ansicht mancher Schriftsteller h. z. T. antiquirte Bestimmung, wonach Besitzer von Getreidevorräthen zum Verkaufe ihrer entbehrlichen Vorräthe gezwungen werden können (vgl. den übrigens unglossirten Titel C. ut nemini liceat in emtione specierum se recusare 10, 27, und l. 2 D. de nundinis 50, 11), welche Martin (im Archiv für praktische Rechtswissenschaft IX. S. 80), dann Meyer (a. a. O. S. 70) für einen Fall wirklicher Enteignung ansehen, behandelt wohl eine im Interesse der Verwaltung, speciell im Interesse der Sorge für die öffentliche Sicherheit vorgesehene polizeiliche Massregel, statuirt jedoch keinen Enteignungsfall. Dasselbe gilt von jenen Stellen, welche in favorem libertatis die Freilassung von Sklaven unter gewissen Umständen anordnen, so tit. C de communi servo manumisso (7, 7) (Wirkung der Freilassung durch einen Miteigenthümer) l. 2, D. de his qui sui etc. (1, 8), (Freilassung bei Misshandlung durch den Herrn), c. 2 C, pro quibus causis

Aus dem älteren germanischen Rechte sind uns fast keine Spuren des Enteigungsrechtes überliefert worden.[13]) Die einzige Veranlassung der Anwendung dieses Rechtes mag hier das im Mittelalter so blühende Institut des Bergbaues gewesen sein.[14])

Nach der Reception des römischen Rechtes bemühten sich dessen Interpretatoren, den dürftigen Stellen des corpus juris, welche Andeutungen des Rechtes der Staatsgewalt enthalten, im Falle der Noth oder des öffentlichen Nutzens Privateigenthum in Anspruch zu nehmen, den Bedürfnissen der Zeit entsprechend eine möglichst extensive Ausdehnung zu geben.[15]) Gewohnt jedoch, jede Erscheinung im Staatsleben der privatrechtlichen Schablone anzupassen, fassten sie jenes Recht der Staatsgewalt dahin auf, dass der Staat, beziehungsweise der Landesfürst ein wirkliches Eigenthumsrecht zu allen im Territorium des Staates gelegenen Sachen besitze, selbe daher nach Belieben für seine Bedürfnisse zu verwenden berechtigt sei.[16]) Allerdings wurde diese schroffe Auffassung von

---

servi pro praemio libertatem accipiunt (7, 13) (Freilassung bei Entdeckung von Falschmünzern, wobei dem Herrn der Preis des Sklaven vom Staatsschatze vergütet wird) u. a m. (Vgl. Meyer a. a. O. P. 68, 69, Martin a. a. O. P. 82, Bopp a. a. O. S. 136, Häberlin a. a. O. S. 3—7). Alle diese Vorschriften fallen unter ganz andere Gesichtspunkte.

[13]) Vgl. Mittermaier a. a. O. S. 17, Treichler a. a. O. S. 125, Meyer a. a. O. S. 70—76, Häberlin a. a. O. S. 8. Grünhut erklärt (a. a. O. S. 34, 35) diesen Abgang durch das damals herrschende Feudalsystem, dem gegenüber die Staatsgewalt ohnmächtig dastand.

[14]) Häberlin a. a. O. S. 8 ff. Dagegen Meyer a. a. O. S. 75, 140.

[15]) So wird die Vorschrift der l. 13, §. 1. D. communia praediorum etc. (8, 4) auf die Zerstörung der Vororte einer Festung zur Verhinderung der Annäherung des Feindes, die Vorschrift der l. 12 pr. D. de religiosis etc. (11, 7) auf die Entziehung von Gründen zum Baue oder zur Erweiterung von Kirchen ausgedehnt u. a. m.

[16]) Anlass zu diesem Missverständnisse bot eine Stelle in der c. 3 C de quadriennii praescriptione (7, 37), welche rücksichtlich der Ausschliessung der Vindication der vom Fiscus erkauften Sachen das eigentliche Staatsgut (fiscales res) dem Privateigenthume der Fürsten (res quae ex privata earum substantia procedunt) gleich-

den Postglossatoren einigermassen dadurch gemildert, dass selbe
zur Aufhebung von Privatrechten eine justa causa forderten;
doch war hiemit im Wesen nicht viel gewonnen, da schon die
bewusste Absicht, die sich in der Clausel: „lege non obstante"
manifestirte, nach Ansicht der Mehrzahl dieser Schriftsteller die
justa causa ersetzen sollte. [17])

Inzwischen hatten trotz alledem die Grundherren ihre
historisch begründeten, und durch Unterwerfung der Bauern-
aufstände neuerlich befestigten politischen Rechte immer mehr

stellt, und die Begründung beifügt: „cum omnia principis
esse intelligantur, sive ex sua substantia, sive ex fiscali fuerit
aliquid alienatum." Es entstand hieraus ein Streit der berühmten
Glossatoren Bulgarus und Martinus, von denen Letzterer dem
Kaiser ein wirkliches Eigenthumsrecht zu allen im Territorium
des Staates gelegenen Sachen vindicirte, wogegen Ersterer die
Stelle nur dahin verstehen wollte, dass alle Sachen im Umkreise
des Staates unter dem Schutze und der Gerichtsbarkeit des Kaisers
stehen. Martinus soll der Sage nach für diese höfische Auslegung
vom Kaiser Friedrich Barbarossa mit einem Pferde beschenkt
worden sein, worauf Bulgarus bemerkte: „amisi equum, quia dixi
aequum, quod non erat aequum." Vgl. Stein a. a. O. S. 168,
Meyer a. a. O. S. 86 ff.

[17]) Eine ausführliche Darstellung der diesbezüglichen Lehren, insbesondere des Bartolus und Baldus findet sich bei Meyer a. a. O.
S. 97—115. Gegen Mitte des 15. Jahrhundertes giebt Aeneas
Sylvius in seinem Briefe an Kaiser Friedrich cap. XVII dem
Widerstreite der gesunden Auffassung mit der von ihm selbst
verfochtenen Allgewalt des römischen Kaisers durch ein Zwie-
gespräch mit seiner Feder treffenden Ausdruck: „dicendum est
etiam aliud, quod aliquibus fortasse durum videbitur,
et absurdum, sed non debet tacere, quod verum est, dictuque utile.
Quid obstas penna? quid molesta es? cur non reddis atramentum?
Exprime Caesaris privilegium, nullum timeas dum vera scribis.
Nempe liberum est Imperatori, non solum homini nequam, sed
etiam viro bono, ac de republica bene merito proprium agrum,
proprios domos, propriasque possessiones auferre, si rei publicae
necessitas id expostulat." Und noch gegen Mitte des 16. Jahrhund.
klagt Cuiacius (observationum et emendationum lib. 28) lib.
XXVII cap. 9: „multa quoque vitia (im Sinne der Ausnahme von
der Regel: id quod nostrum est, sine facto nostro ad alium transferri non potest) attulit olim, quandoque et adfert numero saepius
publica necessitas, multa principum et potentiorum vis
et iniuria!"

zu Privatrechten umzugestalten und selben so den Charakter unverletzlicher Rechte zu vindiciren gewusst. Dem gegenüber waren die Theoretiker des 17. Jahrhundertes bemüht, die doch unerlässliche Ingerenz der staatlichen Macht in Angelegenheiten der inneren Verwaltung auch philosophisch zu begründen, wobei sie anknüpfend an die Auffassung der Glossatoren der Gesammtheit der Staatsangehörigen und dem sie repräsentirenden Staatsoberhaupte ein sog. oberstes Eigenthumsrecht (dominium eminens) an allen Sachen des Staatsbürgers, ja auch ein unbeschränktes Verfügungsrecht über die Person der Staatsbürger (potestas eminens) beilegten. Der erste Verfechter dieser Richtung ist Hugo Grotius [18]), und wenngleich diese Auffassung unter den Zeitgenossen, wie unter den späteren Schriftstellern mehrfachen Widerspruch fand [19]), so kann sie doch bis gegen Ende des 18., ja bis weit in die erste Hälfte des 19. Jahrhundertes hinein als die herrschende bezeichnet werden.[20])

[18]) Er rechnet (de iure belli et pacis lib. I. cap. 3 §. VI. Abth. 2) dieses höchste Obereigenthum, welches der Staat an den Bürgern (!) und deren Sachen zu öffentlichen Zwecken besitzt, zu den „speciellen öffentlichen Regierungsgeschäften" und den hiezu gehörigen „Sachen" neben den Steuern und Aehnlichem. — Schon unter den römischen Schriftstellern der ersten Kaiserzeit hatte Seneca eine ähnliche Auffassung bekundet. Er schreibt (de beneficiis VII. 4): „Jure civili omnia regis sunt, et tamen illa, quorum ad regem pertinet universa possessio, in singulos dominos descripta sunt, et una quaque res habet possessorem suum: itaque dare regi domum et mancipuum et pecuniam possumus, nec donari illi de suo dicimur; ad reges enim potestas omnium pertinet, ad singulos proprietas." Der einzelne Eigenthümer habe dem Staate gegenüber eine ähnliche Stellung, wie ein Sklave oder Haussohn, dem vom pater familias ein peculium eingeräumt wurde: „non est habiturus, si dominus illum habere noluerit."

[19]) Insbesondere entbrannte in den Jahren 1653 bis 1673 zwischen Horn und Leyser ein lebhafter Streit über die Existenz des sog. dominium eminens. Leyser hatte die Berechtigung eines solchen Obereigenthumes bestritten und die Behauptung aufgestellt, der Staat besitze nur ein imperium, und er könne hierwegen den Privaten ihr Eigenthum nur im öffentlichen Interesse und nur gegen Entschädigung entziehen. Vgl. hierüber vornehmlich Meyer a. a. O. S. 125—129, Stein a. a O. S. 171—173.

[20]) Vgl. Westphal, a. a. O. VII. Abth. §. 3 §. 79, Egger, a. a. O.

In der That hatte sich jedoch schon frühzeitig die Erkenntniss Bahn gebrochen, dass das Recht der Enteignung vom rein privatrechtlichen Standpunkte aus unmöglich begründet werden könne, und man kann mit Recht behaupten, dass auch die Verfechter der Theorie vom sog. dominium eminens materiell nichts Anderes, als das höhere Recht der Staatsidee gegenüber der streng abgeschlossenen Privatrechtssphäre des einzelnen Individuums zur Geltung brachten, und dieses Recht lediglich dem Geiste ihrer Zeit entsprechend, privatrechtlich definirt haben.[21]

VII. §. 6, Klüber a. a. O. §. 551 not. 6, Maurenbrecher a. a. O. §§. 60 und 181. Von den österreichischen Schriftstellern behauptet noch Scheidlein (Handbuch des österr. Privatrechtes 1814 II. Band S. 45 ad §. 365), dass „dem Staatsoberhaupte das oberste Eigenthumsrecht zusteht, welches er in dringenden Fällen über alle Privatgüter ausüben kann." Erst Thiel konnte (a. a. O. S. 1) die Thatsache registriren, dass die Theorie vom dominium eminens des Staates keine Anhänger mehr zählen dürfte!

[21] Schon zu Ende des 17. Jahrh. bemerkt Pufendorf (de jure naturae et gentium lib. VIII cap. 5 §. VII), dass weniger die Wesenheit, als die Bezeichnung des höchsten Obereigenthumes Bedenken errege („dominii eminentis non tam rem quam vocabulum aliqui damnant.") Egger rechtfertigt (a. a. O. §. 186) die Bezeichnung „dominium eminens" damit, dass „der Privatmann Eigenthümer sei mit Rücksicht auf das Privat-, der Regent hingegen mit Rücksicht auf das öffentliche Recht." Treffend charakterisirt auch Kreitmayr in seinem Commentar des bair. Codex Maxim. II. Th. C. 2 §. 2 das Verhältniss dahin, dass wohl die Benennung des „dominium eminens", welche von Hugo Grotius auf das Tapet gebracht worden, etwas hart klingt, und insonderheit zwischen Hornio und Leysero grosser Streit entstanden sei, dass jedoch das Ganze auf eine blosse Logomachie hinausläuft. „Im Hauptwerk läugnet der Landesherrschaft obverstandene Gewalt, soweit sie in gehörigen Schranken bleibt, Niemand ab, liegt also im Ueberrest nicht viel daran, wie das Kind getauft werde, und ob es eigentlich dominium eminens oder imperium heissen soll." Vgl. Stein a. a. O. S. 304, Meyer a. a. O. S. 129. Brinz nennt (a. a. O. S. 468) das dominium eminens eine privatrechtliche „Beschönigung" der öffentl. Gewalt. Zeiller befürwortet (in seinem Commentar zum österr. allg. bürgl. Gesetzbuche ad §. 365 II. Bd S. 127), es möge das Recht der Enteignung, „um den zweideutigen

Schon gegen Ende des 18. und Beginn des 19. Jahrhundertes finden wir die Enteignung als ein allgemeines staatliches Recht in der Gesetzgebung anerkannt. In den drei grossen Gesetzbüchern dieser Zeit ist übereinstimmend der Grundsatz ausgesprochen, dass aus Gründen des öffentlichen Wohles Privateigenthum gegen angemessene Entschädigung in Anspruch genommen werden könne.[22])

Allein der ungeahnte Aufschwung, welchen die Verkehrsverhältnisse in der ersten Hälfte des 19. Jahrhundertes durch die grossen Fortschritte der technischen Wissenschaften gewonnen hatten, liessen die allgemeine gesetzliche Formulirung des Principes der Enteignung bald als ungenügend erscheinen. Namentlich erheischte der Bau der Eisenbahnen die Feststellung detaillirter Grundsätze über die Anwendung dieses Principes im concreten Falle, vor Allem jedoch die gesetzliche Normirung eines geregelten Expropriations verfahrens. Hieraus entstand naturgemäss das Bestreben nach Formulirung eigener Expropriationsgesetze. Den ersten Anlass hiezu gab Frankreich mit dem Gesetze vom 8. März 1810[23]), welches später durch die Gesetze vom 7. Juli 1833 und vom 3. Mai 1841 durchgreifende Umänderungen erfuhr. Auch in einzelnen deutschen Staaten, namentlich in Baden (Gesetz vom 28. August 1835) und in

---

und gehässigen Ausdruck" des obersten Eigenthumsrechtes zu vermeiden, lieber ‚das äusserste Recht über die Privatgüter" genannt werden.

[22]) So bestimmt das preuss. allg. Landrecht in der Einl. §. 74: „Einzelne Rechte und Vortheile der Mitglieder des Staates müssen den Rechten und Pflichten zur Beförderung des gemeinschaftlichen Wohles, wenn zwischen beiden ein wirklicher Widerspruch (Collision) eintritt, nachstehen." §. 75: „Dagegen ist der Staat denjenigen, welcher seine besonderen Rechte und Vortheile zum Wohle des gemeinsamen Wesens aufzuopfern genöthigt wird, zu entschädigen gehalten." — Der Code Napoléon enthält im art. 545 die ähnliche Bestimmung: „Nul ne peut être contraint de céder sa propriété, si ce n'est pour cause d'utilité publique et moyennant une juste et préalable indemnité." — Bekannt ist schliesslich §. 365 des österr. allg. bürg. Gesetzbuches: „Wenn es das allgemeine Beste erheischt, muss ein Mitglied des Staates gegen angemessene Schadloshaltung selbst das vollständige Eigenthum einer Sache abtreten."

[23]) Grünhut a. a. O. S. 46.

Baiern (Gesetz vom 17. November 1837) hat man sich zur Erlassung selbstständiger Expropriationsgesetze entschlossen. Dagegen waren noch vor nicht langer Zeit weder in Preussen, noch in Oesterreich diesseits der Leitha die diesbezüglichen legislativen Bestrebungen über das Stadium der Entwürfe hinausgekommen [24]), bis schliesslich unter dem 11. Juni 1874 für den ganzen Umfang des preussischen Staates ein einheitliches Expropriationsgesetz zu Stande kam.

Eine weitere Veranlassung zur Präcisirung des Rechtes der Staatsgewalt gegenüber dem Privateigenthume boten die im Laufe dieses Jahrhundertes in den einzelnen Staaten zu Stande gekommenen Verfassungsurkunden. Dieselben sprechen meist allgemein das Princip der Unverletzlichkeit des Privateigenthumes aus, und bestimmen, dass Letzteres nur in den vom Gesetze bestimmten Fällen aus Gründen des öffentlichen Wohles gegen Entschädigung von der Staatsgewalt entzogen werden könne.[25])

[24]) In Folge a. h. Entschliessung vom 11. December 1861 wurden laut Handelsmin. Erl. vom 22. Jänner 1862 Z. 5214—886 Centralblatt Nr. 4 in Oesterreich die Einleitungen getroffen, um ein neues Expropriationsgesetz im verfassungsmässigen Wege zu Stande zu bringen. Diese Verfügung hat jedoch bisher zu keinem Resultate geführt. Pollanetz-Witteck Sammlung S. 66.

[25]) Vgl. art. 8 und 9 der französischen Charte constitutionelle vom 14. August 1830: „Toutes les propriétés sont inviolables. L'état peut exiger le sacrifice d'une propriété pour cause d'interèt public legalement constatée mais avec une indemnité préalable." Nach der deutschen Reichsverfassung von 1849 §. 164 alin. 2 konnte die Enteignung „nur aus Rücksichten des gemeinen Besten, nur auf Grund eines Gesetzes und gegen gerechte Entschädigung" vorgenommen werden. Art. 9 der preuss. Verfassungsurkunde vom 21. Jänner 1851 hatte bestimmt: „Das Eigenthum ist unverletzlich. Es kann nur aus Gründen des öffentlichen Wohles gegen vorgängige, in dringenden Fällen wenigstens vorläufig sicherzustellende Entschädigung nach Massgabe des Gesetzes entweder entzogen oder beschränkt werden." Dieser Bestimmung nachgebildet ist art. V. des österr. Staatsgrundgesetzes über die allgemeinen Rechte der Staatsbürger für die im Reichsrathe vertretenen Königreiche und Länder vom 21. December 1867 Nr. 142 R. G. B.: „Das Eigenthum ist unverletzlich. Eine Enteignung gegen den Willen des Eigenthümers kann nur in den Fällen und in der Art eintreten, welche das Gesetz bestimmt."

Die neuesten ausserdeutschen Expropriationsgesetze sind jene für das Königreich I t a l i e n vom 25. Juni 1865 und die u n g a r i s c h e n Gesetzartikel 55 und 56 vom Jahre 1868.[26]) Was schliesslich E n g l a n d betrifft, so hat es dessen eigenthümliche Verfassung und die Stellung des Parlaments, welches zugleich oberste Verwaltungsbehörde ist, mit sich gebracht, dass die zwangsweise Entziehung von Privateigenthum zu öffentlichen Zwecken nur in Folge eines besonders zu diesem Behufe erlassenen S p e c i a l g e s e t z e s , einer Private Bill erfolgen kann. Es sind daselbst jedoch gleichfalls die allgemeinen Rechtsgrundsätze über Enteignung, sowie das hiebei zu beachtende Verfahren im Voraus gesetzlich festgestellt worden.[27])

Das materielle Enteignungsrecht.

§. 3.

Der Enteignungsbegriff im österreichischen Rechte.

Für das gegenwärtig geltende österreichische Recht ist behufs Feststellung des Enteignungsbegriffes auf den §. 365 des allg. bürg. Gesetzbuches zurückzugehen, welcher jedem Mitgliede des Staates die Verpflichtung auferlegt, sein Eigenthum gegen angemessene Schadloshaltung dann abzutreten, wenn es das allgemeine Beste erheischt.

Der unmittelbar vorangehende §. 364 erwähnt dagegen der Beschränkungen, welchen das Eigenthum im Staate kraft allgemeiner gesetzlicher Vorschrift unterworfen ist, und bestimmt, dass die Ausübung des Eigenthumsrechtes nur insoferne statt-

---

[26]) Offic. Landesgesetzsammlung für das Jahr 1868 S. 497—551. Ges. Art. 55 behandelt in 90 §§. die allgem. Expropriationsvorschriften, während Ges. Art. 56 in 99 §§. Ausnahmsbestimmungen in der Richtung statuirt, inwieferne noch ausserdem im Weichbilde der Städte Ofen und Pest die Expropriation zulässig ist.

[27]) Dies ist die sogenannte Lands clauses consolidation Act vom 8. Mai 1845. Vgl. hierüber insbesondere S t e i n a. a. O. S. 309 - 312, G r ü n h u t a. a. O. S. 66—70.

finde, als die in den Gesetzen zur Erhaltung und Beförderung des allgemeinen Wohles vorgeschriebenen Einschränkungen nicht übertreten werden. Es bedarf wohl im Hinblicke auf das in der Einleitung Gesagte keiner näheren Ausführung, dass die im §. 364 a. b. G. B. angedeuteten Vorschriften mit der Enteignung nichts zu schaffen haben, sondern lediglich Beschränkungen statuiren, welche der Ausübung des. Eigenthumsrechtes aus allgemeinen meist polizeilichen Rücksichten auferlegt werden, dass speciell auch in den Fällen dieses §. von einer Entschädigung des Eigenthumes keine Rede sein kann. [1] An dem Wesen dieser Beschränkungen wird selbst dadurch Nichts geändert, dass selbe unter Umständen sogar die völlige Entziehung des Eigenthumsrechtes zu dem betreffenden Objecte zur Folge haben können. Wenn daher die bestehenden Bauordnungen bei

---

[1] Der §. 82 des II. Theiles des westgal. Gesetzbuches von 1797 (welcher unserem §. 364 als Vorbild diente) hatte dies ausdrücklich theoretisch mit den Worten begründet: „Wenn ausdrückliche politische Verordnungen zur Erhaltung und Beförderung des allg. Wohles das Eigenthumsrecht bisweilen zu beschränken scheinen, so wird dadurch das Eigenthum der Staatsmitglieder keineswegs geschmälert, sondern demselben nur vielmehr eine gemeinnützige Richtung gegeben." Der darauf folgende (im allg. bürg. Gesetzbuche gestrichene) §. 83 bestimmte sodann: „Was also in Ansehung der Art und Beschaffenheit der Natur- und Kunsterzeugnisse, der Aufführung, Erhaltung und Herstellung der Gebäude, der Pflege der Waldungen, der Anlegung der Canäle, Wasserleitungen und anderen öffentlichen Anstalten in Bau-, Wald-, Markt- und dergl. Ordnungen vorgeschrieben ist, muss genau befolgt werden." Vgl. auch die Entscheidung des obersten Gerichtshofes vom 19. Mai 1858 Z. 4348 Unger-Glaser Nr. 573, dann das Hofkzleid. v. 25. November 1844 Z. 33398 (böhm. Prov. Ges. Slg. 1845 Nr. 116), welches im Gegensatze zu den eigentlichen Expropriationsfällen bestimmt: „dagegen haben die Besitzer von Waldgründen, welche an die öffentlichen Strassen angrenzen, in den Fällen, wo sie aus polizeilichen Rücksichten zur Auslichtung des zunächst der Strasse anliegenden Theiles verhalten werden, auf eine Entschädigung keinen Anspruch, weil dies eine jener Beschränkungen ist, welche sich jeder Eigenthümer nach §. 364 a. b. G. B. aus Rücksicht auf das allgemeine Wohl gefallen lassen muss."

drohendem Einsturze eines Hauses die Baubehörde ermächtigen, eventuell durch einen aufzustellenden Curator die öffentliche Feilbietung des Bauobjectes zu veranlassen, so kann diese Massregel mit der Enteignung in keine Parallele gestellt werden. Das Eigenthum geht hier dem fahrlässigen Besitzer nur wegen der mangelhaften Beschaffenheit des Bauobjectes als solchen verloren, ohne dass dem Besitzer im Interesse der Gesammtheit ein besonderes Opfer auferlegt würde.[2]

Unsere Gesetzgebung scheidet aber auch die eigentlichen Nothfälle von den Fällen der Enteignung. Es ist nicht nur in Ansehung der ersteren ein eigentliches Expropriationsverfahren nicht denkbar, sondern es kommen hier auch materiellrechtlich ganz andere Grundsätze als bei der Expropriation zur Anwendung.[3] Dies ergibt sich einmal schon dar-

---

[2] Die betreffende Bestimmung enthält §. 64 der Bauordnung für Böhmen vom 11. Mai 1864 No. 20 L.G.B., dann §. 36 der Bau-Odg. für Lemberg vom 10. Jänner 1855; für die übrigen Kronländer resp. Städte, deren Bauordnungen in dieser Hinsicht keine Bestimmung enthalten, oder lediglich anordnen, dass die Baubehörde für Räumung und Demolirung der mit Einsturz drohenden Gebäude zu sorgen hat, dürfte die allerdings zunächst nur für Krakau erlassene M.-Verordg. v. 2. September 1856 No. 164 R.G.B. massgebend sein. Nach §. 3 dieser Verordg. kann sogar aus blossen Verschönerungsrücksichten die Feilbietung des Bauobjectes eingeleitet werden. Ueber die Wirkung der Feilbietung, speciell über die Frage, ob durch selbe die Rechte der Hypothekargläubiger berührt werden, enthalten die bezogenen Gesetze keine ausdrückliche Bestimmung. §. 2 der M.-Vdg. von 2. September 1856 spricht wohl davon, dass den Hypothekargläubigern Gelegenheit zur Wahrung ihrer Interessen geboten werden solle; doch handelt diese Stelle speciell nur von der Demolirung eines mit Einsturz drohenden oder feuergefährlichen Gebäudes. Der Umstand, dass im Sinne der böhm. Bauordnung die Feilbietung durch einen Curator veranlasst werden soll, dürfte dafür sprechen, dass dem Verkaufe in privatrechtlicher Hinsicht lediglich die Wirkungen einer freiwilligen Feilbietung beizulegen sind.

[3] Von den Schriftstellern des öst. Rechtes vermengt noch Scheidlein (a. a. O. II. S. 45) das Staatsnothrecht mit dem Rechte der Expr. Stubenrauch erblickt (in Haimerl's Vierteljahrschr. III. S. 195, 196) in demselben nur ein abgekürztes Expropriationsverfahren. Das von ihm citirte Hofkanzleidecret vom 23. Juni

3

aus, dass in Nothfällen auch nicht gerade bloss streng im
öffentlichen, sondern auch im privaten Interesse fremdes
Eigenthum in Anspruch genommen werden kann. In dieser
Richtung bestimmte insbesondere §. 62 der niederösterreichischen
Feuerlöschordnung für Städte und Märkte vom 7. September 1782 [4]), dass, wenn das weitere Umsichgreifen des
Brandes nicht leicht mehr auf eine andere Art gehindert werden
könnte, ohne Rücksicht mit dem Ab- und Vorbrechen der
bedrohten Häuser vorgegangen werden soll. [5]) Auch §. 49 des
Forstgesetzes vom 3. December 1852 Nr. 250 R. G. B. hat
die Beschädigung fremden Eigenthumes aus Anlass der Vorkehrungen zur Löschung eines Waldbrandes vor Augen. Nach
§. 9 des Reichsgesetzes über die Benützung, Leitung und Abwehr der Gewässer vom 30. Mai 1869 Nr. 93 R. G. B. ist es
in Nothfällen gestattet, an jedem geeigneten Platze zu landen,
sowie die Ladung der Flösse und Schiffe, nöthigenfalls die Fahr-
zeuge selbst bis zur möglichen Weiterbeförderung auf die Ufer
auszusetzen. Nach den Wassergesetzen einzelner Kronländer
(§. 35 des böhm. Gesetzes vom 28. August 1870 Nr. 71 L.
G. B., §. 34 des mähr. Ges. vom 28. August 1870 Nr. 65

1837 (Circ. des Laib. Gub. v. 11. August 1837, illyr. Prov. G. S.
S. 74, Michel Privatr. I. S. 407) hat jedoch in der That keine
Nothfälle, sondern Fälle der eigentlichen Enteignung vor Augen,
wo ein beschleunigtes Verfahren besonders wünschenswerth erscheint.

[4]) Diese Feuerlöschordnung wurde in den meisten übrigen Kronländern zur Darnachachtung kundgemacht. Vgl. Mayerhofer
Handbuch II. Bd. 1. Abth. S. 564 not. 3.

[5]) Aehnliche Bestimmungen enthielt schon die alte Feuerordnung der
Stadt Wien vom 15. Jänner 1688 (Cod. Austr. I. S. 327-334).
Des Weiteren sind in dieser Richtung hervorzuheben: §. 53 der
alten Feuerlöschordnung für das flache Land in Niederösterreich, §. 32 der Feuerlöschordnung für Steiermark vom 9. Febr.
1857 L G.B. II. Abth. Nr. 4, schliesslich die neueren Feuerlöschordnungen: für Niederösterreich mit Ausschluss von Wien
vom 1. Juni 1870 Nr. 39 L. G. B. §. 53, für Oberösterreich v.
2. Febr. 1873 Nr. 18 L. G. B., Schlesien vom 2. Februar 1873
Nr. 20 L. G. B. und für Mähren vom 5. April 1873 Nr. 35 L. G. B.,
schliesslich §. 51 der neuesten Feuerpolizeiordnung für Böhmen
vom 25. Mai 1876 Nr. 45 L. G. B. Vgl. Mayerhofer a. a. O.
S. 579.

L. G. B., §. 33 des niederösterr. Ges. vom 28. August 1870, Nr. 56 L. G. B.) können Privat- und öffentliche Gewässer bei Feuersgefahr oder vorübergehender dringender Wassernoth zeitweise benützt werden, und ist die diesbezügliche Verfügung unverzüglich zu vollstrecken.

Aber auch das Princip der Entschädigung ist im österr. Rechte in Betreff der Nothfälle keineswegs zur durchgreifenden Geltung gelangt. Der §. 1043 a. b. G. B. — eine Ausdehnung der lex Rhodia de jactu — spricht von einer „verhältnissmässigen Entschädigung," macht deren Verabfolgung jedoch davon abhängig, dass aus dem Opfer Jemand Anderer wirklich Vortheil zog. Nach den vorerwähnten Feuerlöschordnungen haben Jene, deren Häuser durch die Löschmannschaft abgedeckt oder niedergerissen wurden, lediglich alle Vorrechte und Begünstigungen der wirklichen Abbrändler zu geniessen. Nach §. 9 des Reichs-Wassergesetzes ist allerdings der Uferbesitzer im Falle einer erlittenen Beschädigung vom Floss- oder Schiffseigenthümer eine angemessene Entschädigung zu verlangen berechtigt. In anderen Nothfällen wird in der Praxis die Verabfolgung einer Entschädigung mitunter davon abhängig gemacht, dass dem Beschädigten an dem Unfalle keinerlei Verschulden zur Last falle.[6]) Rücksichtlich der Kriegsschäden gelten besondere Vorschriften (§. 1044 a. b. G. B.). Eine Entschädigung wird hier nur in sehr beschränktem Masse zuerkannt, nämlich insoferne die betreffenden Schäden auf Befehl oder mit Zulassung der Befehlshaber zugefügt wurden. Auch ist für den Schaden nicht das Aerar, sondern immer nur der schuldtragende Commandant verantwortlich.[7])

---

[6]) So ward z. B. vom Ministerium des Innern mit Entscheidung vom 28. Jänner 1872 Z. 14510 ex 1871 dem Besitzer eines Schiffes, welches zur Beseitigung einer durch dessen voraussichtliche Loslösung anlässlich einer Ueberschwemmung drohenden Gefahr zertrümmert werden musste, die Entschädigung abgesprochen, weil der Besitzer durch ungenügende Befestigung des Schiffes die erwähnte Massregel nothwendig machte (Z. f. Verw. 1872 Nr. 13).

[7]) A. h. Entschl. vom 5. April 1816 und 2. April 1821, Hofkanzleidecret vom 16. April 1821 Z. 10086 (böhm. Prov. G. S. 3. Bd. Nr. 129 S. 278), Hofkanzleidecret vom 28. Jänner 1822 Z. 35879,

3'

Abgesehen nun von den Nothfällen und den bereits früher ausgeschiedenen Fällen des §. 364 des allg. bürg. G. B. fasst unsere Gesetzgebung den Begriff der Enteignung in einem sehr weiten Sinne auf, indem selbe lediglich das „allgemeine Beste" massgebend sein lässt, um die Zulässigkeit der Ausübung des Expropriationsrechtes zu begründen. Es wird daher durchaus kein Unterschied gemacht, in welchem Zweige der Staatsverwaltung sich die Nothwendigkeit ergibt, in die Privatrechte der Staatsbürger einzugreifen, und das Gesetz scheint auch formell alle überhaupt unter den Gesichtspunkt der Enteignung subsummirbaren Fälle auf gleiche Art behandeln zu wollen.

Nichtsdestoweniger ist auch für das österr. Recht ein wesentlicher materieller Unterschied zwischen der Enteignung in dem von uns speciell behandelten Sinne und jenen Massnahmen zu constatiren, welche ausserhalb des Gebietes der Volkswirthschaftspflege die Aufhebung oder Einschränkung erworbener Rechte behufs Erreichung des Staatszweckes zum Gegenstande haben. Ja man könnte sogar versucht sein anzunehmen, dass der §. 365 a. b. G. B. gerade jene Fälle, wo das Privatrecht zu Gunsten einer gemeinnützigen Unternehmung ganz oder theilweise zurücktreten muss, vornehmlich vor Augen hat, indem derselbe von einer Abtretung, nicht aber schlechtweg von einer Aufopferung des Eigenthumes spricht.

Indem wir uns vorbehalten, die Fälle der Enteignung in diesem engeren Sinne im Einzelnen einer eingehenderen Besprechung zu unterziehen, wollen wir hier nur kurz jener gesetzlichen Bestimmungen gedenken, welche sich wohl im Allgemeinen als Consequenzen des im §. 365 a. b. G. B. aufgestellten Principes darstellen, jedoch eben wegen ihrer mit der Förderung der wirthschaftlichen Wohlfahrt nicht zusammenhängenden Tendenz aus dem Kreise der nachfolgenden Darstellung werden ausgeschlossen bleiben.

Schopf Amtshandlungen der Civilbehörden z. Bef. des Militärwesens II. §. 478 S. 120. Zur Entscheidung über derartige Ansprüche sind ausschliesslich die politischen Behörden competent und sind darauf abzielende Klagen von dem Gerichte a limine fori abzuweisen (vgl. Entscheidung des oberst. Ger.-Hofes vom 7. October 1873 Z. 9772 in der österr. Zeitschr. f. Verw. 1873 Nr. 47).

1. Die Erhaltung der Wehrkraft des Staates legt dem Einzelnen, abgesehen von der allgemeinen persönlichen Verpflichtung zur Leistung der Militärdienstpflicht, vielfach noch besondere Opfer in vermögensrechtlicher Beziehung auf. Insoweit diese Opfer der Hauptsache nach eine positive Leistung zum Gegenstande haben, z. B. Einquartirung, Vorspann etc., fallen selbe natürlich schon an und für sich unter einen ganz anderen Gesichtspunkt. — Hier sind im Gegensatze hiezu insbesondere folgende Vorschriften hervorzuheben:

a) Jeder Staatsbürger ist verpflichtet, seinen Grund und Boden, wenn derselbe zur Anlegung von Vertheidigungswerken erforderlich wird, abzutreten. Der dem Eigenthümer entstehende Schaden soll über das von demselben bei der Civilbehörde zu stellende Ansuchen durch eine politisch militärische Commission erhoben, und unter Zugrundelegung jener Vorschriften ersetzt werden, welche bei Einlösung der Gründe zum Behufe des Strassenbaues zu beobachten sind.[8])

b) Die Militärwaffenübungsplätze sind im Allgemeinen unter Würdigung der örtlichen Verhältnisse derart auszumitteln, dass Feldbeschädigungen möglichst hintangehalten werden. Sollten letztere aber dennoch vorkommen, so ist der Schade durch eine gemischte Commission gewissenhaft zu erheben, abzuschätzen und vom Militärärare zu ersetzen.[9]) Dies gilt insbesondere auch von den Schäden, welche durch die scharfen Artillerieübungen verursacht werden, und es soll auch jenen Eigenthümern, deren Gründe zwar nicht unmittelbar zu

---

[8]) Hofkanzleidecret vom 11. November 1821 und 19. Juli 1827. Schopf a. a. O. II. 468 S. 112. Vgl. auch das deutsche Reichsrayongesetz vom 21. December 1871 Rönne deutsch. Staatsr. 2. Aufl. I. S. 156 ff.

[9]) Hofkanzleidecret vom 26. März 1821 Z. 8229 kundgem. in Böhmen mit Hofkzd. vom 13. April 1821 Z. 18426 P.G.S. 3. Bd. Nr. 110 S. 259 und Gub.-Vdg. für Böhmen vom 23. Juli 1824 Z. 36927 Prov. G. Slg. 6. Bd. Nr. 141 S. 327. Hofkzdkt. vom 7. Februar 1831 Z. 2810 und vom 2. November 1837 Z. 26838 (böhm. Prov. Ges. Slg. 19. Bd Nr. 308 S. 520). Besonders ausführliche Bestimmungen enthält in dieser Richtung das Hofkanzleidecret vom 2. November 1837 Z. 26838 (kundg. in Böhmen mit Gub.-Dec. vom 26. November 1837 Nr. 308 P.G.S.)

den Uebungen benützt werden, welche aber doch in der Bestellung ihrer im Kugelfange oder in der Schusslinie liegenden Grundstücke gehindert wurden, für diese zum allgemeinen Besten geduldete Beschränkung ihres Eigenthumes eine vollkommene Entschädigung geleistet werden. [10])

c) Im Falle einer Mobilisirung der bewaffneten Macht oder eines Theiles derselben haben P f e r d e besitzer ihre nicht ausdrücklich von der Stellungspflicht befreiten Pferde zur Assentirung zu stellen und können hiezu von der politischen Behörde unter Verhängung von Geldstrafen gezwungen werden, wenn es die Gemeinden eines Aushebungsbezirkes nicht vorziehen, das entfallende Pferdecontingent aus den Pferden dieses Bezirkes freiwillig gegen Vergütung des um 10 Procent erhöhten Remontenpreises aufzubringen. Der sofort zu berichtigende Preis der gestellten Pferde wird entsprechend deren wahrem Werthe durch durch die der Aushebungs-Commission beigegebenen Schätzleute bestimmt, und es sind von den zur Schätzung gelangten Pferden vorerst jene zu assentiren, welche den niedrigsten Schätzungspreis erhielten, wobei jedoch überdies der Grundsatz einer möglichst gleichmässigen Berücksichtigung aller Pferdebesitzer einzutreten hat. [11]) Dagegen sind die Vorschriften über den Ersatz der durch Militär - Remonten -Transporte verursachten Schäden [12]), dann über die Verabfolgung ausgemusterter Militärpferde an jene Parteien, deren zu Aerarial-Transporten ver-

---

[10]) A. h. Entsch. vom 24. December 1821. Hofkd. vom 2. Jänner 1822 Z. 37277, kundgem. in Böhmen mit Gub.-Dct. vom 17. Jänner 1822 Z. 1631 P. G. S. 4. Bd. Nr. 22 S. 48.

[11]) Hofkriegr. Rescript vom 8. März 1809 D. 827. S c h o p f a. a. O. I. §§. 319 und 321. S. 322 ff. und das neueste Gesetz betr. die Deckung des Bedarfes an Pferden bei einer Mobilisirung für das stehende Heer und die Landwehr vom 16. April 1873 Nr. 77 R. G. B.

[12]) Hofkanzldk. vom 19. Juli 1827 Z. 19453 (kundg. in Böhmen mit Gub.-Decret vom 13. August 1827 Z. 40484 P. G. S. 9. Bd. Nr. 235 S. 392) und vom 28. Juli 1843 Nr. 723 J. G. S. Das letzterwähnte Gesetz behält der beschädigten Partei ausdrücklich den ordentlichen Rechtsweg gegen das Militärärar vor und regelt das Verfahren nur für den Fall, wenn der Beschädigte es vorzieht, im administrativen Wege die Befriedigung seiner Ansprüche zu erlangen.

wendetes Zugvieh durch übermässige Ladung oder Uebertrei-
bung Schaden gelitten hat [13]), lediglich Consequenzen des im
§. 1295 a. b. G. B. ausgesprochenen Grundsatzes, wobei das
Aerar ausnahmsweise für das Verschulden der intervenirenden
Militärpersonen haftet. [14])

2. Das finanzielle Interesse des Staates erheischt
gleichfalls mitunter Beschränkungen der Privatrechtssphäre des
Individuums, und unsere Gesetzgebung erwähnt in dieser Richtung insbesondere zweier Fälle:

a) Nach der Zoll- und Staatsmonopolsordnung vom 11. Juli
1835 sind jene Salzquellen, welche das Aerar nicht selbst
ausnützen will, zu verschlagen und unbrauchbar zu machen.
Dem Eigenthümer des Grundes, auf welchem nun eine Salzquelle verschlagen oder unbrauchbar gemacht wurde, ist, wenn
er hiedurch einen Schaden an seinem Eigenthume erleidet, die
Schadloshaltung im Sinne des §. 365 a. b. G. B. zu leisten.
(§. 411 der Zoll- und St. M. Ord. [15])

b) Aus Anlass der zur Erlangung eines gleichmässigen
Massstabes für die Vertheilung der Staatslasten nothwendig
erscheinenden Grundsteuerregulirungen und Katastralvermessungen ist es oft nothwendig, das Eigenthum von Privaten
zu schädigen, denen sodann in Gemässheit besonderer Vorschriften der Ersatz des erlittenen Schadens geleistet wird. [16])

---

[13]) Hofdecr. vom 9. August 1776, 14. December 1781 und 1. August
1785, Hofkanzleidecret vom 13. Mai 1803. Schopf a. a. O. I
§. 385 S. 488.

[14]) Der Beamte selbst kann auch dann, wenn ihm wirklich ein Verschulden zur Last fällt, nach dem Hofd. vom 14. März 1806 Nr.
579 J. G. S. im Civilrechtswege nicht belangt werden.

[15]) Für den Verlust der Salzquelle selbst gebührt dem Eigenthümer keine Entschädigung, nachdem er selbe in Gemässheit der
bestehenden Vorschriften auszunützen ohnedies nicht in der
Lage war. Hier ist daher nur von Beschädigungen die Rede,
welche anlässlich der Verschlagung der Salzquelle an den Grundstücken der Privaten zugefügt werden.

[16]) Die Grundsteuerregulirungs-Hofcommissions-Decrete vom 17. Juni
1821 Z. 15286 (kundg. in Böhmen mit Gub.-Decr. vom 1. Juli 1821,
Z. 32304) und vom 19. Juni 1821 Z. 24845 (kundg. in Böhmen
mit Gub.-Decr. vom 22. Juli 1824 Z. 36468 Prov. G. Slg. 6. Bd.

3. Im Interesse der Gesundheitspflege können sich verschiedene Massregeln als geboten darstellen, welche sich ohne Beeinträchtigung des Privateigenthums nicht durchführen lassen. Insbesondere kann unter Umständen die Trockenlegung von Teichen angeordnet [17]), auch können anlässlich der Aufstellung eines Sanitäts-Cordons an dem Eigenthume der Privaten Beschädigungen verursacht werden. Schäden der letztgedachten Art sind dann vom Staatsschatze zu vergüten, wenn die Beschädigung eine Folge des Anspruches ist, welchen die hiezu berufene Autorität an ein Privateigenthum gestellt hat, um die zur Errichtung und Aufrechthaltung des Cordons nothwendigen Anstalten zu treffen. Wenn in Betreff der Entschädigung im politischen Wege keine gütliche Ausgleichung zu Stande kömmt, ist der Beschädigte auf den Rechtsweg zu verweisen. [18])

4. Es lassen sich schwer Fälle denken, wo behufs Förderung der intellectuellen oder moralischen Cultur Eingriffe in das Privateigenthum sich als nothwendig herausstellen würden. Ob insbesondere die Errichtung eines Schulgebäudes die zwangsweise Entziehung des hiezu erforderlichen Bodens rechtfertige, ist eine Frage, die unter Berücksichtigung

---

Nr. 139) enthalten in dieser Richtung besonders eingehende Vorschriften, auf welche wir, da selbe auch in den von uns speciell behandelten Fällen verwerthet werden können, in der Folge noch zurückkommen werden. Die älteren Normen sind bei Abgang neuer Bestimmungen unzweifelhaft auch bei den in Gemässheit des §. 35 des Gesetzes vom 24. Mai 1869 Nr. 88 R. G. B. (über die Regelung der Grundsteuer) von dem Vermessungspersonale der Bezirksschätzungscommissionen eventuell zur Berichtigung der vorhandenen Katastralmappen vorzunehmenden Vermessungen anwendbar.

[17]) Ein interessanter Fall der gedachten Art war in neuerer Zeit insbesondere die auf Grund umfassender Erhebungen und ärztlicher Gutachten vom k. k. Ministerium des Inneren im Einvernehmen mit dem Ackerbauministerium unterm 24. October 1872 Nr. 5659 verfügte Trockenlegung der sog. Nürschaner Teiche in Böhmen.

[18]) Hofkzldkt. vom 13. Mai 1832 Z. 7242 (in Pichls Fortsetzung der Kropatschek'schen Gesetz-Sammlung 58. (33) Band Nr. 116 S. 212). Vgl. Stubenrauch a. a. O. S. 168.

der Verhältnisse des concreten Falles nur in den seltensten Fällen wird bejahend beantwortet werden können.[19])

5. Behufs Sicherung der Integrität der Person oder des Eigenthumes können ausnahmsweise Vorkehrungen nothwendig erscheinen, welche die Anwendung des Expropriationsrechtes rechtfertigen. Unsere Gesetzgebung erwähnt in letzterer Richtung insbesondere folgender Fälle:

a) Zur Constatirung oder Unterdrückung der Rinderpest müssen oft über Anordnung der Seuchencommission Viehstücke getödtet (der Keule unterzogen) werden. Den Eigenthümern solcher Viehstücke gebührt im Falle ihrer Schuldlosigkeit der volle Schätzungswerth als Entschädigung aus der Staatscassa[20]), welcher hingegen wieder der Erlös für die noch verwendbaren Rohproducte des geschlachteten Viehes zufällt.[21])

---

[19]) Der (im Reichsgesetzblatte nicht publicirte, jedoch bei Astl Ges. Slg. 2. Aufl. II. Bd. S. 958, dann in der österr. Zeitschr. für innere Verwaltung 1857 Nr. 13 abgedruckte) Erlass des Ministeriums des Innern vom 14. Februar 1857 Z. 31980 erklärt die Expr. zu Schulzwecken nur insoweit als zulässig, wenn abgesehen vom Kostenpunkte die angemessene Unterbringung der Schule gar nicht anders möglich, und wenn hiezu durchaus kein geeigneter Bauplatz im Wege des freien Uebereinkommens zu erwerben ist. Begründet wird diese Entscheidung damit, dass „die Errichtung der Schule zunächst nur das Interesse der dazu verpflichteten Gemeinde und nur in letzter Auflösung das allgemeine Beste berührt, folglich ein, wenngleich grösseres Opfer von Seite der Gemeinde zur Erlangung des fraglichen Zweckes an und für sich eine Expropriation nicht begründen kann."

[20]) Hofd. vom 28. December 1844 Z. 41335, dann Min. Vdg. für Böhmen vom 11. September 1850 Nr. 160 L. G. B., schliesslich neuestens §. 32 des Gesetzes vom 29. Juni 1868 Nr. 118 R. G. B. betreffend die Hintanhaltung und Unterdrückung der Rinderpest. Nach der zur Erläuterung des letzteren Gesetzes erlassenen Vdg. des Min. d. I. vom 14. December 1872 Z. 17277 (Ztschr. f. Verw. 1873 Nr. 11) hat über die Zu- oder Aberkennung der hier in Rede stehenden Entschädigung die Landesbehörde in erster Instanz zu entscheiden.

[21]) §. 4 des Gesetzes betreffend die Verwerthung des Fleisches und der Häute von bei Rinderpestgefahr geschlachteten gesunden Thieren vom 2. Mai 1873 Nr. 90 R. G. B.

b) Zur Verhinderung der Verbreitung der Reblaus (Phylloxera vastatrix) kann die politische Behörde erforderlichen Falls solche Massregeln anordnen, welche die Beschädigung oder Zerstörung der Pflanzungen auf den betreffenden Gründen oder in deren nächster Umgebung mit sich bringen, sie kann auch verfügen, dass solche Gründe auf eine bestimmte Zeit dem Weinbaue entzogen und einer anderen Culturart gewidmet werden.[22]) Den von diesen Massregeln betroffenen Grundbesitzern gebührt der Ersatz ihrer Schäden und Auslagen in der Art, dass derselbe auf alle Besitzer von Weinpflanzungen in dem betreffenden Lande nach Massgabe der letzten Grundsteuerleistung repartirt wird.[23]) Sowohl gegen die Feststellung der Entschädigung als auch gegen die Repartition derselben kann von den Betheiligten der Rechtsweg ergriffen werden.[24]) Die Ermittlung des Schadens erfolgt durch zwei beeidete Schätzleute unter Ingerenz des Landesausschusses.[25])

c) Behufs Beseitigung der Gefahren, die durch Entfesselung der Wasserkräfte entstehen können, gestattet das Gesetz die Inanspruchnahme fremden Eigenthumes anlässlich der Vornahme der erforderlichen Schutzbauten. Wir werden hierauf noch in der Folge zurückzukommen Gelegenheit finden.[26])

---

22) §. 5 des Gesetzes vom 3. April 1875 Nr. 61. R. G. B.
23) §§. 6 und 10 ebd.
24) §. 9 ebd. Die Zulässigkeit des Rechtsweges gegen die Repartition des im öffentlichen Interesse gemachten Aufwandes ist eine dem österr. Rechte bisher ganz fremde Singularität des erwähnten Gesetzes. Die Klage auf Gewährung einer höheren Entschädigung müsste gegen alle steuerpflichtigen Weingartenbesitzer des betreffenden Kronlandes gerichtet werden und stellen sich derselben sohin nahezu unübersteigliche factische Hindernisse entgegen.
25) §. 7 ebd.
26) Die §§. 15 und 16 des Reichsgesetzes über das Wasserrecht vom 30. Mai 1869 Nr. 93 R. G. B. behandeln nämlich die Fälle, wo es sich um die „Förderung der nutzbringenden Verwendung des Wassers" und jene, wo es sich um „die Beseitigung der schädlichen Wirkungen" desselben handelt, promiscue und empfiehlt es sich sohin aus äusseren Gründen, in dem nachfolgenden §. 10 auch jene letzteren Fälle mit ins Auge zu fassen.

§. 4.

Juristische Construction des durch die Enteignung geschaffenen Rechtsverhältnisses.

Bei der unbestreitbaren Wichtigkeit des Institutes der Enteignung für das öffentliche Recht, und bei dem nicht minder tief einschneidenden Einflusse, welchen dieses Institut auf die fast in allen modernen Staaten principiell als unverletzlich erklärte Sphäre des Privatrechtes der einzelnen im Staate anerkannten Rechtssubjecte übt, erscheint vorerst die Frage von hervorragender Bedeutung, wie die durch dasselbe bewirkte Modification der Einzelrechte juristisch zu construiren sei?

Unter den Schriftstellern des gemeinen Rechtes hat sich über die hier in Rede stehende Frage in neuerer Zeit ein nicht unbedeutender Streit entsponnen. Wenngleich allseitig zugegeben wird, dass das öffentliche Beste, das Wohl der staatlichen Gemeinschaft die Voraussetzung der durch die Enteignung bewirkten Rechtsveränderung sei, so hat doch eine von den Interpretatoren des römischen Rechtes überkommene, und auch in unseren Tagen noch nicht völlig aufgegebene wissenschaftliche Richtung vielfach die Ansicht hervorgerufen, die Expropriation sei als ein zweiseitig verbindlicher Vertrag, speciell als ein Kauf anzusehen, bei welchem die allerdings fehlende Zustimmung des einen der beiden Contrahenten durch die positive Bestimmung des Gesetzes supplirt werde. [1]

---

[1] Dieser Auffassung begegnen wir bereits bei den Glossatoren, wobei gemeiniglich an den Ausspruch des Pomponius in l. 11. D. de regulis juris (50, 17) angeknüpft wird: id quod nostrum est sine facto nostro ad alium transferri non potest. Die Fälle der Zwangsenteignung werden hiebei als vermeintliche Ausnahmen von dieser Regel aufgezählt. Von den späteren Schriftstellern nimmt insbesondere noch Cujacius (a. o. a. O.) diesen Standpunkt ein. Ingleichen fasst Carpcow (a. a. O. II. const. 33. def. XVI) jene Fälle, wo Jemand ex causa necessitatis et causa boni publici gegen Entschädigung seines Eigenthums verlustig wird, als Ausnahme von der Regel auf: libero ac mutuo contrahentium consensu emtio venditio perficitur. — Lauterbach scheidet (collegium theor.-practicum ad l. pandectarum libros lib. XVIII. tit. 1) jene ver-

Dagegen ist jedoch von anderer Seite mit Recht darauf
hingewiesen worden, dass diese Vertragstheorie zur juristischen
Begründung des durch die Enteignung geschaffenen Rechtsver-
hältnisses völlig ungenügend sei, dass vielmehr die Aufhebung

meintlichen Ausnahmen von der freien Veräusserungsbefugniss
schon förmlich in solche, welche im Privat- (ob causam privatam) oder im öffentlichen Rechte (ob causam publicam) begründet sind. Nach Berg (a. a. O. S. 90) tritt die Polizei in
das Recht des Eigenthümers, über das, was sein ist, zu disponiren,
sobald die Verhütung und Abwendung eines gemeinschädlichen
Uebels es nothwendig macht. Vgl. auch Hofacker principia
juris civ. §. 1897: „Emtio venditio quum solo consensu perficiatur,
palam esse, ante omnia existere debere consensum, quum invitus
neque emat neque vendat; nisi quod ob utilitatem publicam
intercedentem quandoque emtio venditio sic dicta necessaria
occurrat.“ — In der Folge hat jene Ansicht in der Theorie grosse
Verbreitung gefunden und kann auch noch h. z. T. als die herrschende angesehen werden. Hiezu dürfte auch der Umstand viel
beigetragen haben, dass manche der älteren Gesetzbücher, wenngleich nicht in den praktischen Consequenzen, doch wenigstens
theoretisch von dem gleichen Gesichtspunkte auszugehen scheinen.
So bestimmt insbesondere das preuss. L. R. im 1. Th. Tit. 11
§. 4: „Auch der Staat ist Jemanden zum Verkaufe seiner
Sachen zu zwingen nur alsdann berechtigt, wenn es zum Wohle
des gemeinen Wesens nothwendig ist“, und das bairische Landrecht
(Cod. Maxim. Bavar. civ.) Th. IV. cap. 3. §. 2: „Kaufen und Verkaufen steht jedermann frei. Im Uebrigen kann auch Niemand
zum Verkaufe gezwungen werden, ausgenommen soweit es die
Landes- und Polizei-Ordnung um des gemeinen Besten willen also
erfordert.“ Zu letzterer Stelle bemerkt Kreitmayr: „Obschon der
Kauf oder Verkauf ebenso wie jeder andere Contract res mere
voluntaria ist, wozu man regulariter Niemanden zwingen kann, so
mag doch solches ob causam justam tam privatam quam publicam
geschehen. Ob caus. publ. wird z. B. der Unterthan mit allem
Fug gehalten, zu operibus publicis seinen Grund um billigen Preis
zu verkaufen.“ Von den neueren Schriftstellern haben ins-
besondere Pöhls (a. a. O. S. 124), Förster (a. a. O. S. 144),
Beseler (a. a. O. II. §. 92 S. 351), Gerber (a. a. O. §. 174, b),
Häberlin (a. a. O. §. 15 S. 200—206), Koch (Dr. C. F., Das
Recht der Forderungen nach gemeinem und preuss. Recht, 1859)
III. S. 717—721, Koch (Dr. Wilhelm) Deutschlands Eisenbahnen I.
S. 34 ff., Dalcke a. a. O. S. 129 ff., Gruchot Beitr. IX. S. 82 ff.,
Wolff (Einzelne Fragen aus dem Expropriationsrechte, im Archiv

erworbener Rechte ipso jure kraft des in gesetzlicher Form erklärten, und verkörperten Staatswillens zu Stande komme, ohne dass hiezu eine positive Mitwirkung des durch diesen

---

für praktische Rechtswissenschaft Neue Folge III. Bd. S. 240) den Charakter der Expropriation als eines Zwangskaufes nachdrücklich hervorgehoben, und diese Ansicht scheint auch Treichler (a. a. O. S. 123) zu theilen. Der Versuch einer eingehenden theoretischen Begründung dieser Auffassung findet sich bei Martin a. a. O. S. 64—98, dann 169—202). Derselbe stellt die Expropriation dem Staatsnothrechte gegenüber, welches allerdings weder zu seiner Rechtfertigung, noch zum Vollzuge der Vermittlung durch ein vorangehendes Privatrechtsgeschäft bedürfe. Anders jedoch verhalte es sich in den eigentlichen Expropriationsfällen. Hier dürfe nur das wirklich Nothwendige, u. zw. nur gegen volle Entschädigung in Anspruch genommen werden; auch bedürfe es hiezu der Anwendung bestimmter Rechtsformen und vorgängiger Entschädigung. Allerdings stehe auch hier dem Hoheitsrechte des Staates eine im öffentlichen Rechte gegründete Pflicht der Unterthanen zur entgeltlichen Abtretung von Vermögensrechten gegenüber, allein die Abtretung selbst sei und bleibe „ein Act des Privatrechtes, ein Rechtsgeschäft, welches sich, wenn auch auf Grund öffentlicher Nothwendigkeit, entweder in den für gleichartige Rechtsgeschäfte auch sonst geltenden gesetzlichen Formen, oder in den durch besondere Expropriationsgesetze meist erleichterten, jedoch immer noch das Wesentliche eines privatrechtlichen Veräusserungsgeschäftes darstellenden Rechtsformen vollziehen muss" (a. a. O. S. 76). Allerdings müssen auch die Anhänger dieser Theorie mehrfache Abweichungen der Ausübung des Expropriationsrechtes von den gewöhnlichen Regeln des Kaufes zugestehen, sie suchen jedoch selbe z. B. die Ausschliessung der Gewährleistung (Beseler a. a. O.), die Ausschliessung der Verpflichtung zur Uebergabe (Koch Recht der Forderungen III. S. 719), den lastenfreien Uebergang des exproprürten Objectes (Wolff a. a. O., Martin a. a. O. S. 78) durch die „besondere Natur" des Geschäftes, als eines auf einer Seite erzwungenen, zu erklären. Hiebei wird als Analogie vielfach (Gerber a. a. O. not. 1, Häberlin a. a. O. S. 203) der executive Verkauf einer einem Schuldner gehörigen Sache angeführt, wobei gleichfalls die mangelnde Einwilligung des Executen durch den Richter supplirt werde. — Die Einwendung, dass nach den Vorschriften des Civilrechtes ob Mangels der freien Einwilligung des einen Contrahenten kein giltiger Vertrag zu Stande kommen könne, suchen Förster (a. a. O. S. 145) und Martin (a. a. O. S. 79, 80) dadurch zu beseitigen, dass sie ausführen, die freie Willenserkla-

Staatsact Betroffenen, oder die juristische Fiction einer solchen Mitwirkung erforderlich wäre.[2])

---

rung könne nur durch factische Störung oder Aufhebung der Willensfreiheit (z. B. durch Zwang, Betrug), nicht durch eine, vom Gesetze selbst dem Willen auferlegte Nothwendigkeit beeinträchtigt werden. Es zeige sich der in der That freie Wille hier nur in anderer Form. Vgl. auch das Erkenntniss des Appell. Ger. Celle v. 9. April 1875 (Seuffert's Archiv 1876 S. 58).

[2]) Vgl. Dernburg pr. Privatr. §. 34, S. 59, Brinz a. a. O. S. 469, H. A. Zachariae in den Göttinger Gel. Anz. 1861, pag. 81 ff. (gegen die früher im dtsch. St. und Bundesr. §. 153 not. 7 ausgesprochene Ansicht), Rössler a. a. O. §. 195 not. 3. Thiel a. a. O. S. 2—8, Stein a. a. O. S. 323, 324, Burckhardt a. a. S. 221 ff., Stobbe Prriatr. II. S. 161 not. 30 und 33, Rohland a. a. O. §. 6, S. 29 ff., Purgoldt im Arch. f. prakt. Rechtswiss. VI. S. 358, Roth a. a. O. S. 173, Grünhut a. a. O. S. 178—187, Laband a. a. O. S. 171—182. Letzterer hat insbesondere die Unhaltbarkeit der gegnerischen Theorie vom civilistischen Standpunkte klar dargethan. Er hebt die wesentlichen Unterschiede zwischen der Ausübung des Expropriationsrechtes und dem Abschlusse eines Kaufvertrages dahin hervor, dass der Eigenthumsübergang beim Kaufe ganz unwesentlich, dagegen ein wesentlicher Effect der Enteignung sei, dass bei letzterer gar keine Verpflichtung des Expropriaten entsteht, die ihm entzogene Sache zu tradiren, auch eine Weiterveräusserung von Seite des bisherigen Eigenthümers gegenüber dem Exproprianten völlig wirkungslos sei, und sucht die Fiction der Einwilligung des Expropriaten dadurch ad absurdum zu führen, dass er bemerkt, „mit demselben Rechte könnte man fingiren, der zu einer Gefängnissstrafe verurtheilte Verbrecher habe eine Wohnung nebst Beköstigung im Gefängnisse gemiethet, oder der Defraudant, dessen Waaren confiscirt worden sind, habe sie dem Fiscus geschenkt." Gegen die Zulässigkeit einer Fiction im Sinne der sub not. 1 gedachten Schriftsteller vgl. noch die Ausführung bei Demelins (Rechtsfiction §. 7): „Fictionen können Nichts schaffen, Nichts zum Sein bringen, was nicht ist, sondern nur eine im Gesetze ausdrücklich ausgesprochene, oder aus demselben durch die Jurisprudenz abstrahirte Gleichstellung eines factischen Verhältnisses mit einem andern rechtlich normirten enthalten"; woran Unger (Erbrecht pag. 35) die weitere Bemerkung knüpft: „Die Fiction enthält weder ein schöpferisches Princip, noch vermag sie eine juristische Basis zu bilden, sie ist vielmehr umgekehrt nur die abgekürzte Formel für die bereits geschaffene und begründete Ordnung

Eine dritte Ansicht läugnet wohl das Zustandekommen eines Zwangskaufes, statuirt jedoch anstatt dessen eine zweiseitige Obligation, die aus einem Zustande (quasi ex contractu) hervorgehe und als deren Typus insoferne der Kauf erscheine, als dessen Grundsätze massgebend sein sollen, soweit sie sich aus der Natur der Leistungen, nicht aber, soweit sie sich aus dem (bei der Expropriation mangelnden) Consense, aus der Vertragsqualität des Kaufes ergeben.[3]

Was speciell das österreichische Recht betrifft, so dürfte wohl kaum mit Grund bezweifelt werden können, dass nach Massgabe der einschlägigen gesetzlichen Bestimmungen die Expropriation durch die Ausübung des staatlichen Hoheitsrechtes nicht etwa blos ermöglicht und vorbereitet, sondern wirklich vollzogen werde.[4] Dies folgt schon daraus, dass das allg. b. G. die Enteignung keineswegs im Capitel von der Erwerbung des Eigenthumes durch Uebergabe, sondern unter den allgemeinen Lehren vom Eigenthumsrechte und den gesetzlichen Beschränkungen desselben behandelt. Es finden sich auch im ganzen Gesetzbuche keine Anhaltspunkte für die Annahme, dass die Expropriation etwa vom Standpunkte eines erzwungenen Kaufes aufzufassen sei, da §. 1089 a. b. G. B., selbst abgesehen von der theoretischen Richtigkeit oder Unrich-

der Dinge. Sie ist ein Werkzeug juristischer Terminologie, nicht ein Werkzeug juristischer Construction."
[3] Meyer a. a. O. S. 183—245. Bei einer bloss zeitlichen Benützung soll nicht die Miethe oder Pacht, sondern mit Rücksicht auf die dingliche Natur des Enteignungsrechtes der Kauf eines ususfructus als Vorbild dienen. (S. 189.)
[4] Die Commentatoren des allgemeinen bürgerlichen Gesetzbuches sprechen sich allerdings über die vorliegende Frage nicht aus. Vgl. Zeiller Comm. 2. Bd. S. 126, 127. Nippel Erl. 8. 207—210. Einer anderen als der im Texte dargelegten Meinung dagegen ist Stubenrauch a. a. O. S. 175, 176, welcher der Expropriation im Allgemeinen den Charakter eines nothwendigen Verkaufes beilegt, und nur zugibt, dass ausnahmsweise auch ein Tausch vorliegen könne. Den Ausführungen Stubenrauchs hat sich Michel in seinem Eisenbahnrechte §. 26 S. 93 unbedingt angeschlossen. — Die richtige Ansicht vertheidigt Randa Eigenthum §. 19. Strohal in Grünhuts Zeitschr. III. Band S. 349.

tigkeit des dort aufgestellten Grundsatzes, ausdrücklich nur von
den nothwendigen gerichtlichen Verkäufen handelt, demnach offenbar nur den Fall der executiven Versteigerung von
Sachen eines Schuldners vor Augen hat. [5]) Es kann daher auch kein
Zweifel darüber aufkommen, dass die Erwerbungsart, welche
den Uebergang des Eigenthumsrechtes zu dem im Interesse des
öffentlichen Wohles in Anspruch genommenen Objecte an den Exproprianten vermittelt, keine derivative, sondern eine originäre
Erwerbungsart sei, dass daher der Umstand, ob der Expropriat
wirklich selbst Eigenthümer des entzogenen Objectes war, nur
insoferne in Betracht kömmt, als bei negativer Beantwortung
dieser Frage regelmässig die Wahrung der zur Ausübung des
Expropriationsrechtes gesetzlich vorgeschriebenen Formen in
Frage gestellt sein dürfte. [6]) Insbesondere kann auch durch einen

---

[5]) Dementgegen hatte allerdings §. 179 des 6. Hauptstückes (vom
Kaufe) III. Theil des westgal. Gesetzbuches bestimmt: „Muss
Jemand zur Anlegung einer Strasse oder eines Festungsbaues
seinen Grund abtreten — —, so geschieht dies nicht ohne seine
Einwilligung. Er hat sich als Mitglied der bürgerlichen Gesellschaft dazu einverstanden." Allein diese Bestimmung hat in das
allgemeine bürgerliche Gesetzbuch keine Aufnahme gefunden,
welcher Umstand wohl den Schluss nicht ungerechtfertigt erscheinen
lässt, dass man den gestrichenen Satz nicht zum Gesetz erheben
wollte (Pfaff Materialien des öst. allg. bürg. G.B. in der Zeitschr.
für das Privat- und öff. Recht der Gegenw. II. Bd. 2. Heft,
pag. 306).

[6]) Vgl. Thiel a. a. O. S. 8, der allerdings einem etwa über das
Eigenthum des exproprirten Objectes anhängigen Rechtsstreite
nur in Betreff der Legitimation des Empfängers der Entschädigung Bedeutung beilegt. Anderer Meinung ist Burckhardt
a. a. O. S. 243, der in diesem Falle ganz allgemein die Expropriation als „nicht geschehen" ansehen will, so dass gegen den
wahren Eigenthümer das Verfahren von Neuem durchgeführt
werden müsse. Uebereinstimmend auch Meyer a. a. O. S. 244.
Wenn dagegen Laband a. a. O. S. 174, und nach ihm Grünhut a. a. O. ausführen, dass die Enteignung derart absolut wirkt,
dass sie auch dann ihre Wirkung äussert, wenn der, gegen den
sie durchgeführt wurde, nicht wirklicher Eigenthümer war, und
dass dem Letzteren lediglich das Recht gegen den früheren Besitzer auf Herausgabe der Entschädigung vorbehalten bleibt, so

Streit über die Rechtmässigkeit des formell correcten Erwerbungsactes die Uebernahme der von einer Eisenbahn in Besitz genommenen Grundstücke in die Eisenbahneinlage nicht aufgehalten werden (§§. 30 und 37 des Gesetzes über die Anlegung von Eisenbahnbüchern vom 19. Mai 1874, Nr. 70 R. G. B.) Aus dem soeben dargelegten juristischen Charakter der Expropriation lassen sich nachstehende Consequenzen ableiten:
1. Zur Uebertragung des Eigenthumsrechtes rücksichtlich des in Anspruch genommenen Objectes an den Exproprianten bedarf es keiner Uebergabe im Sinne des 5. Hauptstückes II. Th. des a. b. G. B., speciell auch rücksichtlich unbeweglicher Sachen keiner Eintragung des „Erwerbungsgeschäftes“ in die dazu bestimmten öffentlichen Bücher; das Eigenthumsrecht übergeht vielmehr nach ausdrücklicher Vorschrift des Gesetzes (§. 9 lit. c. des Conc. Ges. vom 14. September 1854, Nr. 238 R. G. B.) an den Exproprianten schon mit der Zahlung, beziehungsweise gerichtlichen Deposition der Entschädigungssumme, ohne dass es einer Mitwirkung des Expropriaten bedarf.[*)]

kann wohl auch diesem Ausspruche in seiner Allgemeinheit nicht beigepflichtet werden. Es lässt sich diese Frage in abstracto und besonders ohne Rücksicht auf die Gesetzgebung eines bestimmten Staates nicht beantworten, sondern es müssen hier immer die individuellen Verhältnisse des concreten Falles ins Auge gefasst werden.

') Allerdings bestimmt das auch von Stubenrauch a. a. O, S. 177 angerufene Hofkanzldkt. vom 30. April 1841 Z. 12773, kundgemacht mit der niederöst. Regierungsverord. vom 15. Mai 1841 Z. 26513 (in der niederöst. Prov. Ges.-Slg. Bd. 23 Nr. 77, Pollanetz-Witteck Sammlung S. 55, Michel Privatr., S. 413, 414), dass bei der Expropriation zu Gunsten einer Eisenbahn-Unternehmung das Eigenthum des betreffenden Grundes „auf eine der im §. 411 a. b. G. B. bezeichneten Arten“ nämlich durch das Gesetz verloren geht und dass das Erkenntniss der politischen Behörde über die Zulässigkeit der von einer Eisenbahnunternehmung angesprochenen Expropriation nur den nach §. 421 a. b. G. B. erforderlichen Titel zur Erwerbung des Eigenthums gewähre, während Letzteres sofort gemäss der im 5 Hauptstücke des a b. G. B. festgesetzten Bestimmungen, und nach vorläufiger Erfüllung der in den Eisenbahnconcessionsdirectiven enthaltenen Bedingungen erst wirklich erworben werden müsse. Allein dieses Gesetz enthält principiell nur Bestimmungen über die Competenz der zur

Allerdings handelt das Gesetz vom 14. September 1854 nur von der Expropriation zum Zwecke des Eisenbahnbaues, allein der dort ausgesprochene Grundsatz kann wohl bei Abgang einer ausdrücklichen gesetzlichen Bestimmung auch in den anderen Enteignungsfällen analog angewendet werden. In jenen Fällen, wo keine gerichtliche Schätzung stattfindet, sondern nur allgemein den Parteien der Civilrechtsweg vorbehalten ist, dürfte zu behaupten sein, dass der Uebergang des Eigenthumes in jenem Momente stattfinde, wo die von der politischen Behörde provisorisch festgestellte Entschädigung an den Eigenthümer gezahlt, oder wegen obwaltender Anstände gerichtlich deponirt wurde.[8]) Bei Grundstücken, die anlässlich der Errich-

---

Durchführung der Expropriation berufenen politischen und Justizbehörden, und könnten daher aus der allerdings irrigen theoretischen Begründung der dort enthaltenen Competenzvorschriften wohl kaum weitere Consequenzen gezogen werden. Uebrigens ist das gedachte Hofkanzleidecret, wie selbst Stubenrauch (a. a. O. not. 36) zugesteht, durch das nachfolgende Eisenbahnconcessionsgesetz vom 14. September 1854 Nr. 238 R. G. B. aufgehoben worden, und es ist, wie schon eine einfache Vergleichung beider Gesetze zeigt, nicht richtig, dass das letztgedachte Gesetz „in den hier entscheidenden Punkten vollkommen mit den früheren Normen übereinstimmt", insoferne eben unter diesen „früheren Normen" die im Hofkanzleidecret vom 30. April 1841 enthaltene juristische Ausführung verstanden wird. — Gegen die im Texte vertheidigte Ansicht hat in neuester Zeit Strohal (a. a. O. S. 350) ausgeführt, dass in Consequenz des Grundsatzes, wornach die Expropriation einen originären Eigenthumserwerbsact vermittelt, der Eigenthumsübergang schon im Momente des von der competenten Behörde geschöpften Enteignungserkenntnisses eintrete, und dass den soeben erwähnten gesetzlichen Bestimmungen die Deutung gegeben werden müsse, dass „durch dieselben lediglich ein Retentionsrecht an der bereits in das Eigenthum des Enteigners übergegangenen Liegenschaft bis zur Leistung der Entschädigung eingeräumt werden wollte." So scharfsinnig diese Argumentation auch sein mag, so ist sie doch dem klaren Wortlaute des Gesetzes gegenüber unhaltbar. Vgl. Randa a. a. O. §. 19. — Das Gleiche gilt auch nach bairischem Rechte. Roth a. a. O. S. 182.

[8]) Nach dem italienischen Gesetze vom 25. Juni 1865, art. 50, geht das Eigenthum des entzogenen Grundstückes an dem in dem Decrete des Präfecten, durch welches die Enteignung ausgesprochen

tung einer Eisenbahn expropriirt werden, ist für die Frage des Ueberganges des Eigenthums an den Unternehmer die Abschreibung der betreffenden Parcellen im Grundbuche und die Eintragung derselben in das Eisenbahnbuch ganz unentscheidend[9]), nachdem schon bei Bestand der provisorischen Einlage die Wirkung der Eintragung eines dinglichen Rechtes in Ansehung jedes einzelnen dort aufzunehmenden Grundstückes mit dem Zeitpunkte beginnt, in welchem die Unternehmung durch Zahlung oder Deposition der Entschädigungssumme das Grundstück erworben hat.[10])

Wohl aber wird zum Uebergange des Eigenthumes stets erfordert, dass bereits früher ein förmliches Expropriationserkenntniss erflossen, oder dass doch wenigstens die Fällung dieses Erkenntnisses im Sinne des Gesetzes nicht erforderlich sei, weil sonst dem allenfalsigen gerichtlichen Erlage die nothwendige Grundlage abgeht, welche ihm erst eine den Eigenthumsübergang vermittelnde Wirkung verleiht.[11])

---

wird, angegebenen Tage auf den Enteigner über: „La proprietá . . . passa nell' espropriante della data del decreto de prefetto, che pronuncia l'espropriazione." Vgl. Grünhut a. a. O. S. 192. Das preussische Enteignungsgesetz vom 11. Juni 1874 spricht im §. 44 den Grundsatz aus, dass mit Zustellung des Enteignungsbeschlusses an den letzten der beiden Interessenten (Eigenthümer und Unternehmer) das Eigenthum auf den Unternehmer übergeht, wobei jedoch zu bemerken ist, dass nach dem gedachten Gesetze der Enteignungsausspruch die Zahlung oder die Deposition der Entschädigungssumme bereits voraussetzt (§. 32). Wenn Meyer a. a. O. die Pflicht zur Tradition dadurch zu begründen sucht, dass es sich bei der Expropriation um einen derivativen, nicht um einen originären Eigenthumserwerb handle, so stellt er eben lediglich den Beweissatz als bereits erwiesen hin.

[9]) Vgl. auch Strohal a. a. O. S. 349 not 161.

[10]) §. 17 des Gesetzes betreffend die Anlegung von Eisenbahnbüchern v. 19. Mai 1874 Nr. 70 R. G. B. In Betreff der Frage, wann das Grundstück als von der Unternehmung erworben anzusehen ist, gelten eben die bisher nicht aufgehobenen älteren Vorschriften und die Bestimmungen der allgemeinen Grundbuchsgesetze können in dieser Richtung nicht massgebend sein (§. 9 des cit. Ges.).

[11]) In sich widersprechend ist daher die Entscheidung des Min. des Innern vom 22. September 1869 Z. 12291 (öst. Zeitschr. f. Verw.

2. Grundlage der Verpflichtung des Expropriaten ist nicht eine von dem Letzteren übernommene oder als übernommen fingirte contractliche Verbindlichkeit, sondern die allgemeine Staatsbürgerpflicht, zum Wohle des Ganzen nach Kräften beizutragen.

Die Expropriation kann daher nur gegen den Staatsbürger d. h. gegen Denjenigen geltend gemacht werden, welcher für seine Person der Staatsgewalt unterworfen ist, oder dessen Besitz doch der Territorialhoheit des Staates unterliegt.[12] In diesem weiteren Sinne ist daher der im §. 365 a. b. G. B. gebrauchte Ausdruck „Mitglied des Staates" aufzufassen, und es können daher auch Grundstücke der Ausländer, falls sie sich innerhalb der Grenzen des österreichischen Kaiserstaates befinden, im öffentlichen Interesse in Anspruch genommen werden.[13]

3. Die Verpflichtung, Privateigenthum im Interesse des öffentlichen Wohles gegen Entschädigung abzutreten, ist juris publici, selbe kann daher nie verjähren, noch auch ein dieser Verpflichtung correspondirendes Recht durch Ersitzung erworben werden[14] (§. 1450 a. b. G. B.).

1869 Nr. 41), welche zwar der Landesstelle die Unterlassung der Fällung eines Expropriationserkenntnisses ausstellt, nichtsdestoweniger jedoch den Eigenthumsübergang als bereits durch die Deposition der Entschädigungssumme zu Stande gekommen annimmt.

[12] Mit Recht führt schon Hugo Grotius a. a. O. II. cap. XIV §. VIII aus: „Darin unterscheidet sich mithin das Recht des Unterthanen von dem Rechte des Fremden (d. h. dessen, der in keiner Beziehung Unterthan ist,) dass Letzteres dem höchsten Obereigenthume nicht unterliegt. Vgl. Kissling Reichsgericht etc. S. 14.

[13] Zweifelhafter ist die Frage rücksichtlich der beweglichen Sachen der sich im Staatsgebiete aufhaltenden fremden Staatsangehörigen. Nach Wortlaut und Sinn des §. 300 a. b. G. B. dürfte zu behaupten sein, dass die beweglichen Sachen der Ausländer — natürlich abgesehen von dem Falle, wenn selbe etwa nach § 294 a. b. G. B. das Zugehör einer unbeweglichen Sache ausmachen — der Expropriation nicht unterliegen. Die Frage über die Zulässigkeit der Expropriation ist übrigens rücksichtlich der beweglichen Sachen, wie später in der Lehre vom Objecte der Expropriation bemerkt werden wird, fast von gar keiner praktischen Bedeutung.

[14] Vgl. auch Thiel a. a. O. S. 6, 7.

4. Es findet bei der Expropriation weder eine Gewährleistung, noch das Rechtsmittel der Verletzung über die Hälfte
statt. Die dem Expropriaten zu leistende Entschädigung ist kein
Kaufpreis für das entzogene Object; die entsprechende Obligation entspringt weder aus einem Vertrage, noch aus einem
Delicte, sondern unmittelbar aus dem Gesetze (ex variis
causarum figuris), und ist keine bilaterale, sondern eine einsei-
tige Obligation. [15])

5. Der Enteigner erwirbt das expropriirte Object ohne
Rücksicht auf die rücksichtlich desselben etwa dritten Personen
zustehenden Rechte, insoferne sich selbe mit dem Zwecke der
Enteignung nicht vereinbaren lassen. Es erlischt daher unbedingt
das Pfandrecht für die auf der enteigneten Liegenschaft versicherten Forderungen [16]), ohne Rücksicht darauf, ob diese Forderungen durch die Entschädigungssumme gedeckt werden oder
nicht. Denn die Möglichkeit der gerichtlichen Feilbietung des
verpfändeten Objectes ist mit der Verwendung desselben im
Interesse der wirthschaftlichen Verwaltung absolut unvereinbar.
Mit Recht hat daher auch §. 20 Abs. 1 des Ges. vom 19. Mai
1874 Hypothekar- und andere Lasten, deren Realisirung zur
zwangsweisen Veräusserung eines Eisenbahngrundstückes führen

—

[15]) Laband a. a. O. S 180. Mit Unrecht polemisirt Grünhut (a.
a. O. S. 184 not. 1) gegen Laband's Ausführungen, denn wenngleich es richtig sein mag, dass die Pflicht zur Entschädigung
öffentlich rechtlicher Natur ist, so hat selbe doch in fast allen
positiven Gesetzgebungen den Charakter einer privatrechtlichen
Obligation angenommen, über deren Existenz und Mass die Civilgerichte zu erkennen haben Die Bezeichnung dieser Obligation
als quasi ex contractu ist, falls mit diesem Ausdrucke der richtige Sinn verbunden wird, vollkommen zutreffend; eine Analogie
mit der Verbindlichkeit eines Käufers aus einem Kaufvertrage
(vgl. Rössler a. a. O. §. 198) lässt sich hier allerdings nicht
rechtfertigen. Vergl. auch Rohland a. a. O. S 35.
[16]) Vgl. Grünhut a a. O. S. 181, 186, Rössler a. a. O. § 199
not. 1, Häberlin a. a. O. S. 206, Rohland a. a. O. S. 38.
Hievon wesentlich verschieden ist allerdings die Frage, inwiefern
Rechte dritter Personen auf das enteignete Object bei Ausmess-
sung und Zuweisung der Entschädigung zu berücksichtigen seien.
Hievon wird später am geeigneten Orte gehandelt werden.

könnte, von der Eintragung in die Eisenbahneinlage ausgeschlossen.

Dass aber solche Rechte thatsächlich durch die Expropriation ipso jure erlöschen, folgt a contrario schon aus §. 20
Abs. II., dann §. 29 Abs. 1. und §. 39 Abs. I. des erwähnten
Gesetzes, wonach nur bei nicht im Expropriationswege erworbenen Grundstücken die Lasten der erwähnten Art aufrecht
zu bleiben haben.[17])

6. Die Vorschriften der §§. 1048 bis 1051 und 1064
a. b. G. B. in Rücksicht des Ueberganges der Gefahr und der
Nutzungen einer vertauschten oder verkauften Sache finden auf
die expropriirte Sache keine Anwendung [18]), wie denn auch bei
der Expropriation weder eine Uebergabe des expropriirten
Objectes [19]), noch die Vereinbarung des Zeitpunktes dieser Uebergabe stattfindet. Denn wenn der Eigenthümer in die Enteignung
willigt, und sein Eigenthum vertragsmässig dem Enteigner über-
lässt, so liegt eben kein Fall der Expropriation, sondern eine,
wenngleich unter dem Hochdrucke äusserer Einflüsse getroffene
Vereinbarung vor, welche nach ihrer jeweiligen juristischen
Natur beurtheilt werden muss.[20])

---

[17]) Mit Recht hat daher der oberste Gerichtshof mit Entscheidung
vom 22. Juni 1875 Z. 6534 (Ger. Halle 1875 Nr. 85) das Gesuch
eines Hypothekargläubigers abgewiesen, der nach erfolgter Deponirung der Entschädigungssumme die executive Feilbietung des
im Grundbuche noch nicht abgeschriebenen, jedoch — wenigstens
nach Annahme des Gerichtes — bereits expropriirten Grundstückes
begehrte, „weil durch die Abtretung und den Erlag der Entschädigung das Grundstück alle (?) privatrechtlichen Eigenschaften verloren hat, und keinen Gegenstand des Privatverkehrs mehr
bilden kann.“

[18]) Anderer Meinung ist allerdings in Consequenz der von ihm ent-
wickelten Anschauung über den Charakter der Expropriation
Stubenrauch a. a. O. S. 177 und vom Standpunkte des gemeinen
Rechtes Meyer a. a. O. S. 243.

[19]) Das Verhalten des Expropriaten ist ein rein negatives. Vgl.
Thiel a. a. O. S. 20. Dies sieht sich selbst Gruchot (a a. O.
S. 87) zuzugeben bemüssigt.

[20]) Mit Recht liesse sich auf einen solchen Vertrag die römische
Rechtsregel anwenden: coactus quidem, sed tamen voluit! Ent-

In dieser letzteren Richtung ist insbesondere darauf hinzuweisen, dass nach österreichischem Rechte der moralische

gegengesetzter Ansicht sind T h i e l a. a. O. S. 3, R o h l a n d a. a. O.
S. 36, B r i n z, welcher (a. a. O. S. 467) nicht den wirklich ausgeübten Z w a n g, sondern nur die V e r p f l i c h t u n g zur Abtretung
für entscheidend hält, und G r ü n h u t a. a. O. S. 185, dann
S t r o h a l a. a. O. S. 351 not. 166, welch' beide Letzteren nur unterscheiden, ob zur Zeit der getroffenen Vereinbarung die Nothwendigkeit der Abtretung des betreffenden Grundstückes bereits
in der gesetzlichen Form ausser Zweifel gesetzt war, oder nicht.
Im ersteren Falle soll auch die vertragsmässig zu Stande gekommene
Abtretung dieselbe Wirkung haben, als ob sie im Wege des
Expropriationsverfahrens erzwungen worden wäre. Allein mit
Recht kann man wohl fragen, welche juristische Wirkung soll
dann dem zwischen den Parteien zu Stande gekommenen Vertrage
beigemessen werden? Soll derselbe als ein rechtlich bedeutungs-
loser Act gar keine Wirkung äussern, oder nur für die contra-
hirenden Parteien massgebend sein? Wenn G r ü n h u t (a. a. O.
S. 187) ausführt, dass in diesem Falle der Enteignungsausspruch
entfalle, dass jedoch im Uebrigen die rechtlichen Wirkungen der
Enteignung eintreten, so gelangt er mit sich selbst in Widerspruch,
denn er setzt ja eben voraus, dass die Zulässigkeit der Enteignung
(selbstverständlich des betreffenden Objectes) bereits definitiv festgestellt ist. Das geschieht aber eben nur durch den rechtskräftigen
Enteignungsausspruch. Auch die weitere Argumentation G r ü n-
h u t s (S. 186), dass nämlich in dem von ihm vorausgesetzten Falle
den Rechten der Hypothekargläubiger durch die zwischen dem
Exproprianten und Expropriaten getroffene Vereinbarung kein
Eintrag geschehen dürfe, beruht auf einer petitio principii, denn
es ist eben fraglich, ob dem geschlossenen Vertrage die Wirkungen
der Expropriation beigelegt werden können, ob sohin durch die ,
Abtretung die Rechte der Hypothekargläubiger irgendwie berührt
werden. Wenn nach Rechtskraft des Expropriationserkenntnisses
zwischen dem Exproprianten und dem Expropriaten über die
Abtretung des enteigneten Grundstückes ein Vertrag zu Stande
kömmt, so kann vielleicht darüber gestritten werden, ob die Einwilligung von Seite des E x p r o p r i a t e n eine vollkommen freie
war; was jedoch den E x p r o p r i a n t e n betrifft, so kann unmöglich
daran gezweifelt werden, dass dieser Vertrag aus seinem freien
Entschlusse zu Stande gekommen ist, und es muss in dem Abschlusse dieses Vertrages unzweifelhaft eine Verzichtleistung des
Exproprianten auf die durch das Expropriationserkenntniss erworbenen Rechte erblickt werden. Von einem Erlöschen der Rechte der

Zwang den Vertrag nicht unbedingt, sondern nur dann ungiltig
macht, wenn der Zwang ungerecht war und von dem Mit-
contrahenten ausgeübt wurde, oder wenn Letzterer doch an
der diesbezüglichen widerrechtlichen Handlung eines Dritten
theilnahm, oder dieselbe offenbar wissen musste (§§. 870 und
875 a. b. G. B). Es kann daher nach unserem Rechte wohl kaum
mit Grund bezweifelt werden, dass der selbst bereits nach
Rechtskraft des Expropriationserkenntnisses über die Abtretung
zwischen dem Exproprianten und Expropriaten geschlossene
Vertrag vollkommen giltig ist, und dass selber nicht einmal vom
Expropriaten wegen angeblich unterlaufenen moralischen Zwanges
angefochten werden kann. Steht dies fest, so kann umso weniger
angenommen werden, dass das Expropriationserkenntniss annoch
gegen den dritten Berechtigten wirksam sei, nachdem die durch
dasselbe zunächst Betroffenen selbes durch Abschluss eines
besonderen Uebereinkommens gegenstandslos gemacht haben. Die
Richtigkeit dieser Ansicht wird auch durch §. 4 des Gesetzes
vom 29. März 1872 Nr. 39 R. G. B. bestätigt, wonach das
Expropriationserkenntniss nur für die Zwecke dieses
Gesetzes (d. h. nur rücksichtlich des vor den Gerichten
durchzuführenden Abschätzungsverfahrens) durch ein gütliches
Uebereinkommen ersetzt werden kann, worin sich die Partеien
über die Abtretung des Gegenstandes der Expropriation gegen
eine durch gerichtliche Schätzung zu ermittelnde Entschädigung
einigen. Im Uebrigen wäre also ein solcher Vertrag immerhin

Hypothekargläubiger kann daher in diesem Falle keine Rede sein.
Unklar ist die Ansicht Meyer's, der zwar (a. a. O. S. 187) im
vorliegenden Falle die Existenz eines freien Vertrages zugiebt,
jedoch (S. 239) dem Grundsatze Geltung verschaffen will, dass
sich der Expropriat durch seine freiwillige Einwilligung in die
Abtretung in keine „rechtlich schlechtere Lage" bringen dürfe. —
Koch erblickt (a. a. O. S. 18) in dem Vertrage, der über die
freiwillige Abtretung des in Anspruch genommenen Objectes in
der ausgesprochenen Absicht abgeschlossen ward, um den Ex-
propriationsprocess zu vermeiden, alle charakteristischen Merkmale
eines Vergleichs, übersieht jedoch hiebei, dass das „strittige
Rechtsverhältniss" keineswegs privatrechtlicher, sondern öffentlich
rechtlicher Natur war.

nach §. 1056 a. b. G. B. zu beurtheilen, und umsomehr müssen also die Grundsätze des Kaufes dort zur Anwendung gelangen, wo auch in Betreff des Preises eine directe Einigung der Parteien zu Stande kam.[21])

7. Da die Enteignung kein Vertrag ist, so kann auch von einer „Perfection" derselben nur insoferne gesprochen werden, als es von Wichtigkeit ist, den Zeitpunkt zu bestimmen, in welchem dem Expropriaten ein Recht auf Leistung der Entschädigung erwachsen ist. Diese Wirkung tritt ein, sobald definitiv festgestellt ist, dass das betreffende Object im allgemeinen Interesse geopfert werden müsse, sobald also das Expropriationserkenntniss Rechtskraft erlangt hat. Mit diesem Zeitpunkte hat der Expropriat ein unwiderrufliches Recht auf die Entschädigung erworben, und würde auch eine Verzichtleistung auf das ihm aus dem Expropriationserkenntnisse erwachsene Recht den Exproprianten von der Verpflichtung zur Leistung der angemessenen

---

[21]) In diesem Sinne entschied d. Min. d. I. v. 31. Juli 1870 Z. 9851 (Z. f. V. 1870 Nr. 43) Dagegen erklären einige positive Gesetzgebungen allerdings nach erfolgtem Enteignungserkenntnisse eine gütliche Einigung der Parteien mit den Wirkungen der Enteignung für zulässig, so das italienische Enteignungsgesetz vom Jahre 1865, und das badische Gesetz v. J. 1835 §. 45. Vgl. Grünhut a. a. O. S. 192, 193. Sehr zutreffend sind in dieser Richtung die Bestimmungen des preussischen Gesetzes vom 11. Juni 1874. Hier wird nämlich unterschieden, ob die betreffende Vereinbarung zwischen dem Eigenthümer und dem Exproprianten erst bei der zur Feststellung der Entschädigung angeordneten Commission (§. 25) oder bereits früher (§. 16) getroffen wurde. Im ersteren Falle können dritte Berechtigte lediglich die ämtliche Feststellung der Entschädigung verlangen, wogegen im Falle des §. 16 gegen dieselben das Expropriationsverfahren abgesondert durchgeführt werden muss. Vgl. Dalcke a. a. O. S. 82 ff., Höinghaus Gesetz über die Ent. v. Grundeigenth. S. 104 ff., Kletke Expr. Recht S. 73, Bähr u. Langerhans Ges. über die Ent. v. Grundeigenth. S. 59 ff. Die im §. 17 des preuss. Gesetzes hinsichtlich der Veräusserungsverbote und Veräusserungsbeschränkungen enthaltenen erleichternden Bestimmungen haben auf beide Arten der erwähnten Vereinbarungen Anwendung zu finden. Vgl. diesbezüglich insbesondere Meyer in Behrends Zeitschr. VIII. S. 381 und 552.

58

Schadloshaltung nicht mehr befreien, insoferne der Entschädigungsberechtigte in diese Verzichtleistung nicht eingewilligt hat.[22])

---

[22]) Diejenigen Schriftsteller, welche die Expropriation als einen Zwangskauf auffassen, lassen die Perfection derselben mit jenem Momente
eintreten, wo sowohl über die Verpflichtung zur Abtretung, als
auch über den zu zahlenden „Preis" definitiv entschieden ist, da
die Feststellung des Preises ein unerlässliches Erforderniss des
Zustandekommens eines Kaufvertrages sei. So Beseler a. a. O.
§. 92 S. 352 not. 15, Häberlin a. a. O. S. 202, Förster a. a. O.
S. 146, Martin a. a. O. S. 170. Letzterer bemerkt insbesondere
rücksichtlich der den Parteien wider den über die Entschädigung
ergangenen Ausspruch zustehenden Rechtsmittel, dass nur die
ordentlichen, keineswegs jedoch die ausserordentlichen Rechtsmittel (z. B. Nullitätsbeschwerde, Vorbehalt des Rechtsweges) die Perfection des durch die Enteignung vollzogenen
Zwangskaufes zu hindern geeignet seien, während die a. o. Rechtsmittel die Perfection ebensowenig hemmen, als die Möglichkeit
ein entgeltliches Geschäft wegen laesio enormis anzufechten, dem
endgiltigen Abschlusse des Geschäftes selbst im Wege steht
(S. 171, not. 1). Koch geht (a. a. O. S. 59 ff.) von der Ansicht
aus, dass im Falle der wirklichen Durchführung der Zwangsenteignung der „Kaufpreis" durch einen Dritten (den Richter) festgestellt werde, und lässt demnach die Expropriation in dem Augenblicke perfect werden, wo der Expropriat seine Erklärung über
Einwilligung oder Nichteinwilligung in das Entschädigungsanbot
abgiebt, weil eben im letzteren Falle sofort die gesetzliche
Pflicht für beide Theile eintrete, sich der Feststellung des Preises
durch den Richter zu unterwerfen. Unter den übrigen Schriftstellern macht sich eine zweifache Auffassung geltend. Einige,
darunter Dernburg a. a. O. §. 34 S. 59, Rössler a. a. O. §. 197
not. 6, H. A. Zachariae (in den Gött. gel. Anz. 1861) wollen die
Perfection erst mit dem Momente der Einweisung des Enteigners
in den factischen Besitz eintreten lassen, indem sie darauf
hinweisen, dass nur das Bedürfniss über den Umfang der Expropriation entscheidet, dass sich selbe daher auch erst mit der
Hinnahme der Sache abschliesse, und der Expropriant bis dahin
von seinem Entschlusse frei zurücktreten könne. Dem entgegen
haben andere Schriftsteller, insbesondere Burckhardt a. a. O.
S. 223—231, Grünhut a. a. O. S. 187—189 nicht mit Unrecht
darauf hingewiesen, dass diese Ansicht eine unbillige Härte gegen
den Expropriaten enthalte, indem sie ihn der Willkühr des Exproprianten schutzlos anheimstellt. Letztere haben deshalb die Perfection der Enteignung in den Zeitpunkt verlegt, wo die Rechts-

Denn bereits durch den Ausspruch der zuständigen Behörde über die Nothwendigkeit der Abtretung eines bestimmten Privateigenthumes im Interesse des öffentlichen Wohles sind alle wesentlichen Voraussetzungen der Expropriation gegeben, während alles Uebrige, namentlich die Feststellung der Entschädigung, Besitzeinweisung etc. lediglich in den Bereich der Ausführungsverordnung gehört. [23])

Unrichtig ist daher die Schlussfolgerung, dass, weil das Expropriationserkenntniss in öffentlich rechtlicher Hinsicht dem Exproprianten nur Rechte gewährt, für denselben hieraus auch in privatrechtlicher Hinsicht keine Verpflichtung entstehen könne [24]).

---

kraft des Expropriations-Erkenntnisses eingetreten ist. Diese Ansicht, welcher von den Vertretern der Theorie des Zwangskaufes (wenngleich inconsequent, da, wie Martin a. a. O. S. 174 richtig bemerkt, von einem Uebereinkommen auf Fixirung des Kaufpreises durch einen Dritten im Sinne Koch's nicht wohl gesprochen werden kann) auch Gerber a. a. O. §. 174, b, S. 461 not. 1 und Gruchot a. a. O. S. 83 beipflichten, ist vom Standpunkte der Auffassung der Expropriation als einer Verwaltungsmassregel die einzig richtige. Vgl. auch Beschorner Eisenbahnr. §. 74 S. 108 ff., Stobbe a. a. O. S. 160 not. 27, 28, Rohland a. a. O. S. 37.

[23]) Burckhardt a. a. O. S. 231. Dagegen will Meyer a. a. O. S. 214 ff. die von ihm behauptete (not. 3) zweiseitige Obligation zwar gleichfalls schon im Zeitpunkte des Expropriationserkenntnisses eintreten lassen, behauptet jedoch, diese Obligation sei bedingt durch nachherige Festsetzung der Entschädigung, es möge diese Festsetzung durch gütliche Vereinbarung oder durch gerichtliche Abschätzung erfolgen. Eine ausdrückliche gesetzliche Vorschrift über die Zulässigkeit des Rücktrittes des Unternehmers finden wir im §. 42 des preuss. Expr.-Ges. Hiernach ist in der angedeuteten Richtung der Zeitpunkt entscheidend, wann die Entschädigung im politischen Wege ermittelt wurde. Nach diesem Zeitpunkte kann der Unternehmer selbst gegen Ersatz der durch das Enteignungsverfahren erwachsenen Nachtheile nicht mehr zurücktreten, es sei denn, dass sich der Expropriat freiwillig mit dem eben gedachten Schadenersatze begnügt. Vgl. Bähr u. Langerhans a. a. O. S. 109.

[24]) Während das Ministerium des Inneren mit Entscheidung vom 21. December 1873 Z. 18857 (Zeitschr. f. Verw. 1874 Nr. 3) ganz richtig hervorhob, dass ein Verzicht des Exproprianten auf die durch das Expropriations-Erkenntniss erworbenen Rechte nur die

8. Gefahr und Nutzen der enteigneten Sache übergehen nach allgemeinen Rechtsgrundsätzen auf den Enteigner gleichzeitig mit dem Eigenthume, d. i. mit Zahlung oder Deposition der Entschädigungssumme.[25]) Insbesondere ist in dieser Hinsicht

---

Bedeutung habe, dass der Expropriat die Sache abzutreten nicht mehr schuldig ist, dass jedoch die Entscheidung der privatrechtlichen Frage, ob der Expropriant die ermittelte Entschädigung zu zahlen schuldig sei, den Gerichten vorbehalten bleibe, ist der oberste Gerichtshof zu wiederholtenmalen (vgl. die Entscheidung vom 15. März 1871 Nr. 2837 Unger-Glaser Nr. 4094, und die Entscheidungen vom 25. November 1875 Z. 10872 und 11. December 1875 Z. 31371 Jurist-Bl. 1876 Nr. 9) bei der meritalen Entscheidung der hier in Rede stehenden Rechtsfrage von der unseres Erachtens unhaltbaren Anschauung ausgegangen, dass dem Exproprianten auch nach Rechtskraft des Expropriationserkenntnisses einseitiger Rücktritt gestattet sei. Das allerdings ist richtig, dass der Expropriant nicht verhalten werden kann, die angesprochenen Grundstücke zu übernehmen; dadurch wird aber seine Verpflichtung zur Zahlung der im Wege des Expropriationsverfahrens ermittelten Entschädigung keineswegs elidirt. Wenn in den Gründen des letztgedachten Erkenntnisses ausgeführt wird, dass die Schätzung eben nur mit Rücksicht auf die „beabsichtigte" Enteignung und „unter Voraussetzung" ihres wirklichen Eintrittes erfolgte, so ist dagegen zu bemerken, dass ja eben die Enteignung zur Zeit der Schätzung bereits rechtskräftig ausgesprochen war, und mit der Occupation des Grundes keineswegs verwechselt werden darf. Anders verhält sich die Sache allerdings, wenn es sich um die Ausübung des Staatsnothrechtes oder blosse polizeiliche Massregeln handelt. So ist es speciell bei der Keulung von Viehstücken behufs Constatirung der Rinderpest allerdings entscheidend, ob das betreffende Viehstück thatsächlich der Keule unterzogen wurde, und kann eine Entschädigung für vor der Abschlachtung umgestandene Stücke selbst dann nicht zugestanden werden, wenn die betreffenden Stücke bereits ausgemustert und allenfalls auch abgeschätzt waren (Vdg. des Min. des Innern vom 21. December 1872 Z. 19431, Zeitschr. f. Verw. 1873 Nr. 12).

[25]) Die Frage ist allerdings nach österreichischem Rechte sehr zweifelhaft. Der Natur der Sache nach sollte eigentlich mit Rechtskraft des Expropriationserkenntnisses das Eigenthum eo ipso an den Enteigner übergehen. Da nun das Gesetz ausdrücklich bestimmt, dass das Eigenthum erst mit Zahlung resp. Deposition der Entschädigungssumme erworben werde, so frägt es sich, ob diese

der Zeitpunkt der factischen Besitzergreifung völlig unentscheidend.[26]) Wenn das Hofkanzleidecret vom 4. April 1837[27])

Bestimmung nicht etwa blos zum Vortheile des Expropriaten
getroffen ist, und ob nichtsdestoweniger die Gefahr der Substanz
schon vom Momente der Perfection der Enteignung an den Exproprianten übergehe, nachdem der Expropriat schon von diesem
Momente an ein Recht auf Zahlung der Entschädigungssumme
erworben hat. Die Bestimmungen des allgemeinen bürgerlichen
Gesetzbuches, betreffend den Uebergang der Gefahr und Nutzungen
beim Kaufe, können hier, wie bereits oben bemerkt wurde, wegen
der grundsätzlichen Verschiedenheit beider Fälle keine Anwendung finden. In Ermangelung einer besonderen gesetzlichen Bestimmung erscheint wohl die Anwendung der allgemeinen Rechtsregel „casum sentit dominus" gerechtfertigt. Anderer Meinung ist —
allerdings vom Standpunkte des gemeinen Rechtes — Grünhut
a. a. O. S. 189, der den Uebergang des periculi mit der Perfection
der Enteignung zusammenfallen lässt, wobei jedoch zu bemerken
ist, dass nach der Ansicht dieses Schriftstellers auch das Eigenthum bereits im Zeitpunkte der Perfection der Enteignung an den
Exproprianten übergeht. Dagegen finden wir eine ausdrückliche
Scheidung dieser beiden Momente bei Treichler a. a. O. S. 141,
und Häberlin a. a. O. S. 202, nach welchen zwar das Eigenthum erst mit Zahlung oder Deposition der Entschädigungssumme,
die Gefahr jedoch schon vom Zeitpunkte der Perfection der Enteignung an den Enteigner übergehen soll.

[26]) Dagegen legen Förster (a. a. O. S. 146) und Stobbe (in den
Jahrb. für Dogm. XII. Bd S. 272 not 317) der Besitzeinweisung
dieselbe Wirkung bei, welche im Falle einer freiwilligen Veräusserung die Tradition äussere. Um den Expropriaten vor möglicher
Insolvenz des Enteigners sicherzustellen, ist fast in allen Gesetzgebungen die Bestimmung getroffen, dass der Enteigner vor Zahlung
oder Sicherstellung der Entschädigungssumme das enteignete Object
nicht in Besitz nehmen dürfe. Hierin erblicken Burckhardt
(a. a. O. S. 236) und Meyer (a a. O. S 241, 242) eine, der ex-
ceptio non adimpleti contractus des römischen Rechtes analoge
Bestimmung Uebrigens gestatten die meisten Rechte eine provisorische Einweisung, wenn hiezu ein dringendes Bedürfniss vorliegt, gegen Sicherstellung einer angemessenen Entschädigung,
wenn diese, sei es wegen collidirender Ansprüche oder ergriffener
Rechtsmittel nicht sofort definitiv festgesetzt, resp. ausgezahlt
werden kann. Vgl. Pohls a. a. O. S. 138, 153; Häberlin a. a.
O. S. 204, 205.

[27]) Pichl's Ges.-Slg. Kais. Ferdinand's II., im 3. Bd. Nr. 60, S. 118.

und hiemit übereinstimmend §. 4 Abs. 2 der Ministerial-Verordnung vom 21. April 1857, Nr. 82 R. G. B. bestimmt, dass der Eigenthümer vom Zeitpunkte der Abnahme des Grundstückes einen Anspruch auf Ersatz der Verzugszinsen im Sinne des §. 995 a. b. G. B. erwirbt, so haben diese Gesetzesstellen den schon an und für sich höchst seltenen Fall vor Augen, wo das Grundstück vor Zahlung der Entschädigungssumme in Besitz genommen wird. Die Verzinsung der Entschädigungssumme ist in diesem Falle ein Gebot der Billigkeit; dieser Umstand ist jedoch für die Beantwortung der „Perfections"frage, sowie für die Fixirung des Zeitpunktes des Uebergangs des Eigenthums und der Gefahr ohne Belang.

9. Hat der Expropriat nach geschehener Expropriation das enteignete Grundstück weiter veräussert, so muss sich der neue Erwerber die Abnahme des Grundstückes gefallen lassen, ohne sich auf die publica fides des Grundbuches berufen zu können.[28]

§. 5.
Subject des Enteignungsrechtes.

Nachdem die Expropriation ihrer Bestimmung und ihrem Wesen zufolge sich als eine Massregel der Verwaltung darstellt, letztere aber nur einen Zweig der vollziehenden Gewalt im Staate repräsentirt, so wird in der Regel der Staat als Subject des Enteignungsrechtes bezeichnet.[1] Dies ist jedoch nur in-

---

[28] Vgl. auch Strohal a. a. O. S. 351. Eine bücherliche Anmerkung des eingeleiteten Expropriationsverfahrens (welche z. B. §. 24 des ungar. allgem. Expr.-Gesetzes und §. 24 des preuss. Enteignungsgesetzes anordnen) ist daher weder nothwendig, noch auch im Sinne unserer Grundbuchsgesetze zulässig. — Die bücherliche Anmerkung hat übrigens auch im preuss. Gesetze keineswegs den Sinn, als ob bei Unterlassung derselben die Expropriation unwirksam werden könnte, sondern es soll durch dieselbe nur bewirkt werden, dass die Entschädigung ohne weitere Anstände ausgezahlt werden könne. Vgl. Dalcke a. a. O. S. 101, 102.

[1] Vgl. Treichler a. a. O. S. 139, Pöhls a. a O. S. 113, Thiel a. a. O. S. 16—20, Grünhut a. a. O. §. 5 S. 78—82. Wenn Häberlin (a. a. O. S. 162) neben dem Staate und der Gemeinde

soferne richtig, als hiebei der öffentlich rechtliche Charakter
der Expropriation nicht ausser Acht gelassen, und der Staat
speciell nicht als privatrechtliche Persönlichkeit, als Fiscus,
sondern als Institution des öffentlichen Rechtes in Betracht
gezogen wird. In diesem Sinne muss allerdings behauptet
werden, dass ausschliesslich der Staat das Expropriationsrecht
auszuüben berufen und berechtigt ist, wobei es dann allerdings
Sache der Gesetzgebung ist, zu bestimmen, welche O r g a n e
der Staatsgewalt zur Ausübung des Letzterer in abstracto zustehenden Befugnisses in concreto berufen sind.[2])

---

auch noch das „Publicum" d. i. „eine unbestimmte Menge von
Menschen" als Subject des Expropriationsrechtes bezeichnet, so
ist hierin wohl nur eine Ungenauigkeit im Ausdrucke zu erblicken,
da der gedachte Schriftsteller selbst auch den im Interesse des
Publicums liegenden Anlagen nur insoferne das Expropriationsrecht zugestehen will, als der Staat diese Interessen zu den seinigen
gemacht hat.

[2]) Wenn daher von manchen Schriftstellern (Bluntschli a. a. O. I
S. 227, Häberlin a. a. O. S. 162, Brinz a. a. O. S. 468, H. A.
Zachariae a. a. O. S. 129, 130) auch die G e m e i n d e, sei es
allgemein, sei es unter Beschränkung, auf die Gemeindemitglieder als
Subject des Expropriationsrechtes bezeichnet wird, so kann dies nur
in dem Sinne aufgefasst werden, dass immerhin in manchen positiven
Gesetzgebungen, die die Enteignung vermittelnden Functionen der
Verwaltungsbehörden den Organen der S e l b s t v e r w a l t u n g zugewiesen sind. Nie aber kann die Gemeinde als selbständige Persönlichkeit das Expropriationsrecht ausüben, es steht ihr keineswegs,
wie H. A. Zachariae (a. a. O. im I. Bd. §. 107) und Meyer
(a. a. O. S. 261) annehmen, ein dem „jus eminens" des Staates
analoges Expropriationsrecht bei nothwendigen oder nützlichen
Gemeindeanlagen zu, sondern, wo ihr dies Befugniss gesetzlich
eingeräumt ist, fungirt sie blos als ein Organ der v o l l z i e h e n d e n
G e w a l t i m S t a a t e. Allerdings kann das Interesse der Gesammtheit vielfach durch die gedeihliche Entwicklung der einzelnen
örtlich begrenzten Theile bedingt werden (vgl. auch Bischof
a. a. O. S. 5) und es kann daher das Expropriationsrecht auch
zur Ermöglichung solcher Unternehmungen in Anspruch genommen
werden, welche in erster Linie dem Interesse der Gemeinde oder
eines engeren Kreises der Staatsangehörigen zu dienen bestimmt
sind; nichts destoweniger kömmt jedoch hiebei die Gemeinde, der
Kreis, nicht an und für sich, sondern nur als ein organischer
Bestandtheil des grossen Staatsganzen in Betracht. Die von

Daraus, dass ausschliesslich die Staatsgewalt den Einzelnen zum Aufgeben seiner Privatrechte im öffentlichen Interesse zu nöthigen berechtigt ist, folgt jedoch nicht, dass der Staat auch alle jene A n s t a l t e n selbst ins Leben rufen müsse, von welchen er sich eine Förderung der Erwerbsthätigkeit seiner Bürger, und die Ermöglichung einer gedeihlichen wirthschaftlichen Entwicklung der Gesammtheit verspricht. [3]) Die wirthschaftliche Verwaltung beschränkt sich nämlich in Verfolgung des ihr vorgesteckten Zieles darauf, dem Einzelnen jene Bedingungen des freien Erwerbes zu gewähren, die er sich selbst zu beschaffen unvermögend ist, sie soll sich nur da einmischen, wo ohne ihren Beistand ein wichtiger volkswirthschaftlicher Erfolg gar nicht, oder nur spät, oder in geringem Masse erreicht werden würde. [4]) Sie ergänzt daher nicht etwa durch Gewährung von Gütern direct die wirthschaftliche Persönlichkeit des Einzelnen [5]), sondern

---

Michaelis (in Faucher's Vierteljahrsschrift 1866, S. 146—181 und 3 Bd. S. 152—186) befürwortete „Expropriation auf Grund genossenschaftlichen Beschlusses", mittelst welcher die vereinigten Grundbesitzer eine gemeinsame bessere Bodenausnützung erzielen sollen, würde daher in ihrer praktischen Durchführung kein neues S u b j e c t des Enteignungsrechtes statuiren, sondern nur die bisher ausschliesslich von den Regierungsorganen im engeren Sinne besorgten Functionen der wirthschaftlichen Verwaltung zum Theile anderen O r g a n e n der vollziehenden Gewalt, nämlich Selbstverwaltungskörpern unter staatlicher Oberaufsicht zuweisen. Das Recht der staatlichen Oberaufsicht müsste jedoch gegenüber solchen autonomen Organen desto umfassender ausgeübt werden, als gerade auf diesem Gebiete die Majorisirung der Einzelnen durch Genossenschaftsbeschlüsse für das Princip der Unverletzlichkeit des Privatrechtes von den bedenklichsten Folgen begleitet sein könnte. So regelt z. B. in England bei Niederreissung von Häusern zum Umbaue das B o a r d (die Localbehörde der wirthschaftlichen Selbstverwaltung) die künftige Baufluchtlinie gegen Entschädigung nach den Grundsätzen der Expropriation, allein das Board ist in Ausübung dieses Rechtes der Oberinstanz des Ministeriums des Innern unterworfen, welches nach commissioneller Untersuchung erst eine vom Parlamente zu bestätigende Provisional Order erlässt. G n e i s t Selfgovern. §. 133 S. 794 und §. 134 S. 812.
[3]) Stubenrauch a. a. O. S. 167.
[4]) Rau Grundsätze der Volkswirthschaftspolitik 1. Abth. §. 4.
[5]) Stein a. a. O. S. 11, 12.

sie verfolgt diesen Zweck nur indirect durch Förderung gemeinnütziger Unternehmungen. Bekanntlich herrscht unter den
Nationalökonomen über die Frage, ob es vortheilhaft sei, dass
der Staat die oder jene Unternehmungen selbst betreibe, oder
an Private überlasse, nicht geringe Meinungsverschiedenheit; es
ist jedoch in neuerer Zeit wenigstens rücksichtlich der wichtigsten
Verkehrsanstalten, der Eisenbahnen, die Ueberlassung der Ausführung derselben an Private unter staatlicher Oberaufsicht zur
Regel geworden. Hiedurch wird jedoch das obige Princip nicht
im Geringsten alterirt, denn stets ist es die Staatsgewalt,
nicht das etwa durch die Concession erworbene Recht des
Unternehmers, welchem das Privatrecht des Individuums weichen
muss. Auf die Concessionäre wird nicht ein Recht der Staatsgewalt übertragen [6]), sondern dieselben werden nur unter

---

[6]) Anderer Meinung ist Thiel, der (a. a. O. S. 17) annimmt, man
sei „darüber nun allseits einig, dass das Expropriationsrecht des
Staates cessibel ist.“ Auch Bluntschli (a. a. O. S. 227),
Treichler (a. a. O. S. 139), Beseler (a. a. O. §. 92, S. 351),
Dernburg (a. a. O. §. 34, S. 58), Förster (a. a. O. S. 111
not. 10), Dalcke (a. a. O. S. 4), Koch (a. a. O. S. 27), Mohl
(Polizeiwissensch. I §. 5 not. 9), Purgoldt (a. a. O. S. 354)
sprechen von einer „Verleihung“ des Expropriationsrechtes an
Private, Gesellschaften u. s. w. Dieser Anschauung liegt jedoch
ein Missverständniss zu Grunde. Das Expropriationsrecht steht
nicht der im volkswirthschaftlichen Interesse ins Leben gerufenen
oder geförderten Unternehmung zu, es ist kein Recht, das
den Bestandtheil des Vermögens des Staates oder einer anderen
juristischen Person bilden würde, sondern es ist lediglich in dem
allgemeinen Administrationsrechte des Staates mit einbe-
griffen. Dagegen ist allerdings das Mittel, durch welches der
Staat das vorgesteckte Ziel zu erreichen strebt, nämlich die
Begründung solcher Anstalten, welche in national-ökonomischer
Hinsicht bedeutungsvoll sind, der Sphäre des Privatrechtes keineswegs entrückt. Der Staat kann solche Unternehmungen entweder
selbst ins Leben rufen, oder deren Ausführung Privaten überlassen. Führt er sie aus, so hat er eben keine andere Stellung
als der Privatunternehmer, er tritt nicht als ethische Potenz,
sondern als privatrechtliche Persönlichkeit (Fiscus) auf und muss
ebenso wie jeder andere Unternehmer von der Verwaltungsbehörde
die Anerkennung erwirken, dass die von ihm beabsichtigte Unternehmung in der That im concreten Falle die Anwendung des

Umständen zur Ausführung eines bestimmten Unternehmens
privilegirt.

Allerdings wird ein solcher Unternehmer in der Folge
ermächtigt, die auf die Expropriation Bezug habenden Anträge
zu stellen, er erwirbt auch in der Regel das Eigenthum oder
wenigstens das Recht der zeitweisen Benützung der exproprürten
Objecte [7]), er hat auch die dem Eigenthümer derselben nach

Expropriationsrechtes rechtfertige. Dies gilt daher insbesondere
auch, wenn der Staat im Sinne des §. 410 der österr. Zoll- und
Staatsmonopolsordnung Grundstücke zur Errichtung von Salz-
werken in Anspruch nimmt. Den richtigen Standpunkt nehmen
in dieser Hinsicht ein: Mittermaier a. a. O. S. 23, Häberlin
a. a. O. S. 173, Brinz a. a. O. S. 468, Buddeus a. a. O. S. 401,
Meyer a. a. O. S. 261. Rohland a. a. O. §. 3 S. 13.

[7]) Vgl. dagegen insbesondere Grünhut a. a. O. S. 80, 81, welcher
annimmt, dass bei Enteignung von Grundstücken das betreffende Object
dem Privaten nicht ins volle Eigenthum übertragen werde, sondern
nur des usus publicus willen als extra commercium stehend angesehen wird. Der Staat sei der eigentliche Erwerber der enteigneten
Objecte, und wenn selbe bei manchen öffentlichen Unternehmungen
in das Eigenthum von Privaten übergehen, so könne dieser Uebergang de publico ad privatum nur auf dem Wege eines mittelbaren Erwerbes von Seite des eigentlichen Subjectes des Expropriationsrechtes bewirkt werden. — Allein die Annahme eines
solchen mittelbaren Erwerbes ist weder nothwendig, noch juristisch
begründet. Dass der Privatunternehmer in der Ausübung seines
Eigenthumsrechtes zu den enteigneten Grundstücken vielfach im
öffentlichen Interesse beschränkt ist, dass speciell eine Eisenbahnunternehmung mit Jedermann Frachtverträge abzuschliessen gehalten ist u. s. w. folgt entweder schon unmittelbar aus dem Gesetze
(art. 422 H. G. B.) oder ist eine natürliche Folge des Umstandes,
dass es zum Betriebe solcher Unternehmungen, welche nach Zulass
des Gesetzes die Inanspruchnahme fremden Eigenthums rechtfertigen, einer besonderen Concession bedarf. Selbstverständlich
wird der Staat bei Ertheilung einer solchen Concession dafür
Vorsorge treffen, dass das enteignete Gut seiner wirthschaftlichen
Bestimmung nicht entzogen werde, sondern dem Interesse der
Gesammtheit dauernd diene. Abgesehen hievon lässt sich jedoch
eine Beschränkung des Eigenthumsrechtes des Enteigners zu dem
entzogenen Objecte wohl kaum juristisch begründen. Vgl. gegen
Grünhut insbesondere auch: Stobbe a. a. O. S. 158 not. 23, 24,
Rohland a. a. O. S. 11, Randa Besitz §. 10 S. 276 not. 10,
Meyer in Behrends Zeitschr. VIII S. 568.

dem Gesetze gebührende Entschädigung zu leisten *), und in diesem Sinne bezeichnet man ihn auch im Sprachgebrauche nicht mit Unrecht als den Expropriantcn; allein es muss stets der Grundsatz festgehalten werden, dass der Private nic ein Expropriationsrecht ausüben, sondern dass demselben höchstens die Ausführung einer im öffentlichen Interesse für nothwendig oder vortheilhaft erkannten Unternehmung überlassen werden kann, dass überhaupt das Recht der Staatsgewalt, im Interesse gemeinnütziger Unternehmungen dem Privat-Eigenthume Beschränkungen aufzuerlegen, oder selbes ganz aufzuheben, absolut unübertragbar ist.

Es ist auch in der österreichischen Gesetzgebung das Recht der Enteignung überall als ein staatliches Recht anerkannt, und steht es hiemit keineswegs im Widerspruche, wenn in manchen Gesetzen (z. B. im §. 9 lit. c des Eisenbahnenconcessionsgesetzes vom 14. September 1854, sowie auch in den Concessionsurkunden der meisten Eisenbahnen) gemeinnützigen Unternehmungen das Recht der Expropriation in Gemässheit des §. 365 a. b. G. B. „eingeräumt" wird, da hierunter nicht das Recht der Entziehung von Privateigenthum schlechtweg, sondern nur das Recht der diesbezüglichen Antragstellung bei der Verwaltungsbehörde verstanden wird.*)

Auch finden wir in unserer Gesetzgebung keinen Anhaltspunkt darüber, dass das Expropriationsrecht etwa Gemeinden oder anderen autonomen Körperschaften als Organen der vollziehenden Gewalt zustehen würde. Der Art. V des Gemeindegesetzes vom 5. März 1862 Nr. 18 R. G. B. hat den Gemeinden

___

*) Vgl. das Nähere hierüber im nachfolgenden §. 13 d. W.

*) Auch Stubenrauch vertheidigt (a. a. O. S. 173, 177) dieselbe Ansicht. Seine Schlussfolgerung, dass in der Ermächtigung von Privaten zur Ausführung des die Expropriation begründenden Unternehmens zugleich die Ermächtigung zu Letzterer selbst liege, dass sohin das Expropriationsrecht des Staates „gleichsam" auf diese Subjecte übertragen werde, ist allerdings nicht vollkommen präcis, sie deutet jedoch den richtigen Standpunkt an, dass das Recht, auf die Expropriation anzutragen, nur ein Ausfluss des durch die staatliche Concession erworbenen Rechtes zur Ausführung einer im wirthschaftlichen Interesse für nothwendig erkannten Unternehmung sei.

5*

in dieser Beziehung keinerlei Befugniss eingeräumt, und es kann
speciell nicht der Absatz 3 dieser Gesetzesstelle, gemäss dessen
der Gemeinde die Sorge für die Erhaltung der Gemeindestrassen,
Wege, Plätze und Brücken, sowie für die Sicherheit und Leich-
tigkeit des Verkehrs auf Strassen und Gewässern im selbständigen
Wirkungskreise zusteht, dahin aufgefasst werden, als ob die
Gemeinde zur Erreichung dieses ihr vorgesteckten Zieles auch
zur Ausübung des Expropriationsrechtes befugt wäre.[10]) Die
Uebertragung dieses Befugnisses an die Gemeinde könnte nur
durch ein besonderes Gesetz begründet werden.[11])

---

[10]) In diesem Sinne bestimmt denn auch §. 19 Abs. 2 des Landesgesetzes für Böhmen vom 12. August 1864 Nr. 46 L. G. B. und
gleichlautend hiemit auch §. 22 des niederösterr. Landesgesetzes
vom 29. December 1874 Nr. 7 L. G. B., dass das Erkenntniss über
das zum Behufe der Errichtung und Erhaltung nicht ärarischer
Strassen und Wege angesprochene Expropriationsbefugniss nach
Massgabe der diesfalls bestehenden Gesetze und Verordnungen
der politischen Verwaltungsbehörde zusteht. — Der
gleiche Grundsatz findet sich auch in einigen Bauordnungen,
namentlich im §. 7 der böhm. Bauordnung vom 11. Mai 1864
Nr. 20 L. G. B., §. 67 der mähr. Bauordnung vom 20. December
1869 Nr. 1 L. G. B. pro 1870, §. 68 der schlesischen Bauordnung
vom 23. März 1867 Nr. 16 L. G. B. ausgesprochen, und auch in
den übrigen Kronländern, deren Bauordnungen in dieser Richtung
eine ausdrückliche Bestimmung nicht enthalten, muss das Gleiche
auf Grund der allgemeinen Vorschriften behauptet werden. Vgl.
auch die Entscheidung des Min. d. Innern vom 23. September 1870
Z. 17931 (Zeitsch. f. Verw. 1871 Nr. 15), worin ausgeführt wird:
„wenngleich die Obsorge für die Gemeindestrassen zum selbstständigen Wirkungskreise der Gemeinde gehört, — so darf sie
sich dieser Obsorge nur durch Anwendung gesetzmässiger Mittel
entledigen, und nicht mit Umgehung der politischen Behörden,
welche allein über zwangsweise Abtretung oder Belastung von Privateigenthum aus öffentlichen Rücksichten zu
erkennen berufen sind, sich Eingriffe in fremdes Eigenthum
erlauben." Aehnlich auch die Entscheidung des Min. des Innern
vom 24. Juni 1871 Z. 8565 und des obersten Gerichtshofes vom
6. Juli 1871 Z. 8281 (Zeitsch. f. Verw. 1871 Nr. 37). Mayerhofer a. a. O. S. 1376.

[11]) Es ist auch in neuerer Zeit die Frage angeregt worden, ob eine
solche Zuweisung durch ein Landesgesetz oder durch ein Reichsgesetz zu verfügen sei. Erstere Ansicht dürfte den Vorzug ver-

Die meisten der die Expropriation begründenden Unternehmungen fallen nicht unter die allgemeinen Vorschriften des Gewerbegesetzes vom 20. December 1859 Nr. 227 R. G. B. (Kundmachungspatent Art. V. lit. a, l, n). Die Concessionsurkunden der einzelnen Eisenbahnunternehmungen enthalten detaillirte Bestimmungen darüber, unter welchen Bedingungen der Betrieb der Unternehmung gestattet werde, und nach Ablauf welcher Zeit die enteigneten Grundstücke in das Eigenthum des Staates übergehen sollen. Es ist jedoch darauf hinzuweisen, dass die im §. 287 a. b. G. B. enthaltene Unterscheidung zwischen dem „allgemeinen oder öffentlichen Gute" und dem „Staatsvermögen" für das Expropriationsrecht nicht in dem Sinne verwerthet werden kann, als ob etwa die expropriirten Objecte kraft des Gesetzes den Charakter eines „öffentlichen Gutes" annehmen würden. Ob dies im concreten Falle wirklich eintritt, ist quaestio facti; es mag nur im Allgemeinen bemerkt werden, dass dem Interesse der Verwaltung auch durch Uebergang des betreffenden Objectes in das eigentliche „Staatsvermögen" oder in das Privateigenthum unter Anwendung der nöthigen Vorsichten entsprochen werden kann. Wenn daher das Hofkanzleidecret vom 15. October 1845 Nr. 904 J. G. S. rücksichtlich der Staatseisenbahnen, und das Hofdecret vom 18. Februar 1847 Nr. 1036 J. G. S. sogar rücksichtlich der Privateisenbahnen bestimmte, dass die enteigneten Grundstücke nach §. 287 a. b. G. B. öffentliches Gut werden, und daher aus den öffentlichen Büchern zu l ö s c h e n seien, so beruht diese Auffassung auf einer Verkennung der factischen Verhältnisse, da die Eisenbahnen im Gegensatze zu den Land- und Wasserstrassen nur in sehr beschränktem Masse der öffentlichen Benützung übergeben sind, und sehr wohl Gegenstand des Eigen-

---

dienen, da es sich nicht um die Statuirung eines neuen Expropriationsfalles, welche allerdings nach §. 11 lit. k und m des Grundgesetzes über die Reichsvertretung vom 21. December 1867 Nr. 141 R. G. B. zum Wirkungskreise des Reichsrathes gehören würde, sondern nur um die Zuweisung eines vereinzelten Verwaltungsactes an ein Organ der Selbstverwaltung handelt, wozu die Landtage allerdings verfassungsmässig als berechtigt angesehen werden müssen.

thumes des Staates oder privater Gesellschaften sein können. Es ist auch anzunehmen, dass rücksichtlich der Privateisenbahnen obige Bestimmung durch §. 9 des Gesetzes vom 14. September 1854 aufgehoben worden ist, kraft dessen die Unternehmung das Eigenthum des Grundes wirklich erwirbt, mithin auch als Eigenthümerin an die Gewähr geschrieben werden kann. [12]) In neuerer Zeit ist durch das Gesetz vom 19. Mai 1874 Nr. 70 R. G. B. die Anlegung eigener Eisenbahnbücher verordnet und das Verfahren bei Eintragung der von der Unternehmung erworbenen Grundstücke in das Bestandblatt der Eisenbahneinlage umfassend geregelt worden. Das Eisenbahnbuch ist im Allgemeinen wie jedes andere Grundbuch zu behandeln; dem öffentlichen Interesse wird dadurch Rechnung getragen, dass als Besitzer der den Inhalt einer Einlage bildenden Bahn nur der Inhaber der Concession, beziehungsweise (im Falle eines späteren Besitzüberganges) Derjenige eingetragen werden kann, dem die Ertheilung der Concession vom Handelsministerium zugesichert worden ist. [13])

§. 6.
Object des Enteignungsrechtes.

Object des Enteignungsrechtes können alle erworbenen Rechte sein, deren Fortbestand sich mit dem allgemeinen

---

[12]) Die Richtigkeit dieser Ansicht wird auch durch ein nachfolgendes Gesetz, nämlich die für Tirol und Vorarlberg erlassene Minist. Vdg. vom 27. April 1859 Nr. 71 R. G. B. bestätigt. Es hatte nämlich daselbst die Ministerial-Vdg. vom 8. December 1855 Nr. 213 R. G. B. im §. 12 bestimmt, dass bei bleibenden Grundeinlösungen für Staatseisenbahnbauten das eingelöste Object aus den öffentlichen Büchern gelöscht werden solle. Das Gesetz vom 27. April 1859 hat nun zwar das in der letztgedachten Verordnung vorgeschriebene Verfahren auch auf andere im Wege der Expropriation für öffentliche Zwecke vorzunehmende Grundeinlösungen ausgedehnt, jedoch ausdrücklich bestimmt, dass der §. 12 jenes Gesetzes hier nur insofern anwendbar sei, als das eingelöste Object nach Massgabe der bestehenden Gesetze ein öffentliches Gut wird.

[13]) §. 7 ebd.

Wohle nicht vereinbaren lässt. Es bilden daher — abgesehen von speciellen Verhältnissen — Privilegien keinen Gegenstand der Enteignung, weil die kraft eines besonderen Gesetzes oder einer Verordnung begründete exceptionelle Stellung einzelner Staatsbürger oder ganzer Classen derselben noch kein erworbenes Recht ist, sohin auch die Aufhebung einer solchen Stellung durch eine spätere Verfügung an und für sich noch keinen Anspruch auf Entschädigung gewährt.[1]) Auch wird vor-

[1]) Vgl. Dernburg a. a. O. §. 33 S. 56 not. 2. Dagegen bestimmt das preuss. allg. L. R. in der Einleitung §. 70: „Privilegien, auch solche, die durch einen lästigen Vertrag erworben wurden, kann der Staat, jedoch nur aus überwiegenden Gründen des gemeinen Wohles und nur gegen hinlängliche Entschädigung des Privilegirten wieder aufheben." Letzteres soll nach Th. II tit. 15 §. 6 auch dann eintreten, wenn durch Verlegung einer Strasse, die nicht aus unvermeidlicher Nothwendigkeit vorgenommen worden, einem Privatbesitzer ein nutzbares Recht, welches ihm ausdrücklich in Beziehung auf diese Strasse vom Staate verliehen war, ganz entzogen, oder beträchtlich geschmälert wird. Diese Bestimmung veranlasst Zöpfl (a. a. O. §. 433 not.) und Schlayer (in Linde's Zeitschr. f. Civilr. und Process N. F. XII. Band S. 91) auch Privilegien allgemein, oder wenigstens dann für einen Gegenstand der Enteignung zu erklären, wenn selbe nicht durch ein allgemeines Gesetz, sondern nur durch eine specielle Verordnung aufgehoben werden sollen (vgl. den Aufsatz „Privilegien" in Rottek-Welckers Staats-Lex. 12. Bd. S. 166). Aus einem Acte der Gesetzgebung oder aus einer Verordnung erwirbt jedoch an und für sich noch Niemand ein Recht darauf, dass diese Norm nicht geändert werden dürfe. Eine andere Frage allerdings ist es, ob dem Einzelnen, der für die Ertheilung eines Privilegs ein Entgelt an die Staatsverwaltung entrichtete oder dem aus Anlass der ihm etwa zugesicherten Unwiderruflichkeit desselben Kosten erwachsen sind, ein Rückforderungsrecht oder ein Recht auf Schadenersatz gegen den Staat zusteht. Ob ein solcher Anspruch im concreten Falle begründet sei, ist quaestio facti; im Allgemeinen kann bemerkt werden, dass im ersteren Falle Jenem, der ein Privileg gegen Entgelt erworben, allerdings nach dem bürgerlichen Rechte eine conditio causa finita auf Rückforderung des Geleisteten zustehen dürfte (§. 1435 a. b. G. B.). Vgl. Kierulff Theorie des gemein. Civilrechtes 1. Bd. § 5, S. 59, 60. Gönner deutsches Staatsrecht (1804) §. 293. Zöpfl a. a. O. §. 434 not. 19. Pfeiffer a. a. O. S. 297. Allerdings dürfte es, wie Dern-

ausgesetzt, dass dem aufgehobenen factischen Zustande auch
wirklich ein Recht entspricht, und gewährt daher die blosse
Aufhebung des Besitzes einer Sache noch keinen Anspruch
auf Entschädigung.²) Dagegen ist es allerdings gleichgiltig, ob
die zu enteignende Sache nach den Grundsätzen des Civilrechtes
veräusserlich ist oder nicht, da die Enteignung, wie oben
bemerkt, kein Veräusserungsgeschäft ist, sondern durch eine
Verfügung der Staatsgewalt zu Stande kömmt.³) Auch erstreckt
sich die Expropriation nicht nur auf Immobilien, sondern

---

burg a. a. O. bemerkt, namentlich in Staaten mit absoluter Re-
gierungsform im concreten Falle mitunter schwer zu entscheiden
sein, ob eine solche Aenderung des Rechtes im objectiven Sinne,
oder ein Fall der Expropriation vorliegt. Dernburg will das
Letztere überall dort annehmen, wo die Belastung Einzelne in
Folge eines freien Entschlusses der Verwaltung trifft. —
Eine vermittelnde Ansicht vertheidigt Christiansen (über erworbene Rechte §. 7 S. 33 ff.), wonach es darauf ankommen soll, ob
der Inhalt des aus dem Privileg abgeleiteten Rechtes lediglich
abstract oder bereits concret bestimmt ist. Im letzteren Falle
begründe das Privileg ebenso subjectives Recht, wie das aus
einer lex generalis abgeleitete, concret bestimmte Befugniss.

²) Treichler a. a. O. S. 124.

³) Grünhut a. a. O. Auch diejenigen Schriftsteller, welche in der
Expropriation ein einseitig erzwungenes privatrechtliches Geschäft
erblicken, sind darüber einig, dass ein blosses Privatverbot der
Enteignung nicht entgegenstehe, dass Letztere daher z. B. auch
dann statthaft ist, wenn ein zu enteignendes Grundstück den
Bestandtheil eines Fideicommisses bildet. Vgl. Treichler a.
a. O. S. 141, Häberlin a. a. O. S. 175, H. A. Zachariae a.
a. O. §. 152, S. 112. Schon dieser Umstand ist für sich ein tref-
fendes Argument gegen die Annahme eines Kaufgeschäftes, allein
es ist auch abgesehen hievon nicht richtig, dass Sachen, deren
Veräusserung aus öffentlichen Rücksichten Beschränkungen
unterworfen ist, der Expropriation nicht unterliegen. So kann es
speciell nach österr. Rechte keinem Zweifel unterliegen, dass auch
Kirchengut u. zw. selbst mit Einschluss der sog. res s c ac
der Expropriation unterliegt, wenngleich es richtig ist, dass rücksichtlich der letzteren sich die Ausübung des Expropriationsrechtes nur in äusserst dringenden Fällen empfehlen dürfte. Vgl.
Schulte System des Kirchenrechts II. §. 96 S. 494.

es sind auch b e w e g l i c h e Sachen Gegenstand der Enteignung⁴),
ja auch u n k ö r p e r l i c h e Sachen (§. 292 a. b. G. B.), R e c h t e,
können den einzelnen Individuen von der Staatsgewalt im Wege
der Enteignung wirksam entzogen werden.⁵) Immer aber wird

---

⁴) M i t t e r m a i e r a. a. O. S. 16. M a u r e n b r e c h e r a. a. O. §. 60,
F ö r s t e r a. a. O. S. 145, B r i n z a. a. O. S. 470, 471, R o h l a n d
a. a. O. S. 2, 15 ff. beschränken die Anwendbarkeit des Expro-
priationsrechtes auf Grundeigenthum, G e r b e r a. a O. §. 174 b,
R ö s s l e r a. a. O. §. 195 not. 5 auf Grundstücke oder dingliche
Rechte an denselben. Vgl. jedoch dagegen W e i s s a. a. O. §. 250
not. m, B l u n t s c h l i a. a. O. I S. 227, T r e i c h l e r a. a. O.
S. 141, H ä b e r l i n a. a. O. S. 174, D e r n b u r g a. a. O. S. 58,
B e s e l e r a. a. O. §. 92, S. 350, M e y e r a. a. O. S. 263, Z ö p f l
a. a. O. §. 489 not. 2, T h i e l a. a. O. S. 12—14, G r ü n h u t a. a.
O. §. 4, S. 74. Allerdings wird dieses Recht rücksichtlich der
Mobilien schon wegen der meist fungiblen Natur derselben in
den seltensten Fällen praktisch werden (N i p p e l a. a. O. ad §. 365
S. 208). Es ist jedoch auch nach österr. Rechte nicht zu bezweifeln, dass die Vorschrift des Hofdct. v. 11. Oct. 1821 Z. 29059 rücksichtlich der zwangsweisen Benützung der zum Baue, sowie zur Erhaltung
der Strassen nothwendigen Stein- und Schotterbrüche, im Wege der
Analogie auch auf solches Material anwendbar ist, welches von
den betreffenden Privaten wirklich bereits gewonnen wurde, sohin
eine bewegliche Sache geworden ist. Vgl. S t u b e n r a u c h a. a.
O. S. 175. Von den positiven Gesetzgebungen beschränkt das
p r e u s s i s c h e und das u n g a r i s c h e Expropriations-Gesetz die
Enteignung ausdrücklich auf Immobilien. Vgl. auch D a l c k e a.
a. O. S. 35, K l e t k e a. a. O. S. 45.

⁵) Allerdings ist hier wieder jener Fall am meisten praktisch, wo
an einem enteigneten Grundstücke dritten Personen dingliche
Rechte zustehen, deren Fortbestand mit der Verwendung der Sache
im öffentlichen Interesse nicht vereinbar ist. Nichtsdestoweniger
ist es wohl kaum gerechtfertigt, wenn R o h l a n d (a. a. O. S. 18)
die Anwendbarkeit des Expropriationsrechtes rücksichtlich der sog.
„unkörperlichen Sachen" ganz läugnet und G r ü n h u t (a. a. O
S. 75) selbe auf den soeben gedachten und auf den Fall beschränkt,
wo der enteigneten Sache (?) selbst Rechte an anderen Sachen
zustehen. Rücksichtlich obligatorischer Rechte ist wohl der Fall
der Einziehung derselben im öffentlichen Interesse schwer denkbar,
doch findet sich auch hier eine nicht unpassende Analogie in der
Bestimmung des gerichtlichen Verfahrens über den Zwangsausgleich
im Concurse (§. 207 Conc. Odg.). — Die österreichische Gesetzgebung hat einen Fall der Enteignung unkörperlicher Sachen sogar

vorausgesetzt, dass es sich um solche Rechte handelt, welche
für den Berechtigten ein vermögensrechtliches Interesse
begründen, wogegen bei einer Inanspruchnahme der Persönlichkeit der einzelnen Staatsangehörigen ganz andere Grundsätze zur Anwendung kommen.⁶) Es ist auch von mehreren

in einem Specialgesetze normirt. Vgl. das Hofkanzlei-Decret vom
16. October 1835 über die Einziehung der Privat- Weg- und
Brückenmauthen, welche auf Aerarialstrassen bestehen. Auch
ist hier eine (im Verordnungsblatte des Handelsministeriums von
1851 Nr. 21 mitgetheilte) Entscheidung des Ministeriums des Innern
zu erwähnen, gemäss welcher die Grundherren in Ungarn sich in
jenen Fällen, wo ihr Schankregal mit der Errichtung von
Restaurationen auf den Stationen der südöstlichen Staatseisenbahn
collidirte, die Expropriation dieses Rechtes gegen Entrichtung
einer Jahresrente gefallen lassen mussten. (Michel a. a. O. §. 26,
S. 91, not. 2.) Vgl. auch Stubenrauch a. a. O. S. 175. Derselbe
befürwortet de lege ferenda die Einschränkung des Expropriationsrechtes auf körperliche Sachen, vertheidigt jedoch vom Standpunkte
des geltenden Rechtes dessen unbeschränkte Ausdehnung. Die
sog. „unkörperlichen Sachen“ sind allerdings nur in einem sehr
uneigentlichen Sinne Gegenstand des Eigenthumsrechtes (Randa,
Eigenthumsrecht §. 3), allein sie bilden doch einen Gegenstand
des Vermögens der einzelnen Rechtssubjecte, und es ist daher
nicht abzusehen, warum selbe der Enteignung nicht unterworfen sein
sollten, falls diese hier überhaupt aus factischen Gründen nicht
ausgeschlossen ist.

⁷) Im Sinne der älteren Theorie, welche auch ein Eigenthum des
Menschen zu seinen eigenen Gliedmassen, zur Freiheit etc. annahm,
sprechen allerdings auch einige Schriftsteller, und zwar von den
Neueren noch II. A. Zachariae (a. a. O. §. 152, S. 122—124)
von einer Anwendung des Staatsnothrechtes auf die menschliche
Freiheit, erwähnen daher auch des Falles, wo der Einzelne zu
Leistungen in Kriegszeiten herbeigezogen werden muss etc. Es
wird diese Anwendung der Staatshoheit auf die Persönlichkeit
der einzelnen Staatsbürger auch oft (so von Egger a. a. O. §. 182,
Klüber a. a. O. §. 551 not., Schmitthenner a. a. O. §. 106
S. 372) als potestas eminens der Anwendung dieses Rechtes auf
das Eigenthum der Staatsangehörigen, dem sog. dominium
eminens entgegengesetzt, welche Unterscheidung wieder Maurenbrecher a. a. O. §. 60 not. h als ungerechtfertigt verwirft. —
Ja, einige ältere Schriftsteller haben sich sogar bestimmen lassen,
aus dem sog. Staatsnothrechte das Recht der Landesfürsten zu
deduciren, aus Gründen des öffentlichen Wohles in den Gang der

Schriftstellern des gemeinen Rechtes die Frage angeregt worden, ob das zu enteignende Gut nothwendig Privateigenthum sein müsse, oder ob auch die dem Staate selbst zugehörigen Sachen Gegenstand des Expropriationsrechtes sein können.[1]) Hiebei ist die Ansicht vertheidigt worden, dass nur die eigentlichen Staatsgüter (patrimonium fisci), nicht aber jene Güter, welche zum gemeinsamen Gebrauche der Einwohner des Staates bestimmt sind (res publicae, quae in communi usu sunt), das sogenannte öffentliche Gut (§. 287 a. b. G. B.) enteignet werden können, indem es sich rücksichtlich der letzteren höchstens darum handeln könne, dass selbe durch die Staatsverwaltung in einer andern Weise dem öffentlichen Gebrauche gewidmet werden.[8]) Allein auch die sogenannten res publicae sind wahres Eigenthum des Staates resp. der Gemeinde, wenngleich dieses Eigenthum durch die Bestimmung der Sache zum öffentlichen Gebrauche beschränkt ist.[9]) Und da der Staat, wie bereits oben bemerkt,

---

Justiz einzugreifen und durch Erlassung von Machtsprüchen die Verletzung von Privatrechten zu bewerkstelligen. Vgl. insbesondere Westphal a. a. O. VII §. 6: „Eine besondere Art der Ausübung der plenitudinis potestatis besteht in Aussprüchen der Regenten über Processe und Criminalfälle, einen Unterthan betreffend, wo der Regent wegen ausserordentlicher Gründe des gemeinen Besten oder einer besonderen Noth wegen wider die gewöhnlichen Grundsätze spricht." Mit Recht bemerkt hiegegen Zachariae a. a. O. S. 124, dass wohl der Staat im Nothfalle Rechte verletzen könne, dass er jedoch nie das Unrecht formell an die Stelle des Rechtes zu setzen für befugt angesehen werden könne.

[7]) Die letztere Frage wird insbesondere verneint von Treichler a. a. O. S. 141, bejaht von Rohland a. a. O. S. 18 und Häberlin a. a. O. S. 175, 176. Letzterer führt für seine Ansicht an, dass die Expropriation nicht nur dem Staate, sondern auch der Gemeinde im eigenen Interesse, ja auch Privaten im Interesse des „Publicums" zustehe.

[8]) Grünhut a. a. O. S. 75—78, Rössler a. a. O. §. 196 not. 5.

[9]) Randa weist (a. a. O. §. 3) in dieser Hinsicht insbesondere darauf hin, dass ja nicht nur dem Eigenthümer die mit dem öffentlichen Gebrauche vereinbaren Nebennutzungen zufallen, sondern dass dieses Eigenthum durch den Wegfall der Verwendung der Sache zu öffentlichen Zwecken zur vollen Wirksamkeit gelangt.— Nicht ganz richtig ist daher der Gesichtspunkt, von welchem die Ministerial-

bei Anwendung des Expropriationsrechtes nicht als privatrechtliche Persönlichkeit, sondern als verwaltende Potenz in Betracht
kömmt, so muss behauptet werden, dass am Staatsgute allgemein, sohin auch an dem sogenannten öffentlichen, und an dem
Gemeindegute (§. 288 a. b. G. B.) das Expropriationsrecht in
Anwendung gebracht werden könne. [10]) Allerdings wird diese
Eigenschaft des enteigneten Objectes, so wie auch der Zweck,
zu welchem im einzelnen Falle die Enteignung stattfindet, bei
Ermittlung der Entschädigung von wesentlichem Einflusse sein. [11])

Entscheidung vom 6. September 1871 Z. 11849 (Z. f. Verw. 1871
Nr. 43) ausgeht. Hier wird die Ansicht ausgesprochen, dass es zur
Legung von Gasröhren auf einer dem öffentlichen Verkehre ge-
widmeten, jedoch im Privateigenthume stehenden Brücke einer
Expropriation nicht bedürfe.

[10]) In diesem Sinne entschied auch ganz richtig das Min. des Innern
unterm 27. Mai 1872 Z. 6192 (Ztsch. f. Verw. 1872 Nr. 43) in
einem Falle, wo eine Eisenbahngesellschaft einen durch die in
Folge des Bahnbaues nothwendig gewordene Verlegung der Bezirks-
strasse überflüssig gewordenen Gemeindeweg ohne Entschädigung
einziehen wollte.

[11]) Die Entschädigung wird daher in der Regel darin bestehen, dass
dem Exproprianten verordnet wird, anstatt des in Anspruch genommenen öffentlichen Gutes ein anderes zum gemeinsamen Gebrauche beizuschaffen. So bestimmt §. 10 lit. c des österr. Eisen-
bahn-Conc.-Ges. vom 14. September 1854 Nr. 238 R. G. B.: „Wenn
durch den Bau der Eisenbahn öffentliche Wege, Brücken, Stege,
oder sonstige Communicationsmittel ganz oder zum Theile zerstört,
oder unfahrbar gemacht werden, ist die Eisenbahnunternehmung
verpflichtet, nach jedesmaliger Anordnung der Behörden die gestörte
Communication anderweitig wieder herzustellen." Vgl. auch die
Entscheidung des Min. des Innern vom 26. März 1873 Z. 1920 in
der österr. Zeitschr. f. Verw. 1873 Nr. 29. Wollte man jedoch am
öffentlichen Gute die Expropriation geradezu ausschliessen, müsste
man zu dem Resultate gelangen, dass, wo ein Ersatz auf diese
Weise nicht thunlich ist, die beabsichtigte Unternehmung entweder
wegen einer geringfügigen Communicationsstörung unterbleiben
müsste, oder dass die hiezu etwa benöthigten bisher allgemein
benützten Grundstücke dem Exproprianten ohne alle Entschädigung
anheimfallen würden. Uebrigens hängt die hier bekämpfte Ansicht
Grünhut's (a. a. O. S. 77) mit der bereits oben (not. 9) wider-
legten Anschauung zusammen, dass jedes enteignete Object unbedingt extra commercium treten müsse.

Ob die zu entziehenden Berechtigungen im Privat- oder
öffentlichen Rechte begründet sind, macht keinen Unterschied, sobald selbe nur auf Seite des Expropriaten einen in
Geld zu veranschlagenden Werth repräsentiren.[12])

Demgemäss würde bei Erfindungsvorrechten, dann
bei dem sogenannten geistigen Eigenthume zwar nicht
das ausschliessliche Recht zur Anwendung einer Entdeckung,
Erfindung oder Verbesserung, resp. zur Vervielfältigung eines
literarischen oder artistischen Productes an sich, wohl aber
der aus der Berechtigung dem Inhaber voraussichtlich resulti-
rende Nutzen den Gegenstand einer Expropriationsverhandlung
zu bilden haben.[13])

Unter den im öffentlichen Rechte begründeten Befug-
nissen, welche durch die Expropriation betroffen werden können,
nehmen die Concessionen eine hervorragende Stelle ein.
Dieselben sind ihrem Wesen nach nichts Anderes als Privilegien, welche sich auf den fortdauernden Betrieb eines

---

[12]) Dagegen geht es allerdings nicht an, mit Weiss (a. a. O. §. 250
S. 500) und Bischof (Nothrecht der Staatsgew. S. 67 ff.) das
Recht des Staatsoberhauptes, in dringenden Fällen Rechte allein
auszuüben, welche sonst nur allen gesetzgebenden Factoren in
Gemeinschaft zustehen, mit dem Enteignungsrechte in eine Linie
zu stellen. Vgl. in dieser Richtung für Oesterreich insbesondere
§. 14 des Staatsgrundgesetzes vom 21. December 1867 Nr. 141
R. G. B. — Andererseits will Bischof a. a O. S. 35) die eigent-
liche Enteignung (welche nach ihm durch die Staatsgewalt „als
Organ der Gesetzgebung" ausgeübt wird) auf die Sphäre der
Privatrechte beschränken.

[13]) Dem Berechtigten steht gegen Jeden, der sein Vorrecht verletzt,
eine obligatio ex delicto auf vollen Schadenersatz zu. §. 43 des
Priv.-Ges. v. 15. August 1852 Nr. 111 R. G. B., §. 27 des Ges.
zum Schutze des artist. Eigenthums vom 19. October 1846 Nr. 992
J. G. S. Vgl. Randa a. a. O., Stubenrauch a. a. O. S. 175.
Der Nutzen des Inhabers besteht aber nicht nur in dem Inhalte
dieser eventuellen Obligation, sondern überhaupt in der Möglichkeit der ausschliesslichen Verwerthung seines Productes. Das
Industrie-Privilegium repräsentirt nach §. 26 des Priv. Ges. ein
erworbenes Recht und erleidet sohin rücksichtlich derselben
die Eingangs dieses §. in Betreff der Privilegien überhaupt aufgestellte Behauptung allerdings eine erhebliche Modification.

Erwerbsgeschäftes beziehen.[14]) Als ein Privileg begründet die
Concession an und für sich noch kein erworbenes Recht[15]),
ausser es wäre, wie dies z. B. rücksichtlich der Eisenbahncon-
cessionen der Fall ist[16]), das Gegentheil in einem allgemeinen
Gesetze oder in der die specielle Concession betreffenden Ver-
leihungsurkunde ausgedrückt.

Wenn einer auf Grund einer sogenannten realen Concession ausgeübten Gewerbsberechtigung durch Entziehung
der allenfalls die Grundlage des Betriebes bildenden Realität
die Lebensader unterbunden wird, so kann von einer Enteignung in Anschung der Gewerbsberechtigung nicht
gesprochen werden, da die Genehmigung der Betriebsanlage im
Sinne der §§. 31 bis 41 der Gew.-Ord. überhaupt kein (per-
sönliches) Gewerberecht verleiht, sondern nur constatirt, dass
die beabsichtigte Art der Ausübung einer Gewerbsberechtigung ohne Beeinträchtigung der Rechte und Interessen der Anrainer möglich sei. Dagegen wird der Umstand, dass ein zu
expropriirendes Object den Bestandtheil einer behördlich genehm-
migten Betriebsanlage bildet, wohl in der Regel einen höheren
Entschädigungsanspruch des Expropriaten zu begründen im
Stande sein.[17])

Wenn aus der Benützung einer mit behördlicher
Genehmigung errichteten gewerblichen Betriebsanlage selbst
solche Nachtheile sich ergeben, welche die Zurücknahme der
Genehmigung im öffentlichen Interesse als geboten erscheinen
lassen, so kann von einer Enteignung ebensowenig, als im Falle
des §. 29, 1 c. des Priv.-Ges. gesprochen werden, demzufolge
ein Privilegium seine Giltigkeit dann verliert, wenn es mit
öffentlichen Rücksichten in Widerstreit tritt.[18]) Der Industrielle hat in diesen Fällen keinen Anspruch auf Entschädi-

---

[14]) Schlayer a. a. O. S. 60.
[15]) Anderer Ansicht ist hingegen Meili Telegraphenrecht S. 15.
[16]) §. 9 lit. b des Ges. vom 18. Sept. 1854 Nr. 238 R. G. B.
[17]) Vgl. unten §. 15 Z. 2.
[18]) Dass §. 29 1 b des Priv. Ges. nicht den Fall einer eigentlichen
Expropriation vor Augen hat, geht aus der Berufung des §. 19
daselbst klar hervor, welch' letzterer lediglich eine Berufung auf
die allgemeinen Polizeivorschriften enthält.

gung, mag der Nachtheil für das Gemeinwohl bereits bei Genehmigung der Anlage resp. der Ertheilung des Privilegiums erkennbar gewesen oder erst später zu Tage getreten sein.[19]) Ebensowenig könnte in der Bestimmung des §. 15 der mährischen Bauordnung vom 20. December 1869, wornach eine ertheilte Baubewilligung nur aus besonders wichtigen, nach erfolgter Baubewilligung eingetretenen Rücksichten des öffentlichen Interesses von der Behörde, jedoch nur mit Vorbehalt von Entschädigungsansprüchen des Bauherrn, für unwirksam erklärt werden kann, ein Anhaltspunkt für die Behauptung gefunden werden, dass auch ein behördlicher Bauconsens als Object der Expropriation angesehen werden könne, denn dem Bauherrn soll hier nicht der Werth der Baubewilligung selbst vergütet, sondern demselben nur eine Entschädi-

---

[19]) Der letztere Umstand hat bei Privilegien nur für die Frage der Rückstellung der im Voraus entrichteten Privilegientaxe eine Bedeutung (§. 11 Abs. 3 des Priv. Ges.). Die Berechtigung der Zurücknahme der Genehmigung einer gewerblichen Betriebsanlage ist in der Analogie des §. 60 Gew. Ord. begründet; selbst wenn der Nachtheil schon bei der Ertheilung der Concession in Erwägung gezogen worden wäre, so kann doch hier der res judicata eine gleiche Bedeutung wie im Civilrechte nicht zuerkannt werden. In diesem Sinne erfloss auch die Entscheidung des Min. des Innern vom 20. October 1869 Z. 14340 (Zeitsch. f. Verw. 1869 Nr. 46), wo auf die Entziehung der Betriebsconcession aus öffentlichen Sanitätsrücksichten erkannt wurde, ohne dass im Sinne des §. 40 der Gew. Ord. eine Aenderung in der Beschaffenheit der Betriebsanlage vorgenommen worden war. — Der im Jahre 1874 herausgegebene Entwurf einer neuen Gewerbeordnung stellt im §. 37 den hier in Rede stehenden Fall wenigstens theilweise unter den Gesichtspunkt der Expropriation; es soll hiernach dem Eigenthümer der Betriebsanlage dann eine angemessene Schadloshaltung gewährt werden, wenn er die Nachtheile und Gefahren, wegen deren die Einstellung des Betriebes erfolgt, durch Anwendung von Vorsichtsmassregeln nicht abwenden konnte, und wenn er weder durch eine Aenderung, noch durch eine Erweiterung des Betriebes diese Nachtheile herbeigeführt oder vermehrt hat. Ingleichen behandelt §. 2 des ungarischen Gesetzartikels 56 vom Jahre 1868 die Entfernung von Fabriken aus volkreichen Gassen oder auf den öffentlichen Unterhaltungsplätzen der Städte Pest-Ofen im Wege der Expropriation.

gung für die Auslagen gewährt werden, die ihm aus Anlass der Erwirkung des annullirten Bauconsenses erwachsen sind.[20])

§. 7.
Die Enteignungsfälle.

Es wurde oft darüber geklagt, dass der Begriff des „öffentlichen Wohles", des „allgemeinen Besten", welches nach dem Inhalte der meisten Gesetzgebungen einen Eingriff in die Privatrechtssphäre rechtfertigt, viel zu unbestimmt sei, und es hat in der That die Anwendung des allgemeinen Princips der Expropriation auf die concreten Fälle wegen der grossen Mannigfaltigkeit der letzteren den meisten Schriftstellern unüberwindliche Schwierigkeiten bereitet.[1])

In dieser Erwägung hat man es versucht, der freien Ausübung des Expropriationsrechtes durch die Organe der Staatsgewalt dadurch Schranken zu setzen, dass man die Fälle namentlich aufgezählt hat, in welchen die Entziehung von Privat-

---

[20]) Dass die Bestimmung der Bauordnung für Schlesien vom 23. März 1867 (§. 15) und jener für Istrien vom 18. März 1874 (§. 12), wonach die Baubewilligung unwirksam wird, wenn sich die örtlichen Verhältnisse, aus Rücksicht deren sie gegeben wurde, geändert haben, nicht unter den Gesichtspunkt der Enteignung falle, bedarf wohl keiner weiteren Erörterung.

[1]) Darin allerdings ist man in der Theorie einig, dass das blosse fiscalische Interesse des Staates, dass blosse Verschönerungs- oder Bequemlichkeitsrücksichten die Expropriation ebensowenig rechtfertigen, als das bloss persönliche Interesse des Landesfürsten. Vgl. Treichler a. a. O. S. 123, 124, Klüber a. a. O. §. 552, Pfeiffer a. a. O. S. 293, Gerber a. a. O. S. 461 not. 31, Maurenbrecher a. a. O. §. 60 not. 9. — Häberlin indentificirt (a. a. O. S. 149) das öffentliche Interesse mit dem Interesse des Staates, der Gemeinde oder des Publicums, mit welch' allgemeinem Ausdrucke wohl nichts gewonnen ist. Im gleichen Sinne führt Brinz a. a. O. S. 470 aus: „Der gemeine Nutzen braucht nicht gerade dem Staatsganzen zuzukommen, sondern er kann auch einer Gemeinde zukommen, oder sich in dem unbestimmten Raume der bürgerlichen Gesellschaft verlieren." Unter den positiven Gesetzgebungen geht wohl am weitesten das italie-

eigenthum im öffentlichen Interesse verfügt werden könne.[2]) Ueber die Zulässigkeit oder Verwerflichkeit einer solchen taxativen Aufzählung der Enteignungsfälle hat sich denn auch in der Literatur ein nicht unbedeutender Streit entsponnen.[3])

---

nische Gesetz v. J. 1865, welches (Art. 83—85) auch die Enteignung von historischen Denkmälern und nationalen Alterthümern (monumenti storici e antichità nazionale) behufs Erhaltung derselben für zulässig erklärt.

[2]) So zählt insbesondere Art. 1 des bairischen Gesetzes vom 17. Nov. 1837 abgesehen von den eigentlichen Nothfällen folgende Fälle auf, in welchen die Enteignung statthaft sein soll: 1. Erbauung von Festungen oder sonstigen Vorkehrungen zu Landesdefensions- oder Fortificationszwecken, 2. Erbauung oder Erweiterung von Kirchen, öffentlichen Schulhäusern, Spitälern, Kranken- und Irrenhäusern, 3. Herstellung neuer oder Erweiterung bestehender Gottesäcker, 4. Regelung des Laufes und Schiffbarmachung von Strömen und Flüssen, 5. Anlegung neuer, und Erweiterung, Abkürzung oder Erbauung schon bestehender Staats-, Kreis- oder Bezirksstrassen, 6. Herstellung öffentlicher Wasserleitungen, 7. Austrocknung schädlicher Sümpfe in der Nähe von Ortschaften, 8. Beschützung einer Gegend vor Ueberschwemmungen, 9. Erbauung von öffentlichen Canälen, Schleussen und Brücken, 10. Erbauung öffentlicher Häfen und Vergrösserung schon vorhandener, 11. Errichtung von Eisenbahnen, 12. Aufstellung von Telegraphen im Dienste des Staates, 13. Vorkehrungen zu wesentlich nothwendigen sanitäts- oder sicherheits-polizeilichen Zwecken, 14. Schirmung der Kunstschätze und wissenschaftlichen Sammlungen des Staates vor Feuer und anderer Gefahr. — Ingleichen führt §. 1 des ungarischen allg. Expr.-Gesetzes vom 9. December 1868 die Expropriationsfälle namentlich an. Nach diesem Gesetze findet die Expropr. statt: zum Bau von Eisenbahnen, öffentlichen Strassen, Canälen, für Flussregulirungen, für Wasser- und Sumpfableitungen, zur Bindung des Flusssandes, zum Bau von Brücken und Häfen, zur Errichtung von Telegraphen, von Ufermagazinen und Legstätten (Docks), dann für militärische Befestigungen (§. 1), schliesslich zu Zwecken des Bergbaues (§. 89). Ausserdem gestattet der Ges.-Art. 56 v. J. 1868 innerhalb des Weichbildes der Städte Pest-Ofen die Expr. noch in weit ausgedehnterem Massstabe und zwar nicht nur im allgemeinen Landesinteresse, sondern auch im ausschliesslichen Interesse der Commune (§. 3). Doch ist auch in letzterem Falle die staatliche Concession unerlässlich (§. 85).

[3]) Die Zweckmässigkeit einer bestimmten Fixirung der einzelnen Enteignungsfälle vertheidigen Mittermaier a. a. O. S. 20,

Unsere Gesetzgebung hat es vermieden, in eine Specifici-
rung der Enteignungsfälle einzugehen und wir vermissen auch

Martin a. a. O. S. 72—74, Brinz a. a. O. S. 470, 471, Buddeus
a. a. O. S. 401, Meyer a. a. O. S. 258 und neuerdings auch in
Behrends Zeitsch. VIII S. 560 von der Ansicht ausgehend, dass
das Privatrecht gegen die „Uebergriffe" der Verwaltung mit allen
nur möglichen Garantien umgeben werden müsse. Gegen die specielle Festsetzung der einzelnen Expropriationsfälle sprechen sich
aus u. A.: Stein a. a. O. S. 236, Bischof a. a. O. S. 49, Rohland
a. a. O. S. 25, Förster a. a. O. S. 143, Bluntschli a. a. O.
S. 227, welch Letzterer insbesondere bemerkt, dass eine solche
Aufzählung dem Principe der Expropriation widerstreite. Vgl. auch
Dalcke a. a. O. S. 38, Bähr & Langerhans S. 11. Manche
Schriftsteller, insbesondere: Treichler a. a. O. S. 136, Häberlin
a. a. O. S. 168, Thiel a. a. O. S. 79, Grünhut a a. O. S. 87 ff.
bekämpfen zwar die taxative Aufzählung der einzelnen Expropriationsfälle (in thesi), sind jedoch der Ansicht, dass der Ausspruch, ob im einzelnen Falle (in hypothesi) eine die Expropriation begründende Unternehmung vorliege, der gesetzgebenden Gewalt vorbehalten bleiben müsse. Ein derartiger
Vorbehalt, wie er in der That auch in England besteht, würde
nicht nur, wie Stein (a. a. O.) und Meyer (a. a. O. S. 257)
richtig bemerken, äusserst unpraktisch sein, sondern auch der
Gesetzgebung Functionen zuweisen, welche, wenigstens nach der
auf dem Continente vorherrschenden Auffassung, unstreitig in den
Wirkungskreis der vollziehenden Gewalt gehören. Es haben auch
die meisten der gedachten Schriftsteller ihrer Ansicht Beschränkungen beigefügt, um die Härte des aufgestellten Principes zu
mildern. So will Häberlin (a. a. O. S. 170) die Enteignung zu
Zwecken des Bergbaues ein für allemal den Bergbehörden übertragen, während Grünhut (a. a. O. S. 90) in minder wichtigen
Fällen eine „Delegation der Verwaltungsbehörde durch die gesetz-
gebende Gewalt" befürwortet. Treichler spricht hinwiederum
von solchen Unternehmungen, welche der administrativen Gewalt
durch ein Gesetz „indirect" zur Pflicht gemacht werden, ohne die
eigentliche Bedeutung dieses Ausdruckes näher aufzuklären. Vgl.
dagegen auch Rössler a. a. O. §. 196 not. 9, Rohland a. a. O.
S. 27. Nicht ganz klar ist die Ansicht von Burckhardt (a. a. O.
S. 220 not. 3) und Martin (a. a. O. S. 69, welche die Expropriation
nur im Falle eines bestimmten Ermächtigungsgesetzes für
begründet erachten, ohne anzuführen, ob dieses Gesetz die Expropriationsfälle bestimmter Art im Allgemeinen, oder gerade jeden
einzelnen Expropriationsfall zum Gegenstande haben müsse.

in der Rechtsliteratur eine erschöpfende Definition des im §. 365 a. b. G. B. allgemein ausgesprochenen Principes[4]); dass jedoch die Praxis vielfach schwankte, und in zweifelhaften Fällen nicht gerade immer zu Gunsten der Unverletzlichkeit des Privateigenthumes entschied, geht daraus hervor, dass es nothwendig erschien, im Grunde der a. h. Entschliessung vom 5. Februar 1834[5]) zum §. 365 a. b. G. B. die Erläuterung zu erlassen, es sei stets darauf zu achten, dass in das Privateigenthum gegen den Willen des Eigenthümers nicht eingegriffen werde, wenn nicht erwiesene öffentliche Rücksichten es nothwendig machen.

Nachdem den Bedürfnissen der Praxis die blosse Aufstellung eines allgemeinen Principes unmöglich genügen konnte, hat der Gesetzgeber in zahlreichen Specialgesetzen einzelne unter den Gesichtspunkt der Enteignung zu subsumirende Fälle behandelt.[6]) Diese Specialgesetze berufen sich meist auf

---

[4]) K a l e s s a beschränkt (in dem Aufsatze „Einige Betrachtungen über die Expropriation" in der österr. Zeitschrift für Rechts- und Staatswissenschaft 1846 2. Bd. S. 247—253) die Anwendung des Expropriationsrechtes auf solche Arbeiten, die entweder das Wohl des ganzen S t a a t e s oder einzelner P r o v i n z e n betreffen, oder schliesslich zum Vortheile einer einzelnen G e m e i n d e gereichen. Insoferne damit gesagt werden will, dass die Expropriation nicht im blossen Privatinteresse in Anspruch genommen werden könne, ist dieser Ansicht vollkommen beizupflichten, obgleich hiemit eine Präcisirung der Enteignungsfälle keineswegs erzielt ist. Sollte jedoch die im Interesse einer Gemeinde projectirte Anlage das allgemeine Beste nicht einmal i n d i r e c t fördern, so kann hiefür auch kein Expropriationsrecht in Anspruch genommen werden. In diesem Sinne wäre die Behauptung N i p p e l s richtig zu stellen, der (a. a. O. ad §. 365 S. 208) auch abgesehen von einem solchen indirecten Staatsinteresse zum Besten der Gemeinde die Expropriation zulassen will. Vgl. auch: S t u b e n r a u c h a a. O. S. 166—169.

[5]) Hofkzl. Dct. vom 10. Februar 1831 an sämmtliche Landerstellen (in Franz A. P i c h l s Forts. der Kropatschek'schen Ges. Slg. 60 Band Nr. 29).

[6]) Auch hier wurde mitunter dem Ausdrucke „allgemeines Beste" eine sehr extensive Interpretation gegeben. Vgl. insbesondere die (bereits im §. 3 erwähnte) Bestimmung des § 409 der Zoll-

die allgemein ertheilte gesetzliche Ermächtigung der vollziehenden
Gewalt, Privateigenthum aus Gründen des öffentlichen Wohles
in Anspruch zu nehmen, und sie gehen sämmtlich von der
Anschauung aus, dass durch sie kein neues Recht geschaffen,
keine erschöpfende Aufzählung der Expropriationsfälle geboten
werden solle, sondern dass vielmehr nur zur Vermeidung etwa
auftauchender Zweifel constatirt werde, dass ein oder der andere
concrete Fall die Anwendung des Expropriationsrechtes wirklich
rechtfertige. [7]) — Dagegen hat Art. 5 des Staatsgrundgesetzes
vom 21. December 1867 Nr. 142 R. G. B. über die allgemeinen
Rechte der Staatsbürger den Grundsatz der Unverletzlichkeit
des Eigenthumes ausgesprochen und verfügt ausdrücklich, dass
eine Enteignung gegen den Willen des Eigenthümers nur in den
Fällen und in der Art eintreten könne, welche das Gesetz
bestimmt. Man hat versucht, aus dieser Gesetzesstelle die Ansicht
zu begründen, dass in Folge dieser Bestimmung das freie Ermessen der Verwaltungsbehörde in der Bestimmung der Enteignungsfälle beseitigt ist, dass Letztere vielmehr bei der Aus-

---

und Staatsmonopolsordnung in Betreff der Verschlagung von
Salzquellen und das Hofkzl.-Dkt. vom 11. Mai 1821 Z. 18424
(böhm. Prov. Ges. Slg. 3. Bd. Nr. 167) betreffend die Verabfolgung
einer Vergütung für die bei bei Hofreisen zu Grunde gegangenen Pferde.

[7]) So bestimmt das Hofkzldct vom 2. Mai 1818 Z. 21738 ausdrücklich, dass bei Ablösung jener Gründe, welche zur Erweiterung
der Post- und Commercialstrassen den Privaten abgenommen
werden, sich nach den Vorschriften der §§. 364 und 365 a. b. G. B.
zu benehmen sei; §. 9 lit. c des Eisenbahnconcessionsgesetzes vom
14. September 1854 Nr. 238 R. G. B. räumt den gemeinnützigen
Eisenbahnunternehmungen das Recht der Expropriation nur „in
Gemässheit des §. 365 a. b. G. B." rücksichtlich der zur Ausführung der Unternehmung unumgänglich nothwendigen Räume ein,
und §. 98 des Berggesetzes vom 23. Mai 1854 Nr. 146 R. G. B.
verpflichtet gleichfalls unter Berufung auf den §. 365 a. b. G. B.
jeden Grundeigenthümer, die zum Bergbaubetriebe nothwendigen
Grundstücke dem Bergbauunternehmer zur Benützung zu überlassen. — Auf die abweichende Vorschrift der Gesetze über
Wasserrecht (§. 15 des Reichsgesetzes vom 30. Mai 1869 Nr. 93
R. G. B.) werden wir noch später zurückzukommen Gelegenheit
finden.

übung des Enteignungsrechtes an jene Kategorien der Enteignungsfälle gebunden bleibe, welche durch die vorhandenen speciellen Gesetze bereits aufgestellt sind. [8]) Allein dieser Meinung kann weder vom Standpunkte des positiven Rechtes noch auch vom Standpunkte der Zweckmässigkeit und Billigkeit beigepflichtet werden. Denn was vorerst das positive Recht betrifft, so muss entschieden in Abrede gestellt werden, dass unter den im Art. V des Staatsgrundgesetzes über die allgemeinen Rechte der Staatsbürger angerufenen Gesetzen gerade die die Enteignung behandelnden Specialgesetze zu verstehen seien. Es muss im Gegentheile behauptet werden, dass der §. 365 a. b. G. B. unter den im mehrgedachten Art. 5 berufenen Gesetzen mit inbegriffen sei, und auch noch gegenwärtig seine volle Geltung habe, dass sohin die Verwaltung auch in den nicht gerade durch besondere Gesetze normirten Fällen nach freiem Ermessen die Enteignung zu verfügen berechtigt sei. Die Richtigkeit dieser Auffassung wird auch durch die authentische Interpretation des §. 15 des Reichsgesetzes über das Wasserrecht vom 30. Mai 1869 Nr. 93 R. G. B. bestätigt, welcher den §. 365 a. b. G. B. ausdrücklich als noch gegenwärtig giltige Norm anerkennt.

Wenn gegen diese Auslegung der Einwand erhoben werden wollte, dass der hier vertheidigten Ansicht zufolge des Art. 5 des oft gedachten Staatsgrundgesetzes nur etwas Selbstverständliches und bereits früher Geltendes festgesetzt hätte, so ist zu bemerken, dass jenes Staatsgrundgesetz überhaupt, wie aus vielen anderen Bestimmungen (z. B. Art. 2, 8, 18) hervor-

---

[8]) Grünhut a. a. O. S. 96, 97 und die Recension von dessen „Recht der Enteignung" in der Zeitschrift „Juristische Blätter" vom Jahre 1873 Nr. 50, welche sich jedoch beide irrthümlich auf Art. IV des Staatsgrundgesetzes über die allgemeinen Rechte der Staatsbürger berufen. Neuestens auch Mayerhofer a. a. S. 1371 not. 1. Dieselbe Ansicht vertheidigen vom Standpunkte des preussischen Rechtes, wo gleichfalls Art. 9 der Verfasssungsurkunde vom 21. Jänner 1851 das Eigenthum für unverletzlich erklärt, und dessen Entziehung oder Beschränkung nur aus Gründen des öffentlichen Wohles gegen vorgängige Entschädigung „nach Massgabe des Gesetzes" gestattet, Dernburg a. a. O. §. 34 S. 57 und Meyer a. a. O. S. 254.

geht, gar nicht die Absicht hatte, neue Normen aufzustellen, sondern zumeist nur das bereits bestehende Recht unter verfassungsmässige Sanction zu stellen.⁹) Es darf auch nicht ausser Acht gelassen werden, dass jener nach dem Muster fremder Verfassungen gebildete Art. 5 offenbar jenen Fall vor Augen hat, wo die die Expropriation betreffenden Rechtsverhältnisse durch ein einheitliches, alle Fälle umfassendes Expropriationsgesetz geregelt sind.¹⁰) Ein solches Gesetz ist jedoch bekanntlich in Oesterreich bisher nicht zur Geltung gelangt.

Es lässt sich aber auch die Beschränkung der Zulässigkeit der Enteignung auf bestimmte, im Gesetze taxativ aufgezählte Fälle de lege ferenda wohl kaum befürworten. Die wechselnden Gestalten und Bedürfnisse des thatsächlichen Lebens lassen sich nicht in die engen Formen eines ein für allemal festgesetzten Schemas kleiden und eine derartige Beschränkung der Verwaltungsthätigkeit des Staates würde die unumgänglich erforderliche freie Selbstbestimmung der Verwaltungsorgane in empfindlicher Weise schädigen. Sollte insbesondere dann, wenn der menschliche Erfindungsgeist mit Hilfe neuer Entdeckungen der wirthschaftlichen Verwaltung neue Wege zur Erreichung des vorgesteckten Zieles an die Hand gibt, zur Realisirung der für erspriesslich erkannten Unternehmungen ein besonderes Gesetz erfordert

---

⁹) So dass zu einer Aenderung jener Bestimmungen die Zweidrittelmajorität erfordert würde. Vgl. §. 15 Abs. 2 des Grundgesetzes über die Reichsvertretung vom 21. December 1867 Nr. 141 R. G. B. — In diesem Sinne erfloss auch die (in der österr. Zeitsch. für Verw. 1873 Nr. 25 abgedruckte) Entscheidung des Minist. des Innern vom 6. Mai 1873 Z. 6353, mit welcher über die Anfrage der Statthalterei zu Lemberg, ob zur Vornahme der anlässlich des Festungsbaues in Przemysl nothwendig werdenden Expropriationen die Erlassung eines Specialgesetzes angestrebt werden solle, eröffnet wurde, ein solches Gesetz sei nach Art. 5 der Staatsgrundgesetzes Nr. 142 ai 1867 u. §. 365 a. b. G. B. nicht nothwendig, zumal bereits durch die budgetmässige Genehmigung des erforderlichen Aufwandes das Vorhandensein höherer Staatsrücksichten constatirt sei.

¹⁰) So hat denn auch die preussische Regierung in Durchführung des Art. 9 der Verfassungsurkunde vom J. 1850 im J. 1864 den Entwurf eines allgemeinen Expropriationsgesetzes vorgelegt, der jedoch erst im Jahre 1874 Gesetzeskraft erlangt hat. Vgl. Thiel a. a. O. S. 9.

werden, dessen Zustandekommen überdies nach den für Verfassungsänderungen vorgezeichneten Normen beurtheilt werden müsste, so würde manche für das Gemeinwohl höchst erspriessliche Unternehmung an der Selbstsucht oder an dem Eigensinne des Einzelnen scheitern, ohne dass andererseits gegen die so sehr gefürchtete Willkühr der Verwaltungsorgane hinlängliche Garantien geschaffen wären. Denn immer müsste die **Subsumtion des concreten Falles** unter eine der gesetzlichen Kategorien der Enteignungsfälle dem freien Ermessen der Verwaltungsbehörden anheim gestellt werden. In dem wie in jenem Falle bildet immer nur das **Gesetz** die Grenze, innerhalb welcher der Verordnungsgewalt der vollziehenden Organe ein den Verhältnissen des thatsächlichen Lebens entsprechender Wirkungskreis eingeräumt werden muss. [11])

Die Enteignungsfälle, welche wir im Hinblicke auf den beschränkten Gegenstand dieser Abhandlung hier zunächst in's Auge zu fassen haben, sind unstreitig für die Praxis von hervorragender Wichtigkeit. Wenngleich wir vom Standpunkte des dermal geltenden Rechtes nicht in der Lage sind, uns in eine taxative Aufzählung der Fälle einzulassen, in welchen im Interesse der wirthschaftlichen Verwaltung zu Gunsten einer gemeinnützigen Unternehmung Privateigenthum in Anspruch genommen werden kann, so lassen sich doch die hieher gehörigen Enteignungsfälle, die in der österr.

---

[11]) Nach französischem und italienischem Rechte wird zur Ausführung grösserer öffentlicher Arbeiten von allgemeinem Interesse die Zustimmung der gesetzgebenden Gewalt erfordert, bei kleineren, localen Unternehmungen hat hingegen die Executive über die Zulässigkeit der Expropriation zu entscheiden. In England und Nordamerika wird noch immer zur Feststellung eines jeden Expropriationsfalles ein Specialgesetz erfordert, wogegen in den meisten deutschen Staaten die Feststellung des Enteignungsfalles innerhalb der durch das Gesetz gezogenen Grenzen lediglich als ein Act der Verwaltung angesehen wird. Vgl. Grünhut a. a. O. S. 91—96. Der ungarische Gesetz-Art. 55 v. J. 1868 erfordert im §. 22 die Bewilligung der Legislative nur dann, wenn eine Uebereinstimmung zwischen der Commune von Pest-Ofen und dem Communicationsminister in Betreff der Erspriesslichkeit einer von dem Letzteren für nothwendig oder nützlich erkannten Unternehmung nicht zu Stande kömmt.

Gesetzgebung vorzugsweise Berücksichtigung gefunden haben, nach den einzelnen Gebieten der Volkswirthschaftspflege in bestimmte Kategorien zusammen stellen und eine solche Zusammenstellung zu bieten, soll im Nachstehenden in Kürze versucht werden.

§. 8.

Die Enteignung zu Zwecken des Bergbaues.

Die eminente national-ökonomische Wichtigkeit des Bergbaues hat der Gesetzgebung schon in den frühesten Zeiten Veranlassung geboten, das Zustandekommen von auf den Bergbau abzielenden Unternehmungen von der Einwilligung jener Grundeigenthümer unabhängig zu machen, deren Besitz zum Betriebe des Bergbaues in Anspruch genommen werden muss. [1]) Hier haben wir es mit einem eigentlichen Expropriationsfalle zu thun [2]) und es haben rücksichtlich der dem Grundeigenthümer von dem Bergbauunternehmer zu leistenden Entschädigung die älteren Bergordnungen sehr verschiedenartige Normen aufgestellt.[3])

---

[1]) So gestattet con. 3 C de metallariis etc. (11, 6) das Nachgraben nach Metallen in fremdem Grund und Boden: „Cuncti, qui per privatorum loca saxorum venam laboriosis effosionibus persequuntur, decimas fisco, decimas etiam domino repraesentent, caetero modo propriis suis desideriis vindicando" und l. 6 cod. enthält nur das Verbot, durch solche Nachgrabungen die Festigkeit von Häusern an der Oberfläche zu schädigen: „qua de re si quando hujusmodi marmora sub aedificiis latere dicantur, perquirendi eadem copia denegetur." Dagegen ist rücksichtlich der Gewinnung von Steinen ein solches Vorrecht nicht gewährt arg. 1. 13, §. 1 D. communia praediorum etc. (8, 4). Vgl. Böcking a. a. O. §. 140.

[2]) Anders Rössler a. a. O. I. Abth. §. 196 not. 3, Förster a. a. O. S. 142, Rohland a. a. O. S. 3. Ersterer will die Enteignung zu Zwecken des Bergbaues unter den Gesichtspunkt des Bergwerkseigenthums, d. i. (§. 213) „des dinglichen Rechtes des Bergbaubetriebes" bringen, und nur die Höhe der Entschädigung im Allgemeinen nach den Grundsätzen der Enteignung bemessen (II. Abth. §. 479 not. 7).

[3]) Eine eingehende Zusammenstellung der diesbezüglichen Vorschriften findet sich bei Häberlin a. a. O. S. 8 ff. Vgl. auch F. Schneider

Das allgemeine österreichische Berggesetz vom 23. Mai 1854 Nr. 146 R. G. B. hat gleichfalls unter Berufung auf den §. 365 a. b. G. B. im §. 98 den allgemeinen Grundsatz aufgestellt, dass jeder Grundeigenthümer verpflichtet ist, die zum Bergbaubetriebe nothwendigen Grundstücke dem Bergbauunternehmer gegen angemessene Schadloshaltung zur Benützung zu überlassen.

Lehrbuch des Bergrechtes §§. 328 und 329. Nach den Bergordnungen des 16. Jahrhundertes musste dem Grundeigenthümer ein Ackertheil (pars agraria), gleich $1/_{32}$ des vermessenen Feldes oder 4 Kuxen frei verbaut werden. Diese sog. Frei- oder Erbkuxe bildeten ein Zugehör des Stammgutes des enteigneten Grundstückes und konnten abgesondert von diesem nicht veräussert werden. Später wurden von diesen 4 Kuxen nur zwei als Entschädigung für den in Anspruch genommenen Grund und Boden gewährt, während die zwei anderen Kuxe dem Grundbesitzer nur dann zugesprochen wurden, wenn er gleichzeitig das zum unterirdischen Grubenbaue erforderliche Holz den Gewerken ohne weitere Vergütung überliess. Wollte sich der Grundeigenthümer mit einem solchen Gewinnstantheile nicht zufriedenstellen, so erhielt er statt des Erbkuxes eine billige Entschädigung nach Ermessen der Berggeschworenen und in diesem Falle fiel nach Auflassung des Bergwerkes der entzogene Grund und Boden wieder ihm zu. Die Josephinische Bergordnung von 1781 gewährt bei Abtretung der zum Bergbaue unumgänglich nothwendigen Grundstücke nur Entschädigung des gemeinen Werthes, bei Abtretung solcher Grundstücke, die nur zur vortheilhafteren Ausnützung des Bergwerkes (z. B. behufs Anlegung von Pochwerken, von Anstalten zur Herbeischaffung des Holzes etc.) enteignet werden, auch den Ersatz des individuellen Schadens. Das allgem. preuss. L. R. enthält gleichfalls im II. Theil Titel 16 hierauf bezügliche Bestimmungen (§. 109 ff.). Hienach gebührt dem Grundeigenthümer auch ferner der Erbkux, wo ein solcher üblich, ausserdem aber Entschädigung, welche das Bergamt mit Zuziehung von Taxatoren unter Vorbehalt des Rechtsweges festsetzt. Vgl. Beseler a. a. O. III §. 207 S. 865, Gerber a. a. O. §. 96 S. 257. In Oesterreich hatten die Hofdct. vom 6. August 1789 (kundgemacht in Böhmen mit Gub. Vdg. vom 20. August 1789) und vom 6. August 1790 (kundgemacht in Böhmen mit Gub. Vdg. vom 26. September 1790 Ges. Slg. Leop. II im 3. Bd. Nr. 191) die Freiheit des Bergbaues ausdrücklich betont, zugleich jedoch hervorgehoben, dass „dem Grundeigenthümer für die durch den Bergbau beschädigten steuerbaren Gründe die billige Vergütung" zu leisten sei.

Im Allgemeinen ist aber rücksichtlich der zwangsweisen Ueberlassung von Privateigenthum zu Bergwerkszwecken vorerst zu bemerken:

1. Das Berggesetz gestattet nur die zwangsweise Enteignung von Grundstücken und Tagwässern (§. 105) [4]), nicht von beweglichen Sachen, speciell auch nicht die Enteignung des zum Grubenbaue etwa erforderlichen Holzes, jedenfalls in der Erwägung, dass es bei der jetzigen Entwicklung der Verkehrsverhältnisse den Gewerken, wenngleich mit grösseren Kosten, doch immerhin möglich ist, sich die zum Betriebe des Bergbaues erforderlichen Materialien selbst aus grösserer Entfernung zu beschaffen. [5])

2. Der Bergwerksunternehmer kann von dem Grundeigenthümer nicht die Ueberlassung des Eigenthumes, sondern nur die zeitweilige Benützung der zum Bergbaue erforderlichen Grundstücke verlangen; lediglich der Grundeigenthümer, nie der Bergbauunternehmer ist bei der Entziehung des Grundes zu

---

[4]) Gegen die Zulässigkeit der Enteignung von Tagwässern für Bergwerkszwecke spricht sich vom Standpunkte des heutigen deutschen Verwaltungsrechtes insbesondere Rössler a. a. O. II. Abth. §. 480 not. 5 aus. Dagegen haben in Böhmen schon die älteren Bergwerksordnungen in Ansehung der Tagwässer eine besondere Berücksichtigung der Bergwerksunternehmer vorgeschrieben. So sagen die Joachimsthaler B. Gebräuche ad art. CIV: „Die fliessende Bäche und Wasser sol der Bergmeister niemand verleihen und an eigen geben, sondern dieselbigen Wasser sollen allewege zu dem, dass das Bergwerk allermeist befördert und erhält, als Haintzen und Künste gebraucht, unangesehen Pochwerk, Brethmühlen, Saiffen u. dergl. mehr." Ilingenau Handbuch d. Bergrechtsk. S. 397.

[5]) Die Bestimmung des §. 124 B. G., wornach die durch den Bergbaubetrieb gewonnenen, nicht vorbehaltenen Mineralien dem Bergwerksbesitzer insoferne ohne Entschädigung zufallen, als er derselben zu seinem Bergwerks- und dem damit verbundenen Hüttenbetriebe bedarf, oder als der Eigenthümer sich zu deren Bezuge gegen Ersatz der Gewinnungs- und Förderungskosten nicht binnen vier Wochen nach geschehener Anbietung bereit erklärt, — fällt nicht unter den Gesichtspunkt der Enteignung. Sie bezweckt nicht so sehr die Förderung des Bergbaues, als die Vermeidung von weitläufigen Streitigkeiten über das Eigenthum der nicht vorbehaltenen Mineralien einerseits, und den Ersatz der Förderungskosten andererseits.

Zwecken, welche eine bleibende Verwendung desselben voraussehen lassen, auf die Uebernahme des Eigenthumes durch den
Exproprianten zu dringen berechtigt. (§. 100 B. G.) [6])
Es kann jedoch zu Zwecken des Bergwerksbetriebes Privateigenthum in folgenden Fällen in Anspruch genommen werden:
1. Zur Aufstellung des Schurfzeichens (§. 24 B. G.)
sowie der zur Begrenzung der Schurfbaue über Tage erforderlichen Pflöcke, zur Setzung der Marksteine und der zur Vermessung der verliehenen Gruben oder Tagmasse über Tage
erforderlichen Pflöcke (§. 104 B. G.). Doch ist die Setzung
solcher Zeichen unzulässig:
  a) innerhalb der Wohn-, Wirthschafts- und anderen Gebäude,
  b) in geschlossenen Hofräumen,

---

[6]) Der erste Absatz des §. 100 B. G. ist allerdings in dieser Hinsicht nicht vollkommen klar. Derselbe bestimmt: „Zu Schürfungsversuchen oder zu einer anderen bloss vorübergehenden Benützung für den Bergbau kann nur die zeitliche Ueberlassung des
Grundes gefordert werden; bei der Entziehung zu Zwecken aber,
die eine bleibende Verwendung voraussehen lassen, ist der Grundeigenthümer berechtigt, auf die eigenthümliche Uebernahme
zu dringen." Diese Gesetzesstelle lässt die Frage ungelöst, ob
nicht auch der Bergwerksbesitzer berechtigt sei, die Ueberlassung
des Grundes in sein Eigenthum zu verlangen. wenn eine dauernde
Verwendung desselben zu Bergwerkszwecken vorauszusehen ist.
Dass jedoch diese Frage verneinend beantwortet werden müsse,
folgt aus §. 98 B. G., der ausdrücklich nur die Ueberlassung von
Grund und Boden behufs Benützung zu Zwecken des Bergbaues anordnet. Diese Ansicht wird auch durch die Erwägung
unterstützt, dass es unbillig wäre, den Eigenthümer wider seinen
Willen zur völligen Ueberlassung von Grund und Boden zu
nöthigen, nachdem doch die Dauer des Bergwerksbetriebes im
Voraus unmöglich mit Sicherheit bestimmt werden kann. Vgl.
auch F. Schneider Lehrb. d. Bergr. §. 77 und 330 Z. 2.
A. Schneider Erläut. des Bergges. S. 100. Von derselben Erwägung geleitet hat auch das Ministerium des Innern mit Entscheidung vom 24. Mai 1876 Z. 5612 (öst. Zeitsch. f. Verw. 1876 Nr.
32) im Einvernehmen mit dem Ackerbauministerium ein unter-
instanzliches Expropriationserkenntniss behoben, weil bei der Expropriation zu Bergbauzwecken stets nur die zeitliche Benützung und
nur über Begehren des Grundeigenthümers die dauernde Grundüberlassung verfügt werden kann.

c) in eingefriedeten Haus-, Zier- und anderen Gärten, worunter nach der Minist. Vdg. vom 19. April 1859 Nr. 95 R. G. B. auch ordentlich, d. i. ihrem Zwecke entsprechend eingefriedete Thiergärten zu verstehen sind, in Friedhöfen und ummauerten Fluren,

d) auf öffentlichen Strassen und Eisenbahnen (§. 17 lit. a, b, c, §. 104 Abs. 2 B. G.)

2. Zu Schürfungsversuchen überhaupt, d. h. zu Versuchen, welche bezwecken, vorbehaltene Mineralien in ihren Lagerstätten aufzusuchen und die gefundenen soweit aufzuschliessen, dass die Verleihung des Eigenthumsrechtes auf dieselben erfolgen kann (§. 13 B. G.). Eine zwangsweise Verhaltung des Eigenthümers zur Gestattung von Schürfungsversuchen ist jedoch rücksichtlich nachstehender Vermögensobjecte ausgeschlossen:

a) innerhalb der Wohn-, Wirthschafts- und anderen Gebäude,

b) in geschlossenen Hofräumen,

c) in eingefriedeten Haus-, Zier- und anderen Gärten (auch ordentlich eingefriedeten Thiergärten), sowie in Friedhöfen und in den mit Mauern umgebenen Fluren,

d) in Entfernung von weniger als 20 Klaftern um das in *a)* und *b)* bezeichnete Eigenthum.

Ueberdies ist eine Schürfung nur dort zulässig, wo der Vornahme der hiezu erforderlichen Erdarbeiten keine öffentlichen Rücksichten entgegenstehen.[7]

Zur Vermeidung von Collisionen zwischen Bergbau- und Eisenbahn-Unternehmungen und der hieraus entspringenden Gefahren für die Sicherheit der Personen und des Eigenthumes wurden insbesondere mit der Minist. Vdg. vom 2. Jänner 1859 Nr. 25 R. G. B. umfassende Vorschriften erlassen, welche im §. 1 auch die Entfernung der Schürfungen und der davon

---

[7] So wurde nach A. Schneider (a. a. O. S. 32) mit Hofentscheidung vom 18. Jänner 1836 Z. 15382 das Begehren um Zulassung einer Muthung abgewiesen, von welcher eine Ableitung der Marienbader Heilquellen zu besorgen war, „weil es ausser allen menschlichen Kräften stehe, den durch die Versiegung dieser Quellen entstehenden Schaden zu ersetzen."

herrührenden Halden von den Eisenbahnen und deren Zugehör festsetzen.

3. Zum eigentlichen Bergbaubetriebe (§. 99 B. G.), worunter nicht nur die bergmännische Gewinnung von Mineralien in ihren natürlichen Lagerstätten (§. 42 B. G. u. folg.), sondern auch die Errichtung eigener Hilfsbaue (§. 85 ff. B. G.) und Revierstollen (§. 90 ff. B. G.) inbegriffen ist. Die zwangsweise Grundüberlassung findet auch hier rücksichtlich der sub 2 *a) b) c) d)* genannten, im §. 17 B. G. aufgezählten Objecte nicht statt (§. 99 Abs. 1.) und ist bei der Verleihung eines Grubenfeldes nicht minder wie bei der Ertheilung der Schürfungsbewilligung auf allenfalls in öffentlicher Beziehung entgegenstehende Bedenken Bedacht zu nehmen. Die rücksichtlich der Schürfungen in der Nähe von Eisenbahnen in der M. Vdg. vom 2. Jänner 1859 enthaltenen Beschränkungen gelten auch für den eigentlichen Bergbaubetrieb. Alle diese Verhältnisse sind bei der Freifahrung eingehend zu erörtern (§. 54 lit. c). Von dem in §. 99 Abs. 1 B. G. ausgesprochenen Grundsatze besteht eine einzige Ausnahme. Wenn nämlich eine Wasserleitung zum Bergbaubetriebe auf andere Weise gar nicht oder nur mit unverhältnissmässigen Kosten ausführbar wäre, kann der Bergbauunternehmer fordern, dass ihm die unterirdische Führung derselben auch durch die im §. 17 B. G. benannten Grundstücke, mit Ausnahme der Gebäude und Friedhöfe gestattet werde (§. 99 Abs. 2 B. G.). [*]) Bei der zwangsweisen Ueberlassung von Tagwässern ist überdies erforderlich, dass die verlangte Wasserabtretung grössere national-ökonomische Vortheile erwarten lasse, als durch die bisherige Benützungsweise erzielt wurden (§. 105 B. G.).

4. Zu Tagmassenarbeiten (§. 76 ff. B. G.) d. i. zur Gewinnung vorbehaltener Mineralien, welche in Saifen,

---

*) Hingenau will hier (a. a. O.S. 553) wenngleich gegen den Wortlaut des Gesetzes auch oberirdische Leitungen (Aquäducte) zulassen, wenn selbe sich ohne Schaden ausführen lassen. Nachbesserungen seien hier wenigstens mit weit weniger Nachtheilen für den Gebrauch der Grundstückes verbunden.

Flussbetten, im Taggerölle oder aufgeschwemmten Gebirge, oder
in alten verlassenen Halden vorkommen. Auch hier ist rücksichtlich der im §. 17 B. G. aufgezählten Objecte die zwangsweise Grundüberlassung unstatthaft. (§. 83 Abs. 1 B. G.) Auch
ist Jener, dem ein Tagmass verliehen wurde, in der Ausübung
des ihm verliehenen Rechtes zu Gunsten des Grundeigenthümers
derart beschränkt, dass er, im Falle Letzterer innerhalb des
ihm verliehenen Tagmasses eine Bauführung vorzunehmen gedenkt,
gehalten ist, binnen angemessener Frist innerhalb des zum
Baue bestimmten Raumes die verliehenen vorbehaltenen Mineralien zu gewinnen (§. 107 B. G.).

Eine Sanction ist auf die Beachtung dieser Vorschrift
nicht gesetzt; dieselbe dürfte jedoch der Natur der Sache nach
darin bestehen, dass nach Ablauf der gesetzten Frist das Recht
erlischt, innerhalb des zum Baue bestimmten Raumes weitere
Tagmassenarbeiten vorzunehmen.

Unter dem Bergwerksbetriebe, zu dessen Gunsten das
Expropriationsrecht angewendet werden kann, ist nicht nur der
eigentliche Aufschluss der mineralischen Lagerstätten und Abbau
der Mineralien zu verstehen, sondern es kann auch behufs Ausübung aller Handlungen, zu welchen nach §. 131 B. G. die
Bergwerksverleihung den Besitzer berechtigt, fremdes Grundeigenthum in Anspruch genommen werden. Hieher gehört
unter Anderem auch die Errichtung von Aufbereitungswerk-
stätten, Ablagerungsplätzen, Anstalten zur Wetterführung und
Wasserhaltung, Wasserleitungen, Communicationsmitteln, speciell
auch die Erbauung von Bergwerks e i s e n b a h n e n.[9] Es bedarf
daher zur Begründung des Expropriationsrechtes rücksichtlich
der zum Bergbaubetriebe nothwendigen Privateisenbahnen nicht
erst einer besonderen Concession im Sinne des Eisenbahngesetzes
vom 14. September 1854 Z. 238 R. G. B. (Minist.-Vdg. vom
1. November 1859 Nr. 200 R. G. B.)[10]

---

[9] Michel Eisenbahnr. §. 25 e.

[10] Nach dem preussischen Berggesetze vom 24. Juni 1865 (vgl. dessen
    Commentar von Koch 1871) findet die zwangsweise Grundüber-
    lassung statt: a) Zu Schurfarbeiten (§§ 3—7) gegen jährlich im

Schliesslich ist hier noch der Vorschrift des §. 410 der Zoll- und Staatsmonopolsordnung vom 11. Juli 1835 zu erwähnen, der zufolge dort, wo Salzquellen bestehen, oder Salz auf oder unter dem Boden zu finden ist, behufs Errichtung von Salz-werken die hiezu erforderlichen Grundstücke enteignet werden können. Da jedoch Salz einen Gegenstand des Staatsmonopols bildet, ist der Betrieb derartiger Unternehmungen dem Staate vorbehalten. [11])

Voraus zu leistende, und auf Verlangen des Grundbesitzers sicher-zustellende Entschädigung. Unbedingt ist untersagt das Schürfen auf öffentlichen Plätzen, Strassen und Eisenbahnen, sowie auf Friedhöfen. Auf anderen Gründen ist das Schürfen unstatthaft, wenn demselben überwiegende Gründe des öffentlichen Interesses entgegenstehen. Unter Gebäuden und in einem Umkreise um die-selben bis zu 200 Fuss, in Gärten und eingefriedeten Hofräumen darf ohne Einwilligung des Eigenthümers nicht geschürft werden (§. 4). (Koch Commentar S 49—55.) b) Zum Grubenbaue und den sonst zum Betriebe des Bergwerkes erforderlichen Anstalten (§§. 135—141). Eine zwangsweise Grundüberlassung ist hier aus-geschlossen rücksichtlich des mit Wohn-, Wirthschafts- und Fabriksgebäuden bedeckten Bodens, und der damit in Verbindung stehenden eingefriedeten Hofräume. Auch sonst kann die Abtre-tung, jedoch nur aus überwiegenden Gründen des öffentlichen In-teresses versagt werden; die volle Entschädigung ist jährlich im Vorhinein zu entrichten, und gleich dem bei Rückstellung zu leistenden Ersatze des Minderwerthes über Verlangen des Grund-besitzers sicherzustellen. Vgl. Koch Comm. S. 224—232.

[11]) Mit dem Fz. M. Erl. vom 20. Juli 1858 Z. 35222 (Astl Alphab. Sammlg. aller polit. und dahin einschlägigen Gesetze des Kaiser-thumes Oesterreich für die Zeit von 1858—1864 pag. 96 und 272) wurde über das bei Expropriationen für den Bedarf des Salzberg-baues zu beobachtende Verfahren die Erläuterung dahin erlassen, dass das in den §§. 101, 102 und 103 des allg. B. G. und den §§. 68 und 69 der dazu erlassenen Vollzugsvorschrift vorgezeich-nete Verfahren im Sinne des §. 12 B. G. und des §. 9 Vollz. V. auch bei Expropriationen für den Salzbergbau Anwendung finde. Wenn daher §. 410 der Zoll- und St. M. Ord auch von der zwangs-weisen Abtretung von „Gebäuden" spricht, so erscheint diese Möglichkeit allerdings durch das nachfolgende Berggesetz vom J. 1854 aufgehoben.

§. 9.
Die Enteignung behufs Förderung der Landescultur.

Die möglichst nachhaltige Ausnützung von Grund und Boden liegt wohl an und für sich so sehr im eigensten Interesse der Betheiligten, dass die Staatsverwaltung in dieser Richtung nur in den seltensten Fällen thätig einzugreifen sich veranlasst sehen wird. Eine directe Nöthigung des Einzelnen, sein Grundstück anzubauen, seine Wirthschaft den Anforderungen der Neuzeit zu accommodiren, dürfte übrigens auch in der Praxis meist ihren Zweck verfehlen, und beschränkt sich daher die Regierung darauf, durch Rath, durch Aneiferung, Belehrung und andere indirecte Mittel die Wirthschaft des Individuums zu fördern und Letzteres über sein wahres Interesse aufzuklären. Die Vorschrift des kais. Patentes vom 30. Nov. 1766[1]) und des Hofkanzleidecrets vom 17. April 1784[2]), welches im §. 9 bestimmt hatte, dass der Grundhold, welcher seinen Grund, oder nur einige Theile desselben liegen liesse, von der Grundobrigkeit dieses „Unfleisses“ wegen durch 3 Jahre ermahnt, nach Verlauf des dritten Jahres aber, und nach vorheriger Anzeige an das Kreisamt von seinem Grunde abgestiftet werden solle, betrifft keinen Fall der eigentlichen Enteignung. Uebrigens ist jene Bestimmung ohne Zweifel seit der mit Patent vom 7. September 1848 verfügten Aufhebung des Unterthanenverbandes unpraktisch geworden.[3])

---

[1]) Codex Austr. VI. Th. S. 963.

[2]) Handbuch der Ges. Josef II., im VII. Bd. 6. Hptabthlg., Nr. 24, S. 497—503.

[3]) Denn die Obrigkeit intervenirte hiebei, wie aus dem Worte „abstiften“ hervorgeht, nicht als unterste politische Verwaltungsbehörde, sondern als Obereigenthümer und kann daher ein solches Recht der zwangsweisen Ausweisung des säumigen Eigenthümers gegenwärtig der politischen Behörde nicht zustehen. Gleicher Ansicht ist Stubenrauch, Handbuch der österr. Verwaltungsgesetzkunde (3. Aufl.) II. Bd., §. 448, S. 474. Auch die Vorschrift des §. 11 des obgedachten Patents, wonach bei Ver-

Auch die im Mittelalter mitunter selbst auf Kosten der
Unverletzlichkeit des Eigenthumsrechtes begünstigte Pflege des
Weinbaues bietet heutzutage der Staatsverwaltung keinen
Anlass, gegen die die möglichste Ausnützung ihrer Grundstücke
ausser Acht lassenden Grundbesitzer irgendwie im Zwangswege
vorzugehen.[4])

_____

theilung von Gemeindehutweiden Jene, welchen den ihnen zukommenden Theil binnen zwei Jahren vom Zeitpunkte der wirklichen
Vertheilung, sei es aus Widerspenstigkeit oder Nachlässigkeit nicht
fruchtbar machen, ihres Antheiles verlustig sein, und dieser Grund
oder der aus dem Verkaufe desselben erhaltene Werth zu Nutzen
der übrigen Fleissigeren verwendet werden solle, ist gegenwärtig
nicht praktisch, nachdem von der mit Patent vom 5. Nov. 1768
zwangsweise angeordneten Vertheilung der Gemeinde-Hutweiden
später laut Hofkzldct. vom 14. October 1818 wieder abgegangen,
und der politischen Behörde in dieser Hinsicht lediglich ein an-
rathendes Einschreiten zur Pflicht gemacht wurde. Uebrigens
sind jetzt rücksichtlich der Vertheilung des Gemeindevermögens
in den einzelnen Kronländern die Bestimmungen der Gemeinde-
Ordnungen massgebend. Nach §. 68 der Gmd. Odg. für Böhmen
vom 16. April 1864 Nr. 7 L. G. B. ist zur Vertheilung des Stamm-
vermögens oder des Stammgutes unter die Gemeindemitglieder ein
Landtagsbeschluss nothwendig. Vgl. Stubenrauch Verw.
Gesetzkunde II. Bd. §. 447, S. 471—472.

') Im Prager städt. Archive finden sich zwei Erlässe Kaiser Karl IV.,
welche die Anlegung von Weingärten im Umkreise von 3 Meilen
um Prag zum Gegenstande haben. In dem ersten (vom 26. Feber
1358) wird verordnet, dass wenn ein Grundbesitzer nicht innerhalb
14 Tagen mit der Anpflanzung von Weinstöcken beginne, sein
Grund vom Bergmeister Jemand anderem verliehen werden solle
("wil er aber das nit selber buwen odir vermache er is nicht
selber zu buwen, so sullen dan die da buwen, den is der
bergmeister verlihet"), worauf der neue Erwerber durch
12 Jahre von allen Abgaben frei sein und erst vom 13. Jahre an
dem Eigenthümer den Zehenten, wie auch dem König eine entsprechende Abgabe leisten solle. Der zweite Erlass (vom 12. Mai
1358) bestimmt, dass wenn der nachlässige Eigenthümer sich der
Verleihung seines Grundes an einen Dritten widersetzen (. . .
"permittatis sine quauis difficultate, quod per dictum magistrum
moncium et vinearum in montanis bonis et agris vestris . . . pro
uineis personis aliis acceptare volentibus vince mensurentur" ..)
oder eine hierauf bezügliche Urkunde auszustellen sich weigern
sollte (.. super novis uineis hujusmodi literas vestras attenticas

7

Ebensowenig kann nach modernen Anschauungen das
Bestreben, Landgüter einer gewissen Grösse zu erhalten und
nöthigenfalls neu zu bilden, einen Eingriff in das Privateigenthum rechtfertigen.[5])

Hingegen wird ein wirksameres Eingreifen der Staatsgewalt dort erfordert, wo es sich darum handelt, das Neben-
einanderbestehen der einzelnen Wirthschaften zu ermöglichen, wie auch die Gewinnung der für die menschlichen Bedürfnisse unentbehrlichen Naturproducte für die Zukunft zu
sichern. Insbesondere in einem Gebiete tritt uns hier der stete
Widerstreit zwischen dem öffentlichen und dem Privatinteresse
entgegen. Dieser Widerstreit zieht sich nämlich wie ein rother
Faden durch das ganze Gebiet der Forstwirthschafts-
pflege.

Im römischen, und vielfach im deutschen Rechte suchte
man durch Einräumung der sogenannten Legalservituten jedem
Grundbesitzer die Erzielung eines grösstmöglichsten Ertrages
von seinem Grundstücke dadurch zu sichern, dass man ihn vor
chicanösen Behelligungen der Nachbarn in Schutz nahm, ihm
auch unter Umständen positive Rechte auf fremdem Grundstücke
einräumte. Bekannt ist hier insbesondere die aus 1. 12 pr.
D. de religiosis (11, 7) abgeleitete Theorie des sogenannten
Nothweges, die in Deutschland allgemein zur praktischen
Anwendung gelangte.[6])

---

dare debeatis...), derselbe durch Zwangsmassregeln hiezu angehalten, und bei beharrlicher Weigerung des zu gewärtigenden
Grundzehents zu Gunsten der königlichen Cassa verlustig werden
solle.

[5]) So mussten sich nach Stobbe (a. a. O. S. 155) die Bauern der
Mark Brandenburg im 16. Jahrhundert zu dem Behufe auskaufen
lassen, damit der Gutsherr ein neues Rittergut bilden könne.

[6]) Particularrechtlich finden sich in Deutschland noch manche andere
solche Servituten vor, als: das Recht zum Umwenden des Pfluges
auf fremdem Grundstücke, der Betretung desselben aus Anlass
eines vorzunehmenden Baues etc. ausgebildet. Vgl. Gerber a. a. O.
§. 86 S. 229. Besonders eingehende Bestimmungen enthält in dieser
Hinsicht der französ. Code Napoléon im II. Buch, 4 Titel, 2. Capitel
(des servitutes établies par la loi) art. 649—685.

In unserem Rechte haben solche gesetzliche Beschränkungen des Eigenthumsrechtes rücksichtlich der zum Feldbaue gewidmeten Grundstücke mit einer einzigen Ausnahme, welche die Verfolgung von Bienenschwärmen auf fremdem Grunde betrifft, (§. 384 a. b. G. B.) keinen Eingang gefunden '), es bleibt vielmehr, wo ein gütliches Uebereinkommen der Betreffenden nicht zu erzielen ist, Sache der Gemeinde, für Herstellung der nothwendigen Communication zu sorgen: '(Art. 5, Z. 3, der grunds. Bestimmungen zur Regelung des Gemeindewesens vom 5. März 1862, Nr. 18 R. G. Bl.) *) *⁾ℓ⁄ℓ ⌄ℳℯ⁀ - ⌀⌐⌐ʲℳ /⌒⁴

') Vgl. Mages: „Ueber Nachbarrecht" in der österr. Ger. Zeitung 1871 Nr. 10 S. 38. Das Jagdrecht auf fremdem Grund und Boden fällt hingegen unter einen andern Gesichtspunkt, da principiell das Recht der Jagdbarkeit dem Grundeigenthümer zusteht, und nur die Ausübung dieses Rechtes an gewisse Bedingungen geknüpft ist. Vgl. das Jagdgesetz für Böhmen vom 1. Juni 1866 Nr. 49 L. G. B. §. 1 und §. 1 des kais. Pat. vom 7. März 1849 Nr. 154 R. G. B., welcher ausdrücklich bestimmt: „Das Jagdrecht auf fremdem Grund und Boden ist aufzuheben." Die zwangsweise Erwerbung von Grundstücken behufs Ermöglichung einer besseren Ausübung des Jagdrechtes war schon früher ausgeschlossen. So sagt schon das Patent vom 25. August 1770 (Cod. Austr. VI S. 1370): „Grundstücke, die zum Unterhalt des Wildes nöthig sind, haben sich die Jagdinhaber käuflich zu erwerben, doch soll dies ohne den mindesten Zwang geschehen."

*) So wünschenswerth es behufs Hintanhaltung von Streitigkeiten de lege ferenda wäre, dass dem betheiligten Grundeigenthümer ein directer Anspruch auf Einräumung der nothwendigen Zufahrt zu seinem Grundstücke eingeräumt werde, so müssen doch die bisherigen Versuche der Praxis auf Grund des geltenden Rechtes zu dem eben erwähnten Behufe die Expropriation auf Begehren des Betheiligten für zulässig zu erklären, als verunglückt bezeichnet werden. Eine vom bestandenen Staatsministerium (als Min d. Innern) unterm 18. März 1865 Z. 2455 gebilligte Statthaltereientscheidung (Zeitschr. f. Verw. 1868 Nr. 26) führt in dieser Richtung insbesondere aus: „die Ermöglichung der Landescultur durch Beschaffung ihrer unerlässlichen Bedingungen, sowie die Erhaltung der Steuerfähigkeit eines Realbesitzthums" sei gewiss „ein öffentliches Interesse und eine Aufgabe der Staatsverwaltung", und stellt im Grunde dieser Erwägung eine (in der Folge auch durchgeführte) Expropriation des zur Errichtung eines Zufahrtsweges zu einem Wein-

Die A r r o n d i r u g der einzelnen Landgüter ist nach
österreichischem Rechte nur im Wege des freiwilligen Uebereinkommens durchführbar, und nur behufs Hintanhaltung muth-
williger Einsprachen gegen die hierauf abzielenden Grundtausche
wird richterliche Hilfe gewährt, die aber mit der Enteignung in
keine Parallele gestellt werden kann.[9]
Hingegen hat das kais. Patent vom 3. December 1852,
Nr. 250 R. G. B. im II. Abschnitte (§§. 24—43) rücksichtlich
der B r i n g u n g der W a l d p r o d u c t e sehr umfassende Bestimmungen getroffen, welche vielfach das Gebiet der Enteignung
berühren, und daher von diesem Standpunkte hier in Kürze zu-
sammengefasst werden sollen.

Die Bringung der Waldproducte erfolgt theils zu Lande
auf sog. Riesen oder anderen Werken, theils zu Wasser auf
sog. Triften durch Schwemmen und Flössen des Holzes.

In Betreff des Transportes der Waldproducte zu Lande
stellt §. 24 des Forstgesetzes den allgemeinen Grundsatz
auf, dass jeder Grundeigenthümer gehalten ist, Waldproducte,
welche anders g a r n i c h t, oder nur mit u n v e r h ä l t n i s s -
m ä s s i g e n K o s t e n aus dem Walde geschafft, und weiter gefördert werden könnten, über seine Gründe bringen zu lassen.
Es ist hiebei gleichgiltig, ob behufs Bringung der Waldproducte
ein neuer Weg geschaffen, oder ein bereits bestehender Privatweg benützt werden soll, und auch ein allenfalls bestehender
Streit über die Beitragspflicht zur Erhaltung eines solchen Privatweges kann der Anwendung des §. 24 F. G. nicht im Wege

---

berge erforderlichen Privatbesitzes in Aussicht. Vgl. jedoch'dagegen
die Entscheidung des Min. d. Innern vom 11. November 1870
Z. 14156 (Zeitschr. f. Verw. 1870 Nr. 50), welche das auf einen
ähnlichen Sachverhalt gestützte Enteignungsbegehren wegen „Abgang jedweden öffentlichen Interesses" abwies.

[9]) Vgl. §. 9 des Ges. vom 6. Feber 1868 Nr. 18 R. G. B. Der Hypothekargläubiger wird nämlich unter Umständen genöthigt, von seinem
Pfandrechte zu dem abzutrennenden Grundcomplexe ohne Entschädigung abzulassen. Immer wird aber vorausgesetzt, dass dem
Gläubiger durch diese Ablassung g a r k e i n Schade zugefügt wird,
nachdem sein Capital trotz der Abtrennung die im §. 1374 a b.
G. B. vorgesehene Sicherheit geniesst.

stehen.[10]) Weil jedoch die Inanspruchnahme fremden Eigenthumes zu öffentlichen Zwecken nicht weiter gehen darf, als dies
unumgänglich erforderlich ist, so bestimmt das Gesetz weiter,
dass dies auf die mindest schädliche Weise geschehen
müsse, und dass dem Grundeigenthümer von dem Waldbesitzer
für den durch dessen Veranlassung zugefügten Schaden volle
Genugthuung zu leisten sei. Ob die Voraussetzungen der Bringung
des Holzes über fremden Grund und Boden eintreffen, und unter
welchen Vorsichten und Beschränkungen etwa eine solche Bringung
zu gestatten sei, hängt von dem Ermessen der politischen Behörde ab, welche auch eine vorläufige Bestimmung über die
Höhe der zu leistenden Entschädigung zu treffen hat (§. 24).
Im Falle jedoch durch solche Bringungsanstalten öffentliche
Wege und Gewässer, Ortschaften oder fremde Gebäude berührt
werden, ist hiezu die Genehmigung der höheren Behörde erforderlich (§. 25).

Ungleich wichtiger sind die Bringungsanstalten der zweiten
Art, die sogenannten Holztriften. Zur Errichtung solcher
Anstalten, sowie zur Ausführung der hiezu nothwendigen Bauten
bedarf es der besonderen Bewilligung der politischen
Behörde, mag es sich hiebei um die Bringung des Holzes im
ungebundenen Zustande (das sogenannte Schwemmen), oder um
Flössen gebundenen oder ungebundenen Holzes mit Hilfe eigener
Flössereigebäude handeln (§. 26). Die Triftbefugnisse gewähren
entweder das Recht zur ausschliesslichen Benützung eines
bestimmten Triftwassers, und in diesem Falle ist der Trift-
berechtigte gehalten, die Trifthölzer der übrigen Triftwerber auf
deren Verlangen um den örtlichen Werth zu übernehmen, oder
gegen eine angemessene Vergütung mit zu triften, insoweit
dadurch die Abtriftung seiner eigenen Hölzer nicht verhindert

---

[10]) In diesem Sinne entschied auch das Ackerbauministerium unter
dem 24. April 1873 Z. 4141 (Zeitsch. f. Verw. 1873 Nr. 31) und
unterm 29. December 1873 Z. 11906 (Zeitsch. f. Verw. 1874 Nr. 18).
In letzterer Entscheidung wird insbesondere ganz richtig darauf
hingewiesen, dass auch der Umstand, ob zwischen den Parteien
ein separater Vertrag über die Holzgewinnung und Verarbeitung
besteht, hier nicht entscheidet, da es sich um die Anwendung des
öffentlichen Rechtes handelt.

wird (§. 31). Dagegen ist dem Unternehmer, welcher kein ausschliessliches Triftrecht erwirbt, lediglich zur Pflicht zu machen,
er habe allen Jenen, welche nach ihm Triftbewilligungen erlangen,
den nöthigen Gebrauch seiner Bauten gegen angemessene Vergütung zu gestatten (§. 32). Wenn der angesuchten Trift-
werbung kein ausschliessliches Triftbefugniss entgegensteht, gegen
selbe jedoch anderweitige Bedenken erhoben werden, so hat
hierüber die politische Behörde nach Anhörung aller Betheiligten
und der Sachverständigen zu entscheiden. Hiebei wird im §. 30
der Grundsatz aufgestellt, dass die Bewilligung zur Trift, oder
zur Errichtung von Triftbauten nur dann versagt werden könne,
wenn dieselbe mit grossen Gefahren verbunden erscheint, wenn
sie die Hinwegschaffung anderer schon bestehender Anlagen,
welche aus öffentlichen Rücksichten von grösserer oder doch
gleicher Wichtigkeit sind, und keine Verlegung an einen andern
Ort gestatten, nothwendig machen, oder wo dieselben voraussichtlich Beschädigungen verursachen würden, welche von
den Unternehmern nicht ersetzt werden könnten. Kurz, es sind
die durch die beabsichtigte Triftunternehmung zu gewärtigenden
Vortheile mit den durch selbe etwa verursachten Nachtheilen
vom nationalökonomischen Standpunkte abzuwägen, und die
Entscheidung hat auf jene Seite zu fallen, von welcher ein
vortheilhafterer Einfluss auf die Gesammtwirthschaft erwartet
werden kann. Aehnlich ist die Entscheidung in dem Falle, wenn
mehrere Triftwerber concurriren, ein gütliches Uebereinkommen nicht zu Stande kömmt, und auch sonst eine Ertheilung
der Triftbefugniss an alle Triftwerber nicht thunlich ist; in
diesem Falle hat derjenige den Vorzug, der die werthvollste
Holzmenge zu triften hat (§. 31).

Aus Anlass der Holztrift, und der hiezu erforderlichen
Bauten und Vorrichtungen kann Privateigenthum auf eine drei-
fache Art in Anspruch genommen werden:

1. Wenn das Wasser, auf welchem die Trift stattfinden
soll, ein Privatgewässer ist. In diesem Falle hat der Eigenthümer des Wassers dem Triftwerber die Benützung des Wassers
nach dem im §. 24 F. G. ausgesprochenen Grundsatze zum
Behufe der Bringung seiner Waldproducte zu gestatten, doch
soll diese Benützung auf die mindest schädliche Weise geschehen,

auch dem Grundeigenthümer für den durch Veranlassung der Trift zugefügten Schaden volle Genugthuung geleistet werden (§. 26 Abth. 3). Ein Entgelt für die Benützung des Gewässers selbst ist jedoch der Besitzer des Privatgewässers hienach anzusprechen nicht berechtigt.[11])

2. Auch andere Eigenthumsobjecte können zur Errichtung der Trift, zur Errichtung und Erhaltung der zum Betriebe derselben nothwendigen Bauten etc. erforderlich sein. Dies gilt namentlich von den Grundstücken, auf welchen Triftgebäude aufzuführen sind, von den Materialien, die zur Errichtung solcher Bauten unumgänglich nothwendig sind, und nicht von anderwärts beschafft werden können, etc. Wollen die Unternehmer hiebei fremdes Eigenthum in Anspruch nehmen, so ist sich rücksichtlich der vorzunehmenden Enteignungen nach den allgemeinen Gesetzen zu benehmen (§. 30 Abs. 4). Es wird daher im einzelnen Falle die Verwaltungsbehörde auch darüber zu entscheiden haben, ob eine dauernde Ablösung statthaft sei oder ob nur eine zeitweise Benützung fremden Eigenthums eingeräumt werden solle. Letzteres wird bei Triftbauten allerdings die Regel bilden, wie denn auch kein Triftbefugniss für mehr als höchstens 30 Jahre ertheilt werden darf (§. 36).

3. Den Arbeitern der Triftbefugten darf nicht verwehrt werden, behufs der Triftbesorgung längs der Triftgewässer über fremde Gründe zu gehen. Dem Grundeigenthümer ist jedoch der hiedurch zugefügte Schade zu vergüten (§. 39).

Von den Unternehmern kann zur Sicherung der von ihnen an die Expropriaten und sonstigen Berechtigten zu leistenden Schadenersätze die Bestellung einer Caution verlangt werden. Ueber die Verpflichtung zur Bestellung einer solchen Caution, dann über die Höhe der letzteren entscheidet — selbstverständlich unter Vorbehalt des Rechtsweges — die politische Behörde

---

[11]) Hieran ist auch durch das vom entgegengesetzten Standpunkte ausgehende Wassergesetz Nichts geändert worden. Arg. §. 31 des Wassergesetzes für Böhmen v. 28. August 1870 Nr. 71 L. G. B. §§. 30 des mährischen und des niederösterr. Wassergesetzes, von gleichem Datum.

nach Einvernehmung der Betheiligten und der berufenen Sachverständigen (§. 37). [12])

Mit der Verordnung des Ackerbauministeriums vom 3. Juli
1873 Z. 6953 (kundgemacht im böhmischen Landesgesetzblatte
sub Nr. 66 ai 1873) wurde den politischen Behörden neuerlich
die genaue Handhabung der die Holzbringungsanstalten betreffenden Vorschriften des Forstgesetzes zur Pflicht gemacht, und
selben die genaue Ueberwachung der Einhaltung der in der
bezüglichen Bewilligung festgestellten Bedingungen eingeschärft.
Werden hiebei solche Umstände wahrgenommen, welche zu einer
begründeten Besorgniss von Gefahren oder Beschädigungen Anlass
geben, oder welche eine vortheilhafte Ausnützung der
Waldungen nicht zulassen, so sind die Betheiligten auf
die gemachten Wahrnehmungen und nach Umständen auf die
Bildung von Genossenschaften zur Herstellung neuer,
beziehungsweise verbesserter Bringungsanstalten aufmerksam zu
machen (§. 11 eb. d.).

Die dem Forstbesitzer in der Art der Benützung seiner
Sache durch das Forstgesetz auferlegten Beschränkungen fallen,
wie bereits Eingangs bemerkt wurde, keineswegs unter den
Gesichtspunkt der Enteignung. Die mit dem kais. Patente vom
5. Juli 1853 Nr. 130 R. G. B. über die Regulirung der Holz-,
Weide- und Forstproducten-Bezugsrechte, dann einiger Servituts-
und gemeinschaftlichen Besitz- und Benützungsrechte getroffenen
Bestimmungen kommen hier gleichfalls nicht in Betracht; sie
bezwecken nur die vollständige Durchführung der Grundentlastung, und es ist daselbst rücksichtlich jener Feldservituten,
bei denen das dienstbare Gut Wald oder zur Waldcultur gewidmeter Boden ist, die Einleitung der Ablösungs- und Regulirungs-
verhandlung obligatorisch vorgeschrieben worden (§. 6
lit. a. eod.)

---

[12]) Schon das Patent vom 7. April 1764 (Cod. Austr. VI S. 560)
empfiehlt die Triftberechtigten der billigen Berücksichtigung der
Behörden: „Holzschwemm Extrepreneurs sollen mit Vergütung des
durch Abschwemmung der Erde entstehenden Schadens wider
Gebühr und Billigkeit nicht beschwert werden."

§. 10.

Die Enteignung behufs Regelung und vortheilhafterer Ausnützung der Wasserkräfte.

Die nationalökonomische Wichtigkeit der Gewässer tritt wohl hauptsächlich auf dem Gebiete der Industrie zu Tage, für die eine zweckmässige Ausnützung der Wasserkräfte Lebensfrage und Grundbedingung weiterer gedeihlicher Entwicklung ist. Allein auch auf dem Gebiete der Landwirthschaft, sowie des commerciellen Verkehres kann die hohe Bedeutung der Wasserkraft für Bewässerungsanlagen, für Herstellung der mindest kostspieligen Verbindungen etc. unmöglich verkannt werden. Nicht minder erfordern die Gefahren, welche ein Ausschreiten dieses Elementes über die ihm im regelmässigen Haushalte der Natur zugemessenen Grenzen zur Folge haben kann, ein besonderes Augenmerk von Seite der Staatsverwaltung, wie es auch im wirthschaftlichen Interesse des Staates gelegen ist, Landstriche, welche durch übermässige Wasseransammlung für die allgemeine Cultur verloren gehen, durch Vornahme oder Beförderung der nöthigen Entwässerungsanlagen ihrer wirthschaftlichen Bestimmung zuzuführen.

Ueber den Begriff des sogenannten „Eigenthums" am Wasser herrscht bekanntlich in der Theorie ein bisher unausgefochtener Streit.[1]) Die neueste österreichische Gesetzgebung

[1]) Vgl. Randa Eigenthum §. 4. Während das römische Recht das fliessende Wasser (aqua profluens) ganz richtig den Sachen einreiht, welche „naturali jure communes sunt omnium" (§. 1 J. de rerum divisione, 2, 1) und consequent auch das Flussbett als öffentliches Gut der allgemeinen Benützung zuweist (l. 1 §. de fluminibus etc. 43, S. 2: „impossibile est, ut alveus fluminis publici non sit publicus") haben manche Schriftsteller in den Quellen des deutschen Rechtes Belege für die Behauptung zu finden geglaubt, dass nur die schiffbaren Flüsse als öffentliches Gut angesehen werden können. Diese Anschauung findet sich auch in der älteren österreichischen Gesetzgebung speciell im Hofdct. vom 11 Juni 1776 ausgesprochen Aber auch rücksichtlich der übrigen fliessenden Gewässer lässt sich ein Eigenthum im Sinne des bürgerlichen Rechtes (d. i. nach §. 354 a. b. G. B. als Befugniss, mit der Substanz und den Nutzungen

(das Reichsgesetz über das Wasserrecht vom 30. Mai 1869 Nr. 93 R. G. B. und die auf Grundlage desselben in den einzelnen Kronländern erflossenen Landesgesetze) [2]) hat im Gegensatze zur früheren den Grundsatz ausgesprochen, dass Flüsse und Ströme von der Stelle an, wo deren Benützung zur Fahrt mit Schiffen oder gebundenen Flössen wirklich beginnt, mit ihren Seitenarmen öffentliches Gut seien. Diese Eigenschaft behalten sie auch dann, wenn diese Benützung zeitweise unterbrochen wird, oder gänzlich aufhört (§. 2). Die übrigen Gewässer können wohl im Eigenthume von Privaten stehen, aber die Privateigenschaft des Gewässers muss erwiesen sein, weil für die öffentliche Natur des Gewässers mit Ausnahme der im §. 4 des Reichsgesetzes aufgezählten Fälle die Vermuthung streitet (§. 3). Erst wenn erwiesen ist, dass ein bestimmtes Gewässer wirklich im Privateigenthume steht, jedoch zweifelhaft ist, wem selbes zugehört, gelangt die Vermuthung des §. 5 zur Geltung, wonach fliessende Privatgewässer, insofern nichts Anderes nachgewiesen wird, als Zugehör derjenigen Grundstücke zu betrachten sind, über welche, oder zwischen welchen sie fliessen, und zwar nach Massgabe der Uferlänge eines jeden Grundstückes (§. 5). [3]) Dieses sog. Eigenthumsrecht berechtigt jedoch rücksichtlich der fliessenden Gewässer den Privaten keineswegs, über die Substanz des Wassers nach Belieben zu verfügen, denn es ist hier die Benützung des Wassers durch die Rechte der übrigen Wasserberechtigten, sowie durch die

---

der Sache nach Willkür zu schalten, und jeden Andern davon auszuschliessen) nicht denken, sondern es kann hier höchstens von einem vorzugsweisen Befugnisse zur Ausnützung der Wasserkräfte in bestimmten Richtungen z. B. zur Gewinnung von Sand, Eis, Perlen, zur Fischerei etc. die Rede sein. Vgl. auch Jičinsky Wasserrecht S. 36—38.

[2]) Dieselben sind zum weitaus grössten Theile ganz übereinstimmend. Wir erwähnen in der Folge der Kürze halber nur des böhmischen Landesgesetzes vom 28. August 1870 Nr. 71 L. G. B., des mährischen vom 28. August 1870 Nr. 65 L. G. B. und des niederösterreichischen vom gleichen Datum, Nr. 56 L. G. B.

[3]) Nur durch diese Auslegung lässt sich der scheinbare Widerspruch zwischen den §§. 3 und 4 des Reichsgesetzes beseitigen. Randa a. a. O. §. 4 lit. b.

aus dem Zusammenhange und der Unentbehrlichkeit des Wassers hervorgehenden öffentlichen Rücksichten nach Massgabe der Gesetze beschränkt (§. 10 Abs. 2 des Reichsgesetzes).

Allein nicht nur das den Privaten zustehende Recht zur Benützung des Wassers selbst, sondern auch das Eigenthum zu den mit dem Wasser in unmittelbarer Verbindung stehenden Eigenthumsobjecten, an Ufergründen, an den dort befindlichen Materialien etc. kann im einzelnen Falle mit dem wirthschaftlichen Interesse der Gesammtheit in Widerstreit gerathen. In allen diesen Fällen gestattet auch das Wassergetz die Entziehung von Privatrechten gegen angemessene Entschädigung in Consequenz des im §. 365 a. b. G. B. allgemein aufgestellten Grundsatzes. [4]) Insbesondere verdienen jedoch hier folgende Fälle hervorgehoben zu werden:

1. Privatgewässer können zu verschiedenen Zwecken im Interesse der Gesammtheit in Anspruch genommen werden, speciell kann:

a) die Regierung fliessende Privatgewässer, welche sich zur Befahrung mit Schiffen und gebundenen Flössen eignen, zu diesem Zwecke, also im Interesse des öffentlichen Verkehres gegen angemessene Schadloshaltung als öffentliches Gut erklären (§. 6 des Reichsgesetzes). Diese Vorschrift ist eine Consequenz des von der neueren österreichischen Gesetzgebung eingenommenen Standpunktes, kraft dessen nur die wirklich beschifften, und nicht wie bisher die schiffbaren Flüsse als öffentliches Gut angesehen werden. Es wird daher der Staat möglicherweise in der Folge auch solche Flüsse enteignen müssen, die bis zum Zeitpunkte des Inslebentretens des neuen Gesetzes als schiffbare Flüsse öffentliches Gut waren, wenn selbe inzwischen in den Besitz von Privaten übergangen wären. [5])

b) Ortschaften und Gemeinden, deren Wasserbedarf nicht gedeckt ist, haben nach Massgabe dieses Bedarfes gegen angemessene Schadloshaltung das Recht auf Enteignung von Privat-

---

[*]) Auch das preuss. Gesetz vom 28. Feber 1843 über die Benützung der Privatflüsse räumt im §. 19 den Unternehmern im Interesse der Landescultur das Recht der Expropriation gegen Entschädigung ein. Vgl. Rönne Staatsrecht der preuss. Monarchie 2. Bd. §. 374.

[**]) Randa a. a. O.

gewässern und Wasserbenützungsrechten, soweit dieselben für
die gleichen Zwecke der Wasserberechtigten entbehrlich sind
(§. 16 des Reichsgesetzes).

c) Die Verwaltungsbehörde kann verfügen, dass bei fliess-
senden Privatgewässern Derjenige, dem das Wasser zugehört,
insoweit er es nicht benöthigt, und innerhalb einer ihm
behördlich zu bestimmenden, den Verhältnissen entsprechenden
Frist auch nicht benützt, es Anderen, die es nutzbringend
verwenden können, gegen angemessene Entschädigung überlasse
(§. 15 lit. a d. Reichsges.).

Wenngleich im Eingange der gedachten Gesetzesstelle
bemerkt wird, dass eine solche Verfügung der Verwaltungsbehörde auch dann statthaft sei, wenn die Erfordernisse der
Enteignung nach §. 365 a. b. G. B. nicht eintreten, so dürfte
doch dieser Bemerkung eine Bedeutung nicht beigelegt werden
können, da aus den gleich nachfolgenden Worten: „um die nutzbringende Verwendung des Wassers zu fördern, oder dessen
schädliche Wirkungen zu beseitigen", klar hervorgeht, dass auch
in Fällen des cit. §. 15 nur das allgemeine Beste die
Entziehung des Privateigenthumes rechtfertige. Es würde auch
sonst das Wassergesetz mit Art. 5 des Staatsgrundgesetzes vom
21. December 1867 Nr. 142 R. G. B. in einen unlösbaren
Widerspruch gerathen.[6]) Allerdings wird hier bei Prüfung des
Umstandes, ob die Anlage, für welche die Enteignung in Anspruch genommen wird, durch das öffentliche Interesse erfordert
wird, von der Verwaltungsbehörde ein etwas minder strenger
Massstab angewendet werden können, weil es ja dem Eigenthümer anheimgestellt ist, sich durch zweckmässige Ausnützung
der Wasserkraft vor der Enteignung zu schützen.[7]) Wird nun

---

[6]) Das Gesetz scheint von der theoretisch irrigen Voraussetzung auszugehen, dass nach §. 365 a. b. G. B. nur zu Gunsten einer
öffentlichen Anlage die Expropriation zulässig sei, während
es sich hier allerdings meist um private industrielle Etablissements
handeln wird, die an und für sich ohne allgemeines Interesse
sind, jedoch in ihrer Gesammtheit den Erwerb der Staatsbürger
wesentlich fördern.

[7]) Die Bestimmungen des Gesetzes über die Enteignung der Privat-
wässer schützen allerdings den Eigenthümer, recte Berechtigten

auf diese Art das entbehrliche Wasser eines Privaten Jemand
Anderem verliehen, so ist in die Bewilligung die Bedingung
aufzunehmen, dass von der ertheilten Bewilligung bei sonstigem
Erlöschen derselben binnen einer angemessenen Frist Gebrauch
gemacht werden muss (§. 29 Abs. 1 des böhm., §. 28 Abs. 1
des mähr. und niederöst. Landesgesetzes).

2. Die Flussufer können den Zwecken der Schifffahrt
in verschiedener Art dienstbar werden, es kann speciell:

a) das Landen und Befestigen der Schiffe und Flösse an
gewissen Plätzen,

b) das Begehen des Ufer durch das zur wasserpolizeilichen
Aufsicht bestellte Personal,

c) die Errichtung eines neuen, oder die Herstellung eines
alten Leinpfades [8])

nothwendig erscheinen. Für die ad b) gedachte Benützung kann
der Uferbesitzer unter keinerlei Umständen eine Vergütung beanspruchen; für die bereits bestehenden Anstalten der sub a) und c)
gedachten Art nur dann, wenn dieser Anspruch auf einem besonderen Rechtsgrunde beruht.

Sollen jedoch zu den ad a) und c) gedachten Anstalten
neue Grundstücke in Anspruch genommen werden, so ist zu
unterscheiden, ob es sich zugleich um die Errichtung einer
neuen Anlage der bezeichneten Art handelt oder nicht.
Im ersteren Falle, wenn nämlich neue Landungsplätze ausge-

---

vollständig, sie scheinen jedoch namentlich in der Richtung unvollständig zu sein, als der Eigenthümer eines Privatgewässers durch
eine beliebige, ganz gleichgiltige Verwendung der Expropriation
vorbeugen kann. Es könnte sich unter Umständen empfehlen, eine
gegenseitige Abwägung der aus der Verwendung eines Privat-
wassers resultirenden national-ökonomischen Vortheile eintreten
zu lassen, und im Falle der überwiegenden Wichtigkeit der beabsichtigten Unternehmung die Expropriation selbst angesichts einer
anderen bisherigen Benützungsweise der benöthigten Wasserkraft
zu gestatten, wie dies schon §. 105 Berg. Ges. rücksichtlich der
zum Bergbaubetriebe benöthigten Tagwässer anordnet.

[8]) Auch nach gemeinem deutschen Rechte kann das Recht des Leinpfades nur zu Schifffahrtszwecken, nicht zu Zwecken der Fischerei
in Anspruch genommen werden. Vgl. Allg. L. R. II 157, §§. 57—60,
Gerber a. a. O. §. 86, S. 228.

mittelt, ein neuer Leinpfad errichtet werden soll, ist eine ordentliche Expropriationsverhandlung nach allgemeinen Grundsätzen
vorzunehmen. Sollen hingegen nur zu bereits bestehenden
Anstalten der gedachten Art hiezu bisher nicht verwendete
Theile des Eigenthumes eines Uferbesitzers in Anspruch genommen
werden, so ist eine besondere Expropriationsverhandlung nicht
nothwendig, sondern es ist lediglich dem hiedurch beeinträch-
tigten Grundbesitzer eine angemessene Entschädigung zu gewähren
(§. 8 des Reichsgesetzes).

3. Zur Vornahme von Ent- und Bewässerungsanlagen,
dann von Trieb- und Stauanlagen, deren Errichtung überwiegende Vortheile für die Volkswirthschaft erwarten lässt, dann
zur Vornahme von Wasserversorgungsanlagen sowohl der Gemeinden und Ortschaften, als vereinzelter Ansiedelungen (wenn
nämlich letztere durch ihre Lage verhindert sind, an den
Bewässerungsanlagen der Ortschaften und Gemeinden theilzu-
nehmen), können die Unternehmer verlangen, dass ihnen zur
Zu- und Ableitung des Wassers, zur Errichtung der erforderlichen
Stauwerke, Schleussen und sonstigen Vorrichtungen gegen angemessene Schadloshaltung auf fremdem Grunde die entsprechende
Dienstbarkeit eingeräumt werde. Wenn jedoch Anlagen der
besagten Art nicht direct im öffentlichen Interesse vorgenommen
werden, so sind Gebäude mit den dazu gehörigen Hofräumen, Haus-
gärten und eingefriedeten Parkanlagen von der Enteignung ausgenommen (§. 15 lit. b Reichsges., §§. 28 lit. b, 32, 39 und 41
des böhm., §§. 27 lit. b, 31, 38 und 40 des mähr. Landesges.).

4. Die Fischereiberechtigten können gegen die
Ausübung anderer Wasserbenützungsrechte keinerlei Widerspruch
erheben, ihre Befugnisse sind daher nie Gegenstand einer Expropriationsverhandlung. Dagegen haben solche Berechtigte Anspruch
auf angemessene Entschädigung, worüber provisorisch die Verwaltungsbehörde, endgiltig der Richter erkennt (§. 19 des
Reichsges.).

5. Zur Vornahme von Schutz-, Uferregulirungs-, Entwäs-
serungs- und anderen Wasserbauten, welche direct[9]) im öffent-

---

[9]) Das Gesetz spricht wohl allgemein nur vom öffentlichen Interesse,
und könnte daher dieser Zusatz nicht gerechtfertigt erscheinen.

lichen Interesse unternommen werden, kann das Expropriationsrecht auch ohne die sub 3 gedachten Beschränkungen in Anspruch
genommen werden. Auch Häuser und Hofräume unterliegen
daher in diesem Falle der Expropriation, ja auch bereits
bestehende Anlagen gleicher Art müssen zum Opfer fallen,
wenn es ohne Gefährdung des Zweckes der Wasseranlage
geschehen kann, und ein Fortbestand beider Anlagen z. B.
durch Umlegung einer Wasserleitung nicht thunlich ist (§. 49
Abs. 1 und 2 des böhm. und §. 48 Abs. 1 und 2 des mähr.
Landesges.).

Auch die zwangsweise Einräumung von Dienstbarkeiten
findet hier der Natur der Sache nach statt; es ist jedoch der
Unternehmung noch in einer zweifachen Richtung ein besonderes
Expropriationsrecht eingeräumt:

a) Materialien, welche zur Herstellung von solchen
im öffentlichen Interesse unternommenen Wasserbauten nothwendig sind, müssen von dem Eigenthümer zu diesem Zwecke
gegen angemessene Entschädigung überlassen werden. Doch
sind nicht alle Anrainer schlechtweg, sondern nur die Eigenthümer der durch die Anlage zu schützenden Gründe zur

---

Wo jedoch kein öffentliches Interesse vorliegt, ist eine Enteignung
überhaupt nicht zulässig. Nun beinhaltet §. 49 des böhm. (§. 48
des mähr.) Landesges. dem §. 32 (31) gegenüber offenbar ein Plus,
er spricht von Anlagen, welche noch in weit höherem Grade die
Enteignung rechtfertigen. Die Lösung kann nur im §. 15 des
Reichsgesetzes gefunden werden, der allerdings, wie bereits bemerkt,
von der irrigen Voraussetzung auszugehen scheint, dass hier kein
wirklicher Enteignungsfall vorliege. Im §. 15 wird von solchen
Anlagen gesprochen, die wohl an und für sich kein öffentliches
Interesse haben, jedoch in ihrer Gesammtheit von national-ökonomischer Wichtigkeit sind, sohin indirect die Erreichung des
Staatszweckes fördern. Im Gegensatze hiezu hat §. 49 resp. 48
solche Anlagen vor Augen, welche schon an und für sich einem
wirthschaftlichen Interesse der Gesammtheit entsprechen, wie dies
z. B. namentlich bei solchen Entwässerungsanlagen der Fall sein
wird, durch welche ganze Länderstriche urbar gemacht, und der
Cultur zugeführt werden sollen. — Weit besser stylisirt ist das niederösterr. Landesgesetz, wo diese beiden, einander wenigstens scheinbar
widersprechenden Bestimmungen gar nicht vorkommen.

Ueberlassung solcher Materialien verpflichtet, und auch dies nur insofern, als die benöthigten Materialien auf den zu schützenden Gründen vorhanden sind (§. 49 Abs. 3 des böhm., §. 48 Abs. 3 des mähr. Landesges.).

b) Zur Ausführung und Instandhaltung der Wasserbauten müssen die Ufereigenthümer gegen angemessene Entschädigung die nothwendige Betretung und Benützung der Ufer zur Ab- und Zufuhr, dann zur Ablagerung und Bereitung der Materialien dulden; doch kann auf Antrag des Ufereigenthümers dem Bauführer zur Beendigung der Arbeit und Fortschaffung des Materials von der politischen Behörde eine angemessene Frist bestimmt werden. (§. 50 des böhm., §. 49 des mähr., §. 44 des niederösterr. Landesges.)

6. Zur Ausführung von Wasseranlagen aller (also sowohl der sub 3 als sub 5 gedachten) Art können Vorarbeiten auf fremden Grundstücken nothwendig erscheinen. Kömmt in Betreff der Gestattung solcher Vorarbeiten ein gütliches Ueber-einkommen mit dem Grundbesitzer nicht zu Stande, so hat der Unternehmer die Bewilligung hiezu bei der politischen Behörde zu erwirken. Selbstverständlich hat der Unternehmer den durch solche Vorarbeiten verursachten Schaden zu vergüten; doch kann die politische Behörde zur Vornahme der Vorarbeiten eine angemessene Frist festsetzen, auch die Bewilligung von der früheren Sicherstellung des voraussichtlichen Schadenersatzes abhängig machen (§. 77 des böhm. und mähr., §. 73 des niederösterr. Landesges.).

Zu jeder, die besondere Ausnützung der öffentlichen Gewässer bezweckenden Anlage, dann zu solchen Anlagen in Privatgewässern, durch welche auf fremde Rechte, oder auf die Beschaffenheit, den Lauf oder die Höhe des Wassers in öffentlichen Gewässern eine Einwirkung entsteht, ist die Bewilligung der politischen Behörde erforderlich (§. 17 des böhm., §. 16 des mähr. und niederösterr. Landesges.). Dasselbe gilt auch von Schutz- und Regulirungswasserbauten (§. 42 des böhm., §. 41 des mähr., §. 39 des niederösterr. Landesges.). Bei Ertheilung solcher Bewilligungen hat die politische Behörde Ort, Mass und Art der Wasserbenützung genau zu bestimmen und insbesondere dafür zu sorgen, dass keine Wasserverschwendung ein-

trete (§§. 19, 21 des böhm., §§. 18, 20 des mähr. und niederösterr. Landesges.). Bei Concurrenz mehrerer Unternehmungen
sind vor Allem die b e r e i t s b e s t e h e n d e n Anlagen zu schützen,
und erst dann die neuen Ansprüche nach Thunlichkeit zu
befriedigen. Bei sonst gleichen Umständen gebührt derjenigen
Unternehmung der Vorzug, welche von ü b e r w i e g e n d e r
W i c h t i g k e i t f ü r d i e V o l k s w i r t h s c h a f t i s t.
Die einmal eingeräumten Wasserbenützungsrechte bilden,
wenn nichts Anderes ausdrücklich bestimmt ist, ein Zugehör
derjenigen Betriebsanlage oder Liegenschaft, für welche die
Bewilligung erfolgt ist, und können von da ohne Zustimmung
der verleihenden Behörde nicht abgetrennt werden (§. 26 des
böhm., §. 25 des mähr. und niederösterr. Landesges.). Auch
die in Folge eines behördlich consentirten Werkes herbeigeführten
Rückstauungen, Versumpfungen oder sonstigen Beschädigungen
müssen, wo thunlich, beseitigt werden (§. 22 des böhm., §. 21
des mähr. und niederösterr. Landesges.).[10] Uebrigens hat auch
der Eigenthümer des zu Gunsten einer Unternehmung mit einer
Dienstbarkeit belasteten Grundstückes das Recht, die Mitbenützung der Anlage gegen verhältnissmässigen Beitrag zu den
Herstellungs- und Erhaltungskosten in dem Masse zu verlangen,
als dadurch der Zweck der Anlage nicht beeinträchtigt oder
gefährdet wird (§. 34, Abs. 1, 2 des böhm., §. 33 des mähr.,
§. 32 des niederösterr. Landesges.). Doch fallen die zwei letztgedachten Vorschriften nicht unter den Gesichtspunkt der Enteignung, da sie nur die nähere Normirung der Art und Weise
bezwecken, wie ein von der politischen Behörde ertheiltes
Befugniss im Interesse der Gesammtheit a u s g e ü b t werden
müsse.[11]

[10] Das böhmische Gesetz enthält überdies die Bestimmung, dass die
Abänderung stets auf Kosten derjenigen erfolgt, welche sie begehren.
Besser verweist das niederösterr. Gesetz in dieser Richtung auf
die allgemeinen civilrechtlichen Grundsätze.
[11] Vgl. jedoch dagegen R a n d a a. a O. S. 27 not. 19.

8

§. 11.

Die Enteignung zum Zwecke der Herstellung öffentlicher Verkehrswege.

Sowohl die Urproduction, als auch die Industrie bedarf zu ihrer gedeihlichen Entwicklung des möglichsten örtlichen Ausgleiches zwischen Angebot und Nachfrage. Dieser Ausgleich wird durch den Handel vermittelt, welcher die Güter auf dem möglichst kürzesten Wege vom Producenten dem Consumenten zuführt, und auf diese Art ein unentbehrliches Bindeglied im wirthschaftlichen Processe bildet. Um jedoch dieser seiner Aufgabe gerecht zu werden, bedarf der Handel gewisser Bedingungen, welche zu erfüllen der einzelne Unternehmer nicht im Stande ist, zu deren Realisirung daher die wirthschaftliche Verwaltung ihre hilfreiche Hand bieten muss.

Unter jenen Mitteln, deren der Verkehr bedarf, um seiner Aufgabe zu genügen, nimmt die Herstellung tauglicher Verkehrswege die erste Stelle ein. Schon in den frühesten Zeiten ist die Errichtung der zur Ermöglichung und Belebung des Verkehrs nothwendigen Strassen als eine der wichtigsten Aufgaben der wirthschaftlichen Verwaltung angesehen worden.[1]

Die Strassen zerfallen in Land- und Wasserstrassen, welch letztere wieder entweder natürliche oder künstliche sind. Die künstlichen Wasserstrassen (Canäle) sind für die österreichischen Länder diesseits der Leitha nur von untergeordneter Bedeutung, zumal durch Abtrennung des lombardisch-venetianischen König-reiches das für die Anlegung derartiger Verkehrswege günstigste Terrain verloren gegangen ist. Wir finden daher auch in unserer Gesetzgebung über die Einräumung des Enteignungsrechtes für die hierauf abzielenden Unternehmungen keinen speciellen An-haltspunkt. Es begnügte sich vielmehr das Hfkzl.-Decret vom

---

[1] Es wird hier selbstverständlich von solchen Verkehrswegen abge-sehen, welche nur im Interesse der Entfaltung der Wehrkraft des Staates errichtet werden. Diese sog. Heerstrassen erinnern übrigens meist nur dem Namen nach an ihre ehemalige Bestim-mung, sie sind im Laufe der Zeit fast sämmtlich den Zwecken der wirthschaftlichen Verwaltung dienstbar geworden.

23. October 1834 Z. 25705 (kundgemacht in Böhmen mit Gub.-
Dct. vom 15. November 1834 Z. 53510), darauf hinzuweisen,
dass die Vorschriften, welche in Anschung der gänzlichen oder
nur theilweisen Einlösung von Privatgründen für den Strassenbau,
theils zur Einziehung derselben in die Strassentrace, theils zu
einer bloss zeitlichen Materialerzeugung bestehen, bei voll-
kommener Analogie der Gründe auf gleiche Weise auch bei
dem Wasserbau in Anwendung zu treten haben.

Was nun die Errichtung von Landstrassen anbelangt,
so war die zwangsweise Enteignung der hiezu nothwendigen
Grundstücke bereits in den früheren Stadien unserer Gesetzgebung
allgemein anerkannt. Mit Rücksicht auf das später erflossene allg.
bürg. Gesetzbuch hat sodann das Hofkzl.-Dct. vom 2. Mai 1818
Z. 21734 (kundgemacht in Böhmen mit Gub.-Dct. vom 15. Mai
1818 Z. 22025, Prov. Gs. Slg. 1818 Nr. 106) ganz allgemein
bestimmt, dass sich bei Ablösung jener Gründe, welche zur
Erweiterung der Post- und Commercialstrassen den
Privaten abgenommen werden, nach den Vorschriften der §§. 364
und 365 a. b. G. B. zu benehmen sei.[2])

Zum Behufe der Errichtung und Erhaltung von Strassen
kann Privateigenthum in einer zweifachen Hinsicht in Anspruch
genommen werden. Erstlich kann es sich um die Ablösung des
zur Anlage der Strasse selbst, oder der hiezu nothwendigen
Abzugsgräben, Canaldurchlässe etc. erforderlichen Grund und
Bodens handeln, und in diesem Falle kommen die allgemeinen
Vorschriften über die Zwangsenteignung zur Anwendung.

Allein unsere Gesetzgebung geht noch weiter, sie räumt
der Verwaltung das Recht ein, auch zum Behufe der Beistellung
solcher Materialien, welche zur Errichtung und Erhaltung

---

²) Eine Zusammenstellung der diesfalls in Oesterreich bestehenden
gesetzlichen Vorschriften enthält die Min.-Vdg. vom 21. April
1857 Nr. 82 R. G. B., mit welcher die über das Verfahren bei
Grundeinlösungen zum Behufe öffentlicher Strassen- und Wasserbauten diesseits der Leitha geltenden Vorschriften in Ungarn und
den Nebenländern publicirt wurden. Mit der Minist.-Vdg. vom
7. October 1858 Nr. 179 R. G. B. wurde ferner der Geltungs-
bereich jener Vorschriften auch auf das Königreich Dalmatien
ausgedehnt.

der Strasse erforderlich sind, und welche von anderwärts entweder gar nicht, oder doch nur mit unverhältnissmässigen Kosten beigeschafft werden könnten, auf die zwangsweise Entziehung des Privateigenthums zu erkennen. Allein die Enteignung wird hier der Natur der Sache nach nicht so sehr die Sache, als deren Gebrauch betreffen, es wird der Unternehmung nicht das Eigenthum der Grundstücke, aus welchen die erforderlichen Materialien gewonnen werden, zugesprochen werden können, sondern es wird selber nur die zeitweise Benützung des Privateigenthumes zum Behufe der Beischaffung jener Materialien einzuräumen sein.

In diesem Sinne bestimmt das Hof-Dct. vom 11. October 1821 Z. 29059 (kundgemacht in Böhmen mit Gub.-Dct. vom 3. November 1821, Z. 53091, Prov. Ges. Slg. 5. Bd. Nr. 317), dass dem Eigenthümer eines Schotter- oder Steinbruches, aus welchem das Materiale zur Strassenconservation genommen wird, sowie einem jeden Staatsbürger, der sein Eigenthum dem allgemeinen Wohle opfern muss, die vollständige Entschädigung gebühre, dass jedoch eine solche Entschädigung in ähnlichen Fällen, wo nicht sowohl das Eigenthum eines Grundstückes, als vielmehr dessen zeitliche Benützung in Anspruch genommen wird, in keinem Capitale, sondern nur in einer jährlichen, auf die Dauer der Benützung des Schotter- oder Steinbruches zu beschränkenden Rente bestehen könne. Diese Vorschrift kann wohl auf die Beischaffung des zur Errichtung oder Erhaltung der Strasse, namentlich der etwa hiebei vorkommenden Brückenbauten erforderlichen Holzmaterials nicht ausgedehnt werden, weil hier ganz andere Voraussetzungen obwalten, da Holz als ein weit mehr zugänglicher Verkaufsartikel auch von anderher leicht beschafft werden kann. Wer den Bau einer öffentlichen Strasse pachtweise erworben hat, kann wohl die ihm zugewiesenen Steinbrüche benützen, will er jedoch die Materialien von anderwärts beziehen, so muss er sich mit dem Grundeigenthümer in Güte auseinandersetzen.[3] Ein zum Behufe der Schottergewinnung expropriirtes Grundstück

---

[3] Vdg. des böhm. Gub. vom 17. Mai 1844 Z. 24226 (Prov. G. S. f. Böhmen 1844 S. 325) abgedr. bei Michel Privatr. S. 412.

kann nicht ohne weiters und ohne neuerliche Expropriationsverhandlung als Steinbruch zur Entnahme von Bruchsteinen
für einen allenfalls auf derselben Strasse zur Ausführung ge-
langenden Conservationsbau verwendet werden, weil der Zweck,
zu dem das gewonnene Gestein verwendet wird, wenn auch nicht
für die zu verabfolgende Entschädigung so doch für die Verpflichtung zur Abtretung von Wichtigkeit sein kann.[1])

Dagegen findet die zwangsweise zeitliche Benützung fremden
Grund und Bodens nicht nur behufs Beischaffung, sondern
auch behufs Ablagerung der zum Strassen- und Wasser-
baue erforderlichen Materialien statt. (§. 1, lit. b. des Ges. v.
21. April 1857.)

Wenn jedoch zur Anlage, Erweiterung oder Conservation
öffentlicher Strassen oder Wasserbauwerke aus Bächen, Flüssen,
oder anderen Privatgewässern Schotter entnommen wird,
so findet hiefür keine Vergütung statt; doch soll durch eine
solche Aushebung von Schotter dem Ufer, dem Rinnsale und
der Fischerei kein Nachtheil zugefügt werden, auch soll der
durchgeworfene Sand nicht weggeführt, sondern zur freien
Disposition des Eigenthümers belassen werden. (Hfkzl.-Det. vom
6. October 1825 Z. 30488 und §. 6 der Min. Vdg. vom 21. April
1857 Nr. 82 R. G. B.) [5])

Was nun die Unternehmung betrifft, welcher die Errichtung und Erhaltung der öffentlichen Verkehrsstrassen
obliegt, so ist das schon in früheren Zeiten hie und da

---

[1]) Im entgegengesetzten Sinne erfloss eine (weder nach Datum noch
Zahl näher bezeichnete) Entscheidung der steiermärk. Statthalterei,
veröffentlicht in der Zeitschr. f. Verw. 1868 Nr. 7.

[5]) Das erstgedachte Gesetz wurde zwar amtlich nur in Niederösterreich
publicirt, da es jedoch im §. 21 der dem Hfd. vom 8. November 1842
Z. 654 J. G. S. beigefügten Instruction ausdrücklich als geltendes Recht citirt ist, so kann wohl für die Länder diesseits der
Leitha dessen allgemeine Anwendbarkeit nicht bezweifelt werden.
In der That wird durch eine solche Schotteraushebung dem Eigenthümer des Gewässers kein Schade zugefügt. Auch nach preuss.
Rechte sind die Grundeigenthümer verpflichtet, von ihren Feld-
marken die Feldsteine, den Sand und Kies zum Chausséebau in
der Regel unentgeltlich zu verabfolgen. Rönne a. a. O. II. §. 416
S. 710. Anders §. 79 Abs. 2 des ungar. Expr.-Ges. v. J. 1868.

gangbare Princip der Ueberlassung solcher Unternehmungen an
Private in neuerer Zeit fast gänzlich aufgegeben worden.[6])
Denn soll ein hierauf abzielendes Unternehmen seinem Zwecke
gerecht werden, so muss die Benützung der öffentlichen Verkehrswege dem Publicum unentgeltlich, oder doch um ein
geringes Entgelt überlassen werden, welches mit den auf die
Realisirung des Unternehmens verwendeten Kosten in keinem
Verhältnisse steht. Auf die lucrative Ausbeutung der Unternehmung, wie solches jeder private Unternehmer anstrebt, muss
hiebei sofort im Vorhinein verzichtet werden, weil sonst die
eröffneten Verkehrswege eher zu einem Hindernisse des freien
Verkehrs würden, als dass von ihnen eine wirksame Unterstützung
der Erfüllung der Aufgaben der wirthschaftlichen Verwaltung
erwartet werden könnte. In Anbetracht dessen hat denn auch
das Hofkanzleidecret vom 16. October 1835 [7]) die Einziehung
aller Privaten zustehenden Weg- und Brückenmauthen,
welche auf Aerarialstrassen bestehen, angeordnet. Nach dem
weiteren Inhalte dieser a. h. Entschliessung war den recht-
mässigen Besitzern dieser Mauthen die volle Entschädigung zu
leisten, wenn sie erweisen konnten, durch den Entgang der
ihnen aus dem Besitze des Mauthrechtes zugegangenen Vortheile,
insofern sie sich in deren rechtmässigem Genusse befinden, nach
Abrechnung der damit verbundenen Lasten einen wirklichen
Verlust zu erleiden, oder wenn sie zum Behufe dieser Einziehung ihnen eigenthümlich zugehörige Sachen an die Staatsverwaltung abtreten mussten.

Ausser den sogenannten Aerarialstrassen, d. i. den auf
Staatskosten erbauten oder erhaltenen Strassen gibt es in den

---

[6]) Mit der böhm. Statthalterei-Verordnung vom 31. December 1851
Z. 33074 wurde der Grundsatz ausgesprochen, es sei dafür Sorge
zu tragen, dass die Erhaltung der Privatstrassen und Brücken im
Concurrenzwege bewerkstelliget werde, und nur in jenen Fällen,
wo dies als unthunlich erscheint, und wo es sich um Strassen und
Brücken handelt, welche für den Verkehr von Wichtigkeit sind,
kann auf Gesuche um Bewilligung von Privatmauthen eingegangen
werden. Mayerhofer a. a. O. 2 Aufl. LVI. S. 913.
[7]) In Pichl's Sammlung der Gesetze und Verordnungen unter der
Regierung Kais. Ferdinands im 1. Bde. Nr. 180

einzelnen Kronländern noch folgende Arten öffentlicher Verkehrswege:

1. Landesstrassen,
2. Bezirksstrassen,
3. Gemeindestrassen und Wege.

Die Vertheilung der Leistungen und die Competenz rücksichtlich der Entscheidung über die auf diese nicht ärarischen Strassen und Wege sich beziehenden Angelegenheiten wurde in Böhmen durch das Gesetz vom 12. August 1864 Nr. 46 L. G. B., in Niederösterreich neuerdings durch das Gesetz vom 29. December 1874 Nr. 7 L. G. B. pro 1875 geregelt. In Betreff der aus Anlass der Vornahme nicht ärarischer Strassenbauten nothwendig werdenden Expropriationen hat insbesondere auch das steierische Landesgesetz vom 9. Jänner 1870 [8]) eingehende Bestimmungen getroffen.

Nach §. 4 des böhmischen Gesetzes sind alle dem allgemeinen Verkehre gewidmeten Strassen, welche weder Landesstrassen noch Bezirksstrassen sind, und auch kein Privateigenthum bilden, als G e m e i n d e w e g e anzusehen.

Sowohl den Landes- als auch den Bezirks- und Gemeindestrassen, beziehungsweise den zur Errichtung und Erhaltung derselben berufenen Vertretungskörpern kömmt das Recht, auf die Expropriation anzutragen, nach Massgabe der bestehenden Gesetze zu.[9]) Diesen, schon aus der allgemeinen Norm des §. 365 a. b. G. B. fliessenden Grundsatz hat §. 19 des erwähnten böhmischen Landesgesetzes ausdrücklich anerkannt, gemäss dessen der für Zwecke des Strassenbauwesens erforderliche Realbesitz bei Abgang eines freiwilligen Uebereinkommens im Wege der Expropriation in Anspruch genommen werden kann. Das Erkenntniss hierüber steht nach Massgabe der diesfalls bestehenden Gesetze und Verordnungen der politischen Verwaltungsbehörde zu.

---

[8]) M a y e r h o f e r a. a. O. II S. 1374.
[9]) Auch nach preuss. Rechte tritt in Bezug auf die öffentlichen Gemeindewege das Expropriationsrecht ein, doch fehlt es hier diesfalls an einer ausdrücklichen gesetzlichen Bestimmung. R o n n e a. a. O. §. 415, S. 708, not. 2.

Die die Herstellung und Erhaltung der nicht ärarischen
Strassen und Wege betreffenden Landesgesetze haben schon
nach ihrem Wortlaute keinerlei neue Grundsätze aufgestellt,
sondern beinhalten nur eine Hervorhebung des rücksichtlich
der Zwangsenteignung bereits geltenden Rechtes. Es konnte
auch vor Erlassung dieser Gesetze wohl kaum daran gezweifelt
werden, dass nicht nur zum Behufe der Errichtung der auf
Staatskosten herzustellenden Verkehrswege, sondern auch im
Interesse der Herstellung von nicht ärarischen Strassen und
Wegen fremdes Eigenthum zwangsweise in Anspruch genommen
werden könne, sobald nur durch diese Herstellung wirklich die
Zwecke der Verwaltung gefördert werden. Es kann daher aus
dem Umstande, dass in manchen Landesgesetzen die Enteignung
des Realbesitzes ausdrücklich hervorgehoben wird, nicht
geschlossen werden, dass etwa zum Behufe der Gewinnung der
zur Errichtung und zur Erhaltung der nicht ärarischen Strassen
und Wege erforderlichen Materialien die zwangsweise Entziehung
der zeitlichen Benützung von Steinbrüchen etc. nicht
statthaft sei. Im Gegentheile haben auch hier die diesfalls
rücksichtlich der Aerarialstrassen aufgestellten Grundsätze direct
zur Anwendung zu kommen (§§. 15 und 25 des böhmischen
Landesgesetzes vom 31. Mai 1866 Nr. 41 L. G. B.).[10]

In neuerer Zeit ist vielfach die Frage praktisch geworden,
ob auch zur Erweiterung der Passage in Städten und
anderen bewohnten Ortschaften das Expropriationsrecht in Anspruch genommen werden dürfe. Hier ist es nothwendig, die
einzelnen Fälle strenge zu sondern. Man ist wohl darüber
einig, dass zum Behufe blosser Verschönerung wegen Herstellung einer näheren oder sonst bequemeren Verbindung eine
Zwangsenteignung nicht stattfinde.[11] Wo eine solche Erweite-

---

[10] In diesem Sinne erfloss auch die Entscheidung des Minist. des
Innern vom 3. October 1875 Z. 25860 (Právník 1876 S. 311).

[11] Vgl. insbesondere Kalessa a. a. O. S. 247—253. Dagegen gestattet
der ungarische Gesetzartikel 56 v. J. 1868 im Weichbilde der Städte
Pest-Ofen die Expropriation zur Eröffnung, Erweiterung oder
Regulirung von Gassen und Plätzen selbst dann, wenn blosse Verschönerungsrücksichten die beabsichtigte Anlage wünschenswerth
erscheinen lassen.

rung durch Sanitätsverhältnisse geboten ist, muss allerdings unbedingt das Privateigenthum der öffentlichem Interesse zum Opfer fallen. Abgesehen hievon dürfte das Interesse des Verkehres wohl in den seltensten Fällen die Entziehung des Privateigenthums rechtfertigen, da sich in bewohnten Ortschaften kaum die Nothwendigkeit herausstellen dürfte, dem Verkehrszuge eine bestimmte Richtung zu geben. Unter Festhaltung des Grundsatzes, dass nur die Ermöglichung und Förderung des Güterverkehres die Anwendung des Expropriationsrechtes rechtfertige, wäre sodann obige Frage als quaestio facti im einzelnen Falle zu entscheiden.[12]

In diesem Sinne bestimmen denn auch einige Bauordnungen, dass über die Frage, ob und wiefern aus Anlass einer Regulirung eine zwangsweise Enteignung des Privateigenthums stattzufinden habe, nach den allgemeinen Gesetzen zu entscheiden ist.[13]

---

[12]) Vgl. Stubenrauch a. a. O. S. 169, der die Anwendung des Expropriationsrechtes zur Erweiterung der Passage in Ortschaften, „wo es das Bedürfniss des Verkehres dringend erheischt" für statthaft hält. Kalessa verneint (a. a. O. S. 248) obige Frage im Allgemeinen, und will eine Ausnahme nur dann eintreten lassen, „wenn es für den Verkehr schlechterdings nothwendig ist, dass die bisher enge Passage zur Befahrung geöffnet werde, dass sohin einmal die Wagenpassage nothwendig sei, und dass auch die Communication nicht durch andere Wege eröffnet werden könne." Die Rechtssection des Wiener Gemeinderathes hat sich nach einer Mittheilung der „Jur. Blätter" (Nr. 50 v. J. 1873 S. 602) gelegenheitlich der Berathung eines solchen Falles dahin entschieden, dass die Ermächtigung zur Enteignung bei den gesetzgebenden Factoren erwirkt werden müsse.

[13]) Böhm. Bauordnung v. 11. Mai 1864 Nr. 20 L. G. B. §. 7, Mähr. B. O. vom 20. December 1869 Nr. 1 L. G. B. pro 1870 §. 67, Schles. B. O. v. 23. März 1867 Nr. 16 L. G. B. §. 68. Nicht ganz genau mit der Entschädigung nahm es in dieser Hinsicht die alte Bauordnung für Wien vom 27. Jänner 1770 (Cod. Austr. VI S. 1300). Darnach soll, wenn Jemand etwas bei Regulirung der Baulinie von 'seinem Grund verliert, bei „betrachtungswürdigem" Verluste dem Eigenthümer eine Entschädigung durch Verlängerung der Steuerfreiheit vergönnt — worüber de casu in casum an die Regierung die Anzeige zu erstatten ist — hingegen, wo der Verlust von

Selbstverständlich handelt es sich hier nicht um den Fall, wo aus Anlass eines vorzunehmenden Neu- oder Umbaues eine Regulirung der Baulinie stattfindet, wie dies in fast allen Bauordnungen vorgeschrieben ist. Hier ist von einer zwangsweisen Eigenthumsabtretung nicht die Rede, da die Abtretung nur eine Folge des vom Eigenthümer selbst beabsichtigten Baues resp. der Auftheilung eines Grundstückes zu Bauplätzen ist. [14])

§. 12.

Die Enteignung zum Zwecke der Errichtung von Eisenbahnen.

Einen von den übrigen Verkehrswegen wesentlich verschiedenen Charakter haben die Eisenbahnen. Auch sie bezwecken die Förderung der wirthschaftlichen Wohlfahrt der Staatsangehörigen durch Belebung des Absatzes, Erleichterung der Zufuhr von Rohproducten, Ermöglichung eines raschen Personenverkehrs u. s. w. Wenngleich dieser öffentliche Zweck den Rechtsgrund bildet, aus welchem eine auf den Eisenbahnbau abzielende Unternehmung bei der Staatsverwaltung den Antrag auf Enteignung der zum Betriebe der Unternehmung nothwendigen fremden Vermögensobjecte zu stellen berechtigt erscheint, so wird doch hiedurch an und für sich die Unternehmung noch nicht

---

keiner Erheblichkeit wäre, und es ohnehin öfter nur auf den „Eigensinn" des Inhabers ankömmt, „mandative fürgegangen" werden.

[14]) Bauordnung für Triest v. 10. Juni 1854 Nr. 16 L. G. B. §. 10, Linz v. 27. Juni 1863 Nr. 12 L. G. B. §. 10, Kärnthen vom 13. März 1866 Nr. 12 L. G. B. §. 26, Niederösterreich vom 28. März 1866 Nr. 14 L. G. B. §. 27, Graz v. 23. Feber 1867 Nr. 13 L. G. B. §. 4, Wien v. 2. December 1868 Nr. 24 L. G. B. §. 20, Czernowitz v. 7. December 1869 Nr. 1 L. G. B. pro 1870 §. 21, Klagenfurt v. 9. Feber 1872 Nr. 6 L. G. B. §§. 15, 16, Salzburg v. 28. Jänner 1873 Nr. 9 L. G. B. §. 8, Vorarlberg v. 27. Feber 1874 Nr. 17 L. G. B. §. 17, Istrien v. 18. März 1874 Nr. 6 L. G. B. §. 10, Oberösterreich v. 25. März 1874 Nr. 9 L. G. B. §. 11.

zu einer öffentlichen. und das von ihr erworbene Eigenthum noch nicht zu einem öffentlichen Gute. Die Staatsverwaltung wird sich daher meist damit begnügen, den Eisenbahnen, sei es durch Specialgesetze (Concessionsurkunden), sei es durch allgemeine Vorschriften (Betriebsreglements) die Wahrung der öffentlichen Interessen zur Pflicht zu machen, insbesondere die allgemeine Zugänglichkeit dieses Verkehrsmittels für das Publicum zu sichern.[1]

In Betreff der Anlage von Eisenbahnen muss zwischen den sog. Privateisenbahnen im engeren Sinne, und jenen Eisenbahnen unterschieden werden, welche bestimmt sind, als öffentliches Transportmittel für Personen und Waaren zu dienen.

Zu den Privateisenbahnen im engeren Sinne gehören alle jene, welche ein Unternehmer lediglich zu seinem eigenen Gebrauche errichtet, speciell auch die Bergwerkseisenbahnen, und jene Eisenbahnen, welche concessionirte Bahnen während des Baues zur Herbeischaffung von Baumaterialien errichten. Rücksichtlich der Privateisenbahnen findet, mit Ausnahme jener zu Bergwerkszwecken eine Expropriation nicht statt; es bedarf zur Errichtung derselben keiner besonderen Concession, sondern nur des allgemeinen Bauconsenses, dessen Ertheilung, im Falle zum Baue der Eisenbahn fremder Grund und Boden in Anspruch genommen werden soll, von dem Nachweise der Zustimmung der betreffenden Grundeigenthümer abhängig ist (§§. 1, 9 lit. a des Ges. vom 14. September 1854 Nr. 238 R. G. B.). Rücksichtlich des zur Anlegung von Bergwerkseisenbahnen erforderlichen Grund und Bodens findet wohl eine zwangsweise Ent-

---

[1] Ueber die Zulässigkeit der sog. Maximaltarife hat sich bekanntlich unter den Nationalökonomen ein nicht unbedeutender Streit entsponnen. Vgl. hierüber insbesondere den obgedachten Aufsatz von Michaelis in Fauchers Vierteljahrschrift 1866 I, S. 146—181, III S. 152 186. Die Verpflichtung der Eisenbahnen zur Abschliessung von Frachtverträgen mit Jedermann wurde schon im Art. 422 H. G. B. ausgesprochen, doch wird diese allgemeine Regel durch die derselben beigefügten Ausnahmen, welche auch in den neueren Eisenbahn-Betriebs-Reglements vom 1. Juli 1872 Nr. 90 R. G. B. lit. B §. 10, und vom 1. April 1874 Nr. 90 R. G. B. III §. 55 aufrecht erhalten wurden, nahezu illusorisch gemacht.

ziehung des Eigenthumes statt; die Befugniss zur Enteignung
muss jedoch nicht erst durch eine Concession erworben werden,
sondern ist schon in der Vorschrift der §§. 98 und 131 Berg-
Ges. begründet. (Min. Vdg. vom 1. November 1859 Nr. 200)
R. G. B.) Dagegen muss andererseits ein solcher Bergbauunternehmer die Mitbenützung seiner Schienenwege, soweit sein
eigener Bergbau nicht leidet, oder gefährdet wird, den benachbarten Bergbauberechtigten zum Transport von Bergwerkserforder-
nissen und Erzeugnissen gegen ein angemessenes Entgelt gestatten
(§. 191 B. G.), insofern er es nicht vorzieht, die Beförderung
der fremden Producte selbst zu übernehmen, und dafür eine
Vergütung nach seinen eigenen Transportkosten mit Hinzu-
schlagung von höchstens 50% derselben für Anlagekosten und
ausserordentliche Ereignisse anzusprechen (§. 195 B. G.). Ueberhaupt greifen rücksichtlich solcher Eisenbahnen die für die
Expropriation zu Bergwerkszwecken aufgestellten Grundsätze
Platz, und können daher auf den im §. 17 B. G. bezeichneten
Objecten auch Bergwerkseisenbahnen wider den Willen des Eigenthümers nicht errichtet werden. [2])

Dagegen ist rücksichtlich der öffentlichen Eisenbahnen
seit jeher der Grundsatz festgehalten worden, dass mit Rücksicht auf die national-ökonomische Wichtigkeit dieses öffentlichen Verkehrsmittels die Entziehung von Privateigenthum
zur Ermöglichung der Herstellung derselben zulässig sei. Rücksichtlich der vom Staate in eigener Regie betriebenen Eisenbahnen, der sogenannten Staatseisenbahnen ging man von der
Anschauung aus, dass die Einlösung der hiezu erforderlichen
Gründe nach Massgabe der über die Grundüberlassung zu öffentlichen Strassen bestehenden Vorschriften zu beurtheilen sei,
und findet sich diese Anschauung auch noch im §. 1 der dem
Justiz-Hofdct. vom 8. November 1842 Nr. 654 J. G. S. beigefügten Instruction klar ausgesprochen. Indessen ist seither
in der Praxis das System der Errichtung von Staatsbahnen
nahezu aufgegeben worden, und sind auch die bereits bestehenden, in Regie des Staates befindlichen Eisenbahnlinien meist
in den Besitz von Privatgesellschaften übergangen.

---

[2]) Michel Eisenbahnrecht §. 25, S. 88.

Was nun die von Privatpersonen betriebenen öffentlichen Eisenbahnen, welche wohl in einem weiteren Sinne auch kurzweg Privateisenbahnen genannt werden, betrifft, so stellte schon das Eisenbahnconcessionsgesetz v. J. 1838 [3]) im §. 8 den für gemeinnützig erkannten Eisenbahnen das Expropriationsrecht in Aussicht, und §. 9 lit. c des gegenwärtig geltenden Concessionsgesetzes vom 14. September 1854 Nr. 238 R. G. B. hat hiemit gleichlautend einer jeden gemeinnützigen Eisenbahnunternehmung das Recht der Expropriation in Gemässheit des §. 365 a. b. G. B. in Ansehung jener Räume verliehen, welche zur Ausführung der Unternehmung für unumgänglich nothwendig erkannt werden.

Nach der eben gedachten Gesetzesstelle ist das Expropriationsrecht der Eisenbahnunternehmung eine Folge der erlangten Concession. Diese Concession wird jedoch nur dann ertheilt, wenn die projectirte Bahn dem öffentlichen Interesse zum Vortheile gereicht. (§. 5 ad 2 ebend.)

Für Pferdeeisenbahnen des sog. amerikanischen Systems (Tramway) wird eine a. h. Concession nicht erfordert, sondern es ist nur mit der a. h. Entschliessung vom 25. Feber 1859 [4]) II. M. Act Z. 598 der Handelsminister ermächtigt worden, solche Unternehmungen von Fall zu Fall zu gestatten. Dagegen kann für solche Unternehmungen auch das Recht der Expropriation nicht in Anspruch genommen werden. [5])

Nebst der eigentlichen Concession zum Baue einer Eisenbahn kennt das Gesetz auch eine „Bewilligung zu den

---

[3]) Hofkzl. Det. vom 30. Juni 1838, womit die, das in Gemässheit der a. h. Entschliessungen vom 29. December 1837 und vom 18. Juni 1838 bei Eisenbahnen zu beobachtende Concessionssystem betreffenden allgemeinen Bestimmungen sämmtlichen Länderstellen mitgetheilt wurden. (Pichls Ges. Slg. Ferdinands II, im 4. Bd. Nr. 95 S. 191.)

[4]) Pollanetz-Witteck Sammlung S. 49.

[5]) Lit. a der cit. a. h. Entschliessung vom 25. Feber 1859 und Handels-Ministerial-Erlass vom 8. Juli 1868 Z. 8858—1155 abgedruckt bei Pollanetz-Witteck s. a. O. S. 49, 50. — Das ungarische Expr. Gesetz v. 9. December 1868 gestattet die Inanspruchnahme fremden Eigenthums ausdrücklich auch zum Baue von Pferdeeisenbahnen.

Vorarbeiten." Während durch die Concession die Unternehmung in der Regel ein ausschliessliches Recht zu dem bezüglichen Eisenbahnbaue erlangt, wird durch die blosse Bewilligung
zu den Vorarbeiten ein solches Vorrecht nicht erworben, sondern
der betreffende Unternehmer erwirbt durch eine solche Bewilligung nur das Recht, auf seine Kosten die Vorerhebungen für
die künftige Ausführung der projectirten Eisenbahn unter Aufsicht
der Behörden und mit Beobachtung der bestehenden Gesetze
zu pflegen, und die nöthigen Vermessungs- und Nivellirungsarbeiten vorzunehmen. (§. 4 des Concess. Ges.) Auch zur
Vornahme dieser Arbeiten kann, obgleich das Concessionsgesetz
diesfalls keine ausdrückliche Bestimmung enthält, fremdes Eigenthum gegen angemessene Entschädigung in Anspruch genommen
werden; eine solche Inanspruchnahme kann jedoch schon der
Natur der Sache nach nur eine vorübergehende sein, und ist
deren Zulässigkeit nach der Analogie des §. 9 Conc. Ges. von
der Ertheilung der Bewilligung zu den Vorarbeiten abhängig. [6])

Unter den zur Ausführung des Unternehmens unumgänglich
nothwendigen Räumen können wohl nur die zur Ausführung der
Bahn selbst in Anspruch genommenen Grundstücke verstanden werden, möge es sich hiebei um eine dauernde Ablösung, oder nur um eine zeitweise Ueberlassung handeln. [7])

---

[6]) §. 9 lit. c Abs. 3 des Conc. Ges. spricht allerdings auch von dem
Bedürfnisse der zeitlichen Benützung fremden Eigenthumes, hat
jedoch direct nur den Fall vor Augen, wo die Unternehmung
dieser Benützung behufs des bewilligten Eisenbahnbaues
bedarf. Dagegen hat das böhm. Gub. Dct. vom 9. August 1843
Z. 44935, Pr. G. Slg. Nr. 211, ausdrücklich die Ermittlung der
Entschädigung für die durch Eisenbahntraçirungen verursachten Beschädigungen zum Gegenstande. — §. 10 des ungarischen
allg. Expr. Gesetzes macht die Gestattung der Vorarbeiten auf
fremdem Grund und Boden ausdrücklich von der Erlangung der
bezüglichen Concession abhängig.

[7]) Schosserer a. a. O. S. 189, 190. Der Fall der bloss zeitlichen
Inanspruchnahme fremden Eigenthums ist im §. 9 lit. c des Conc.
Ges. ausdrücklich vorgesehen, und wenn daher die Min. Vdg vom
16. April 1859 Z. 7407—106 (bei Hillbricht „von den Gesetzen
und deren Anwendung bei Eisenbahnbau-Unternehmungen", Gerichtshalle 1869 Nr. 23) den Fall, wo Grundstücke nicht in die Eisen-

Grundstücke, deren Erwerbung nur zur Gewinnung der zum
Baue einer Privateisenbahn allenfalls benöthigten Materialien
zweckdienlich erscheinen würde z. B. Schotterbrüche, können
den Eigenthümern aus diesem Grunde weder zur Gänze, noch
zeitweilig zwangsweise entzogen werden. ⁺) Anders bei Staatseisenbahnen; hier haben, wie bereits erwähnt, die rücksichtlich
des Baues und der Erhaltung öffentlicher Strassen bestehenden
Vorschriften unmittelbare Anwendung zu finden.⁹) Auch ist das
Expropriationsrecht nicht gerade auf die zur Anlage des Bahn-
körpers dienlichen Räume beschränkt; insbesondere kann auch
die zwangsweise Führung einer zum Betriebe der Bahn erforderlichen Wasserleitung im Expropriationswege verfügt
werden. ¹⁰)

Eine besondere Berücksichtigung der Gesetzgebung er-
heischten die möglichen Collisionen zwischen Bergbau- und

---

bahntrace eingezogen werden, sondern zu anderen Eisenbahn-
Bauzwecken nothwendig sind, ausdrücklich hervorhebt, so kann
hierin wohl nicht, wie Hillbricht a. a. O. S. 13 annimmt, eine
Neuerung erblickt werden, zumal auch die vorgedachte Min. Vdg.
gar nicht in gesetzlicher Form kundgemacht worden ist.
⁷) Anderer Meinung ist Michel a. a. O. S. 91 und Schosserer
a. a. O. S. 190. Gegen des Letzteren Argumentation wäre Folgendes
zu bemerken: Es ist allerdings richtig, dass der Besitzer eines
Steinbruches aus dem Grunde, weil die Inanspruchnahme seines
Objectes eine Verletzung der Substanz involvirt, daher unter den
Ausdruck „Benützung" nicht wohl subsumirt werden kann, sich
der zwangsweisen Entnahme von Materialien nicht entziehen könnte.
Allein diese Entnahme repräsentirt, da Materialien auch von anderwärts beschafft werden können, kein volkswirthschaftliches
Interesse, sondern lediglich ein pecuniäres Interesse der betreffenden Bahngesellschaft, welches eine Enteignung nicht rechtfertigt. Die Bestimmung des Hofd. vom 11. October 1821 ist keine
Consequenz des im §. 365 a b G. B. ausgesprochenen Grundsatzes, sondern eine singuläre Norm, deren analoge Anwendung
unstatthaft ist.
⁹) Vgl. §. 21 der Instruction v. 8. November 1842 Nr. 651 J. G. S.
¹⁰) In diesem Sinne erfloss auch die Entscheidung des Min des Innern
vom 25 Juni 1870 Z. 11010, „weil hier die vom §. 9 lit. e des
Conc. Ges. für ein Expr.-Erkenntniss geforderten Bedingungen
vorhanden sind" (Zeitsch f. Verw. 1871 Nr. 2).

Eisenbahn-Unternehmungen, und die hieraus etwa entspringenden Gefahren für die Sicherheit des Lebens und des Eigenthumes. Es wurden daher mit der Min. Vdg. vom 2. Jänner 1859 Nr. 25 R. G. B. nicht nur besondere Bestimmungen über die Entfernung der Einbaue, Schächte und Stollen, unter- und oberirdischen Bergbaue von den Körpern der Eisenbahnen, und der dazu gehörigen Gebäude getroffen (§. 1 u. 2), sondern auch bestimmt, welche Vorsichtsmassregeln bei Führung von Stollen und Strecken unterhalb der Eisenbahn getroffen werden müssen (§. 3). Ergeben sich solche Collisionen aus Anlass der späteren Errichtung von Bergwerken, so hat selbstverständlich der Bergwerksbesitzer, der noch kein Recht erworben hatte, keinen Anspruch auf Entschädigung (§. 5). Anders stellt sich hingegen die Sache, wenn eine erst zu errichtende Eisenbahn mit einem bereits bestehenden Bergbaue in Collision tritt. In diesem Falle ist dem Bergbauunternehmer für die in Folge der Errichtung der Eisenbahn nothwendig gewordene Beschränkung des Betriebes angemessene Entschädigung zu leisten (§. _ 7).[11]) Entstehen hingegen solche Collisionen zwischen bereits bestehenden Bergbauen und zwischen bereits angelegten Eisenbahnen, so hat sich der Bergbauunternehmer die im Interesse der Ermöglichung der fortdauernden Benützung der Eisenbahn nothwendigen Beschränkungen gefallen zu lassen, und es haben im Falle eines Streites die Gerichte nach allgemeinen Rechtsgrundsätzen zu entscheiden, ob und welche Entschädigung etwa aus diesem Grunde dem Bergbauberechtigten gegen die Eisenbahnunternehmung zusteht.[12])

---

[11]) Die zur Erläuterung dieses Paragraphes erflossene Verordnung des Min. d. Innern vom 16. März 1870 Z. 3548 (Zeitsch. f. Verw. 1870 Nr. 16) unterscheidet: a) Ob auf den von der Eisenbahn berührten Grubenfeldern der Abbau effectiv schon zur Bahntrace gediehen war, ob daher eine Einschränkung im Betriebe durch die zu führende Eisenbahn, und ein Schaden für den Grubenbesitzer, der sich in quali und quanto übersehen und sogleich bezahlen oder sicherstellen lässt, entsteht, oder b) ob dies nicht der Fall ist. Im ersteren Falle ist das Expropriationsverfahren analog anzuwenden, im zweiten Falle genügt es, wenn in die Baubewilligung der Vorbehalt einer angemessenen Entschädigung für einen eventuell sich herausstellenden Nachtheil aufgenommen wird.

[12]) An und für sich dürfte ein solcher Anspruch, abgesehen von

Vertragsmässig wurde die Berechtigung, auf die Expropriation anzutragen, auch den königl. Regierungen von Sachsen
und Baiern in Anschung jener Baulichkeiten und Erhaltungs-
arbeiten eingeräumt, welche diesen Regierungen auf den Eisen-
bahnstrecken von der Landesgrenze bis zu den Bahnhöfen in
Bodenbach, Salzburg und Kufstein, dann auf dem Bahnhofe zu
Passau obliegen.[13]) Durch Art. 30 des Staatsvertrages vom
31. December 1850 mit Sachsen (Nr. 80 R. G. Bl. pro 1851),
dann durch die Staatsverträge mit Baiern vom 21. Juni 1851,
Nr. 31 R. G. B. pro 1852 (Art. 40) und vom 21. April 1856,
Nr. 100 R. G. B. (Art. 11) wurde bestimmt, dass rücksichtlich
der ihnen obliegenden Herstellungen den bezogenen fremden
Regierungen alle Rechte zustehen sollen, welche nach den
österreichischen Gesetzen den Eisenbahnunternehmungen eingeräumt sind.

§. 13.

Der Anspruch des Expropriaten auf Entschädigung.

Subject der Entschädigungspflicht.

Wenngleich in früheren Zeiten die Wissenschaft über das
leitende Princip der Enteignung vielfach im Unklaren war, so
stimmten doch seit jeher fast alle Schriftsteller, welche dieses
Thema zum Gegenstande ihrer Erörterungen machten, darin
überein, dass demjenigen, der im Interesse des Gemeinwesens
sein Eigenthum aufgeopfert hat, von der Gesammtheit der

---

einem Verschulden der Eisenbahnunternehmung nicht begründet
sein. §. 10 lit. b des Gesetzes vom 18. September 1854 spricht
nur von dem durch den Eisenbahnbau verursachten Schaden und
wenngleich hierunter überhaupt auch der durch die Existenz
und den Betrieb der fraglichen Eisenbahn verursachte Schade
zu verstehen ist, so wird doch vorausgesetzt, dass dieser Schade
wenigstens schon zur Zeit des Baues der Eisenbahn als ein nach
dem natürlichen Laufe der Dinge zu gewärtigender erkennbar war.

[13]) Michel a. a. O. S. 94.

Staatsbürger der Ersatz des ihm auf diese Weise entstandenen
Ausfalles geleistet werden müsse.[1])
Die juristische Begründung dieses Entschädigungsanspruches
ist allerdings nach dem Standpunkte der einzelnen Schriftsteller
verschieden, indem Einige denselben als Anspruch auf Ersatz
einer nützlichen Verwendung (actio utilis de in rem verso,
§. 1041 a. b. G. B.) oder auf theilweise Repartirung der zur
Abwehr eines mehreren Personen gemeinschaftlich drohenden
Schadens verwendeten Kosten (lex Rhodia de jactu, §. 1043
a. b. G. B.)[2]), Andere auf Zahlung des Kaufpreises aus einem

---

[1]) So führt schon Aeneas Sylvius a. a. O. cap. XVIII aus: „His
tamen hominibus, qui propter Rempublicam singularia perferunt
detrimenta, ex publico compensandum est.“ Allerdings fasst dieser
umsichtige Schriftsteller hieran anknüpfend auch den Fall in's
Auge, wenn der Staat zur Leistung einer solchen Entschädigung
unvermögend ist, und gelangt zu dem Schlusse, dass in diesem
Falle nichtsdestoweniger die Enteignung stattfinde: „quodsi Rei
publicae status id non patitur, tolerabilius unum est pati, quam uni-
versos.“ Carpcow erkennt a. a. O. gleichfalls die Entschädigungspflicht an: „quamvis et hoc non aliter accipi velim, quam si
justum ei refundatur pretium“, und Hugo Grotius widmet
(Buch II cap. 14 §. VII und VIII, dann Buch III cap. 20 §. VII)
diesem Gegenstande eingehende Betrachtungen. Auch er lehrt,
dass der, welcher sein Recht im öffentlichen Interesse einbüsst,
aus dem öffentlichen Vermögen entschädigt werden müsse, und
werde der Staat von dieser Verbindlichkeit auch durch sein zeit-
liches Unvermögen nicht befreit, sondern die bis dahin ruhende
Verbindlichkeit lebe wieder auf (!), sobald die nöthigen Mittel zur
Erfüllung derselben vorhanden sind. Auch Pufendorf begründet
(a. a. O. VIII cap. 5 §. VII) den Anspruch auf Entschädigung aus
dem Naturrechte: „Caeterum iis, qui hoc modo sua publico
impenderunt, aut perdiderunt, a tota civitate, quantum fieri potest,
ea restitui aut pensari, manifestissima aequitate nititur.“ Boczek
(Cod. dipl. et epist. III.) erwähnt unter Z. 258 pag. 246 eines
Erlasses des Königs Ottokar II vom 15. October 1257, worin dem
Kloster Welehrad, welches zum Baue der Festung Ungarisch
Hradisch Gründe abgetreten hatte, voller Ersatz zugesichert wird
„quod ejusdem oppidi locatio prefatis Conventui et Monasterio
Weligradensi non prejudicialis, nec in aliquo existeret
onerosa.“
[2]) Vgl. Pufendorf, der a. a. O. weiter ausführt: „naturalis est
aequitatis, ut, si ad communem quampiam rem conservandam ab

fingirten Kaufvertrage, oder als Anspruch auf Ersatz eines zugefügten S c h a d e n s [3]), noch Andere schliesslich damit zu begründen suchen, dass eine gleichmässige Vertheilung der

iis, qui de eadem participent, conferendum quid sit, singuli ratam duntaxat partem conferant, nec unus supra caeteros graviter oneretur. Idem et in civitatibus obtinet." Ein Anklang dieser Auffassung findet sich auch bei Pöhls a. a. O. S. 12. „Doch versteht es sich von selbst, dass ihm (dem Expropriaten), der zum Zwecke sämmtlicher Staatsglieder ein nothwendiges Opfer bringt, diese zu dem erlittenen Schaden verhältnissmässig beitragen müssen." Ingleichen B i s c h o f a. a. O. S. 58.

[3]) Ueber diese sog. Kauftheorie vgl. das im §. 4 Gesagte. Ueberhaupt findet sich unter den Vertheidigern dieser Theorie eine nahezu unerklärliche Verwechslung zwischen den ganz verschiedenen Rechtstiteln eines Anspruches auf Zahlung eines Kaufpreises und eines Anspruches im Grunde einer zugefügten Beschädigung, während doch bei einer geradezu in Conformität mit der Rechtsordnung zugefügten Beschädigung von einem Verschulden des einen oder des anderen Theiles unmöglich die Rede sein kann. Aus dieser Verwechslung erklärt es sich, wenn C a r p c o w a. a. O. die Entschädigungsforderung damit begründet: nam aequitatis rationi et justitiae consentaneum est, ne subditus a b s q u e s u a c u l p a pretio careat", und wenn F ö r s t e r a. a. O. I §. 90 S. 531 die Bedingungen der Nativität der Entschädigungsforderung dahin präcisirt, „es sei nothwendig: a) dass ein Schade wirklich entstanden sei, b) dass die Handlung des Staatsgewalt U r s a c h e dieses Schadens gewesen sei." In gleichem Sinne schwankt S t u b e n r a u c h a. a. O., der wohl im Principe der Theorie vom Zwangskaufe beipflichtet, jedoch in der Lehre von der Höhe der Entschädigung sich zu wiederholtenmalen darauf beruft, dass bei der Expropriation eine v o r s ä t z l i c h e Beschädigung fremden Eigenthumes vorliege (S. 179, 183). Auch T h i e l, der doch zu Anfang seines Werkes die Expropriation als Opfer an den Staat darstellt, begründet die Entschädigungspflicht durch die, wenngleich nicht dolo, doch consulto zugefügte B e s c h ä d i g u n g (a. a. O. S. 21, 22). M e y e r, der die aus der Enteignung entspringende Obligation als quasi ex contractu charakterisirt, will rücksichtlich der Entschädigung jene Grundsätze zur Anwendung bringen, welche das römische Recht beim damnum injuria datum hinsichtlich des Schadenersatzes aufgestellt hat (a. a. O. S. 272). — Ganz richtig hat auf die Unstatthaftigkeit der Geltendmachung des Rechtsgrundes der Entschädigung für zugefügten Schaden S t a h l (a. a O. II. Band, 2. Abth., 4. Absch., 5 Cap.) hingewiesen, indem der

9*

öffentlichen Staatslasten ein natürliches Gebot der Billigkeit sei.[4])

Dagegen negiren manche Schriftsteller vom principiellen Standpunkte geradezu die Verpflichtung des Staates zur Gewährung einer Entschädigung, und wollen eine solche Verpflichtung nur in einzelnen Fällen aus überwiegenden Gründen der Billigkeit auf Grund des positiven Gesetzes anerkennen.[5])

Fassen wir im Sinne unserer vorstehenden Ausführungen die Expropriation als eine Massregel der wirthschaftlichen

---

Staat bei Ausübung des Expropriationsrechtes gar nicht die Absicht habe, ein Recht zu verletzen.

[4]) Vgl. Aeneas Sylvius, der a. a. O. bemerkt: „atque ita curandum, ut incommoditas belli non ad unum vel paucos, sed ad omnes aequaliter pervenisse videatur." Eine ähnliche Begründung finden wir bei Westphal a. a. O. VII, §. 9, und Häberlin a. a. O. S. 153, welcher die dem Expropriaten zu gewährende Entschädigung mit dem Gehalte der Staatsbeamten in eine Parallele stellt. Von österreichischen Schriftstellern insbesondere: Zeiller a. a. O. II, ad §. 365 Abs. 2, Scheidlein a. a. O. S. 45, Winiwarter bürg. Recht II. Th. §. 69, S. 120. — Burckhardt hat (a. a. O. S. 213) aus dem Grundsatze der möglichst gleichen Vertheilung der öffentlichen Staatslasten, sogar abgesehen von einer besonderen gesetzlichen Bestimmung, einen privatrechtlichen Anspruch auf Entschädigung ableiten wollen, da kein Gesetz bestehe, welches den Einzelnen zur unentgeltlichen Tragung dieses Opfers verpflichte. Der Versuch einer solchen Begründung enthält einen inneren Widerspruch; auch könnte ein privatrechtlicher Anspruch aus dem Titel der Nothwendigkeit der gleichen Vertheilung öffentlicher Lasten nie gegen die Staatscasse, sondern höchstens gegen Diejenigen begründet sein, welche durch die Leistung des Einzelnen von einer ihnen sonst obliegenden Verbindlichkeit befreit werden.

[5]) Vgl. Klüber a. a, O. §. 522 Art. 1, der einen Entschädigungsanspruch nur „soweit möglich" zugestehen will, Beseler a. a. O. I, §. 20 und II, §. 92, S. 348, der die Aufhebung des Rechtes sowohl im objectiven Sinne, als auch des Rechtes im subjectiven Sinne nach gleichen Grundsätzen beurtheilt. Egger will (a. a. O. §. 185) eine Entschädigung nur dann und in dem Masse gewähren, als es der Staatszweck erlaubt, „weil die Rechte der Unterthanen auch in Rücksicht der Zeit und des Umfanges ihres Genusses dem obersten Rechte unterworfen sind."

Verwaltung auf, so müssen wir die Pflicht zur Entschädigung
als im innersten Wesen des Institutes selbst begründet anerkennen.

Die Enteignung würde ihren eigenen Zweck, nämlich die
Förderung der wirthschaftlichen Wohlfahrt der Staatsangehörigen
wieder aufheben, wenn der Einzelne dessen, was er unter dem
Schutze der bestehenden Gesetze sein Eigen zu nennen berechtigt ist, für verlustig erklärt werden könnte, ohne dass ihm
zugleich ein Ersatz für das aufgehobene Recht in der Erstat-
tung des Werthes desselben geboten würde. Nicht in der Aufhebung, sondern in der harmonischen Ausgleichung der einzelnen
Vermögenswerthe behufs Ermöglichung der grösstmöglichsten
wirthschaftlichen Ausnützung derselben besteht die Aufgabe der
Volkswirthschaftspflege, und dieselbe würde mit ihrem Principe
in Widerspruch gerathen, wenn sie auch das Recht des Einzelnen zu dem Werthe der von ihm erworbenen Güter aufheben würde. Es unterscheidet sich hiedurch die Enteignung in
dem von uns behandelten Sinne wesentlich von anderen ähnlichen Massregeln, welche in anderen Zweigen der Verwaltung
stattfinden; wenngleich auch hier eine weise Verwaltung erworbene Rechte nicht ohne Noth aufheben, und im Falle nothwendiger Aufhebung angemessene Entschädigung gewähren wird,
so ist doch die Verabreichung einer solchen Entschädigung eine
blosse Frage der Billigkeit, während in unseren Fällen die
Zuweisung einer angemessenen Entschädigung eine unabweisliche
Forderung jenes Princips ist, dem die Enteignung selbst ihren
Ursprung verdankt. [6])

Die Frage nach dem Subjecte der Entschädigungspflicht wird oft mit Unrecht mit der bereits oben (§. 5)

---

[6]) In diesem Sinne, nämlich als eine nothwendige Beschränkung
des Enteignungsrechtes, welches nicht weiter ausgeübt werden
kann, als dies der Zweck der betreffenden Verwaltungsmassregel
erfordert, welches daher dem Betroffenen nur das Eigenthum an
dem bestimmten Gute, nicht aber auch den Werth des in Anspruch
genommenen Objectes entziehen kann, wird der Entschädigungsanspruch aufgefasst von Schulze a. a. O. §. 117 S. 414, Laband
a. a. O. S. 179 ff., dem auch Grünhut a a. O. S. 10 im Wesent-

behandelten Frage vermengt, wer Subject des Enteignungsrechtes sei?

In Betreff der letzteren Frage haben wir unsere Ansicht
dahin ausgesprochen, dass lediglich der Staat durch seine Organe
berechtigt ist auszusprechen, dass dieses oder jenes Vermögens-
object dem Eigenthümer im öffentlichen Interesse ganz oder
theilweise entzogen werden solle.

Allein der ·Staat in dieser seiner Eigenschaft, als Institution des öffentlichen Rechtes kann überhaupt nie Subject einer
vermögensrechtlichen Verpflichtung sein, mag nun letztere
in einem öffentlich-rechtlichen oder in einem Privatrechtstitel
begründet sein.¹)

Es wäre aber auch an und für sich nicht gerechtfertigt,
den Staat als Fiscus deshalb für ersatzpflichtig erklären zu
wollen, weil seine Organe den Enteignungsausspruch gefällt
haben. Müsste ja doch die consequente Durchführung eines
solchen Grundsatzes jede Verwaltungsthätigkeit ad absurdum
führen!

Hier könnte höchstens davon gesprochen werden, in wiefern der Staat als privatrechtliche Persönlichkeit zum Schaden-

---

lichen beipflichtet. Auch der gediegenste der neueren Bearbeiter
des Enteignungsrechtes, Stein, schliesst sich, allerdings unter
Wahrung seines speciellen (im §. 1 not. 14 angedeuteten) Standpunktes dieser Auffassung an. Auch ihm erscheint die Aufhebung
des Einzelneigenthumes an einem bestimmten Gute nur insofern
und insoweit gerechtfertigt, als diese Aufhebung die Bedingung
der allgemeinen Entwicklung des freien Erwerbes aller Einzelnen
ist. In Gegensatz zu der allgemeinen Entwicklung kann jedoch
nur das Eigenthum an einem bestimmten Gute, nicht aber auch
das Eigenthum am Werthe desselben treten, und könne daher
dieser Werth dem Berechtigten durch die Verwaltung nie entzogen
werden (a. a. O. S. 295, 298).
¹) Wir können daher auch die Gründe, aus welchen Grünhut
(a. a. O. S. 184) gegen die Ansicht Laband's (a. a. O. S. 179),
welcher in allen Fällen den Staat als Fiscus in Anspruch nehmen
will, polemisirt, nicht als richtig anerkennen. Die Durchführung
eines vermögensrechtlichen Anspruchs gegen den Staat als „Institution des öffentlichen Rechtes" scheint uns undenkbar, und würde
die Annahme der Möglichkeit einer solchen Durchführung eine
contradictio in adjecto involviren.

ersatze in jenem Falle verpflichtet sei, wenn er bei Ausübung des Expropriationsrechtes die ihm durch seinen eigenen
Zweck gesteckten Grenzen überschritten haben sollte. In
dieser Richtung ist jedoch nach österreichischem Rechte hervorzuheben, dass der Staat überhaupt für das Verschulden seiner
Beamten nicht haftet, dass vielmehr im Falle, wenn ein staatliches Organ entgegen dem Gesetze ein Privatrecht verletzt
haben sollte, in der Regel nur der betreffende Beamte ad per-
sonam, nicht aber der Staatsschatz den hieraus dem Einzelnen
resultirenden Schaden zu ersetzen verpflichtet ist.[8]

Die Ansicht, dass das Subject des Enteignungsrechtes
auch Subject der Entschädigungspflicht sei, erscheint daher
unhaltbar.[9]

---

[8] Eine Ausnahme besteht bekanntlich nur rücksichtlich der von
richterlichen Beamten in Ausübung ihrer amtlichen Wirksamkeit zugefügten Rechtsverletzungen. Für den aus solchen
Rechtsverletzungen entstehenden Schaden haftet nach Art. 9 des
Staatsgrundgesetzes v. 21. December 1867 Nr. 144 R. G. B. und
§. 1 des Ges. v. 12. September 1872 Nr. 112 R. G. B. der schuldtragende richterliche Beamte als Hauptschuldner und der Staat
gleich einem Bürgen und Zahler. Rücksichtlich der übrigen Beamten
hat lediglich Art. 12 des Staatsgrundgesetzes über die Ausübung
der Regierungs- und Vollzugsgewalt vom 21. Dec. 1867 Nr. 145
R. G. B. die allgemeine Regel aufgestellt, dass alle Staatsdiener
auch civilrechtlich für die gewissenhafte Erfüllung der ihnen
obliegenden Pflichten verantwortlich sind. Thatsächlich ist aber
auch dieser civilrechtliche Anspruch gegen den betreffenden Beamten
undurchführbar, weil das im cit. Art. 12 verheissene „besondere
Gesetz" bisher nicht erlassen wurde und daher die entgegengesetzte
ältere Vorschrift des Hofd. v. 14. März 1806 Nr. 578 J. G. S. noch
immer als zu Recht bestehend angesehen werden muss.

[9] Die Irrigkeit der Ansicht Thiel's (a. a. O. S. 17, 18), welcher
aus der von ihm behaupteten „Cessibilität" des Expropriationsrechtes des Staates den Schluss ableitet, dass nur Rechte, nicht
auch Pflichten cedirt werden können, dass sich daher der Staat
durch eine solche „Abtretung" seines Rechtes seiner Entschädigungsverbindlichkeit nicht entschlagen könne, findet theils im Vorstehenden, theils bereits im §. 5 ihre Widerlegung. Der von Thiel
vornehmlich angerufene §. 11 des preuss. Eisenbahngesetzes hat
dermal durch das Gesetz vom 11. Juni 1871 seine Wirksamkeit
verloren.

Der §. 365 a. b. G. B. enthält für die Beantwortung
unserer Frage keinen Anhaltspunkt. Er spricht wohl den Grundsatz aus, dass dem Expropriaten eine angemessene Schadloshaltung zu Theil werden solle, enthält jedoch Nichts darüber,
wer diese Entschädigung zu leisten verpflichtet sei.

Dagegen haben die meisten der die Expropriation behandelnden Specialgesetze, insbesondere das Berggesetz vom 23.
September 1854, Nr. 143 R. G. B. (§. 103), das Forstgesetz
vom 3. December 1852, Nr. 250 R. G. B. (§. 30), das Reichsgesetz über das Wasserrecht vom 30. September 1869, Nr. 93
R. G. B. (§. 17) und das Eisenbahnconcessionsgesetz vom 14.
September 1854, Nr. 238 R. G. B. (§. 9) ausdrücklich den
Grundsatz ausgesprochen, dass Derjenige, der eine für gemeinnützig erkannte Unternehmung ausführt und dem die enteigneten Vermögensobjecte im öffentlichen Interesse zufallen,
den Eigenthümer der letzteren angemessen zu entschädigen
verpflichtet ist. Von einer allgemeinen, oder auch nur sub-
sidären Verpflichtung des Staates in Betreff der Auszahlung
der Entschädigung geschieht in unserer Gesetzgebung mit keinem
Worte Erwähnung. [10])

Es muss daher behauptet werden, dass nur der Unternehmer, welcher den Enteignungsausspruch erwirkt hat, Subject der Entschädigungspflicht ist. [11]) Bei Abgang eines privaten
Unternehmers werden solche Unternehmungen allerdings oft vom
Staate selbst ins Leben gerufen werden. In diesem Falle hat

---

[10]) Der Entwurf eines neuen Gewerbegesetzes v. J. 1874 unterscheidet
dagegen im §. 38 ausdrücklich, ob die Einstellung des Betriebes
im Interesse des durch eine Gemeinde, einen Bezirk oder ein
Land zu wahrenden Gemeinwohles erfolgt und bestimmt
demgemäss, dass die Entschädigung von der Gemeinde, dem Bezirke
oder dem Lande und subsidiär vom Staate zu leisten sei.

[11]) Deutlich spricht diesen Grundsatz §. 7 des preuss. Expropriationsgesetzes mit den Worten aus: „Die Pflicht zur Entschädigung
liegt dem Unternehmer ob." Vgl. auch Rohland a. a. O. S. 52, 53,
Kletke a. a. O. S. 56, Bähr u. Langerhans a. a. O. S. 19
Hingegen hält Dalcke (a. a. O. S. 50) trotzdem „principiell" den
Staat zur Entschädigung verpflichtet, welche Verpflichtung er auf
den Unternehmer übertrage.

aber der Staat eben auch keine andere Stellung, wie jeder private Unternehmer, er tritt als juristische Person, als Fiscus auf, und ist in dieser Eigenschaft allerdings auch zur angemessenen Schadloshaltung des Eigenthümers verpflichtet. [12]) Der Anspruch des Enteigneten auf Gewährung einer angemessenen Schadloshaltung ist wohl öffentlich rechtlichen Ursprunges, derselbe hat jedoch fast in allen positiven Gesetzgebungen den Charakter eines privatrechtlichen Anspruches angenommen.

Dies gilt insbesondere auch nach österreichischem Rechte; in Consequenz dessen ist denn auch die definitive Entscheidung über die Höhe der vom Expropriaten angesprochenen Entschädigung den Gerichten zugewiesen.

Der §. 365 a. b. G. B. gibt hier den Rechtstitel, auf Grund dessen dem Enteigneten schon kraft des Gesetzes (vgl. oben §. 4 not. 13) ein Anspruch auf Schadloshaltung gegen Denjenigen zusteht, der den Enteignungsausspruch erwirkt hat. Dieser Entschädigungsanspruch ist denn auch wie jeder andere privatrechtliche Anspruch der Verjährung unterworfen, und es ist derselbe fast in allen positiven Gesetzgebungen in der Richtung privilegirt, dass der Enteignete in der Regel bis zur Zahlung oder Sicherstellung der wenigstens provisorisch ermittelten Entschädigung sich der Besitznahme der enteigneten Sache zu widersetzen berechtigt ist. [13])

§. 14.

Subject des Entschädigungsanspruches.

Ueber die Person des Entschädigungsberechtigten kann in dem Falle wohl kein Zweifel entstehen, wenn die enteignete

---

[12]) So insbesondere beim Baue von ärarischen Strassen, Staatseisenbahnen, dann bei der Enteignung anlässlich der Errichtung von Salzwerken (§. 410 der Zoll- und Staatsmonopolsordnung vom 11. Juli 1835).

[13]) Vgl. oben §. 4 not. 26.

Sache oder das im öffentlichen Interesse aufgehobene Recht ohne weitere Beschränkung einer bestimmten physischen oder moralischen Person zusteht. Die Entschädigung ist in diesem Falle an den Expropriaten bez. dessen gesetzliche Vertreter zu leisten.

Allein dieser Fall, wo dem Expropriaten das unbeschränkte Eigenthumsrecht des in Anspruch genommenen Objectes zusteht, und wo derselbe auch rücksichtlich dieser Sache keine obligatorischen Verbindlichkeiten auf sich genommen hat, kömmt im praktischen Leben äusserst selten vor. In den weitaus meisten Fällen ist entweder das Eigenthumsrecht des Expropriaten durch gesetzliche Verfügungen (z. B. Fideicommiss — früher auch Lehensband), oder durch dingliche Rechte Dritter (z. B. Servituten, Hypotheken, Reallasten) eingeschränkt, oder es hat der Eigenthümer rücksichtlich des enteigneten Objectes dritten Personen vertragsmässig Rechte (z. B. Mieth-, Pacht-, Vorkaufsrechte) eingeräumt, deren weitere Ausübung mit dem Zwecke der Expropriation ganz und gar unvereinbar ist.

Es frägt sich nun, ob die rücksichtlich des enteigneten Objectes bestehenden dinglichen oder persönlichen Ansprüche dritter Personen ein selbständiges Object der Enteignung bilden, ob ferner die dritten Berechtigten einen selbständigen Anspruch auf Entschädigung haben, oder ob auf dieselben lediglich bei Bemessung der dem Eigenthümer des in Anspruch genommenen Gutes zu gewährenden Entschädigung Rücksicht zu nehmen sei.

Beide Fragen fallen keineswegs zusammen. Erstere bildet einen Gegenstand des Abtretungsverfahrens, und wird allgemein dahin beantwortet, dass nur die bestimmte S a c h e Gegenstand der Enteignung ist, dass daher auch die auf diese Sache Bezug habenden Rechte Dritter kein Gegenstand eines selbständigen Expropriationserkenntnisses sind.

Diese Rechte erlöschen vielmehr, wie bereits oben (§. 4, Z. 5) bemerkt wurde, durch die Expropriation ipso jure, wenn deren weiterer Bestand mit dem Zwecke, zu welchem die Enteignung erfolgte, sich als unvereinbar darstellt. [1]

---

[1] Es wird daher rücksichtlich solcher Berechtigungen auch kein besonderes Expropriationserkenntniss gefällt, wenngleich zu der

Dagegen ist die zweite Frage im Entschädigungsverfahren von entscheidender Wichtigkeit, da von der Beantwortung derselben nicht nur die Persönlichkeit des Bezugsberechtigten, sondern auch vielfach die Höhe der zu gewährenden Entschädigung abhängt, da die für ein ungetheiltes Object ermittelte Entschädigung wohl nicht immer der Summe jener Entschädigungsbeträge entspricht, welche abgesondert allen Personen bemessen werden müssten, denen rücksichtlich des in Rede stehenden Objectes dingliche oder persönliche Rechte zustehen.[*])

Es ist denn auch in That diese Frage unter den Schrift-

---

betreffenden Verhandlung alle Jene vorzuladen sind, denen an der in Anspruch genommenen Sache dingliche Rechte zustehen. Diese Vorladung hat vornehmlich nur den Sinn, dass die dritten Berechtigten gleich dem Eigenthümer gegen die Abtretung aus dem Grunde Einspruch erheben können, weil sie etwa vermeinen, dass die Sache zu dem öffentlichen Zwecke entbehrlich sei. Sollten die dritten Berechtigten wohl die Zulässigkeit der Expr. des betreffenden Objectes anerkennen, jedoch behaupten, es sei nicht nothwendig, hierwegen ihre besonderen Rechte zu alteriren, so müsste dies von ihnen speciell hervorgehoben werden, weil sich der Fortbestand solcher Berechtigungen an einer expropriirten Sache als eine Ausnahme von der Regel darstellt.

[*]) Vgl. Grünhut a. a. O. S. 131, Meyer a. a. O. S. 305. Dies deutet auch §. 11 des preuss. Expr. Gesetzes v. 11. Juni 1874 mit den Worten an: „Der Betrag des Schadens, welchen Nutzungs-, Gebrauchs- und Servitutsberechtigte, Pächter und Miether durch die Enteignung erleiden, ist, soweit derselbe nicht in der für das enteignete Grundeigenthum bestimmten Entschädigung oder in der an derselben zugewiesenen Nutzung begriffen ist, besonders zu ersetzen." — Dagegen geht die ungarische Gesetzgebung von dem Grundsatze aus, dass die Ansprüche dritter Berechtigter nie selbständig zu veranschlagen, sondern lediglich auf die dem Eigenthümer ausgemessene Entschädigung zu verweisen sind (§. 38 des allg. Expr. Ges.). Demgemäss kennt auch das allg. Expr. Ges gar keine Mitwirkung der dritten Berechtigten bei Feststellung des Planes (§. 25) und bei Ermittlung der Entschädigung. (§. 42). Das Gesetz über die Expr. im Weichbilde der Städte Pest-Ofen gesteht wohl in beiden Richtungen (§§. 21 und 58) den „grundbücherlichen Mitinteressenten" eine gewisse Einflussnahme zu, doch findet auch hier lediglich eine Verweisung auf die im Ganzen ermittelte Entschädigungssumme statt (§ 94).

stellern[3]) des gemeinen Rechtes vielfach erörtert worden, und hat auch in den Gesetzgebungen der einzelnen Staaten eine sehr verschiedene Lösung gefunden. In der Theorie können rücksichtlich der den einzelnen Berechtigten zu leistenden Entschädigung nachstehende Grundsätze als herrschend angesehen werden :

1. Die in privatrechlichen, wenngleich gesetzlich sanctionirten Verhältnissen begründeten Veräusserungsverbote z. B. das Fideicommiss- oder Lehenband, dann der Umstand, dass das zu enteignende Object sich im sog. getheilten Eigenthume befindet, sind an und für sich nie ein Hinderniss der Expropriation, welche ja überhaupt ein Veräusserungsgeschäft nicht involvirt.[4]) Als der eigentliche Entschädigungsberechtigte erscheint im solchen Fällen immer der sog. Nutzungseigenthümer; die Rechte des sog. Obereigenthümers, der Anwärter u. a. m. werden, wo möglich, durch eine Vinculirung des Entschädigungscapitales oder durch Verabreichung einer sonstigen billigen Entschädigung gewahrt.[5])

2. Prädialservituten und ähnliche, nicht persönliche Dienstbarkeiten an fremder Sache bleiben, wenn selbe ohne Beeinträchtigung des Zweckes der Expropriation ausgeübt werden können, z. B. eine Wegeservitut an einem zu einer öffentlichen Strasse in Anspruch genommenen Grundstücke, auch fernerhin bestehen. Wo dies jedoch nicht thunlich ist, müssen die dritten dinglich Berechtigten selbständig entschädigt werden.[6]) Ist hin-

---

[3]) Vgl. insbesondere Wolff a. a. O. 1. Frage: Sicherung des Hypothekargläubigers für den Fall, als das Pfandobject zur Expropriation kömmt (S. 240—253), 2. Frage: Entschädigung der übrigen dinglich Berechtigten (S. 253—257), 3. Frage: Entschädigung des Miethers und Pächters (S. 258—265).

[4]) Zu demselben Resultate gelangen übrigens, wenngleich inconsequent, auch jene Schriftsteller, welche die Expropriation als einen Zwangskauf auffassen. Vgl. auch Meyer a. a. O. S. 305.

[5]) Häberlin a. a. O. S. 195, Pöhls a. a. O. S. 132, Koch a. a. O. §. 45 S 103, Meyer in Behrends Zeitsch. VIII S. 596.

[6]) Häberlin a. a. O. S. 193, 194, Meyer a. a. O. S. 306, Pöhls a. a. O. S. 131, Koch a. a. O. §. 44, Wolff a. a. O. S. 256, Grünhut a. a. O. S. 133. In diesem Sinne bestimmt auch Art. 45 des italienischen Expropriations-Gesetzes, dass für Servituten, die

gegen das enteignete Grundstück das herrschende, so muss der
Werth der Servitut bei Bemessung der Entschädigung in Anschlag
gebracht werden. Kann der Expropriant die Servitut nicht selbst
ausüben, so hat er hierwegen in der Regel noch keinen Anspruch
gegen den Besitzer des dienenden Grundstückes.[7])

3. Die persönlich Servitutsberechtigten werden nicht selbständig entschädigt, sondern auf die Entschädigungssumme verwiesen, und für ihre Sicherstellung nur durch eine entsprechende
Vinculirung der Entschädigungssumme gesorgt. Diese Beschränkung umfasst bei der Servitut des Niessbrauches das ganze Entschädigungscapital, bei der Servitut des Gebrauches und der
Wohnung nur einen entsprechenden Theil desselben.[8])

4. Bei den Reallasten und speciell beim Ausgedinge
gebührt dem Bezugsberechtigten ein Anspruch auf eine dem

---

ohne Schaden und ohne grosse Belästigung (senza damno o senza
grave incomodo) für das herrschende oder dienende Grundstück
anfrecht erhalten oder übertragen werden können, nur insofern
eine Entschädigung gebührt, als zur Aufrechterhaltung oder Uebertragung der Servitut Kosten aufgewendet werden mussten. Abweichend ist die Ansicht Thiel's, der (a. a. O. S. 49) behauptet,
dass alle Prädialservituten unbedingt aufgehoben werden, und für
dieselben eine Entschädigung in Form einer Rente geleistet werden
müsse, für welche sich der Berechtigte auf einem Nachbargrundstücke eine ähnliche Servitut einräumen lassen muss. Wolff will
(a. a. O. S. 224) die Ausfindigmachung der dritten Berechtigten
dem Exproprianten zur Pflicht machen, und gesteht hiebei nur in
dem Falle eine Ausnahme zu, wenn diese Berechtigten aus den
öffentlichen Büchern nicht ersichtlich sind.

[7]) Häberlin will (a. a. O. S. 92, 193) dem Exproprianten jedweden
derartigen Anspruch schlechtweg absprechen. Richtiger ist die
Ansicht von Meyer, welcher (a. a. O. S. 306) dem Exproprianten
gegen den Besitzer des dienenden Grundstückes insofern einen Anspruch zugesteht, als die geltenden Ablösungsgesetze den Berechtigten
die Befugniss zugestehen, ein Recht der betreffenden Art abzulösen.

[8]) Thiel a. a. O. S. 47, Wolff a a. O. S. 236, Brinz a. a O. S.
471, Grünhut a. a. O. S. 131, 132. Dagegen hält Häberlin a.
a. O. S. 195 auch bei persönlichen Dienstbarkeiten die abgeson-
derte Entschädigung der Servitutsberechtigten für „principiell richtiger". Auch nach Art. 39 Abs. 2 des franz. Expropr.-Ges. vom
3. Mai 1841 wird für den Nutzniesser und den Eigner (nu —
propriétaire) nur eine einzige Entschädigungssumme ausgeworfen.

Werthe der einzelnen Leistungen entsprechende Rente, welche im Falle des Erlöschens des Bezugsrechtes dem Eigenthümer beziehungsweise den nachfolgenden Hypothekargläubigern zufällt.[9]

5. Für die Hypothekargläubiger wird eine separate Entschädigung nicht ermittelt. Dieselben finden vielmehr ihre Befriedigung in der dem Eigenthümer zuzuweisenden Entschädigungssumme, von welcher ihnen ein ihrer Forderung entsprechender Antheil zugewiesen wird.[10] Denjenigen Hypothekargläubigern, deren Forderungen durch die Entschädigungssumme nicht bedeckt sind, gebührt keine Entschädigung.[11]

---

[9] Anderer Meinung ist Thiel (a. a. O. S. 49, 50), der mit Rücksicht auf die muthmassliche Lebensdauer der Bezugsberechtigten eine sofort zahlbare Entschädigung ermitteln will, weil angeblich die Expropriation die vollständige Regulirung aller damit verbundenen Rechtsverhältnisse unverweilt erheischt.

[10] Vgl. Pöhls a. a. O. S. 131, Häberlin a. a. O. S. 196, Thiel a. a. O. S. 53, Meyer a. a O. S. 307. Für die weitere Behauptung Thiels und Häberlins, dann Beschorner's (a. a. O. §. 72), dass die auf dem enteigneten Grundstücke versicherten Hypothekarforderungen unter allen Umständen fällig werden, dürften sich kaum durchschlagende Gründe anführen lassen, und ist daher auch die von Grünhut (a. a. O. S. 137) aufgeworfene Frage unpraktisch, ob nämlich der Expropriat berechtigt sei, dem Gläubiger eine andere Hypothek von gleicher Sicherheit anzuweisen, um sich die Wohlthat der bedungenen Fristen für die Rückzahlung der Schuld auch für die Zukunft zu sichern. Es muss vielmehr behauptet werden, dass falls ein anderes Uebereinkommen nicht zu Stande kömmt, die Entschädigungssumme in gleicher Weise wie die ursprüngliche Hypothek verhaftet bleibt. Auch nach französischem und italienischem Rechte erlöschen mit dem Zeitpunkte des Expropriationserkenntnisses alle Hypotheken am enteigneten Gute, und werden auf die Entschädigungssumme übertragen. Vgl. Grünhut a. a. O. S. 139.

[11] Vgl. Wolff a. a. O. S. 248, Häberlin a. a. O S. 197, Grünhut a. a. O. S. 138, wogegen Thiel (a. a. O. S. 54) die Frage ungelöst lässt. Die durch die Entschädigungssumme nicht gedeckten Hypothekargläubiger erleiden nämlich keinen effectiven Schaden, da ihre Sicherheit schon früher ungenügend war, und der persönliche Anspruch gegen den Schuldner ohnedies durch die Expropriation nicht berührt wird. Selbstverständlich haben die Hypothekargläubiger ein Recht, bei Ausmittlung der Entschädigungssumme

6. Auch jene, denen rücksichtlich der enteigneten Sache lediglich ein persönlicher Anspruch zusteht, speciell die Miether und Pächter müssen, wenn das betreffende Verhältniss vom Eigenthümer der enteigneten Sache angemeldet wird, separat entschädigt werden. Ob sich hiedurch die dem Eigenthümer selbst zu verabfolgende Entschädigung verringert, oder nicht, ist quaestio facti. [12])

gehört zu werden, sie haben jedoch kein Recht, die Feilbietung zu beantragen, weil dies entweder nur eine leere Formalität wäre, oder hiedurch der Zweck der Expropriation vereitelt würde. Vgl. Wolff a. a. O. S. 249, Häberlin a. a. O. S. 197. Das preuss. Expr.-Gesetz, welches unter Umständen auch einem freiwilligem Uebereinkommen in Betreff der Abtretung die Wirkungen der Expropriation beilegt, behält den leer ausgehenden Hypothekargläubigern das Recht vor, zu verlangen, dass die Entschädigungssumme dem Unternehmer gegenüber im Rechtswege festgestellt werde (§. 46). Grünhut a. a. O. S. 138. Stein a. a. O. S. 341.

[12]) Vgl. Förster a. a. O. II, S. 145, not. 35, Buddeus a. a. O. S. 102 und Grünhut a. a O. S. 143, Thiel a. a. O. S. 51, 52, welch' Letzterer jedoch dem Miether nur dann eine Entschädigung zugestehen will, wenn die gemietheten Localitäten auch zum Gewerbebetriebe benützt wurden. Anderer Meinung ist Häberlin a. a. O. S. 185 und Meyer a. a. O. S. 302, welche den Miether und Pächter an den Eigenthümer weisen, und Letzterem lediglich gegen den Exproprianten einen Anspruch auf Ersatz dessen gewähren, was er Ersteren nach Gesetz und Vertrag zu leisten schuldig ist. Hiemit stimmt auch II. A. Zachariae überein, der a. a. O. (in den Gött. gel. Anz. 1862) seinen Standpunkt dahin präcisirt, dass „die Entschädigungspflicht allen Realberechtigten gegenüber unmittelbar besteht, bei obligatorischen Verhältnissen des bisherigen Besitzers aber in dem Umfange, dass dessen obligatio zugleich mitgedeckt wird." Unklar ist die Ansicht von Pöhls, der einmal (a. a. O. S. 124) dem Eigenthümer auch jene Entschädigung gegen den Exproprianten zuerkennt, die derselbe dritten Personen zu leisten hat, an einer anderen Stelle jedoch (S. 131) dem Miether und Pächter einen selbständigen Anspruch auf Entschädigung gewähren will. Wolff erkennt (a. a. O. S. 260) auch im Principe die directe Entschädigung der Miether und Pächter für richtig an, verpflichtet jedoch den Exproprianten, diese Berechtigten namhaft zu machen, widrigens der Expropriant frei, der Eigenthümer hingegen ersatzpflichtig wird. Es wird denn auch nach englischem Rechte, welches wohl die ausgebildetsten

Es ist selbstverständlich, dass bei Ausmittlung der dem persönlich Berechtigten gebührenden Entschädigungssumme dasjenige nicht massgebend sein kann, was in dem zwischen dem Expropriaten und dem Berechtigten geschlossenen Vertrage allenfalls für den Fall des Rücktrittes des einen oder des anderen Theiles bedungen wurde, da hier ganz andere Verhältnisse obwalten.[13])

Was nun speciell das österreichische Recht betrifft, so ist vorerst zu bemerken, dass Gegenstand eines selbständigen Expropriationserkenntnisses stets nur die bestimmte Sache, nicht auch die rücksichtlich derselben dritten Personen etwa zustehenden Rechte sind. In diesem Sinne hat das Hofdecret vom 18. Febr. 1847, Nr. 1036 J. G. S. im Eingange den Privatgesellschaften allgemein das Recht eingeräumt, alle auf den benöthigten Grundtheilen haftenden dinglichen Rechte einzulösen.

Was jedoch die Entschädigung der dritten Berechtigten betrifft, so muss folgendermassen unterschieden werden :

a) Rücksichtlich der beweglichen Sachen hat der dritte Berechtigte, falls er die Sache in der Verwahrung des Eigenthümers beliess, nach dem Principe der §§. 367 und 456 a. b.

Pachtverhältnisse aufzuweisen hat, dem Pächter eine selbständige Entschädigung bemessen. Dasselbe gilt nach französischem Rechte (Art. 21 des Gesetzes vom 3. Mai 1841), sobald der Eigenthümer dem Vorsitzenden der Jury seine Miether und Pächter bekannt gegeben hat. Dagegen hat das bairische (Art. 5) und das sächsische Expropriationsgesetz vom 3. Juli 1835 (§. 9) den Grundsatz des absoluten Erlöschens aller Mieth- und Pachtverhältnisse rücksichtlich des enteigneten Objectes statuirt und die Berechtigten rücksichtlich ihrer Entschädigungsansprüche an den Eigenthümer gewiesen, welcher hinwiederum seinen Regress an dem Enteigner zu nehmen hat. Nach dem preussischen Ges. v. 11. Juni 1874 muss auch in dem Falle, wenn die dem Nebenberechtigten gebührende Entschädigung in dem Werthe des enteigneten Grundeigenthums begriffen ist, über Antrag der einen oder der anderen Partei das Antheilsverhältniss festgestellt werden, nach welchem der dritte Berechtigte an der Entschädigungssumme oder den Nuzzungen derselben participirt (§. 29).

[13]) Vgl. Wolff a. a. O. S. 261—263, Grünhut a. a. O. S. 142, 143.

G. B. gegen den Enteigner keinerlei Entschädigungsanspruch, sondern muss seine allenfälligen Ansprüche lediglich gegen den Eigenthümer der enteigneten Sache austragen.

b) Rücksichtlich der unbeweglichen Sachen bringt das Institut der öffentlichen Bücher und die denselben innewohnende publica fides eine nicht unwesentliche Modification der obigen Grundsätze mit sich. Es muss hier im Allgemeinen daran festgehalten werden, dass alle Interessenten, deren Ansprüche aus den öffentlichen Büchern ersichtlich sind, bei Ausmittlung und Zuweisung der Entschädigung unmittelbar in Betracht gezogen werden müssen, während es rücksichtlich der übrigen dem Ermessen des Eigenthümers der enteigneten Sache überlassen bleibt, ihre Ansprüche behufs allfälliger Erzielung einer höheren Entschädigung zur Geltung zu bringen.

Eine gesetzliche Sanction dieser, dem Geiste des österreichischen bürgerlichen Rechtes entsprechenden Anschauung finden wir im §. 5 der dem Justizhofdecrete vom 8. November 1842, Nr. 654 J. G. S. beigefügten Instruction über das bei den Grundeinlösungen für die Staatseisenbahnen zu beobachtende Verfahren, woselbst ausdrücklich darauf hingewiesen wird, dass ausser dem unmittelbaren Grundbesitzer alle Jene zu entschädigen seien, welchen auf den einzulösenden Grund dingliche Rechte zustehen, wenn diese Rechte durch die Einlösung unwirksam gemacht oder geschmälert werden. Dingliche Rechte in Betreff unbeweglicher Sachen können jedoch nur durch Eintragung in die öffentlichen Bücher erworben werden. (§§. 451, 481 a. b. G. B.) [14])

---

[14]) Das mit der Min. Vdg. vom 8. December 1855 Nr. 213 R. G. B. vorgeschriebene Edictalverfahren, in welchem alle dinglich Berechtigten aufgefordert werden, ihre dinglichen Rechte binnen 90 Tagen anzumelden, widrigens die sich nicht Meldenden bei Vertheilung des Entschädigungsbetrages unberücksichtigt bleiben, hat blos für Tirol und Voralberg Giltigkeit und erklärt sich durch den damaligen Mangel ordnungsmässig angelegter Grundbücher in den gedachten Kronländern. — Ebensowenig lässt sich aus §. 6 der obgedachten Instruction (welcher bestimmt, dass alle Interessenten ihre Entschädigung in dem ausgemittelten Einlösungspreise zu finden haben) folgern, dass für das ganze Object ohne Rücksicht auf die Rechte

Fassen wir nun von diesem Standpunkte die oben gedachten Kategorien der dritten Berechtigten in's Auge, so
gelangen wir zu folgendem Resultate:

1. Das sog. getheilte Eigenthum und die aus demselben fliessenden Leistungen sind, insofern diese Verhältnisse
in der politischen Landesverfassung begründet waren, aufgehoben,
und allgemein für ablösbar erklärt. Dieser bereits seit dem
Jahre 1848 praktisch durchgeführte Grundsatz fand im Art. 7
des Staatsgrundgesetzes über die allgemeinen Rechte der Staatsbürger vom 21. December 1867, Nr. 142 R. G. B. seine for-
melle Anerkennung. Bei Fideicommissen tritt an die Stelle des
enteigneten Grundstückes ein durch die Entschädigungssumme
repräsentirtes Pecuniarfideicommiss (§. 633 a. b. G. B.), ohne
dass es hiezu selbstverständlich der übrigen, im Gesetze vorgeschriebenen Förmlichkeiten (§. 634 a. b. G. B.) bedarf. [15])

2. Servituten können in Rücksicht unbeweglicher Sachen
nur durch Eintragung in die öffentlichen Bücher erworben

Dritter nur eine Entschädigungssumme festzusetzen sei. Es schliesst
vielmehr diese Bestimmung nicht aus, dass eben mit Rücksicht
auf die dritten Berechtigten für das ganze Object ein höherer
Entschädigungsbetrag ermittelt werde. Dies wird auch durch §. 14
der mehrgedachten Instruction bestätigt, wo es heisst: „Weil bei
einer bleibenden Grundeinlösung nicht nur der Grundeigenthümer
sondern auch alle diejenigen, welche oberherrliche oder was immer
für andere dingliche Rechte auf den eingelösten Grund hatten,
in dem Einlösungswerthe ihre Entschädigung zu suchen haben, so
müssen bei der Ausmittlung dieses Werthes die Schätzleute nach
Massgabe des §. 6 die oberherrlichen oder die anderen auf dem
Grunde haftenden Rechte, welche durch die Einlösung erlöschen
oder geschmälert werden, besonders veranschlagen. Vgl. auch
Stubenrauch a. a. O. S. 185.

[15]) Sonderbarer Weise hatte das Hofdct. vom 18. Feber 1847 Nr. 1036
J. G. S. den Privateisenbahngesellschaften die Ablösung der grund-
herrlichen Rechte nur gestattet, keineswegs jedoch zur Pflicht
gemacht, gleichzeitig jedoch anerkannt, dass die Nichtablösung
„vielseitige Verwicklungen und Streitigkeiten" herbeiführen könne.
Im Falle der Nichtablösung sollten die eingelösten Gründe entgegen
der sonstigen Vorschrift auf fortan ein Object der Landtafel, der
Stadt- und Grundbücher bilden. In Folge der Durchführung der
Grundentlastung ist diese Vorschrift jedenfalls unpraktisch geworden. — Vgl. auch Rössler a. a. O. §. 199 not. 4.

werden (§. 481 a. b. G. B.). Wo eine solche Eintragung nicht erfolgte, existirt die Servitut als solche nicht, und kann daher auch keinen Gegenstand eines Entschädigungsanspruches bilden.

Dass übrigens für Prädialservituten nur dann eine Entschädigung platzgreift, wenn eine fernere Ausübung derselben unmöglich ist, geht aus §. 5 der obcitirten Instruction klar hervor, welcher für dingliche Rechte nur dann eine Entschädigung auszumessen heischt, wenn diese Rechte durch die Einlösung u n w i r k s a m g e m a c h t oder g e s c h m ä l e r t werden.[16])

3. Bei p e r s ö n l i c h e n D i e n s t b a r k e i t e n ist gleichfalls daran festzuhalten, dass das Entschädigungscapital an die Stelle der enteigneten Sache tritt, und den Berechtigten der Genuss dieses Capitales zu sichern ist. Wenngleich sonst nach unserem Rechte beim Niessbrauche in der Regel eine Cautionsleistung nicht stattfindet (§. 520 a. b. G. B.), so wird selbe doch unerlässlich sein, wenn die Entschädigungssumme im Sinne des §. 510 a. b. G. B. dem Nutzniesser zur freien Verfügung überlassen werden soll, weil in diesem Falle stets eine Gefahr der Substanz vorliegt.[17])

4. Die bei R e a l l a s t e n dem Bezugsberechtigten auszusetzende jährliche Rente muss, wenn die zeitweilig zu verabfolgende Giebigkeit in Naturalien besteht, durch Sachverständige ermittelt werden. Die Berichtigung dieses Anspruches erfolgt nach Analogie des §. 182 der Concurs Ordg. v. 25. Dec. 1868 durch zinstragende Anlegung einer entsprechenden Capitalsquote, und Anweisung des Zinsenbezuges von derselben.[18])

---

[16]) So gestattet denn auch §. 10 lit. d. des Conc. Ges. v. 14. September 1854 die Führung von Eisenbahnen über öffentliche Wege, Brücken und Dämme, und legt bloss den Concessionären die Pflicht auf, für eine angemessene Einfriedung oder Absperrung des Zuganges im Interesse der öffentlichen Sicherheit Sorge zu tragen.

[17]) Vgl. G r ü n h u t a. a. O. S. 132, der nach gemeinem Rechte in diesem Falle die Cautionspflicht auch dann eintreten lässt, wenn der Nutzniesser der enteigneten Sache als solcher von der Bestellung der Caution befreit war.

[18]) Rücksichtlich der Zehentgerechtigkeit könnte allenfalls ein Zweifel entstehen, ob dem Berechtigten eine Entschädigung gebühre, oder ob die Unmöglichkeit der ferneren Ausübung des Zehentrechtes in Folge der geänderten Art der Benützung des betreffenden

Reicht die Entschädigungssumme zur Aussetzung einer solchen Capitalsquote nicht hin, so dürfte die analoge Anwendung des §. 34 Abs. 2 der Conc. Ordg. unbedenklich sein, wonach der Berechtigte die Ergänzung der Leistungen aus dem Capitale selbst, bis dasselbe aufgezehrt ist, fordern könnte.

5. Rücksichtlich der Befriedigung der Hypothekargläubiger dürfte die analoge Anwendung der Vorschrift des Hofkanzleidecretes vom 15. Jänner 1787 Nr. 621 J. G. S. über die Vertheilung des bei einer executiven Veräusserung erzielten Meistbotes keinem Anstande unterliegen. [19])

6. Der Bestandnehmer, dessen Recht durch Eintragung in die öffentlichen Bücher im Sinne des §. 1095 a. b. G. B. zu einem dinglichen geworden ist, muss unter Zugrundelegung der Bestimmungen des intabulirten Bestandvertrages separat entschädigt werden.[20]) Abgesehen hievon wird auf das Bestand-

---

Grundstückes eine in der Natur des Zehentrechtes begründete Beschränkung sei, die sich der Berechtigte ohne Anspruch auf Entschädigung gefallen lassen müsse. Mit Recht hat jedoch in einem solchen Falle der oberste Gerichtshof mit Entscheidung vom 20. October 1857 Z. 6887 (Unger-Glaser Nr. 450) dem Zehentberechtigten die Entschädigung zuerkannt, und den Eigenthümer mit der Klage auf Gestattung der Ausfolgung der ganzen Entschädigungssumme unter Hervorhebung des Umstandes abgewiesen: „es entspreche den allgemeinen Rechtsgrundsätzen, dass der Schade auf jeden Theil im Verhältniss seines Rechtes falle. Allerdings würde, wenn keine Expropriation erfolgt wäre, der Eigenthümer das Recht gehabt haben, in der Cultur und Benützung des Grundes eine das Zehentrecht vereitelnde Aenderung eintreten zu lassen; allein der hier vorliegende Fall ist ein hievon wesentlich verschiedener."

[19]) Für den Fall der gerichtlichen Deposition der Entschädigungssumme wird dies für Tirol durch §. 13 der M. Vdg. v. 8. December 1855 Nr. 213 R. G. B. ausdrücklich vorgeschrieben. In der Praxis wird allerdings die Anwendung dieser Vorschrift selten vorkommen, weil wegen des meist geringen Umfanges des expropriirten Grundstückes in der Regel ein gütliches Uebereinkommen zwischen dem Grundbesitzer und den Hypothekargläubigern in Betreff der Ausfolgung der Entschädigungssumme an Ersteren zu Stande kömmt.

[20]) Der oberste Gerichtshof hat bisher in zwei Fällen den Grundsatz ausgesprochen, dass dem Pächter ein directer Anspruch gegen den

verhältniss nur bei Bemessung der dem Eigenthümer gebührenden Entschädigung insofern Rücksicht genommen, als der Eigenthümer aus dem Titel der Entschädigung auch den Ersatz jener Beträge anzusprechen berechtigt ist, welche er dem Bestandnehmer nach Gesetz oder Vertrag aus dem Titel der vorzeitigen Auflösung des Bestandvertrages zu leisten hat. Der Bestandnehmer hat jedoch in diesem Falle seine Ansprüche stets nur gegen den Eigenthümer auszutragen, und hat gegen den Exproprianten keinerlei Anspruch auf Entschädigung.[21])

Exprobrianten nicht zustehe. In der Entscheidung vom 25. Jänner 1859 Nr. 527 (Unger-Glaser Nr. 714) wird dem Pächter gegen den Exproprianten wegen der stattgefundenen theilweisen Expropriation ein Nachlass am Pachtzinse bewilligt und die Verweisung des Pächters an den Exproprianten für unstatthaft erklärt, nachdem er mit Letzterem in gar keinem Verhältnisse stehe. Mit der Entscheidung vom 5. September 1871 Nr. 10908 (Unger-Glaser Nr. 4259) wurde die Intervention des Pächters bei der Schätzung nicht gestattet, weil „es die Bahngesellschaft nicht berührt, welche Folgen die Expropriation für den Pächter jener Grundstücke habe.“ Leider enthält der mitgetheilte Sachverhalt bei keiner der beiden Entscheidungen einen Anhaltspunkt darüber, ob dem Pächter ein dinglicher oder lediglich ein persönlicher Anspruch zustand.

[21]) Vgl. Stubenrauch a. a. O. S. 182, 183. Es versteht sich von selbst, dass die Thatsache der Expropriation nicht als ein Verschulden des Exproprianten, sondern nur als ein ausserhalb der Person des Bestandgebers liegender Zufall angesehen werden kann. Es wird daher der Bestandnehmer aus diesem Grunde in der Regel keinen besonderen Schadenersatzanspruch zu stellen berechtigt sein, sondern er kann nur im Sinne des §. 1097 a. b. G. B. den Ersatz des etwa auf das Bestandobject gemachten Aufwandes fordern, eventuell, im Falle ein beträchtlicher Theil des Bestandobjectes von der Enteignung betroffen wird, im Sinne des §. 1117 a. b. G. B. vor Ablauf der Frist vom Vertrage zurücktreten und die Zurückerstattung des etwa im Voraus gezahlten Zinses begehren. Im letzteren Falle kann der Eigenthümer selbstverständlich den Ersatz des zu restituirenden Zinses von dem Exproprianten nicht ansprechen, da er ja selbst diesen Zins bereits früher in Empfang genommen hat.

§. 15.

Mass und Form der Entschädigung.

Man ist wohl im Allgemeinen sowohl in der Theorie wie in der Praxis darüber einig, dass der Expropriat für den ihm aus Anlass der Entziehung seines Eigenthumes zugefügten Nachtheil am Vermögen **vollständig** entschädigt werden müsse; es haben sich jedoch bei der praktischen Anwendung dieses Grundsatzes nicht unbedeutende Schwierigkeiten ergeben. Dasselbe gilt insbesondere auch nach österreichischem Rechte, wo wir einer authentischen Interpretation des allgemeinen Ausdruckes „angemessene Entschädigung" (§. 365 a. b. G. B.) noch immer entbehren.

Man kann vorerst als feststehend annehmen, dass dem Eigenthümer nicht nur der gemeine, d. i. jener Werth ersetzt werden muss, der dem Nutzen entspricht, den die enteignete Sache mit Rücksicht auf Zeit und Ort gewöhnlich und allgemein leistet (§. 305 a. b. G. B.), sondern dass hiebei auch auf die besonderen Verhältnisse des Falles Rücksicht genommen werden müsse.[1] Ob auch der Werth der besonderen Vorliebe, der sogenannte Affectionswerth in Anschlag zu bringen sei, ist unter den Schriftstellern des gemeinen Rechtes streitig;[2] nach

---

[1] Das römische Recht bezeichnet die hier in Betracht kommende Differenz, die sich in dem Vermögen einer Person vor und nach dem Eintritte eines entscheidenden Factums herausstellt, mit dem Ausdrucke „id quod interest". Für den Ersatz dieses vollen Interesses treten insbesondere ein: Bluntschli a. a. O. I, S. 227, Treichler a. a. O. S. 154, Beseler a. a. O. §. 92, S. 352, Dernburg a. a. O. §. 34, S. 58, Gerber a. a. O. §. 174 b, S. 462, Häberlin a. a. O. S. 181, Zöpfl a. a. O. S. 508, Pöhls a. a. O. S. 124, 130, Beschorner a. a. O. S. 98, Brinz a. a. O. S. 47, Koch a. a. O. S. 88 und Grünhut a. a.O. S. 99, 100. Dagegen wurde bei Berathung des preussischen Gesetzes vom J. 1874 der Antrag des Abgeordneten Knebel, dahin gehend, dem von der Enteignung Betroffenen sei sein volles, zur Zeit der Abtretung bestehendes Interesse zu ersetzen, ausdrücklich abgelehnt. Vgl. Kletke a. a. O. S. 59, Dalcke a. a. O. S. 53, Bähr u. Langerhans a. a. O. S. 33.

[2] Gegen die Anrechnung des sog. Affectionswerthes sprechen sich

unseren Gesetzen muss behauptet werden, dass der Werth der besonderen Vorliebe unter keinerlei Umständen von dem Exproprianten ersetzt werden müsse.[3]) Das Entschädigungsverfahren hat jedoch nicht nur den Ersatz des Werthes des in Anspruch genommenen Objectes, sondern auch die Ausgleichung aller Nachtheile zum Gegenstande, welche die Expropriation im Gefolge hat.

Im Besonderen kommen hiebei hauptsächlich noch folgende Gesichtspunkte in Betracht:

1. Unter jenen Nachtheilen, die der Expropriat mit Rücksicht auf seine persönlichen Verhältnisse und Beziehungen zu der in Anspruch genommenen Sache erleidet, ist der wesentlichste jener, welcher die wirthschaftliche Bestimmung der anderen, demselben Eigenthümer gehörigen Vermögensobjecte betrifft, welche mit der enteigneten Sache in fortdauernde Ver-

---

aus Bluntschli, Beseler, Rohland a. a. O. S. 66, Pöhls a. a. O., Häberlin a. a. O. S. 185, Stobbe a. a. O. S. 163 not. 43, Dalcke a. a. O. S. 55, wogegen Mittermaier a a. O. S. 25, 26, und Buddeus a. a. O. S. 402 wenigstens in einem gewissen Masse auch den Werth der besonderen Vorliebe z. B. historischer Erinnerungen und ähnl. bei Bemessung der Entschädigung in Anschlag bringen wollen. Die besondere Eignung einer Sache zur Beschaffung gewisser Annehmlichkeiten, einer bestimmten Art des Vergnügens braucht nicht nothwendig lediglich ein pretium affectionis zu begründen, sondern kann sehr oft den wirklichen Werth der Sache erhöhen, insofern nämlich eine gesteigerte Nachfrage in Folge dieses Umstandes zu erwarten wäre. In diesem Falle ist allerdings der wirkliche höhere Werth vom Enteigner zu ersetzen. Vgl. Grünhut a. a. O. S. 101, Häberlin a. a. O. S. 186, mit welchen Stubenrauch a. a. O. S. 179 mit Unrecht polemisirt. In diesem Sinne bestimmt denn auch das Grundsteuerregulirungs-Hofkanzleidecret vom 19. Juni 1824 Z. 24345, dass bei Fällung von edlen Bäumen der dem Eigenthümer entgehende ausserordentliche Werth nicht ausser Acht zu lassen sei.

[3]) Vgl. Stubenrauch a. a. O. S. 178, 179, der allerdings unter irrigem Hinweise auf die §§. 1331 und 1332 a. b. G. B. zu demselben Resultate gelangt. Von einer vorsätzlichen Beschädigung kann bei der Expropriation keine Rede sein. Uebrigens wird sich der Werth der besonderen Vorliebe, wie Stubenrauch richtig bemerkt, im wahren Sinne des Wortes eigentlich gar nicht zu

bindung gesetzt sind.[4]) Es kann nämlich durch die Enteignung
einer bestimmten Sache diese wirthschaftliche Bestimmung der
zusammenhängenden Vermögenswerthe wesentlich alterirt werden.
So kann namentlich ein der Landwirthschaft gewidmeter Grund-
complex durch Enteignung eines grösseren Theiles so z e r s t ü c k e l t
werden, dass die zweckmässige Bewirthschaftung des Restes
bedeutend erschwert wird; es können industrielle Unternehmungen durch Entziehung wichtiger Bestandtheile in ihrem

Geld veranschlagen lassen. Während §. 305 a. b. G. B. den besonderen Werth mit dem Werthe der besonderen Vorliebe vermengt,
werden beide Begriffe im §. 1331 a. b. G. B. strenge auseinander
gehalten, und der Ersatz des Werthes der besonderen Vorliebe
auf den Fall beschränkt, wo der Schade vermittelst einer durch
ein Strafgesetz verbotenen Handlung, oder aus Muthwillen oder
Schadenfreude entstanden ist. Auch hier kann abgesehen von der
anomalen Bestimmung des §. 1325 a. b. G. B. (über das Schmer-
zensgeld) an der praktischen Durchführbarkeit eines derartigen
Ersatzanspruches mit Grund gezweifelt werden. — Der gleichen
Ansicht, dass nämlich der Werth der besonderen Vorliebe nicht
zu vergüten sei, ist auch N i p p e l a. a. O. III S. 209, da „dieser
Werth lediglich in einem angenehmen G e f ü h l e beruht, das durch
das Bewusstsein entschädigt wird, zum allgemeinen Besten beigetragen zu haben." M i c h e l, der (a. a. O. §. 26 S. 93) ganz
richtig darauf hinweist, dass es sich bei Ausübung des Expropriationsrechtes nicht um die Frage des Ersatzes eines wider-
rechtlich zugefügten Schadens handeln könne, stellt in Consequenz
der von ihm vertheidigten Kaufstheorie die Behauptung auf, dass
dem Eigenthümer jener Preis ersetzt werden müsse, „welchen er
mit Rücksicht auf alle obwaltenden Umstände für das expropriirte
Gut im Wege der freiwilligen Veräusserung vernünftigerweise
fordern, und aller Wahrscheinlichkeit nach bekommen dürfte."
Hiedurch ist gleichfalls der Ersatz des Affectionswerthes ausgeschlossen, allein obige Fixirung des Ersatzanspruches erscheint
als viel zu eng, und M i c h e l geräth mit sich selbst in Widerspruch, wenn er weiter auch den Ersatz des höheren Werthes
zugesteht, welchen die Sache besonderer Verhältnisse wegen dem
betreffenden B e s i t z e r gewährt Denn diese Verhältnisse k ö n n e n
wohl, m ü s s e n jedoch nicht nothwendig auch eine Steigerung
des Verkaufswerthes des betreffenden Objectes zur Folge haben.

[4]) Nicht ganz passend nennt G r ü n h u t (a. a. O. S. 102) diesen
Nachtheil „Grundschaden", da derselbe doch nur in den besonderen Verhältnissen des E i g e n t h ü m e r s gegründet ist.

Betriebe mannigfach beeinträchtigt werden u. s. w. Wo in solchen Fällen die Gesetzgebung dem Enteigneten kein ausgedehnteres Recht gewährt [5]), muss auf den durch die Zerstückelung seines übrigen Besitzes dem Eigenthümer verursachten Nachtheil bei Ausmessung der Entschädigung geeignete Rücksicht genommen werden. [6]) Einen ausdrücklichen Hinweis auf die Nothwendigkeit der Ermittlung dieses Nachtheiles enthält §. 15 der dem Hofkanzleidecret vom 8. November 1842 Nr. 654 J. G. S. beigefügten Instruction, welcher bestimmt: „die Schätzmänner werden hiebei auch den rectificirten katastralmässigen Grundwerth zu beachten, und den Umstand nicht unberücksichtigt zu lassen haben, ob nicht durch Grundabtretungen der Werth der dem Eigenthümer verbleibenden Parcellen etwa dergestalt vermindert werde, dass diese Werthsverminderung auf den Preis des einzulösenden Grundstückes geschlagen werden müsse." [7])

2. Der Enteignete kann ferner dadurch beeinträchtigt

---

[5]) Speciell das Recht, die Ausdehnung der Enteignung auf das ganze Object zu verlangen, auf welches wir noch in der Folge zurückkommen werden.

[6]) Mittermaier a. a. O. S. 25, Förster a. a. O. II, S. 145 not. 35, Pöhls a. a. O. S. 124, Thiel a. a. O. S. 30, 31, Grünhut a. a. O. S. 102, Stobbe a. a. O. S. 163 not. 42, Gruchot a. a. O. S. 92 ff. Hiebei ist, wie Häberlin a. a. O. S. 185 richtig hervorhebt, in Betreff der Verbindung des enteigneten Objectes mit den übrigen Vermögensstücken des Expropriaten ein zweifaches Moment zu unterscheiden: a) der Mehrwerth, den das enteignete Grundstück selbst mit Rücksicht auf dessen besondere Benützungsweise und Verbindung mit anderen Grundstücken hatte, b) die Werthsverminderung des übrigen Grundbesitzes in Folge der Zerstücklung. Nur wird man sich hüten müssen, denselben Umstand nicht in beiderlei Hinsicht in Anschlag zu bringen. In diesem Sinne bestimmt §. 8 Abs. 2 des preussischen Expr.-Ges. vom 11. Juni 1874: „Wird nur ein Theil des Grundbesitzes desselben Eigenthümers in Anspruch genommen, so umfasst die Entschädigung zugleich den Mehrwerth, welchen der abzutretende Theil durch seinen örtlichen und wirthschaftlichen Zusammenhang mit dem Ganzen hat, so wie den Minderwerth, welcher für den übrigen Grundbesitz durch die Abtretung entsteht."

[7]) Vgl. Stubenrauch a. a. O. S. 179, 180. Michel a. a. O. S. 93.

werden, dass er jener Vortheile verlustig wird, welche ihm die
bisherige, besondere Art der Benützung des enteigneten Objectes,
z. B. als Wohnung, als Werkstätte, Geschäftslocal u. s. w.
gewährte. In Betreff des Ersatzes solcher Nachtheile finden wir
in unserer Gesetzgebung keinen Anhaltspunkt; jedenfalls wird
hiebei mit der äussersten Vorsicht vorgegangen werden müssen,
und kann nur für wirklich nachweisbaren Schaden ein
Ersatz gewährt werden. Hierunter kann jedoch wenigstens der
Regel nach jener Schade nicht verstanden werden, den ein
Geschäftsmann allenfalls durch Verlust einer Kundschaft
zu erleiden behaupten würde.[8] Hiebei kömmt auch die weitere
Frage in Betracht, ob der Expropriat mittelst der Entschädigung
in den Stand versetzt werden soll, ein anderes, dem enteigneten
gleichwerthiges Object derselben Art wieder zu erwerben, ob
demselben speciell auch die mit einer solchen neuen Erwerbung
verbundenen Kosten und Gebühren ersetzt werden müssen? Ein
solcher Anspruch ist nicht gerechtfertigt, weil die Erwerbungskosten bereits ohnedies einen Bestandtheil des Werthes der
enteigneten Sache bilden, selbe sohin dem Expropriaten zweimal
ersetzt würden. [9]

---

[8] Die diesfälligen eingehenden Erörterungen Grünhut's (a. a. O.
S. 103) dürften kaum Anspruch auf praktische Anwendbarkeit
machen, da hier Alles auf die Verhältnisse des concreten Falles
ankömmt. Häberlin will (a. a. O. S. 185) behufs Ermittlung
eines solchen durch Uebertragung des Gewerbebetriebes herbeigeführten Schadens eine Wahrscheinlichkeitsrechnung anwenden.
Praktisch ist in dieser Hinsicht die Bestimmung des bairischen
Expropriationsgesetzes v. J. 1837, welches wohl im §. 5 dem Enteigneten principiell den Ersatz des unvermeidlichen Verlustes
zusichert, welcher vorübergehend oder bleibend in dessen Gewerbe
erwächst, jedoch gleichzeitig bestimmt, dass die Entschädigung für
diesen Verlust 30% des Schätzungswerthes der Sache nicht übersteigen dürfe. Vgl. auch Buddeus a. a. O. S. 402, Stubenrauch
a. a. O. S. 182.

[9] Die Werthsermittlung wäre eben unvollständig, wenn die Erwerbungskosten in selbe nicht einbezogen worden wären, und kann daher
der erste, von Grünhut (a. a. O. S. 105) behandelte Fall gar
nicht eintreten. Ein solcher besonderer Ersatz der neuerlichen
Erwerbungskosten ist übrigens bei einer Geldentschädigung schon

3. Auch der dem Eigenthümer entgehende G e w i n n, lucrum cessans ist Gegenstand der Entschädigungspflicht und zwar nicht aus dem Grunde, weil der durch die Expropriation herbeigeführte Nachtheil am Vermögen b e a b s i c h t i g t wurde,[10]) sondern deshalb, weil eine angemessene Schadloshaltung die Ausgleichung aller Vermögensnachtheile voraussetzt, unter diesen aber unzweifelhaft auch jener Ausfall eines Vermögenszuwachses verstanden wird, welchen der Verkürzte nach dem gewöhnlichen Laufe der Dinge mit Grund zu erwarten berechtigt war.[11]) Ein

---

deshalb unthunlich, weil es überhaupt bei Bemessung der Entschädigung noch ungewiss ist, ob der Enteignete wirklich ein gleichartiges Object wieder erwerben wird. Anders hingegen R o h l a n d a. a. O. S. 74. Mit Recht hat sich daher K a l e s s a (a. a. O. S. 252, 253) gegen den von manchen Behörden bei Handhabung des Hofdecrets vom 16. October 1835 (betreffend die Ablösung der auf ärarischen Strassen bestehenden Privatmauthen) beobachteten Vorgang ausgesprochen, wonach bei Ablösung von Brücken die Entschädigung darnach bemessen wurde, was die Errichtung einer n e u e n B r ü c k e gekostet hätte. Da die Mauthgerechtigkeit ohnedies separat abgelöst wurde, kam hier in der That nur der M a t e r i a l werth der Brücke in Betracht, und war auch nur dieser Werth zu ersetzen.

[10]) S t u b e n r a u c h will hier (a. a. O. S. 183) die Vorschrift des §. 1331 a. b. G. B. über die vorsätzliche Beschädigung des Vermögens eines Andern zur Anwendung bringen. Consequenter ist in dieser Hinsicht W i n i w a r t e r (a. a. O. S. 120), der eben deshalb, weil bei der Expropriation weder eine vorsätzliche, noch eine durch auffallende Sorglosigkeit verursachte Beschädigung vorliegt, dem Exproprianten geradezu jeden Anspruch auf Ersatz des entgangenen Gewinnes abspricht.

[11]) Dagegen könnte ein Ersatzanspruch aus dem Titel des entgehenden Gewinnes dann nicht begründet erscheinen, wenn der Eigenthümer behaupten würde, er habe durch eine erst in Zukunft beabsichtigte Anlage, z. B. einer Fabrik aus einem enteigneten Grundstücke einen besonderen Vortheil erzielen können, sobald dieser Vortheil nicht aus der Beschaffenheit des Grundstückes selbst, sondern nur aus der in Wirklichkeit noch gar nicht vorhandenen Anlage erwartet wird. Vgl. T r e i c h l e r a. a. O. S. 151, H ä b e r l i n a. a. O. S. 187, 188, T h i e l a. a O. S. 23, R o h l a n d a. a. O. S. 72, K o c h a. a. O. S. 94, S t o b b e a. a. O. S. 163 not. 44, M e y e r a. a. O. S. 272 ff., M i c h e l a. a. O. §. 26 S. 93. Zu allgemein ist daher die Textirung des §. 5 der Min. Vdg. vom 21. April 1857

Anhaltspunkt für die Richtigkeit dieser Ansicht findet sich auch in dem Hofkanzleidecrete vom 2. November 1837 Z. 26838 (betreffend die Vergütung der durch Militärwaffenübungen verursachten Grundbeschädigungen), welches im Abs. V ausdrücklich bestimmt, dass auch für den entgangenen Nutzen Ersatz gebührt. [12]) Wenn bei der Einlösung von Grundstücken zu öffentlichen Strassen- und Wasserbauten die Unternehmung das Grundstück vor Leistung der Entschädigung in Besitz genommen hat, werden die dem Eigenthümer bis zur Zahlung der Entschädigung entgehenden Früchte durch die gesetzlichen Zinsen des Entschädigungscapitales vergütet. [13]) Die Verjährung dieser Zinsen, sowie die Einwendung nach §. 1335 a. b. G. B. kann dem Gläubiger nicht entgegengesetzt werden, wenn die öffentliche Verwaltung allein Schuld an der Verzögerung trägt. (Hofkzl. Dct. vom 4. April 1837 und §. 4 der Min. Vdg. vom 21. April 1857 Nr. 82 R. G. B.) [14])

Nr. 82 R. G. B.: „Die Schätzung hat zu bestimmen, wie viel der aus der Privatbenützung entzogene Flächenraum dem Enteigner jährlich an Nutzen abwerfen könnte." Gegen die Berücksichtigung des lucrum cessans ist Stein a. a. O. S. 339, Mohl Polizeiwissensch. §. 5 not. 7. Ganz richtig begründet das Berliner Obertribunal in einem Erkenntnisse vom 12. Juli 1875 (Jur. Blätter 1875 Nr. 40) die Abweisung eines überspannten Entschädigungsanspruches unter Hinweis darauf, dass nicht jeder mögliche, sondern nur derjenige Nutzen in Betracht zu ziehen ist, „welchen das qu. Object unter bestimmten, zur Zeit vorhandenen und deutlich erkennbaren Bedingungen und Verhältnissen zu leisten vermag."

[12]) Vgl. in Ansehung der Expropriation zu Zwecken des Bergbaues auch Hingenau a. a. O. S. 552.

[13]) Vgl. §. 4 Punkt 7. Es dürfte wohl nicht zu bezweifeln sein, dass der Expropriat, wenn er beweisen kann, er hätte seit Abnahme des Grundes bis zur Zahlung der Entschädigung aus dem entzogenen Objecte mehr an Früchten gewonnen, als die gesetzlichen (jetzt 6%) Zinsen der Entschädigungssumme betragen, auch auf diesen höheren Betrag Anspruch hat.

[14]) Den Behörden ist zu wiederholtenmalen (in Ansehung der zum Strassenbaue eingezogenen Grundstücke insbesondere mit Hofkanzleidecret vom 19. Juli 1827 Z. 18878, Böhm. Prov. Ges. Slg.

4. Dass der Enteigner auch den Werth der mit der Sache verbundenen und bereits beziehbaren Früchte nach denselben Grundsätzen wie den ermittelten Werth der entzogenen Sache selbst ersetzen müsse, ist selbstverständlich, und wird auch in der Regel der Enteigner diese Früchte, um sich von der Ersatzpflicht zu befreien, dem Expropriaten zur Perception überlassen. Dagegen könnte in Betreff jener Früchte, welche noch nicht percipirt werden können, der Zweifel entstehen, ob der Enteigner lediglich nach Analogie des §. 519 a. b. G. B. die auf die Erzielung der stehenden Früchte verwendeten Kosten dem Eigenthümer ersetzen müsse, oder ob Letzterer aus dem Titel des entgehenden Nutzens auf Ersatz der zu erzielenden Früchte selbst oder doch eines verhältnissmässigen Theiles derselben Anspruch habe. Nach unserem Rechte übergeht Gefahr und Nutzen der enteigneten Sache an den Exproprianten mit Zahlung oder Deposition der Entschädigungssumme, es ist daher der Expropriat bis zu diesem Zeitpunkte zum Bezuge der Früchte berechtigt. Rücksichtlich der zu dieser Zeit noch stehenden Früchte hat der Expropriat nicht nur Anspruch auf Ersatz der zur Erzielung derselben verwendeten Kosten, sondern er ist berechtigt, einen verhältnissmässigen Antheil an dem Ertrage der Früchte des letzten Jahres zu verlangen. Nur auf diese Art wird der dem Expropriaten zugefügte Nachtheil vollständig ausgeglichen; dagegen würde die Zuweisung des Werthes der erst in Zukunft zu erzielenden Früchte den Expropriaten ungerechtfertigter Weise bereichern, da ihm bis zu jenem Zeitpunkte, wo die Früchte nach dem natürlichen Laufe der Dinge gewonnen worden wären, der Genuss sowohl der enteigneten Sache als auch des Entschädigungscapitales zu Gute kommen würde. [15])

1627 Nr. 240) die schleunige Ausmittlung und Veranlassung der Auszahlung der Entschädigung für enteignete Grundstücke verordnet worden.

[16]) Dagegen will Häberlin a. a. O. S. 185 dem Expropriaten allgemein Ersatz für jene Früchte zuweisen, deren Bezug durch die Enteignung unmöglich wurde. Auch Art. 5 des bairischen Expropriationsgesetzes vom J. 1837 gewährt dem Expropriaten den Ersatz des Werthes jener Früchte, deren Ernte durch die Enteignung verhindert wurde. §. 8 des preuss. Gesetzes vom 11. Juni

Die hier erörterte Frage gewinnt insbesondere dann an
praktischer Bedeutung, wenn es sich um die Expropriation von
Grundstücken handelt, welche der Forstcultur gewidmet sind,
bei welchen daher die zu erwartenden Früchte einen weit
grösseren Werth repräsentiren, als das Grundstück selbst. In
dieser Hinsicht finden wir in der österreichischen Gesetzgebung
einen nicht zu unterschätzenden Anhaltspunkt in jenen Bestimmungen, welche die Entschädigung solcher Eigenthümer behandeln, in deren Wäldern die zum Behufe der Katastralvermessungen nothwendigen Auslichtungen und Aushauungen
vorgenommen wurden. Die Grundsteuer-Regulirungs-Hofcommis-
sions-Decrete v. 17. Juni 1821 Z. 15286 und v. 19. Juni 1824
Z. 24345 haben übereinstimmend festgesetzt, dass bei Abholzung
bereits schlagbarer Stellen dem Eigenthümer ebensowenig eine
Entschädigung gebühre, wie bei blosser Lichtung, die ohnedies
nach den Regeln der Forstwirthschaft erfolgen müsste. Dagegen
haben im Falle der völligen Abtreibung solcher Waldstrecken,
welche die Schlagbarkeit noch nicht erreichten, beide eben
gedachten Gesetze in Betreff der von Seite der politischen
Behörden dem Eigenthümer anzubietenden Entschädigung abweichende Grundsätze aufgestellt. Das erste Gesetz vom J. 1821
bestimmte, es sei jener Verkaufswerth, der von der abgeholzten
Strecke zur Zeit der Schlagbarkeit voraussichtlich für das Holz
erzielt worden wäre, auf ein Capital zu reduciren, welches mit
Zinsen und Zinseszinsen in der zur Schlagbarkeit fehlenden Zeit
den betreffenden Werth ergibt. Von diesem Capitale sei der
gegenwärtig erzielte Werth des unreifen Holzes abzuschlagen,
der Rest sei als Entschädigung anzubieten. [16])

1874 gewährt den Ersatz des vollen Werthes des abzutretenden
Grundstückes einschliesslich der enteigneten Zubehörungen und
Früchte.

[16]) Demgemäss wäre, im Falle eine nach 40 Jahren schlagbare Wald-
strecke einen Ertrag von 700 fl. abgeworfen hätte, von dem im
Hinblicke auf die inzwischen zu gewärtigenden 5% Zinsen und
Zinseszinsen reducirten Capitale pr. 100 fl. der gegenwärtige Holzwerth von allenfalls 60 fl. abzuschlagen gewesen, und hätte nur
der Rest pr. 40 fl. dem Eigenthümer als Entschädigung angeboten
werden können.

Richtiger ist dagegen die in dem letztgedachten Decrete
v. J. 1824 vorgeschriebene Berechnungsart, nach welcher von
dem im Zeitpunkte der Schlagbarkeit voraussichtlich zu erzielenden Erlöse des Holzes vorerst der gegenwärtige Holzwerth
abzuziehen und erst der Rest auf das unter Berücksichtigung
der Zinsen und Zinseszinsen der Zwischenzeit zu ermittelnde
Entschädigungscapital zu reduciren ist. [17])

Es ist hier schliesslich auch noch darauf hinzuweisen,
dass bei einer bloss zeitweisen Enteignung eine Steuerabschrei-
bung in Ansehung der in Anspruch genommenen Grundparcellen
für die Dauer der Benützung derselben zu öffentlichen Zwecken
nicht erfolgt. Auf diesen Umstand wird daher bei Ermittlung
der Entschädigung noch insbesondere Rücksicht zu nehmen sein
(Hofkanzlei-Decret vom 29. September 1843 Pol. Ges. Slg.
71 Bd. Nr. 240). [18])

5. Der Eigenthümer kann rücksichtlich des enteigneten
Objectes gegenüber dritten Personen Verbindlichkeiten auf sich
genommen haben, deren Erfüllung ihm durch die Enteignung
unmöglich wird. Insofern nun diesen dritten Personen kein
selbständiger Entschädigungsanspruch zusteht, ist der Eigenthümer unzweifelhaft berechtigt, von dem Enteigner Schadloshaltung für den Fall zu fordern, wenn er von den dritten
Berechtigten wegen Nichterfüllung der von ihm rücksichtlich
der entzogenen Sache übernommenen Verbindlichkeiten sollte in
Anspruch genommen werden. [19])

<hr/>

[17]) Es wäre also von dem nach 40 Jahren zu gewärtigenden Erträg-
nisse, welches wir wie oben mit 700 fl. ansetzen wollen, vorerst
der gegenwärtige Holzwerth pr. 60 fl. abzuschlagen. Erst der Rest
pr. 640 fl. wird auf ein Capital reducirt, welches mit Hinzurechnung
der 5% Zinsen und Zinseszinsen nach 40 Jahren jene 640 fl.
ergibt, und würde sonach die Summe von 91³/₇ fl. dem Eigenthümer als Entschädigung anzubieten sein. Es wird hiedurch der
nach ersterem Gesetze immerhin möglichen Eventualität vorgebeugt,
dass der Eigenthümer bei einer längeren Betriebsdauer gar keine
Entschädigung erhalten, ja dass sich sogar etwa noch ein Gut-
haben zu Gunsten des Exproprianten herausstellen würde.
[18]) Michel Handbuch Nr. 649.
[19]) Dagegen bestimmt § 39 des ungar. Ges. Art. 56 v. J. 1868: „Der

6. Es geschieht häufig, dass schon die Nachricht von einer beabsichtigten wichtigeren Unternehmung eine namhafte Steigerung des Werthes bestimmter Vermögensobjecte, namentlich unbeweglicher Güter zur Folge hat. Diese Steigerung darf bei Ausmessung der Entschädigung nicht in Betracht gezogen werden, denn es würde den Begriff einer „angemessenen Schadloshaltung" überschreiten, wenn der Expropriant verhalten würde, auch jene Werthserhöhung zu vergüten, welche abgesehen von der beabsichtigten Unternehmung gar nicht eingetreten wäre. [20])

Für die Richtigkeit dieser Ansicht finden wir auch in der positiven österreichischen Gesetzgebung einige Anhaltspunkte, speciell im §. 32 des Gesetzes vom 29. Juni 1868, Nr. 118 R. G. B.[21]), §. 9 Abs. 3 des Gesetzes vom 16. April 1873,

---

Umstand, dass in Folge der Expr. ein Miethvertrag vor Ablauf der Miethzeit aufgehoben wird, begründet keinen Anspruch auf Entschädigung." — In der Regel wird allerdings, wie bereits oben (§. 14 not. 21) bemerkt, der Bestandnehmer nach österr. Rechte, gleichfalls einen Entschädigungsanspruch zu stellen nicht berechtigt sein. Vgl. Koch a. a. O. S. 94 und 104.

[20]) Förster a. a. O. II. S. 145 not. 35, Stobbe a. a. O. S. 163 not. 43, Wolff a. a. O. S. 271, Rössler a. a. O. S. 198, Beschorner a. a. O. S. 100, Gruchot a. a. O. S. 102, Grünhut a. a. O. S. 106; doch dürfte die von Letzterem aufgestellte Regel, dass sonach der Verkaufswerth des Grundstückes nach dem Zustande desselben im Augenblicke der Enteignung abzuschätzen ist, in ihrer Allgemeinheit zum Vordersatze nicht passen, da eben schon vor der wirklichen Enteignung eine Werthserhöhung in Folge der beabsichtigten Unternehmung eintreten kann. Richtig bestimmt denn auch §. 10 des preuss. Expr. Ges. v. J. 1874, dass Werthserhöhungen, welche dem abzutretenden Grundstücke erst in Folge der neuen Anlage zu Theil werden, bei der Entschädigung nicht in Anschlag kommen. Im selben Sinne bestimmt auch Art. 42 des ital. Ges. v. J. 1865: „L'aumento di valore che dall' esecuzione dell' opera di publica utilità sarebbe derrivato alla parte del fondo compressa nell' espropriazione, non può tenersi a calcolo per aumentare l'indennità dovuta al proprietario." Uebereinstimmung auch das ungarische Enteignungsrecht: §. 35 des Ges. Art. 55 u. §. 35 des Ges. Art. 56 v. J. 1868; dann Art IX des bair. Gesetzes v. 17. Nov. 1837.

[21]) Bei Abschätzung der behufs Constatirung des Vorhandenseins der Rinderpest geschlachteten Thiere ist der Werth der Viehstücke

Nr. 77 R. G. B.²²), im §. 20 der Bauordnung für Wien vom 2. December 1868, Nr. 24 L. G. B.²³), schliesslich im §. 5 des steirischen Landesgesetzes vom 9. Januar 1870.²⁴)

7. Wenn es sich bei Ausmittlung der Entschädigungssumme herausstellen sollte, dass der Eigenthümer in letzterer Zeit an dem enteigneten Grundstücke Meliorationen, Neubauten u. s. w. offenbar nur zum Scheine, und um eine höhere Entschädigung zu erzielen, oder überhaupt zu einer Zeit vorgenommen habe, wo es ihm bekannt war, oder doch bekannt sein konnte, dass das betreffende Object im öffentlichen Interesse werde in Anspruch genommen werden, so gebührt ihm aus Anlass des auf diese Meliorationen gemachten Aufwandes kein Anspruch auf Entschädigung.²⁵)

---

ohne Rücksicht auf die ausgebrochene Seuche zu ermitteln.

²²) Die classificirten Pferde sind ohne Rücksicht auf den festgesetzten Remontenpreis oder den durch die Mobilisirung etwa momentan erhöhten Preis durch die der Aushebungscommission beigegebenen Schätzleute abzuschätzen.

²³) Der abzutretende Grund und Boden ist nur dann als Baugrund zu verwerthen, wenn er entweder bereits verbaut war, oder nach der früher bestandenen Baulinie verbaut werden durfte.

²⁴) „Der zur Entschädigungsforderung Berechtigte hat keinen Anspruch darauf, dass derjenige Mehrwerth mit in Rechnung gezogen werde, welchen die abzutretende Sache oder Nutzung erst durch den Wegebau erhält, oder aber dadurch erhalten haben würde, dass die am Wege oder in dessen Nähe gelegenen Grundstücke durch die Anlage des Weges im Werthe gestiegen sind."

²⁵) Vgl. Mittermaier a. a. O. S. 25, Treichler a. a. O. S. 156, Häberlin a. a. O. S. 189, Buddeus a. a. O. S. 402, Thiel a. a. O. S. 26-28, Rohland a. a. O. S. 61, Meyer a a. O. S. 295, Grünhut a. a. O. S. 108. Schon Pufendorf schliesst (a. a. O. lib. VIII, cap. 5, §. VII) bei Anwendung des sog. dominium eminens den Entschädigungsanspruch aus, wenn der Schade vorhergesehen werden konnte, wenn also z B. Jemand ungeachtet eines beabsichtigten Festungsbaues an einer hiezu in Aussicht genommenen Stelle ein Haus erbaut hätte. Es haben denn auch die positiven Gesetzgebungen zur Verhinderung derartiger doloser Handlungen verschiedene Verfügungen getroffen. Das badische Enteignungsgesetz bestimmt im §. 36, dass der Eigenthümer von

Für das österreichische Recht ist in dieser Richtung insbesondere §. 106 des allg. Berggesetzes hervorzuheben, wonach

— — —

dem Tage, wo ihm die beabsichtigte Enteignung urkundlich oder
durch Niederlegung des Planes auf dem Rathhause bekannt gemacht
wurde, durch 4 Monate ohne Zustimmung der Verwaltungsbehörde
keinen Neubau oder sonstige wesentliche Meliorationen vornehmen
dürfe, widrigens die hierauf verwendeten Kosten im Falle der
wirklichen Abtretung bei Bestimmung der Entschädigungssumme
nur insoweit berücksichtigt werden, als sie auch für den öffentlichen Zweck selbst, für welchen die Abtretung erfolgt, den Werth
der Liegenschaft erhöhen. Zu weit geht das bairische Gesetz,
welches im Art. 12 dem Eigenthümer gleichfalls vom Zeitpunkte
der Ladung zum Verhandlungstermine jede gerade nicht nothwendige Disposition untersagt, demselben jedoch überdies im Falle
einseitig vorgenommener Veränderungen die Pflicht zur Wieder-
herstellung des früheren Zustandes auferlegt, wenn die
vorgenommenen Veränderungen dem Enteigner nachtheilig sind.
Vgl. auch Roth (a. a. O. S. 179.). Uebrigens haben Bestimmungen
dieser Art den Nachtheil, dass im Falle, wenn die Enteignung
doch unterblieben ist, dem Eigenthümer Ersatz des durch die
erfolgte Dispositionsbeschränkung zugefügten Schadens zuerkannt
werden muss, was zu unnützen Weitläufigkeiten führt. Es empfiehlt
sich in dieser Richtung die Bestimmung des Art. 52 des französischen Gesetzes vom J. 1841, welches der Jury bei Beurtheilung eines etwa obwaltenden dolus freie Hand lässt: „Les con-
structions, plantations et améliorations ne donneront lieu à aucune
indemnité, lorsque à raison de l'époque ou elles auront été faites, ou
de toutes autres circonstances, dont l'appréciation lui est
abandonnée, le jury acquiert la conviction qu'elles ont été
faites dans la vue d'obtenir une indemnité plus élevée." Eine ähnliche
Bestimmung enthält Art. 43 des ital. Expr.-Ges., welcher ausserdem bestimmt, dass rücksichtlich jener Bauten, Anpflanzungen und
Meliorationen, welche auf den enteigneten Grundstücken nach der
Publication, dass die Detailpläne deponirt seien, unternommen
werden, die unredliche Absicht vermuthet wird. Ingleichen
§. 13 des preussischen Gesetzes vom 11. Juni 1874: „Für Neubauten, Anpflanzungen, sonstige neue Anlagen und Verbesserungen
wird beim Widerspruch des Unternehmers eine Vergütung nicht
gewährt, vielmehr nur dem Eigenthümer die Wiederwegnahme auf
seine Kosten bis zur Enteignung des Grundstückes vorbehalten,
wenn aus der Art der Anlage, dem Zeitpunkte ihrer Errichtung,
oder den sonst obwaltenden Umständen erhellt, dass dieselben
nur in der Absicht vorgenommen sind, eine höhere

der Bergwerksbesitzer für Beschädigungen an Gebäuden, Wasserleitungen oder sonstigen Anlagen, welche innerhalb eines Grubenfeldes erst nach dessen Verleihung ohne obrigkeitliche Baubewilligung errichtet worden sind, nicht verantwortlich ist. Hieraus
kann gefolgert werden, dass der Bergwerksbesitzer bei Enteignung des betreffenden Grundstückes für die nach der Verleihung
des Grubenfeldes errichteten Anlagen zu einer besonderen Entschädigung nicht verbunden ist.

Das Gesetz billigt dem Eigenthümer nur eine angemessene Schadloshaltung zu ; im vorausgesetzten Falle ist jedoch
der erhöhte Schade nicht durch die Thatsache der Expropriation,
sondern durch die eigene Handlung des Expropriaten entstanden.[26]) Dieser Grundsatz kann auch im Falle eines doloser
Weise abgeschlossenen Mieth- oder Pachtvertrages angewendet
werden.[27])

8. In Folge der neuen Unternehmung können häufig im
öffentlichen oder polizeilichen Interesse auch solchen Aurainern,
deren Grundstücke von der Expropriation nicht betroffen werden,
gesetzliche Beschränkungen auferlegt, oder sonstiger Schade
zugefügt werden, wofür denselben nach den allgemeinen Grundsätzen des bürgerlichen Rechtes eine Entschädigung nicht zustehen würde.[28])

— —

Entschädigung zu erzielen." — Sehr unbillig würde hingegen der von Thiel (a. a. O. S. 27) vorgeschlagene Modus erscheinen, demzufolge auf alle, etwa 6 Monate vor dem Beginne
des Expropriationsverfahrens angelegte Meliorationen bei Feststellung der Entschädigung keine Rücksicht zu nehmen wäre.

[26]) Vgl. Stubenrauch a. a. O. S. 184, der jedoch die Abweisung
des auf solche Meliorationen gegründeten Entschädigungsanspruches
damit motivirt, dass aus einer offenbar unredlichen Handlungs-
weise für den Eigenthümer kein Recht erwachsen könne.

[27]) Wolff a. a. O. S. 265.

[28]) Vgl. §. 1305 a. b. G. B., wornach Derjenige, der von seinem Rechte
innerhalb der rechtlichen Schranken Gebrauch macht, den für
einen Anderen hieraus entspringenden Nachtheil nicht zu verant-
worten hat, und §. 364 a. b. G. B., der bestimmt, dass die Ausübung des Eigenthumrechtes nur insoferne stattfinde, als dadurch
weder in die Rechte eines Dritten ein Eingriff geschieht, noch die
in den Gesetzen zur Beförderung und Erhaltung des allgemeinen

Mit Rücksicht auf die öffentlich rechtliche Natur der
Enteignung, auf den meist bedeutenden Umfang der dieselbe
rechtfertigenden Unternehmungen, wie auf die durch selbe mannigfach und selbst auf weite Entfernungen verursachte nach-
theilige Beeinflussung der Umgebung, haben jedoch manche
positive Gesetzgebungen auch den so benachtheiligten Anrainern
eine angemessene Entschädigung zugebilligt.[29]) Das österreichische Recht enthält eine diesbezügliche Bestimmung nur rück-

---

Wohles vorgeschriebenen Einschränkungen übertreten werden. Von
einer Entschädigung ist im Falle des letztgedachten §. keine Rede,
weil derselbe von Beschränkungen spricht, die dem Einzelnen
kraft allgemeiner gesetzlicher Vorschrift auferlegt werden,
wo daher kein freier Entschluss der Verwaltung vorliegt, von
welchem der einzelne Staatsbürger betroffen würde. Vgl. oben
§. 3 und Kalessa a. a. O. S. 251, der jedoch unter den §. 364
a. b. G. B. auch einige nicht dorthin gehörige Fälle subsumirt,
z. B. die Verpflichtung, Schürfungen auf dem eigenen Grundstücke
zu gestatten. Zu allgemein ist auch die Subsumption des Falles,
wo Fischereiberechtigten in Ausübung ihres Rechtes durch öffentliche z. B. Schifffahrtsrücksichten Beschränkungen auferlegt werden.
Vgl. in letzterer Richtung insbesondere auch §. 19 des Reichsgesetzes über das Wasserrecht vom 30. Mai 1869 Nr. 93 R. G. B.
Dagegen will Zeiller a. a. O. II, S. 126, 127 dem in seinem
Rechte Beschränkten eine Entschädigung dann zugestehen, wenn
durch diese Beschränkung lediglich „das Privatrecht gefördert
wird." Allein im blossen Privatinteresse sind solche Beschränkungen nicht statthaft und könnte da auch ein Specialgesetz, das
Zeiller vor Augen gehabt zu haben scheint, nicht helfen, weil
Gesetze auf bereits erworbene Rechte nicht zurückwirken. — Die
Unstatthaftigkeit eines solchen Ersatzanspruches der Anrainer
hat auch der k. k. oberste Gerichtshof mit Entscheidung vom
19. Mai 1858 (Unger-Glaser Slg. Nr. 573) ausgesprochen,
indem er die von einem Nachbarn, dessen Haus durch die Tiefer-
legung einer Strasse an seiner Festigkeit Schaden gelitten hatte,
gegen die Gemeindevertretung angestrengte Klage zurückwies.

[29]) So bestimmt §. 148 des preuss. Berggesetzes vom 24. Juni 1865:
„Der Bergwerksbesitzer ist verpflichtet, für allen Schaden, welcher
dem Grundeigenthume oder dessen Zubehörungen durch den unter-
irdisch oder mittelst Tagbaues geführten Betrieb des Bergwerkes
zugefügt wird, vollständige Entschädigung zu leisten, ohne Unterschied, ob der Betrieb unter dem beschädigten Grundstücke statt-
gefunden hat, oder nicht, ob die Beschädigung von dem Bergwerksbesitzer verschuldet ist, und ob sie vorausgesehen werden konnte,

sichtlich der Eisenbahnen und der zum Behufe der Bringung der Waldproducte nothwendigen Triften. Ausserdem bestimmt auch noch das steierische Landesgesetz vom 9. Jänner 1870, dass der Wegebaupflichtige die Anrainer gegen jeden

oder nicht. Vgl. Koch Commentar S. 237—249. Auch das französische und englische Recht erkennen im Principe die Verpflichtung einer das Expropriationsrecht in Anspruch nehmenden Unternehmung zum Ersatze jenes Schadens an, welcher nicht direct aus der Enteignung hervorgegangen ist, lassen jedoch in diesen Fällen nicht das besondere Expropriationsverfahren, sondern das gewöhnliche Verfahren eintreten (Grünhut a. a. O. S. 109, 120). Das ungarische allg. Expr. Ges. v. J. 1868 verpflichtet den Unternehmer, die in einem gewissen Umkreise gelegenen Gebäude auf eigene Kosten mit feuersichern Dächern zu versehen, oder, wenn dies nicht thunlich, selbe gleichfalls in den Expropriationsplan aufzunehmen (§§. 19, 20). Aehnlich §. 14 des preussischen Gesetzes: „Der Unternehmer ist zugleich zur Einrichtung derjenigen Anlagen ... verpflichtet, welche für die benachbarten Grundstücke oder im öffentlichen Interesse zur Sicherung gegen Gefahren und Nachtheile nothwendig werden." Für die blosse Auferlegung gesetzlicher Servituten, welche die Existenz der Unternehmung zur Folge hat, wird dagegen eine besondere Entschädigung nicht gewährt, ja es wird eine solche Ersatzpflicht im Art. 46 des ital. Expr. Ges. ausdrücklich negirt. Unter die Schäden der ersten Art gehört insbesondere die Entziehung des Wassers, die Gefährdung der Festigkeit von Baulichkeiten durch unterirdische Nachgrabungen, die Schädigung angrenzender Culturen durch schädliche Ausdünstung u. a. m. Es wäre mit Rücksicht auf die öffentliche Natur der Expropriation, wie Häberlin a. a. O. S. 198, 199 richtig bemerkt, unbillig, in solchen Fällen den Grundsatz: neminem laedit, qui suo jure utitur, ausnahmslos zur Geltung zu bringen. Die gleichen Gründe lassen sich jedoch für die Gewährung einer Entschädigung in dem Falle anführen, wenn durch übermassige Anhäufung von Legalservituten das freie Benützungsrecht der angrenzenden Grundstücke wesentlich beeinträchtigt wird, und es ist nicht ganz richtig, wenn Grünhut (a. a. O. S. 105) gegen einen solchen Anspruch den Umstand geltend macht, dass die Enteignung die Legalservituten nicht schaffe, sondern lediglich zufällige Veranlassung derselben sei. Es wird hiebei ausser Acht gelassen, dass ja die Unternehmung, deren ungestörter Betrieb eine Beschränkung der Ausübung des freien Eigenthumsrechtes zu den Nachbargrundstücken erheischt, eben erst durch Anwendung des Expropriationsrechtes ermöglicht wurde. Vgl. auch Koch Eisenbahnr. S. 131—150.

Schaden, welcher aus der Bauanlage der Strasse zugehen kann, schadlos zu halten habe. In allen übrigen Fällen haben die indirect geschädigten Anrainer gar keinen Anspruch auf Entschädigung.[30]) Was vorerst die Eisenbahnen betrifft, so wird im §. 10 lit. b des Conc. Ges. vom 14. September 1854 den Eisenbahnunternehmungen allgemein die Pflicht auferlegt, allen Schaden an öffentlichem oder Privatgute zu vergüten, welcher durch den fraglichen Eisenbahnbau verursacht worden ist. Nähere Ausführungen des obigen Grundsatzes enthalten mehrere, theils ältere, theils neuere Verordnungen, so rücksichtlich der nothwendigen Einschränkung des Bergbaubetriebes in der Nähe von Eisenbahnen die §§. 7 und 8 der Min.-Vdg. vom 2. Jänner 1859 Nr. 25 R. G. B. (vgl. oben §. 12), rücksichtlich der feuersicheren Herstellung der in der Nähe von Eisenbahn gelegenen Gebäude der Hofkammerpräsidial - Erlass vom 18. Jänner 1844 Z. 46 E. P. (Pollanetz-Witteck a. a. O. S. 76, 77), rücksichtlich der Beschränkung in der Ausübung des Eigenthums- und Nutzungsrechtes zu den an der Eisenbahn gelegenen Bergabhängen und in Gebirgsgegenden §. 4 des Hofkzldct. vom 29. August 1844, Pol. Ges. Slg., Bd. 72, Nr. 113. Es ist zu beklagen, dass die Eisenbahn-, Betriebs-, Polizei- und Dienst-Ordnung vom 16. November 1851, welche in den §§. 99—102 die diesfalls bestehenden Vorschriften, denen sich die Anrainer zu fügen haben, kurz zusammenfasst, über die den Letzteren gebührende Entschädigung keine Bestimmung enthält. Nichtsdestoweniger kann wohl an der Existenz eines solchen Anspruches mit Grund nicht gezweifelt werden, weil sonst die (auch im älteren Conc. Ges. v. J. 1838 enthaltene) Bestimmung des §. 10 lit. b. des Conc. Ges. v. J. 1854 nicht erklärlich wäre.[31]) Diese Ersatzansprüche der Anrainer sind von

---

[30]) Diese Lücke der Gesetzgebung ward bisher insbesondere in Betreff der Bergwerksunternehmungen schmerzlich empfunden. Hier ereignet es sich oft, dass in Folge unterirdischer Grabungen Quellen versiegen, und so ganzen Landstrichen bedeutende Wasserkräfte entzogen werden. Nach dem geltenden Rechte sind die Anrainer gegen solche Schädigungen ganz schutzlos, sie können weder die Einstellung des Bergbaubetriebes noch auch Ersatz des ihnen verursachten Schadens fordern.

[31]) Vgl. Michel a. a. O. §. 28 S. 99, 100 und 101. — Die oberst-

der Entschädigung, die der Expropriant für das enteignete
Object zu zahlen hat, oder von dem Acquivalente dieser Ent-
schädigung ganz unabhängig.[32]) Dagegen erstreckt sich die
Verpflichtung der Eisenbahn — abgesehen von besonderen
Rechtstiteln — keineswegs auf die Herstellung von Zufahrts-
strassen zu den Bahnhöfen und Ankunftsstationen.[33])

Rücksichtlich der Holztriften bestimmt §. 34 des Forstgesetzes vom 3. December 1852 Nr. 250 R. G. B., dass jeder
Schade, der nachweisbar bloss durch die Trift verursacht
wird, und zwar einschliesslich desjenigen, welcher ungeachtet
der Schutzbauten statt hat, von dem Triftunternehmer zu vergüten ist. Andere Schäden, zu deren Entstehung der Bestand
der Trift zum mindesten mitgewirkt hat, sind von den Trift-
unternehmern und Beschädigten verhältnissmässig, und wenn
das Verhältniss nicht ermittelt werden kann, zu gleichen Theilen
zu tragen.

9. Es ist eine in der Theorie vielfach strittige, und in der
Gesetzgebung auf verschiedene Weise gelöste Frage, ob dem
Expropriaten auf die ihm gebührende Entschädigung jener Vor-
theil angerechnet werden könne, welcher dem nicht expropriirten
Besitzthume desselben Eigenthümers in Folge der das Expro-
priationsrecht in Anspruch nehmenden Unternehmung zukömmt.
Von der Mehrzahl der Schriftsteller wird diese Frage verneint[34]),

richterliche Entscheidung vom 21. November 1861 Z. 6844 (Unger-
Glaser Nr. 1421) hat gleichfalls principiell die Entschädigungspflicht der Unternehmung anerkannt, und die betreffende Klage
nur wegen Abganges hinlänglicher Beweismittel abgewiesen.

[32]) Mit Unrecht vermengt beides die oberstgerichtliche Entscheidung
vom 3. October 1866 Z. 7576 (Unger-Glaser Nr. 2629). Die Entschä-
digungs-Klage eines Anrainers, dem in Folge des Eisenbahnbaues
die Zufahrt zu seinem Grundstücke erschwert worden war, wurde
aus dem Grunde abgewiesen, weil die Eisenbahn der ihr im § 10
lit. c des Conc. Ges. auferlegten Verpflichtung nachgekommen war.

[33]) Vgl. das niederösterr. Landesgesetz vom 21. April 1874 Nr. 21
L. G. B.

[34]) Treichler a. a. O. S. 157, Pöhls a. a. O. S. 136, 137,
Beschorner a. a. O. S. 98, Rossler a. a. O. S. 198, Stobbe
a. a. O. S. 164 not. 45, Gruchot a. a. O. S. 102, Haberlin

oder doch nur im beschränkten Masse bejaht [35]), und es
erscheinen auch in der That die für die Anrechnung dieses
Mehrwerthes angeführten Gründe nicht haltbar.[36]) Was nun
die in neuerer Zeit insbesondere von Grünhut mit Geschick
verfochtene Ansicht betrifft, dass der in Rede stehende Mehrwerth nur insofern in Betracht gezogen werden dürfe, als andererseits der Expropriat einen Anspruch auf Entschädigung
wegen behaupteter Entwerthung der ihm verbleibenden Objecte
zur Geltung bringt, so beruht diese Ansicht auf der irrigen
Voraussetzung, dass die in Folge der Unternehmung eintretende
Wertherhöhung gerade nur dem Expropriaten zu Gute
kömmt. Es ist vielmehr der Umstand, dass der Expropriat
noch andere in der Nähe gelegene Grundstücke besitzt, ganz
zufällig, und die Werthserhöhung kömmt nicht nur ihm, sondern auch allen Nachbarn, und zwar auch solchen zu Gute,

---

a. a. O. S. 190—192, Wolff a. a. O. IV. Frage: „Die bei theilweiser Expropriation dem Eigenthümer zu leistende Entschädigung
für den Minderwerth des verbleibenden Restes. Berücksichtigung
des Mehrwerthes dieses Restes (S. 265—272), Meyer a. a. O.
S. 290 ff., Dernburg a. a. O. §. 34, S. 58, welch' Letzteren
Grünhut (a. a. O. S. 123 not. 1) irrthümlich als Verfechter der
entgegengesetzten Ansicht anführt.

[35]) Grünhut will (a. a. O. S. 122—130) den in Rede stehenden Mehrwerth lediglich mit der Entschädigungssumme für den Minderwerth
des Restes des enteigneten Grundstückes compensiren, und auch
hier nur den sofort und unmittelbar eingetretenen Mehrwerth in
Anschlag bringen. Für die unbedingte Anrechnung des Mehrwerthes
sprechen sich aus: Bluntschli a. a. O. S. 221, Thiel a. a. O.
S. 31—35.

[36]) Purgoldt bejaht (a. a. O. S. 360) die Frage über die Zulässigkeit
der Anrechnung des Mehrwerthes, doch ist der von ihm voraus-
gesetzte Fall, wonach Jemandem gerade dadurch, dass nur ein
Theil seines Grundbesitzes exropriirt wurde, ein besonderer
Vortheil zugegangen sein soll, schwer denkbar. Was Thiel
a. a. O. anführt, ist nicht ganz verständlich, und scheint auf einer
irrigen Auslegung des franz. Expr. - Gesetzes zu beruhen. Es
scheint übrigens aus der am Schlusse der Ausführungen des
gedachten Schriftstellers angefügten Zusammenstellung hervor-
zugehen, dass Thiel die Anrechnung gleichfalls nur gegenüber
der Liquidation eines in Folge der Expropriation eingetretenen
Minderwerthes der Restgrundstücke zulassen will.

die keinen Zoll ihres Grundeigenthumes geopfert haben.[37])
Gegen die Anrechnung des Mehrwerthes der Restgrundstücke
wird auch geltend gemacht, dass die Entschädigung in baarem
Gelde geleistet werden müsse, und nicht in einer Anweisung
auf eine überdies hypothetische Werthserhöhung bestehen dürfe.[38])
Vom Standpunkte des österreichischen Rechtes kann behauptet
werden, dass die Anrechnung dieser aus der Expropriation für
den Expropriaten anderweitig resultirenden Vortheile nicht
stattfindet, da eine ausdrückliche gesetzliche Bestimmung diesfalls nicht existirt, und ein diesbezüglicher Anspruch des Exproprianten ebensowenig aus der Natur der Sache gefolgert werden
kann. Die Bestimmungen der auswärtigen Gesetzgebungen
weichen in dieser Richtung von einander vielfach ab.[39])

---

[37]) Sollten jedoch hiemit nur solche Fälle gemeint sein, wo speciell
der Expropriat aus der neuen Unternehmung Vortheil zieht, z. B.
einer Fabrik wird ein Theil der Vorrathsmagazine expropriirt,
dieselben jedoch gleichzeitig durch Herstellung einer leichteren
Communication entbehrlich gemacht, so ist eben keine Werthsverminderung des Restgrundstückes eingetreten, und kann schon
aus diesem Grunde von einer Compensation keine Rede sein.

[38]) Vgl. Wolff a. a. O. S. 270, Rohland a. a. O. S. 89.

[39]) Stubenrauch a. a. O. S. 184, 185. Das französische Gesetz
v. J. 1841 lässt im Art. 51 die Anrechnung des Mehrwerthes
unbedingt zu: „Si l'éxecution des travaux doit procurer une
augmentation de valeur immédiate et spéciale au restant de la
propriété, cette augmentation sera prise en consideration
dans l'evaluation du montant de l'indemnité." In Folge dessen hat
denn auch die Jury in vielen Fällen entweder gar keine, oder
doch nur eine Scheinentschädigung (von 1 Frank) zuerkannt. Im
Principe gestattet auch das ital. Expr. Ges. die Anrechnung des
sog. Mehrwerthes, doch darf selbst im Falle, wenn das Begehren
des Expropriaten auf Uebernahme des ganzen Objectes nicht statthaft
befunden wird, der anzurechnende Mehrwerth die Hälfte der
Entschädigungssumme nicht übersteigen (Art. 41). — Dagegen wird
im preussischen Expr. Ges. v. J. 1874 die Anrechnung der dem
Expropriaten aus dem Unternehmen selbst zukommenden Vortheile
ausgeschlossen. Das Gesetz enthält zwar diesfalls keine ausdrückliche Bestimmung, allein aus den Protokollen der Commission des
Abgeordnetenhauses geht hervor, dass über einige auf Statuirung
einer solchen Beschränkung abzielende Petitionen ausdrücklich der
Uebergang zur Tagesordnung beschlossen wurde. Vgl. Kletke
a. a. O. S. 63, Meyer in Behr. Zeitsch. VIII S. 591.

10. Was schliesslich die Form betrifft, in welcher die Entschädigung verabfolgt werden soll, so wird von manchen Seiten die Anweisung einer Naturalentschädigung empfohlen.[40]) Dagegen wird jedoch von anderer Seite mit Recht geltend gemacht, dass dem Principe der vollständigen Entschädigung nur dadurch entsprochen werde, dass der Expropriat eine bestimmte Quantität des allgemeinen Werthmessers, also eine Entschädigung im baaren Gelde erhalte.[41]) Auch die österreichische Gesetzgebung kennt mit Ausnahme des Falles, wo eine bereits früher dem öffentlichen Gebrauche gewidmete Sache der Enteignung verfällt (oben §. 6, not. 11), nur eine Geldentschädigung.

Die Vorschrift des Directorialhofdecretes vom 27. September 1793 (Kropatschek's Ges. Smlg. Franz Ⅱ. im 3. Bd. Nr. 968), wonach bei Ablösung der Gründe zum Strassenbaue die Entschädigung so lange in einem öffentlichen Fonde anzulegen war, bis eine andere Realität angekauft, und hierauf die Ansprüche des Dominiums sichergestellt wurden, ist zweifelsohne in Folge der Grundentlastung als antiquirt anzusehen. Wenn ferner das Ilfkzl. Dct. vom 28. December 1844, Z. 41335 bestimmte, dass bei Verabreichung der Entschädigung für das zur Constatirung der Rinderpest der Keule zum Opfer gefallene Vieh der Werth der noch benützbaren und dem Vieheigenthümer zu überlassenden Theile von der Vergütungssumme in Abzug zu bringen sei, so ist ganz abgesehen davon, dass es sich hier, wie bereits oben bemerkt, um keinen Fall der Expropriation in dem von uns bezeichneten Sinne handelt, darauf hinzuweisen, dass die hier in Rede stehende Vorschrift

---

[40]) Thiel a. a. O. Nur in ausnahmsweisen Fällen gestattet das ungar. allg. Expr. Ges. unbewegliches Eigenthum als Entschädigung anzuweisen (§. 37). Vgl. auch Stobbe a. a. O. S. 162 not. 34. Das preussische Gesetz gestattet die Entschädigung in Grund und Boden, wo dies durch Specialgesetze vorgeschrieben ist (§. 7). Dies ist z. B. der Fall nach §. 15 des Chausséebaureglements für die Mark vom 21. Juni 1796. Dalcke a. a. O. S. 51.

[41]) Stein a. a. O. 298, Grünhut a. a. O. S. 121, 122, Rohland a. a. O. S. 56, Meyer a. a. O. S. 299, welch' Letzterer wohl principiell die Naturalentschädigung billigt, selbe jedoch für praktisch undurchführbar hält.

später durch §. 32 des Ges. vom 29. Juni 1868, Nr. 118 R.
G. B. und §. 4 des Ges. vom 14. Mai 1873, Nr. 90 R. G. B.
modificirt wurde, wonach die Verwerthung der verwendbaren
Theile einzig auf Rechnung des Staates erfolgen soll, so dass
dem Eigenthümer der Ersatz des vollen Schätzungswerthes
im Gelde gebührt[42]). Dagegen wird durch den vorstehend
ausgesprochenen Grundsatz keineswegs die sofortige Auszahlung der als angemessen ermittelten Geldentschädigung
bedingt. Es wird vielmehr im Falle eines blossen Nutzungsentganges die Zahlung und Sicherstellung einer angemessenen
Rente, in dem oben sub 5. gedachten Falle die Leistung
einer angemessenen Sicherstellung für allfällige künftige
Ansprüche entsprechend gefunden werden.[43])

---

[42]) §. 4 des Gesetzes vom 14. Mai 1873 statuirt ausdrücklich: „Der
Erlös für die im Sinne dieses Gesetzes gewonnenen thierischen
Rohproducte fällt dem Staate anheim, wenn nach dem Gesetze
vom 29. Juni 1868 Nr. 118 R. G. B. dem Eigenthümer eine Entschädigung gebührt, in allen übrigen Fällen geschieht die
Verwerthung auf Gefahr und Rechnung des Eigenthümers und
entfällt jeder Ersatzanspruch an den Staat.“

[43]) In diesem Sinne bestimmt denn auch §. 43 der dem Hfdct. vom
8. November 1812 Nr. 654 J. G. S. beigefügten Instruction: „Handelt
es sich um eine bleibende Grundeinlösung, so ist der ganze Grundwerth im Gelde zu veranschlagen; handelt es sich nur um eine
zeitliche Einlösung, so hat die Schätzung den Entgang des Nutzens,
welchen das Grundstück jährlich abwerfen würde, zu bestimmen,
wornach die auf die Dauer der Benützung zu bezahlende Rente
zu bemessen, die seinerzeit gleichfalls im Wege der Abschätzung
zu ermittelnde allfällige Werthsverminderung aber dem Eigenthümer nach geendeter Benützung im Capitale zu vergüten
sein wird.“ Hiemit beinahe gleichlautend ist die Bestimmung des
Hofdct. vom 11. October 1821 Z. 29059, betreffend die Ausmittlung
der Entschädigung für die Benützung der zum Strassenbaue in
Anspruch genommenen Stein- und Schotterbrüche. Vgl. auch §. 5
der Minist.-Vdg. vom 21. April 1857 Nr. 82 R. G. B. — Das von
A. Schneider a. a. O. S. 103 erwähnte Arrangement, wornach
bei bloss zeitweiliger Benützung der ganze Entschädigungsbetrag
für das Grundstück ausgezahlt, und die Verpflichtung zur Rückstellung dieses Betrages nach beendeter Benützung ob der Realität des Expropriaten sichergestellt würde, könnte wohl nur im
Wege freiwilliger Uebereinkunft zu Stande kommen.

§. 16.

Rückerwerbsrecht des Expropriaten, Begehren desselben auf Ausdehnung der Enteignung.

In der Lehre von der Enteignung ergeben sich noch zwei wichtige Fragen, welche mit der Feststellung der dem Expropriaten gebührenden Entschädigung auf das Innigste zusammenhängen, und daher am zweckmässigsten im Anschlusse an die Darstellung der die Entschädigung betreffenden gesetzlichen Bestimmungen behandelt werden können. Es frägt sich nämlich:

1. Hat der Expropriat nach dem Wegfalle des Zweckes, zu welchem die Enteignung vorgenommen wurde, ein Recht zu verlangen, dass ihm das enteignete Object, sei es gegen Rückerstattung der Entschädigungssumme, oder unter Anwendung eines anderen Massstabes in das freie Eigenthum rücküberlassen werde?

2. Ist im Falle einer theilweisen Enteignung der Expropriat berechtigt, zu verlangen, dass der Enteigner ihm das ganze Object abnehme, und hiefür Entschädigung gewähre?

ad 1. Es ist selbstverständlich, dass im Falle, wenn das enteignete Object nur zum Zwecke einer vorübergehenden Benützung in Anspruch genommen wird, also eine Expropriation mit Rücksicht auf das Eigenthumsrecht selbst gar nicht erfolgt, dem Eigenthümer nach Wegfall der im öffentlichen Interesse verfügten Benützung die Sache zurückerstattet, und für die in Folge der stattgehabten Benützung etwa eingetretene Werthsverminderung ein angemessener Ersatz gewährt werden muss. Dieser Grundsatz ist auch in unserer Gesetzgebung (§. 15 not. 43) unzweideutig ausgesprochen.

Aber auch in jenen Fällen, wo das Eigenthumsrecht selbst rücksichtlich einer bestimmten Sache der Expropriation zum Opfer fiel, scheint es ein Gebot der Billigkeit zu sein, dass das dem Einzelnen im Interesse der wirthschaftlichen Verwaltung auferlegte Opfer dort seine Grenze finde, wo es sich zeigt, dass bei dem Ausspruche über die Nothwendigkeit der Entziehung des Eigenthumsrechtes von irrigen Voraussetzungen ausgegangen wurde, oder dass in der Folge solche Umstände eingetreten seien, welche die angeordnete Entziehung im öffentlichen Interesse keineswegs mehr als nothwendig erscheinen lassen. Es ist daher von manchen Schriftstellern [1]) die Ansicht

---

[1]) Vgl. Pöhls a. a. O. S. 122, Häberlin a a. O. §. 16 S. 207, 208, welch' Letzterer empfiehlt, zur Geltendmachung des Rückfallsrechtes eine Frist vorzuschreiben, welche vom Tage der Verständigung darüber zu laufen hätte, dass das betreffende Object zur Ausführung der beabsichtigten Unternehmung nicht erforderlich sei. Thiel a. a. O. S. 62; dagegen will Grünhut (a. a. O. §. 8 S. 162 ff.) und nach ihm auch Rohland a. a. O. S. 44 das Rückerwerbungsrecht dem Expropriaten nur dann einräumen, wenn Grundstücke entweder nach Vollendung der die Enteignung veranlassenden Unternehmung, oder weil diese Unternehmung von vornherein ganz aufgegeben wurde, ohne Verwendung geblieben sind, nicht aber in dem Falle, wenn Grundstücke, nachdem sie bereits die Bestimmung erhalten haben, dem wirthschaftlichen Interesse der Gesammtheit zu dienen, in Folge von Veränderungen, welche an dem ausgeführten Werke oder an einem Theile desselben gemacht werden, hinterher aufhören, diesem Zwecke dienstbar zu sein — ohne jedoch Gründe für diese Unterscheidung anzuführen. Das Rückerwerbungsrecht hält Grünhut für der Sache, nicht der Person des Expropriaten anklebend, indem er behauptet, dass der Besitzer jener Parcelle, von welcher das enteignete Grundstück abgetrennt wurde, allein berechtigt sei, dieses Recht auszuüben. (Dagegen wieder Rohland a. a. O. S. 43.) Dabei wird jedoch der Fall, wo das Grundstück eines Eigenthümers zur Gänze enteignet wird, unerörtert gelassen (S. 167). Auch Grünhut und Rohland (S. 50) wollen die Geltendmachung des Rückerwerbungsrechtes auf einen kurzen Zeitraum eingeschränkt wissen, ersterer vertheidigt jedoch anderseits die Ansicht, dass der Enteigner nie zu einer Erklärung darüber aufgefordert werden könne, ob er das enteignete Grundstück wirklich zu dem angegebenen Zwecke verwenden werde, und will nur eine stillschweigende negative Erklärung der gedachten Art darin erblicken, wenn das Grundstück für einen anderen nicht öffentlichen Zweck verwendet wird (S. 166). Alle diese Fragen lassen sich wohl vom abstracten Standpunkte, ohne auf eine bestimmte positive Gesetzgebung zurückzugreifen, schwer beantworten; jedenfalls unrichtig scheint jedoch die Behauptung

begründet worden, dass in Fällen der gedachten Art dem Expropriaten das Recht eingeräumt werden solle, das enteignete Object gegen Rückstellung der Entschädigungssumme, allenfalls unter Berücksichtigung der in der Zwischenzeit an demselben vorgefallenen Deteriorationen oder Meliorationen der Substanz [2]) wieder in sein Eigenthum zu erwerben. Auch positive Gesetzgebungen einzelner Staaten haben theils ein solches Rückfallsrecht, theils wenigstens ein mehr oder weniger ausgedehntes

---

zu sein, dass die Verwaltung ohne weiters berechtigt· sein solle, das enteignete Grundstück zu einem andern öffentlichen Zwecke, als zu welchem die Expropriation veranlasst wurde, zu verwenden. Wenn zur Begründung dieser Ansicht von Grünbut (a. a. O. S. 166) angeführt wird, dass ja die Verwaltung zu dem anderen Zwecke neuerdings enteignen könnte, so ist dagegen zu bemerken, dass es ja eben erst durch ein neuerliches Expropriationsverfahren festgestellt werden müsste, ob der andere Zweck auch wirklich die Expropriation in dem angesprochenen Umfange zu rechtfertigen geeignet ist. — Meyer will (a. a. O. S. 264) dem Expropriaten das Rückfallsrecht auch dann zugestehen, wenn die positiven Gesetze hierüber keine besonderen Bestimmungen enthalten, indem er die durch die Enteignung begründete Abtretungsverbindlichkeit als eine obligatio sub modo auffasst. Vgl. dagegen auch Stobbe a. a. O. S. 165 not. 50. In Betreff der Frage, ob bei Ausübung des Rückerwerbungsrechtes der Eigenthumsübergang an den Expropriaten ipso jure stattfinde, vgl. auch Meyer in Behrend's Zeitschr. VIII. S. 585 not. 101.

[2]) Häberlin will hier (a. a. O.) mit Rohland (a. a. O. S. 49, 50) die allgemeinen Grundsätze über Meliorationen oder Deteriorationen der Substanz zur Anwendung bringen. Meyer (a. a. O. S. 268) und nach ihm Grünbut (a. a. O. S. 168) unterscheiden rücksichtlich der Meliorationen, ob selbe auch dann eingetreten wären, wenn das Grundstück in der Hand des Eigenthümers geblieben wäre, oder nicht. Nur im letzteren Falle habe der Expropriant Anspruch auf Ersatz seiner Verwendungen, insoweit dieselben die eingetretene Wertherhöhung nicht übersteigen. Die Beantwortung dieser Frage hängt davon ab, ob man dem Rückfallsrechte eine Wirksamkeit erst vom Zeitpunkte seiner Geltendmachung, oder ex tunc zugesteht. Die erstere Ansicht dürfte vom abstracten Standpunkte allerdings den Vorzug verdienen. Nach ungarischem Enteignungsrechte (§. 68) hat der Expropriant für durch ihn veranlasste Meliorationen gar keinen Anspruch auf Ersatz, sondern nur ein bedingtes jus tollendi.

Vorkaufsrecht des Expropriaten rücksichtlich der ihm ehedem gehörigen Objecte ausdrücklich anerkannt.[3]) Das Vorkaufsrecht

---

[3]) Das französische Gesetz vom J. 1841 bestimmt diesfalls im Art. 60: „Si les terrains acquis pour des travaux d'utilité publique n e recoivent pas cette destination, les anciens propriétaires et leur ayants droit peuvent en demander la remise." Es wird also ein Rückforderungsrecht nur in beschränktem Masse anerkannt; der Preis, welchen der Expropriat rückzuvergüten hat, wird in Ermanglung einer gütlichen Uebereinkunft durch die Jury bestimmt, derselbe darf jedoch die dem Expropriaten früher verabfolgte Entschädigungssumme nicht überschreiten. Aehnliche Grundsätze stellt das ungarische Gesetz in den §§. 64 und 66, ferner das italienische Enteignungsgesetz im Art. 60 bis 63 auf; die Berechtigten können, im Falle sich die Verwendung verzögert, beim Präfecten ansuchen, dass dieser durch Decret erkläre, ob die Grundstücke für die öffentliche Unternehmung nicht mehr nothwendig seien, sie können aber auch binnen bestimmter Frist über die Verpflichtung zur Rückstellung einen richterlichen Spruch provociren. Das bairische Gesetz vom J. 1837 gewährt dem Enteigneten das Recht des Rückerwerbes nur in dem Falle, wenn das beabsichtigte Unternehmen aufgegeben wird, und bestimmt (Art. 12), dass in diesem Falle der empfangene Entschädigungsbetrag einfach zurückgegeben werden müsse (Roth a. a. O. S. 181). Gegen diese bloss beschränkte Anerkennung des Rückerwerbsrechtes vgl. Rössler a. a. O. §. 197 not. 4. — Das Princip der Gewährung eines Vorkaufsrechtes findet sich hauptsächlich in der preussischen Gesetzgebung ausgesprochen. So gewährten schon die §§. 16 und 17 des preussischen Eisenbahngesetzes vom Jahre 1838 dem früheren Eigenthümer ein Vorkaufsrecht, wenn das Unternehmen, für welches expropriirt wurde, eingeht (Förster a. a. O. S. 147 not. 48) u. §. 141 des preuss. Bergges. v. J. 1865 bestimmt, dass, wenn in der Folge das Grundstück zu den Zwecken des Bergbaues entbehrlich wird, dem zeitweiligen Eigenthümer des durch die ursprüngliche Enteignung verkleinerten Grundstückes das „Vorkaufs-" u. „Wiederkaufs-"Recht zusteht (vgl. F. Schneider a. a. O. S. 145 not. 1). — Analog bestimmt das sächsische Berggesetz in den §§. 220—224, macht jedoch ungerechtfertigter Weise die Uebernahme resp. Abtretung von dem Verlangen des einen oder des anderen Theiles abhängig. Das preussische Gesetz vom 11. Juni 1874 hat im §. 57 das Wiederkaufsrecht ausdrücklich aufgehoben und gesteht nur ein gesetzliches Vorkaufsrecht wegen aller Theile von Grundstücken zu, welche in Folge des verliehenen Enteignungsrechtes zwangsweise oder durch

entspricht jedoch an sich noch keineswegs allen Anforderungen
der Billigkeit.[4])

Unsere Gesetzgebung spricht jedoch dem Expropriaten ein
solches Rückerwerbungsrecht nicht zu.[5]) Insbesondere wäre es
nicht gerechtfertigt, den hier in Rede stehenden Anspruch des
Expropriaten vom Standpunkte einer condictio causa data, causa
non secuta aufzufassen, beziehungsweise ihn als condictio causa
finita zu bezeichnen. (§§. 1431, 1435, a. b. G. B.)[6]) Denn das
hier in Rede stehende Verhältniss lässt sich überhaupt nicht
vom Standpunkte des Privatrechtes beurtheilen, zumal, wie
bereits oben erwähnt wurde, der Expropriat das enteignete
Grundstück dem Enteigner nicht übergeben hat, sondern es sich
einfach nehmen liess. Da also nichts geleistet wurde, kann
auch von einer condicto indebiti keine Rede sein.[7]) Im Gegen-

---

freien Vertrag an den Unternehmer abgetreten sind, wenn in
der Folge das abgetretene Grundstück ganz oder theilweise zu
dem bestimmten Zwecke nicht nothwendig ist, und veräussert
werden soll. Die Natur dieses Vorkaufsrechtes ist eine durchweg
dingliche. Dalcke a. a. O. S. 150.

[4]) Auch im Falle der Einräumung des Vorkaufsrechtes sollte, wie
Häberlin (a. a. O. S. 208) richtig bemerkt, dem Eigenthümer überdies innerhalb bestimmter Frist das Recht zustehen, sich hiemit
nicht zufrieden zu stellen, sondern Rückstellung der Sache gegen
Restitution der Entschädigung und Vergütung der etwaigen Melio-
rationskosten zu begehren. Sehr zutreffend erscheint in dieser
Richtung die Bestimmung des §. 84 des badischen Gesetzes vom
28. August 1835, welches die Geltendmachung beider Rechte
innerhalb Jahresfrist gestattet. Auch das englische Enteignungsrecht räumt den Expropriaten und nach ihnen den angrenzenden Nachbarn rücksichtlich der nicht verwendeten Grundstücke
ein Vorkaufsrecht ein, im Falle jedoch Enteigner diese überflüs-
sigen Grundstücke innerhalb bestimmter Frist nicht wirklich veräussert, so fallen selbe eo ipso ohne Entgelt den angrenzenden
Grundbesitzern zu (Grünhut a. a. O. S. 176, 177, Buddeus
a. a. O. S. 396, 402, welcher diese letztere Bestimmung für ungerechtfertigt hält.).

[5]) Stubenrauch a. a. O. S. 195.

[6]) Dies unternimmt namentlich Thiel (a. a. O. S. 62).

[7]) Es würde übrigens auch mit dem öffentlich rechtlichen Charakter
der Expropriation im Widerspruche stehen, einen privatrechtlichen

theile wird im §. 11, lit. b des Eisenbahnconcessionsgesetzes ausdrücklich hervorgehoben, dass im Falle, wenn der Termin nicht zugehalten wird, welcher für die Vollendung der Eisenbahn oder einzelner Bahnstrecken, sowie für die Eröffnung des Betriebes in der Concessionsurkunde ausdrücklich vorgeschrieben worden ist, und wenn hierwegen die ertheilte Eisenbahnconcession erlischt, das erworbene Eigenthum an Grundstücken, Gebäuden etc. den Unternehmern verbleibt,[²]) und dass es lediglich der Verwaltung vorbehalten ist, allenfalls aus Anlass der Ueberlassung derselben Concession an andere Personen eine neuerliche Expropriation dieser Gegenstände zu verfügen. Rücksichtlich der Triftbauten bestimmt §. 33 Abs. 3 des Forst.-Ges., dass selbe, falls sie der Eigenthümer fernerhin nicht in gutem Stande erhalten will, zu veräussern oder in Pacht zu geben, und falls sie gar nicht mehr gebraucht werden, vollständig abzutragen seien. Auch hier ist für den Fall, als zur Errichtung der Trift eine Zwangsenteignung vorgenommen worden sein sollte, eine besondere Bestimmung in Betreff des Rückfalles dieses Eigenthums nicht getroffen.

ad 2. Es wurde bereits oben bemerkt, dass bei der theilweisen Enteignung einer Sache bei Ausmessung der Entschädigung auf den Nachtheil Rücksicht genommen werden müsse, welchen der Eigenthümer dadurch erleidet, dass der ihm verbleibende Theil der Sache nicht mehr zweckmässig in der bisherigen Weise benützt werden kann. Ohne das dem Eigenthümer in diesem Falle zustehende Recht auf Ersatz der vollständigen Entschädigung zu beeinträchtigen, kann es hier vielfach vortheilhaft erscheinen, demselben das Recht einzuräumen, zu verlangen, dass der Expropriant nicht nur einen Theil, sondern das g a n z e Object enteigne.[⁹]) Die gleiche Voraussetzung

---

Anspruch darauf zu stützen, dass ein enteignetes Grundstück im öffentlichen Interesse nicht weiter benöthigt werde, und consequent auch über letztere Frage die Gerichte entscheiden zu lassen.

*) Denselben Grundsatz hatte bereits §. 9 des älteren Conc. Ges. v. 30. Juni 1838 ausgesprochen.

*) Häberlin räumt (a. a. O. S. 177, 178) dieses Recht dem Eigenthümer nur dann ein, wenn der zurückbleibende Theil in der bisherigen Weise entweder gar nicht mehr, oder doch nur in sehr

tritt dann ein, wenn der Expropriant nur eine zeitweise Benützung des benöthigten Objectes beansprucht, der Eigenthümer hingegen sich hiemit nicht zufrieden stellen will, sondern die Uebernahme des vollen Eigenthumes durch den Enteigner begehrt.

In Rücksicht des ersteren Falles, welcher hauptsächlich dann eintritt, wenn Grundstücke in Folge der angestrebten Enteignung so zerstückelt werden, dass das Restgrundstück seiner wirthschaftlichen Bestimmung nicht mehr, oder doch nur in sehr erschwertem Masse entsprechen kann, dürfte die Einräumung

---

geringem Masse benützt werden kann. Pöhls folgert (a. a. O. S. 118, 119) „aus der Natur der Sache" folgende Resultate: 1. wo eine theilweise Abtretung den Rest ganz unbrauchbar machen würde, habe der Eigenthümer das Recht, zu verlangen, dass ihm das Ganze abgenommen werde; 2. bei einer wesentlichen Verschlechterung des Restgrundstückes stehe ihm hingegen dieses Recht nur dann zu, wenn eine vollständige Entschädigung nicht möglich ist; 3. auf sonstige Verschlechterungen sei nur bei Bemessung der Entschädigung Rücksicht zu nehmen. Wolff will (a. a. O. S. 272) dem Exproprianten die Pflicht zur Uebernahme des ganzen Objectes unbedingt in jenem Falle auferlegt wissen, wo dem Expropriaten der durch die Unternehmung hervorgerufene Mehrwerth des Restgrundstückes auf die Entschädigung abgerechnet werden soll, damit der Expropriant auch die Mühe und Gefahr trage, von welcher diese Wertherhöhung bedingt sei. Thiel will (a. a. O. S. 28—30) dem Expropriaten das Recht auf Ausdehnung der Entcignung bei Gebäuden unbedingt, bei ländlichen Grundstücken dann einräumen, wenn entweder das Grundstück ohne durchgreifende Hauptveränderungen seiner bisherigen Bewirthschaftungsart nicht erhalten werden kann, oder das Restgrundstück nicht mehr die Hälfte des Werthes des früheren Gesammtgrundstückes hat. In gleichem Sinne hält Grünhut (a. a. O. S. 150, 151) Gebäude nebst den hiezu fortgesetzt benützten Räumen z. B. Höfen, Magazinen etc. für untheilbare Ganze, deren theilweise Expropriation nicht statthaft ist. Bei anderen Grundstücken soll der Enteignete nur dann das Recht haben, die Ausdehnung der Enteignung zu begehren, wenn das Grundstück für die Erfüllung der wirthschaftlichen Bestimmung, welcher es im Vermögen des Enteigneten bisher zu dienen hatte, ungeeignet wird, was zu beurtheilen am besten der zur Feststellung der Entschädigung berufenen Behörde überlassen werden könne. Vgl. auch Mittermaier a. a. O. S. 23 und 24, H. A. Zachariae a. a. O. §. 153 not. 5.

eines Rechtes der bezeichneten Art nicht gerade nothwendig sein, weil ja der Eigenthümer für die durch die Zerstücklung entstandene Werthsverminderung ohnedies vollständigen Ersatz erhalten muss. [10]) Wo man daher kraft positiven Gesetzes dem Expropriaten das Recht einräumt, unter Umständen bei theilweiser Expropriation eines Objectes die Ausdehnung der Enteignung auf das ganze Object zu verlangen [11]), geschieht dies

---

[10]) Treichler a. a. O. S. 143.

[11]) Das französische Gesetz v. J. 1841 anerkennt eine Verpflichtung des Exproprianten zur Uebernahme des ganzen Objectes nur bei Bauten (bâtiments); bei anderen Grundstücken nur, wenn selbe auf den vierten Theil, und zwar auf weniger als 10 Ares reducirt werden, und der Eigenthümer kein anderes Grundstück in der Nachbarschaft besitzt (Art. 50, Abs. 2). — Das italienische Gesetz v. J. 1865 bestimmt (im Art. 23), dass auch jene Restgrundstücke auf Verlangen in die Enteignung einbezogen werden müssen, welche auf ein solches Mass reducirt sind, dass sie keine nützliche Bestimmung (utile destinazione) für den Eigenthümer haben, oder dass beträchtliche Arbeiten nothwendig sind, um sie zu erhalten oder in gewinnbringender Weise zu benützen. Eine ähnliche Bestimmung enthält das bairische Expr. Ges. v. J. 1837 im Art. 3: „Bei Gegenständen, deren Theilung nachtheilig auf die Benützbarkeit des Gesammtgegenstandes zurückwirkt, kann nicht wider den Willen des Eigenthümers auf theilweise Abtretung erkannt werden. Insbesondere darf die Theilung eines Gebäudecomplexes oder die Trennung der zu dem Umfange desselben gehörigen Gärten und Hofraithen oder eines Theiles derselben von dem Gesammtcomplexe nur mit Einwilligung des Eigenthümers stattfinden", wogegen das badische Gesetz v. J. 1835 (§§. 30—32) die Untheilbarkeit nur rücksichtlich der Gebäude, der zum Gewerbebetriebe erforderlichen Räumlichkeiten und der zum landwirthschaftlichen Betriebe gehörigen Gebäudecomplexe und der dazu gehörigen Plätze ausspricht. Auch kann bei der Abtretung einer mit dem Besitze einer Liegenschaft verbundenen Berechtigung der Berechtigte die Abnahme der ganzen Liegenschaft fordern, wenn selbe durch die Entziehung der Berechtigung zu ihrer Bestimmung untauglich, oder doch ihr Betrieb dadurch wesentlich erschwert, oder ihr Ertrag wesentlich vermindert wird (§. 33 cod.). — Nach englischem Enteignungsrechte ist der Unternehmer nur bei beabsichtigter theilweiser Enteignung eines Wohngebäudes oder einer Fabrik zur Uebernahme des Ganzen verpflichtet, bei Rusticalgrundstücken nur dann, wenn auf einer Seite (der Eisen-

nur behufs Vereinfachung der Sache, und um complicirten Berechnungen über die Höhe des durch die theilweise Enteignung zugefügten Schadens aus dem Wege zu gehen. In diesem Falle fordert es die Billigkeit, dass auch dem Exproprianten ein gleiches Recht eingeräumt werde, um sich vor der Nothwendigkeit der Auszahlung einer übermässigen Entschädigungssumme zu schützen. [12]) Selbstverständlich kann auch rücksichtlich der

---

bahn) nicht mehr als $\frac{1}{2}$ Morgen Land übrig bleibt, und der Eigenthümer auch keine andern hieran angrenzenden Grundstücke hat, welche mit dem Restgrundstücke vereint angemessen bewirthschaftet werden könnten. (Grünhut a. a. O. S. 161, 162, Buddeus a. a. O. S. 396). Besonders eingehende und complicirte Bestimmungen enthält in dieser Richtung das ungarische allg. Expr. Gesetz (§§. 15—17), während der Ges. Art. 56 ai. 1868 in Ansehung der im Weichbilde der Städte Pest-Ofen ausnahmsweise in ausgedehnterem Massstabe zugelassenen Expr. Liegenschaften überhaupt für untheilbar ansieht, daher die Abnahme der ganzen nur theilweise benöthigten Realität auch wider den Willen des Eigenthümers gestattet (§. 5). Nach preussischem Rechte kann der Grundeigenthümer verlangen, dass der Unternehmer das Eigenthum des ganzen Grundstückes erwerbe, wenn ein Grundstück durch die Abtretung einzelner Theile so zerstückelt würde, dass die übrig bleibenden Theile der bisherigen Bestimmung gemäss nicht mehr zweckmässig benützt werden können. Gebäude sind jedenfalls ganz abzulösen. (§. 139 des preuss. Bergges. vom 24. Juni 1865, §. 9 des Expr. Ges. v. 11. Juni 1874). Dalcke a. a. O. S. 62.

[12]) Anderer Meinung ist Meyer a. a. O. S. 283, Rohland a. a. O. S. 92 und Grünhut a. a. O. S. 149, welch' Letzterer sich darauf beruft, dass der Enteignete principiell niemals gezwungen werden dürfe, mehr abzutreten, als im allgemeinen Interesse unbedingt nothwendig ist. Hiebei wird jedoch übersehen, dass dem Exproprianten das Recht auf Ausdehnung der Enteignung gleichfalls nicht principiell zusteht, sondern nur aus Zweckmässigkeitsgründen von der positiven Gesetzgebung zuerkannt wird. — Was sodann die weitere Ansicht des letztgedachten Schriftstellers betrifft, dass rücksichtlich des auf diese Weise freiwillig abgetretenen Theiles des Grundstückes keine Enteignung, sondern ein gewöhnliches privatrechtliches Erwerbungsgeschäft vorliege (S. 153), dass sonach durch diese Uebertragung die Hypotheken nicht berührt werden, auch ein Rückerwerbungsrecht des Expropriaten nicht statt habe (S. 163), so dürfte selbe wohl dort nicht haltbar sein, wo die

solchergestalt der Unternehmung aufgedrungenen Objecte weder
ein Rückerwerbs - noch ein Vorkaufsrecht geltend gemacht
werden. [13])

Im zweiten Falle, wo es sich nämlich nur um eine zeitweilige
Benützung handelt, welcher der Eigenthümer sich widersetzt,
sprechen überwiegende Billigkeitsgründe dafür, dass wenigstens
im Falle einer länger andauernden Benützung dem Eigenthümer
das Recht eingeräumt werde, auf die Uebernahme des Eigenthumes durch den Exproprianten anzutragen. [14])

positive Gesetzgebung ausdrücklich von einem Rechte auf Aus-
dehnung der Enteignung spricht, weil es sich dann eben von selbst
versteht, dass alle rücksichtlich der Expropriation aufgestellten
Grundsätze auch hier zur Geltung gelangen müssen. Vgl. gegen
die letztere Ansicht Grünhuts auch Meyer in Behrend's
Zeitsch. VIII S. 589 u. 595, u. Rohland (a. a. O. S. 96), welch
Letzterer das Erlöschen der Rechte Dritter zu dem enteigneten
Objecte in diesem Falle nur deshalb ausschliesst, weil die weitere
Ausübung dieses Rechtes mit der Benützung des Grundstückes
durch den Unternehmer zu nicht öffentlichen Zwecken wohl vereinbar ist. Den richtigen Standpunkt nimmt in dieser Richtung
§. 32 des bad. Expr. Gesetzes v. J. 1835 ein: „Ist von anderen
Gütern ein Theil abzutreten, so kann der Eigenthümer ... gleich-
wohl nicht fordern, dass ihm das Ganze abgenommen werde, wohl
aber dass er ... auch für dasjenige Vergütung erhalte, was der
übrig bleibende Theil ... an seinem Werth verliert. Verliert
jedoch der übrig bleibende Theil mehr als ein Viertel seines
Werthes, so kann die Verwaltungsbehörde nicht angehalten
werden, den dieses Viertel übersteigenden Betrag zu ersetzen,
wenn sie sich erbietet, gegen Entschädigung das ganze Gut zu
übernehmen".

[18]) Der Expropriat weiss es nämlich schon von vornherein, dass
das Object, um das es sich hier handelt, zu der Unternehmung
nicht erfordert wird. Der Fall kann auch bei Einräumung eines
blos dinglichen Vorkaufsrechtes im Sinne des preussischen Gesetzes
praktisch werden. Vgl. Meyer in Behrends Zeitsch. VIII S. 590
gegen Dalcke a. a. O. 151.

[14]) Rohland a. a. O. S. 99. Dagegen gestellt Häberlin (a. a. O.
S. 197) einen solchen Anspruch nur dann zu, wenn das Grundstück
durch die vorübergehende Benützung für seine ursprüngliche
Bestimmung ganz unbrauchbar gemacht wird. Burckhardt
erfordert (a. a. O. S. 241, 212) die Vornahme solcher Veränderungen der Substanz durch den Exproprianten, welche die Her-

Nach österreichischem Rechte steht im Falle der Zerstücklung von Grundstücken dem Eigenthümer stets nur das Recht auf angemessene Entschädigung, nie das Recht zu, auf Enteignung des Ganzen zu dringen. Denn wenngleich §. 15 der dem Hfdct. vom 8. Nov. 1842 Nr. 654 J. G. S. beigefügten Instruction bestimmt, dass die Schätzleute bei Zerstücklung eines Grundes auf die Werthsverminderung der Restgrundstücke Rücksicht zu nehmen haben, „wenn es nicht zweckmässiger befunden werden sollte, in einem solchen Falle den ganzen Grund einzulösen", so wurde doch bereits von anderer Seite [15]) mit Recht bemerkt, es könne hieraus nicht gefolgert werden, dass die Abnahme des Eigenthumes des ganzen Grundstückes auch wider den Willen des Eigenthümers stattfinden könne; ebenso wenig lässt sich jedoch aus der obigen ganz allgemeinen Bemerkung der Schluss Stuben-

---

stellung des früheren Zustandes unmöglich oder zweifelhaft machen, gewährt daher dem Expropriaten das hier in Rede stehende Recht nur im Falle der Bedrohung der Substanz. Das preuss. Berggesetz v. J. 1865 gewährt ausserdem in folgenden Fällen dem Grundeigenthümer das Recht, zu verlangen, dass der Bergbauunternehmer das Eigenthum des Gutes erwerbe: 1. wenn durch die bergbauliche Benützung eine Werthsverminderung des Grundstückes erfolgt (§. 137 in fine), 2. wenn feststeht, dass die Benützung des Grundstückes länger als 3 Jahre dauern wird, oder wenn die Benützung nach Ablauf von 3 Jahren fortdauert (§. 138). Zu allgemein ist jedenfalls die Bestimmung des Art. 1 des bairischen Gesetzes vom J. 1837 (Roth a. a. O. S. 177), welches dem Expropriaten die Befugniss einräumt, statt Auflegung einer Dienstbarkeit die Abtretung des betreffenden Grundstückes zu fordern. In dem vielbesprochenen Falle des Schwanenwirthes Schardt zu München wurde die zwangsweise Einräumung einer servitus projiciendi ob einem Theile des Schardt'schen Hofraumes beabsichtigt, es fiel also die Anwendung des Art. 1 mit jener des Art. 3 zusammen.‘ Die Kammer des Innern erkannte dennoch auf die Expropriation des ganzen Anwesens und der Staatsrath hat die vom Magistrate gegen diese Entscheidung eingelegte Nichtigkeitsbeschwerde am 27. April 1861 verworfen. Vgl. auch Meyer a. a. O. S. 288. Nicht ganz präcis lautet §. 41 des deutschen Reichs-Rayongesetzes vom 21. December 1871.

[15]) Stubenrauch a. a. O. S. 181. Das Ministerium des Innern hat jedoch mit Erlass vom 7. April 1872 Z. 3845 (Mayerhofer

r a u c h's rechtfertigen, dass die Frage, ob die Einlösung des Ganzen von dem Eigenthümer begehrt werden könne, in jedem einzelnen Falle von den obwaltenden Umständen abhänge. Ein solches Recht müsste jedenfalls durch das Gesetz a u s d r ü c k - l i c h eingeräumt werden, was jedoch im vorliegenden Falle nicht behauptet werden kann.

Rücksichtlich der Gebäude findet nur insofern eine Modification des soeben ausgesprochenen Grundsatzes statt, als in manchen Kronländern (so in Böhmen gemäss Min. Vdg. vom 27. December 1856 Nr. 1 R. G. B. pro 1857) die physische Theilung der Häuser gesetzlich untersagt ist. Hier kann allerdings nicht lediglich ein Theil eines Gebäudes expropriirt werden, sondern der Unternehmer muss das ganze Gebäude übernehmen und hiefür Entschädigung gewähren.

Auch bei einer bloss zeitlichen Inanspruchnahme kann der Enteignete in der Regel nicht die Uebernahme des Eigenthumes durch den Exproprianten, sondern nur Entschädigung in Form einer Rente, und Ersatz der durch die Benützung verursachten Werthverminderung bei der Uebergabe begehren. Eine Ausnahme findet hier nur in wenigen Fällen statt. Wird nämlich zum Behufe des B e r g w e r k s b e t r i e b e s ein Grundstück zu solchen Zwecken entzogen, welche eine bleibende Verwendung desselben voraussehen lassen, so ist der betroffene Eigenthümer auf Uebernahme des Eigenthumes des Grundstückes durch den Bergwerksbesitzer zu dringen berechtigt. (§. 100 Berg. Ges.)[16] Ferner können bei der zwangsweisen Begründung einer Servitut z u r L e i t u n g d e s W a s s e r s, um dessen nutzbringende Verwendung zu fördern, oder dessen schädliche Wirkungen zu beseitigen, die Grundbesitzer sich durch Abtretung der zur Ausführung der Leitung und der entsprechenden Anlagen erforderlichen Grundfläche von der Einräumung der Servitut

---

a. a. O. S. 1377) die Bezirkshauptmannschaften angewiesen, d a h i n z u w i r k e n, dass bei Grundeinlösungen der Eisenbahnen etwaige abgeschnittene kleinere Theile einer zum Bahnbaue einbezogenen Grundparcelle v o n d e r B a h n g e s e l l s c h a f t m i t e i n g e l ö s t w e r d e n.

[16] Dasselbe gilt auch nach gemeinem deutschen Rechte. Vgl. B e s e l e r a. a. O. S. 866, §. 207.

befreien, ja sie können sogar, wenn durch die Anlage das
Grundstück für dessen Besitzer die zweckmässige Benützbarkeit
verlieren würde, auf die Ablösung des ganzen Grundstückes
dringen (§. 15 lit b. des Reichsgesetzes über das Wasserrecht,
§§. 28 lit. b., 31 Abs. 1 und 3 des böhm., 27 und 31 des
mähr. Landesgesetzes).

Sehr zweifelhaft ist es, ob dieses Recht dem Grundeigenthümer auch im Falle einer Enteignung zu Gunsten einer solchen
Anstalt, welche direct im öffentlichen Interesse unternommen
wird (§. 49 des böhm., 48 des mähr. Landesgesetzes über das
Wasserrecht), zusteht. Ueberwiegende Gründe dürften dafür
sprechen, dieses Recht auch hier zur Anwendung zu bringen,
da es sich hier eigentlich nicht um eine Frage der Abtretung,
sondern nur um die nähere Präcisirung der dem Expropriaten
gebührenden Entschädigung handelt, wobei die Natur der
das Expropriationsrecht beanspruchenden Unternehmung nur
eine untergeordnete Rolle spielt.

Schliesslich bestimmt noch §. 4 des steierischen Landesgesetzes vom 9. Januar 1870, dass, wenn ein Grundstück zur
Gewinnung der zum Baue und zur Unterhaltung der öffentlichen
Wege erforderlichen Materialien hauptsächlich bestimmt ist, und
letztere für den Wegebau in solchem Masse in Anspruch genommen werden, dass das Grundstück deshalb dieser Bestimmung gemäss nicht ferner ergiebig benützt werden kann, der
Eigenthümer gegen Abtretung des Grundstückes an den Wege-
baupflichtigen den Ersatz des wirklichen Werthes desselben verlangen kann.

Das Enteignungsverfahren.

§. 17.

Das Abtretungs-Verfahren im Allgemeinen.

Die Enteignung vollzieht sich im concreten Falle durch einen Act der Verwaltung, welcher ein Ausfluss der vollziehenden Gewalt im Staate ist. Für diese Verwaltungsthätigkeit sind in jenen Staaten, welche eigene Expropriationsgesetze besitzen, in der Regel bestimmte Formen vorgeschrieben, wogegen in jenen Staaten, welche in dieser Hinsicht einheitlicher gesetzlicher Vorschriften entbehren, auf die Art des zu beobachtenden Verfahrens in weit erhöhterem Grade die Verhältnisse des individuellen Falles bestimmend einwirken.

Der Grundsatz der Unverletzlichkeit des Privateigenthumes fordert gebieterisch, dass im Expropriationsverfahren dem durch die Enteignung betroffenen Inhaber eines erworbenen Rechtes einerseits die Möglichkeit geboten werde, alle Einwendungen vorzubringen, welche er dem an ihn gestellten Ansinnen auf Abtretung seines Rechtes im öffentlichen Interesse überhaupt entgegenstellen zu können vermeint, dass ihm aber auch andererseits für den Fall, als auf die Enteignung wirklich erkannt werden sollte, eine vollkommen entsprechende Entschädigung zugewiesen und ausbezahlt werde.

Demzufolge theilt sich das Enteignungsverfahren naturgemäss in das Abtretungsverfahren, d. i. jenes, welches den Zweck hat, zu bestimmen, ob überhaupt und welche Objecte im Interesse der Verwaltung in Anspruch genommen werden sollen, und in das Entschädigungsverfahren, d. i. jenes, welches die Ermittlung und die Auszahlung der dem Expropriaten zu verabreichenden Entschädigung zum Gegenstande hat.

Was nun vorerst das Abtretungsverfahren betrifft, so ist man wohl in der Theorie allgemein darüber einig, dass nicht die Gerichte, sondern ausschliesslich die zur Handhabung des öffentlichen Rechtes berufenen Organe darüber zu entscheiden haben, ob überhaupt eine die Expropriation recht-

fertigende Unternehmung vorliege, und ob dieses oder jenes
Object behufs Ausführung des Unternehmens dem Eigenthümer
entzogen, beziehungsweise Letzterer anderweitig in der freien
Ausübung seines Eigenthumsrechtes beschränkt werden solle. [1])
Das erste Stadium des Abtretungsverfahrens bildet die
Feststellung des Enteignungsfalles d. i. die Unter-
suchung, ob eine beabsichtigte Unternehmung überhaupt die
Anwendung des Enteignungsrechtes rechtfertige.

Manche Schriftsteller haben die Behauptung aufgestellt,
es solle das Expropriationsrecht in jedem einzelnen Falle durch
ein Specialgesetz eingeräumt werden. [2]) Von den grösseren
europäischen Staaten hat jedoch nur England diese Anschauung
praktisch zur Geltung gebracht, und auch dort fungirt das
Parlament bei Erlassung solcher Specialgesetze eigentlich nicht
als gesetzgebender Factor, sondern als oberste Verwaltungsbehörde. [3]) In anderen Staaten ist die Feststellung des Enteignungsfalles principiell Aufgabe der Administrativbehörden,

---

[1]) Vgl. Bluntschli a. a. O. S. 226, Treichler a. a. O. S. 149,
150, Brinz a. a. O. S. 472, Dernburg a. a. O. §. 34, S. 57,
Buddeus a. a. O. S. 402, Förster a. a. O. S. 143: „Die Entscheidung darüber, ob es nothwendig ist, im öffentlichen Interesse
Jemand zur Veräusserung seines Eigenthumes zu zwingen, gebührt
dem König als ein Hoheitsrecht." Pfeiffer a. a. O. S. 295,
Meyer a. a. O. S. 308, Mayer Grundsätze des Verwaltungsrechtes §. 101 S. 405—412, Stein a. a. O. S. 319—324. Rössler
a. a. O. §. 200 S. 475. Koch a. a. O. I §. 50 S. 111.

[2]) So insbesondere Bischof a. a. O. S. 48, Häberlin a. a. O.
S. 210, Thiel a. a. O. S. 79 ff., welch Letzterer bei Unternehmungen mehr localer Art die Erlassung von Provinzialgesetzen
sehr eingehend befürwortet, das Unpraktische seines Vorschlages
jedoch selbst auf S. 107 anzuerkennen genöthigt ist. In Betreff
der Eisenbahnunternehmungen verlangen insbesondere ein Specialgesetz: Koch a. a. O. S. 107, Beschorner a. a. O. S. 95.
Dagegen vornehmlich Rohland a. a. O. S 27. Vgl. auch §. 7
not. 3. (oben S. 82.)

[3]) Es findet denn auch in dem vom Parlamente gewählten Comité
für die private bills eine contradictorische Verhandlung zwischen
den Unternehmern und den Gegnern des Unternehmens statt,
worüber das Comité und sodann die Kammer selbst entscheidet.
Grünhut a. a. O. S. 208, 229, 230, Meyer a. a. O. S. 332.

und wird nur ausnahmsweise für Arbeiten von besonderer Ausdehnung und Wichtigkeit die Zustimmung entweder der obersten
Verwaltungsinstanz oder der gesetzgebenden Gewalt erfordert.⁴)

In Oesterreich haben wir bisher kein einheitliches Expropriationsgesetz und die Zulässigkeit der Enteignung ist auch
nicht auf die im Gesetze speciell normirten Fälle beschränkt.

---

⁴) So müssen in Frankreich nach dem Gesetze vom 27. April
1870 grosse öffentliche Bauten und Arbeiten durch ein besonderes
Gesetz genehmigt werden (Grünhut a. a. O. S. 50). Nach dem
italienischen Enteignungsgesetze vom J. 1865 Art. 9 ist ein
Gesetz dann erforderlich, wenn es sich um grössere Arbeiten von
öffentlichem Interesse (grandi lavori d'interesse generale) handelt,
oder wenn zur Ausführung der Arbeit den Anrainern eine Bei-
tragsleistung auferlegt werden soll. In Deutschland suchten
die älteren Verfassungsurkunden vor dem J. 1848 eine Bürgschaft
gegen willkührliche Enteignung dadurch zu gewähren, dass sie
eine vorgängige Entscheidung des Staatsrathes (Baiern 1818 tit. IV,
§. 8, al. 4, Baden 1818, §. 14, al. 4), des Geheimrathes (Württem-
berg 1819 §. 30) oder der obersten Staatsbehörde (Sachsen 1831,
§. 31) zu dieser Massregel vorschrieben, doch konnte dies in der
Regel ebensogut im Gesetz- als im Verordnungswege geschehen
(Zöpfl a. a. O. §. 433, S. 504). Was speciell Preussen anbelangt, so hatte das allg. L. R. im I. Theil, Tit. 11, §. 10, die
Entscheidung dem Staatsoberhaupte vorbehalten, und es war nach
Inaugurirung der constitutionellen Aera streitig, ob nach dem
preussischen Verfassungsrechte die Zustimmung der Kammern erforderlich ist. Vgl. insbesondere Thiel a. a. O. S. 86 gegen
Meyer a. a. O. S. 254. Nach dem Expropriations-Gesetze vom
Jahre 1874 (§. 2) bedarf es in der Regel zur Einleitung des Expropriationsverfahrens einer königlichen Verordnung, welche
den Unternehmer und das Unternehmen, zu dem das Grundeigenthum in Anspruch genommen wird, bezeichnet. Die Anträge, es
möge die Mitcontrasignatur der königlichen Verordnung durch den
Justizminister oder das Gutachten des höchsten Verwaltungsgerichtshofes als Grundlage der Enteignung erfordert werden, erlangten
bei der Berathung des Gesetzes nicht die erforderliche Majorität.
Vgl. Dalcke a. a. O. S. 41, Bahr & Langerhans a. a. O. S.
12, Kletke a. a. O. S. 19, Höinghaus a. a. O. S. 61. Gegen
die örtliche Competenz der untersten administrativen Organe
liegt, im Falle sich die Unternehmung nicht über mehrere Ver-
waltungsgebiete erstreckt, gewiss kein gegründetes Bedenken vor.
Vgl Stein a. a. O. S. 327.

(Vgl. oben §. 7.) Unsere Gesetzgebung normirt aber keineswegs ein besonderes Verfahren, welches die Feststellung des Enteignungsfalles zum Gegenstande hätte. Die politischen Behörden entscheiden vielmehr die hier in Rede stehende Vorfrage gleichzeitig mit der Erledigung der Frage, ob eine individuell bestimmte Sache von der Expropriation betroffen werden solle. Es entsteht hiedurch die Anomalie, dass die Entscheidung darüber, ob wirklich eine die Anwendung des Expropriationsrechtes begründende Unternehmung vorliege — welche Entscheidung doch die Grundlage des Enteignungsverfahrens bilden sollte — in der Regel mit dem Enteignungsausspruche selbst zusammenfällt, mit welchem, wie wir sehen werden, das Abtretungsverfahren seinen Abschluss findet. Eine Ausnahme besteht nur in Betreff der Errichtung von Privateisenbahnen, rücksichtlich welcher die Concession zum Baue nach der M. Vdg. vom 14. September 1854 (§. 6) der Allerhöchsten Schlussfassung unterzogen werden musste; dermal ist hiezu ein Reichsgesetz erforderlich (§. 11 lit. d des Staatsgrundgesetzes vom 21. December 1867 Nr. 141 R. G. B.)

Das eigentliche Abtretungsverfahren besteht nach den meisten Enteignungsgesetzen in der Regel darin, dass der Plan des Unternehmens an gewissen Orten, am besten in den einzelnen Gemeinden allgemein zugänglich gemacht und den Interessenten gestattet werde, ihre Einwendungen gegen die Inanspruchnahme des einen oder des anderen Objectes zur Kenntniss der Behörde zu bringen. [5]) Ein Streit darüber,

---

[5]) Meyer a. a. O. S. 311—313, Stein a. a. O. 327, 332, Thiel a. a. O. S. 94—117, Grünhut a. a. O. S. 212—230. Besonders ausführlich sind in dieser Hinsicht die Bestimmungen des französischen Expropriationsgesetzes vom J. 1841. Die vom Präfecten vidirten Pläne werden an die Maires der betreffenden Gemeinden geschickt und daselbst durch 8 Tage zur öffentlichen Einsicht niedergelegt. Etwaige Reclamationen sind von einer Commission zu prüfen, die nach Ablauf der 8 Tage an dem Hauptorte der Unterpräfectur zusammentritt, und meist aus Organen der Selbstverwaltung besteht. Die Commission hat durch 8 Tage die Reclamationen der Eigenthümer entgegenzunehmen und unterbreitet hierüber ihren Vorschlag dem Präfecten, der über die Einwendungen mittelst eines mit Gründen versehenen Entschlusses (arrêté motivé) ent-

ob die Zwangsabtretung ü b e r h a u p t statthaft sei, kann in diesem Stadium des Verfahrens nicht mehr stattfinden. [6]) In Oesterreich ist das Verfahren je nach der Art des Expropriationsfalles verschieden, und wird selbes in der Folge rücksichtlich der wichtigsten der die Enteignung veranlassenden Unternehmungen im Zusammenhange dargestellt werden. Es wird aus dieser Darstellung hervorgehen, dass nur in einem einzigen Falle (nämlich bei der zum Behufe der Regelung und Ausnützung der W a s s e r k r ä f t e vorzunehmenden Enteignung) ein besonderes Verfahren vorgeschrieben ist, welches mit den eben skizzirten Bestimmungen der ausländischen Gesetzgebungen einige Aehnlichkeit hat. In den übrigen Fällen ruht der Schwerpunkt des ganzen Verfahrens einzig in der Verhandlung bei der L o c a l c o m m i s s i o n, welche die politische Behörde bei Abgang einer gütlichen Uebereinkunft stets anzuordnen hat. Hiebei ist als allgemeine Regel festzuhalten, dass beiden Theilen, sowohl dem Unternehmer als auch dem Expropriaten und erforderlichen Falles auch einem Vertreter des öffentlichen Interesses hinlängliche Gelegenheit geboten werden soll, Alles, was zur Wahrung des von ihnen vertretenen Interesses dienlich sein kann, anzuführen, insoweit es überhaupt für die Entscheidung der Sache erheblich ist (§§. 81 und 82 der Instruction für die politischen Behörden vom 14. März 1855 Nr. 52 R. G. B.)

scheidet. Gegen diese Entscheidung steht sodann der Recurs an das Ministerium für Ackerbau, Handel und öffentliche Arbeiten offen. Hiemit stimmt im Wesentlichen auch das italienische Enteignungsgesetz überein, doch mit dem Unterschiede, dass hier die besondere Localcommission entfällt, und der Präfect über die eingelaufenen Reclamationen direct nach Anhörung des Präfectur-Rathes entscheidet. Auch das von T h i e l a. a. O. vorgeschlagene Verfahren ist nichts als eine Paraphrase des französischen Gesetzes mit der Modification, dass der gedachte Schriftsteller noch in einem öffentlichen und mündlichen Verfahren vor der Localcommission eine bessere Garantie des Schutzes der Privatrechte zu erblicken vermeint. Ein solch mündliches — wenngleich nicht öffentliches — Verfahren schreibt gegenwärtig thatsächlich §. 20 des preussischen Expropriations-Gesetzes vom J. 1874 vor. Vgl. D a l c k e a. a. O. S. 89, 90, B ä h r & L a n g e r h a n s a. a. O. S. 64, H ö i n g h a u s a. a. O. S. 109.

[6]) G r ü n h u t a. a. O. S. 213, D a l c k e a. a. O. S. 89.

Den Schlussstein des Abtretungsverfahrens bildet der **Ent-eignungsausspruch**, das sog. Expropriationserkenntniss, wodurch ausgesprochen wird, dass der bisherige Eigenthümer gegen Auszahlung der festzustellenden Entschädigung des Eigenthums seiner Sache **verlustig**, oder doch in der Ausübung seines Eigenthumsrechtes in einem gewissen Masse **beschränkt** werden soll.[7]) Die Fällung des Enteignungsausspruches steht principiell den Verwaltungsbehörden zu, doch sollte weder dem einen noch dem anderen Theile die richterliche Hilfe versagt bleiben, wenn in der vor den politischen Behörden durchgeführten Verhandlung eine der wesentlichen **Formen** des Expropriationsverfahrens nicht beachtet, und auf diese Weise ein Gesetz verletzt worden sein sollte.[8])

---

[7]) Einen ganz anderen Charakter hat das Expropriationserkenntniss im ·Sinne des preussischen Gesetzes vom 11. Juni 1874. Nach Massgabe dieses Gesetzes (§. 32) darf die Enteignung in der Regel dann ausgesprochen werden, wenn die **Entschädigung** rechtskräftig festgestellt, und die endgiltig festgesetzte Entschädigungs- oder Cautionssumme rechtsgiltig gezahlt oder hinterlegt wurde (§. 34). Im Sinne des preussischen Gesetzes enthält also das Expropriationserkenntniss die Erklärung, dass das **Eigenthum** des enteigneten Grundstückes auf den Exproprianten übergeht (vgl. auch §. 47 des citirten Gesetzes). Diese Terminologie entspricht aber nicht der gangbaren Auffassung, gemäss deren als Expropriationserkenntniss schon die Entscheidung der Regierung im Sinne des §. 21 zu verstehen wäre, durch welche der vom Unternehmer vorgelegte Plan endgiltig festgestellt wird.

[8]) Richtig präcisirt schon Pfeiffer a. a. O. S. 295, 296 die Grenze beider Gewalten dahin: „Die Gerichte werden über die Vorfrage zu entscheiden haben, ob der die Klage veranlassende Eingriff in die Privatrechte des dadurch verletzten Staatsbürgers zum wenigsten die **äusseren Merkmale** der Ausübung jenes Staatsnothrechtes an sich trage, ob er daher von der **competenten** Staatsgewalt ausgegangen sei, ob in objectiver Hinsicht der betreffende Act wirklich **formal** als die Ausübung des äussersten Rechtes enthaltend anerkannt sei, dass er als solcher **bezeichnet**, ihm dieser Charakter namentlich durch **Angabe** des Zweckes beigelegt wurde. Dagegen liegt die Frage, inwiefern die den Gegenstand der Klage ausmachende Massregel ein taugliches **Mittel** zu dem angegebenen, auf das Gemeinwohl sich beziehenden Zwecke abgebe, gänzlich ausser den Grenzen der Beurtheilung

Diese richterliche Thätigkeit soll jedoch eine bloss negative, der Richter soll nur berechtigt sein, die Verfügung der Administrativbehörde in dem oder jenem concreten Falle als nicht zu
Recht bestehend anzuerkennen[9]), und wenn daher in manchen positiven Gesetzgebungen dem Richter bei Fällung des Enteignungsausspruches eine positive Thätigkeit zugewiesen, sein Ausspruch als
causa efficiens der Expropriation hingestellt wird, so stellt sich in
der That die richterliche Ingerenz als eine blosse Formalität

---

des Gerichtes." Vgl. auch Treichler a. a. O. S. 151, Mayer
a. a. O., Meyer a. a. O. S. 313, 314. Der Grundsatz, dass bei
Beantwortung der Frage über die Anwendbarkeit des Expropriationsrechtes die Competenz der Gerichte ausgeschlossen sei, ist allgemein
für den Fall anerkannt, wenn die einzelnen Expropriationsfälle
im Gesetze nicht ausdrücklich fixirt sind. Wo hingegen, wie
z. B. in Baiern die Anwendbarkeit des Enteignungsrechtes auf
bestimmte, im Gesetze im Voraus fixirte Fälle eingeschränkt ist,
behaupten einige Schriftsteller, dass der Einzelne die richterliche
Hilfe dann in Anspruch nehmen dürfe, wenn er die Anwendbarkeit
des Gesetzes auf sich bestreitet, oder die Art der Anwendung
desselben für ungerechtfertigt erklärt. So insbesondere Jordan
a. a. O. VII §. 6, Stein a. a. O. S. 326. Es ist jedoch zwischen
beiden Fällen ein principieller Unterschied nicht zu erblicken.
Allerdings muss im Falle der taxativen Aufzählung der Enteignungsfälle im Gesetze die Verwaltungsbehörde jenen Fall, welchen sie
vorhanden glaubt, ausdrücklich bezeichnen, und es könnte
wegen Abganges dieses Erfordernisses der Richter das durchgeführte Verfahren als nicht zu Recht bestehend ansehen; ob
jedoch der specielle Fall mit Recht unter eine der gesetzlichen
Kategorien subsumirt wurde, darüber haben die Gerichte ebenso
wenig zu urtheilen, als über das Vorhandensein des „öffentlichen
Interesses", wo dieses allgemein als Erforderniss der Enteignung
hingestellt erscheint. Gegen die Competenz der Civilgerichte in
diesem Falle vgl. auch Brinz a. a. O. S. 473, Koch a. a. O.
S. 112.

[9]) Die Wirkungen eines solchen richterlichen Ausspruches sind
allerdings je nach der Individualität des Falles und der die Sentenz
veranlassenden Verhältnisse verschieden, und es kann daher der
Behauptung Steins (a. a. O. S 329), dass bei Ausserachtlassung
der für die Ladung der Interessenten zur Expropriationsverhandlung
vorgeschriebenen Formen nie die Ungiltigkeit der gegebenen
Genehmigung, sondern nur die Haftung der unterlassenden Behörde
bis zum Betrage des nachweisbaren Interesses ausgesprochen
werden könne, in ihrer Allgemeinheit nicht beigepflichtet werden.

dar, welche dem Privatrechte einen wirksamen Schutz zu gewähren nicht im Stande ist. [10])

Ebensowenig empfiehlt es sich, die Fällung des Enteignungsausspruches den zur Rechtssprechung in Angelegenheiten des öffentlichen Rechtes gegenwärtig in manchen Staaten ins Leben gerufenen Verwaltungsgerichten zuzuweisen. [11])

In Oesterreich gehört die Fällung des Expropriationserkenntnisses unstreitig zur Competenz der politischen Behörden, und zwar

---

[10]) So hat nach dem französischen Expropriationsgesetze der Präfect, im Falle eine gütliche Uebereinkunft in Betreff der Ueberlassung nicht zu Stande kömmt, seinen Beschluss (arrêté motivé) nebst den Documenten, durch welche die Erfüllung der gesetzlichen Förmlichkeiten bescheinigt wird, dem Procurator des betreffenden Sprengels zu übergeben, der sodann beim Gerichte auf den Enteignungsausspruch anträgt. Das Gericht prüft, ob die gesetzlichen Förmlichkeiten beobachtet wurden, und fällt sodann das Expropriationserkenntniss, welches nur mittelst Cassationsbeschwerde angefochten werden kann. Hiemit stimmt nach der Mittheilung Martin's (a. a. O. S. 185, 186) auch das ehedem kurhessische Expropriationsrecht im Wesentlichen überein, doch kann hier der Eigenthümer auch vor dem Gerichte noch gegen die Nothwendigkeit der Abtretung Einwendungen erheben, und das Gericht hat hierüber die Entscheidung des Ministeriums einzuholen. Mit Recht bezeichnet Stein (a. a. O. S. 334, 335) dieses soi-disant gerichtliche Verfahren als etwas sehr Ueberflüssiges und Hinderndes, welches nur die Beschwerden und Klagen über die Unregelmässigkeiten des Verfahrens vorweg nimmt, ohne dass die Betheiligten Zeit gehabt hätten, sich selbst über den amtlichen Gang des Geschäftes zu informiren. Von Mittermaier wird hingegen (a. a. O. S. 22) dies Verfahren als sehr zweckmässig hingestellt.

[11]) Dem Geiste der preussischen Kreisordnung v. 13. December 1872, welche den Verwaltungsgerichten nicht nur die Entscheidung von eigentlichen Streitigkeiten des öffentlichen Rechtes, sondern zum weitaus grössten Theile auch solche Angelegenheiten zuwies, wo es sich lediglich um die Geltendmachung von Interessen handelt, war es allerdings entsprechend, dass §. 56 lit. b des Expr. Ges. die Genehmigung des Planes und die Fällung des Enteignungsausspruches den Bezirksverwaltungsgerichten vorbehielt. Der baden'schen Verwaltungsrechtspflege sind hingegen Expropriationsfragen vollkommen entrückt. Weizel das badische Gesetz vom 5. October 1863; Wielandt in Hartmann's Zeitschr. I S. 369 ff.

in der Regel der politischen Behörden erster Instanz d. i. der Bezirkshauptmannschaften (Magistrate) und nur ausnahmsweise zum Wirkungskreise der politischen Landesstelle.¹²) Eine ausdrückliche Vorschrift besteht in dieser Richtung allerdings nicht. Trotzdem kann der Ansicht ¹³) nicht beigepflichtet werden, dass das Erkenntniss über die Zulässigkeit der Expropriation für eine bestimmte Unternehmung von keiner niedrigeren Behörde als der politischen Landesstelle ausgehen dürfe. Es ist dies nur rücksichtlich der (allerdings am häufigsten vorkommenden) Expropriationen zum Baue von Strassen und Eisenbahnen richtig. Wäre hingegen der Landesstelle allgemein die Fällung des Expropriationserkenntnisses vorbehalten worden, so wäre es gewiss nicht abzusehen, warum die den Wirkungskreis der Statthaltereien ex professo festsetzende Beilage C der Min.-Vdg. vom 19. Jänner 1853 Nr. 10 R. G. B. diesfalls gar keinen Hinweis enthält. Der §. 28 der Beilage A, dann §. 26 der Beilage B sprechen ausdrücklich nur von der Expropriation aus Anlass der Anlegung von Strassen, und wenn sodann in Uebereinstimmung mit §. 32 lit. d der Beilage B anlässlich der mit Min.-Verordnung vom 23. Oct. 1862 Nr. 73 R. G. B. verfügten Auflassung der Kreisbehörden in Böhmen der instanzenmässige Wirkungskreis der Bezirksämter daselbst auch „auf die Entscheidung in Fällen der höheren Ortes bewilligten Expropriationen über die rücksichtlich des Gegenstandes und Umfanges derselben entstandenen Streitigkeiten oder Zweifel" insofern ausgedehnt wurde, „als solche Zweifel nach Massgabe der zu der Unternehmung, für welche die Expropriation zu erfolgen hat, ertheilten Bewilligung und der bestehenden allge-

¹²) Die in der Verordnung des laib. Gub. vom 16. März 1833 Z. 3021 ausgesprochene Ansicht, wonach erst auf Grund des Ausspruches der polit. Behörde „die Abtretung erheische das öffentliche Wohl" das Urtheil des Civilrichters zur Abtretung erwirkt, und dieses executorisch gemacht werden müsse, ward später mit Hofkzdct. v. 31. December 1841 und 2. April 1842 (Vdg. des laib. Gub. v. 22. April 1842 Prov. G. S. S. 151, Michel Handbuch S. 408) ausdrücklich als irrig erklärt.

¹³) Stubenrauch a. a. O. S. 172, Mayerhofer a. a. O. I S. 179, II S. 1372.

meinen oder besonderen Gesetze zu beheben sind —", so kann
hieraus gleichfalls nicht geschlossen werden, dass die Entscheidung über die Zulässigkeit der Expropriation allgemein der
politischen Landesstelle zustehe. Uebrigens wurde die letztgedachte Vorschrift mit der Min.-Verordnung vom 30. August
1868 Nr. 123 R. G. B. dahin modificirt, dass alle früher den
Kreisbehörden zur Entscheidung in erster Instanz zugewiesenen
Angelegenheiten als zur Competenz der politischen Bezirksbehörden erster Instanz gehörig erklärt wurden. [14])

Jedenfalls bildet die Landesstelle dort, wo sie nicht selbst
in erster Instanz entscheidet, die zweite Instanz (§. 3 des Ges.
über die Organisation der politischen Behörden vom 19. Mai
1868 Nr. 48 R. G. B.). [15])

Das Expropriationserkenntniss soll präcis formulirt sein,
damit über den Umfang des durch dasselbe dem Unternehmer
eingeräumten Rechtes in der Folge kein Zweifel entstehe. Insbesondere sollen enteignete Grundstücke durch Angabe der
Parcellennummer genau bezeichnet werden. [16]) Im Falle sich

---

[14]) Einen Beleg für die Richtigkeit der im Texte vertheidigten Ansicht
bietet auch §. 89 der älteren auf Grund der a. h. Entschl. vom
26. Juni 1849 erlassenen Instruction für die polit. Behörden vom
3. Mai 1850 (kundgem. in Böhmen mit Statth. Erl. v. 19. Mai 1850
Nr. 103 L. G. B.): „In Expropriationsfällen hat der Bezirkshauptmann nach Massgabe der bestehenden Reichs- und Landesgesetze über die Nothwendigkeit der Enteignung eines bestimmten
Objectes aus öffentl. Rücksichten in erster Instanz zu entscheiden.
In zweiter Instanz erkennt der Kreispräsident." — §. 10 des steiermärk. Landesges. v. 9. Januar 1870 weist der politischen Bezirksbehörde sogar die Fällung des Expropriationserkenntnisses anlässlich des Baues von nicht ärarischen Strassen und Wegen zu.

[15]) Kalessa, der den Begriff der Enteignung allerdings sehr
weit fasst, will (a. a. O. S. 249) unter Umständen auch die
Competenz anderer Behörden, als: des Generalcommando, der
Cameralgefällen-Verwaltung etc. eintreten lassen, welche Behörden
sich sodann mit der politischen Landesstelle ins Einvernehmen zu
setzen hätten.

[16]) Mit Entscheidung vom 4. November 1871 Z. 13309 (öst. Zeitsch.
für Verw. 1872 Nr. 2) hat das Ministerium des Innern ein Expropriationserkenntniss, in welchem eine expropriirte Grundfläche von

die Grösse des benöthigten Flächenraumes im Voraus nicht genau ermitteln lässt, soll das Erkenntniss doch zum Mindesten die Angabe eines bestimmten Maximalausmasses enthalten, welches der Eigenthümer abzutreten verpflichtet ist, und es ist die bloss beiläufige Feststellung des abzutretenden Grundausmasses mit dem Wesen eines Expropriationserkenntnisses nicht vereinbar.[17])

Gegen jedes Expropriationserkenntniss ist nach allgemeinen Grundsätzen des Recurs zulässig.[18]) Die Frist zur Ueberreichung des Recurses beträgt 14 Tage, wenn das Enteignungserkenntniss von der politischen Bezirksbehörde gefällt (§. 92 der Instruction für die politischen Behörden vom 17. März 1855 Nr. 52 R. G. B.), dagegen 4 Wochen, wenn auf die Enteignung von der politischen Landesstelle erkannt wurde (Min.-Verordnung vom 22. Juni 1869 Nr. 116 R. G. B.)[19])

Die Bestimmung der Min.-Verordg. vom 30. August 1868 Nr. 124 R. G. B., wonach die Unterbehörde in dem Falle, wenn durch die angefochtene Verfügung n i c h t e i n e m A n d e r e n e i n R e c h t z u e r k a n n t w u r d e, über den ergriffenen Recurs ihre eigene, den Gegenstand der Beschwerde bildende Entscheidung oder Verfügung abändern und damit den Recurs selbst erledigen kann, wird der Natur der Sache nach auf Recurse, die gegen Expropriations-Erkenntnisse eingebracht werden, keine Anwendung finden können.

Belangend die Frage, ob dem eingelegten Recurse S u s - p e n s i v e f f e c t zukomme, ist auf den §. 93 der Instruction für die politischen Behörden vom 17. März 1855 hinzuweisen. wonach in der Regel nur die Vollstreckung von in P a r t e i - s a c h e n ergangenen Verfügungen bis zur Herablangung der

---

50 ☐Kl. in Betreff der Lage nicht bezeichnet war, für undurchführbar erklärt.

[17]) Vgl. die Entscheidung des Ministeriums des Innern v. 7. November 1870 Z. 13890 (in der öst. Zeitsch. f. Verw. 1870 Nr. 51).

[18]) Vgl. auch B e c k e r (Albert) „Der Recurs in politischen Angelegenheiten" in der österr. Zeitschr. für innere Verwaltung 1858 Nr. 15 und 16.

[19]) Die letztere Frist betrug früher nach §. 3 der M. Vdg. vom 27. October 1859 Nr. 196 R. G. B. sechzig Tage.

Entscheidung über den Recurs aufgeschoben werden darf, wogegen Verfügungen, welche im öffentlichen Interesse erlassen wurden, auch während der offenen Recursfrist zu vollziehen sind. In Gemässheit dieser Vorschrift würde dem gegen ein Expropriationserkenntniss eingebrachten Recurse im Allgemeinen eine einhaltende Wirkung nicht zuerkannt werden können. In der Praxis wird jedoch im Hinblicke auf den §. 9 lit. c des Eisenbahnconcessionsgesetzes vom 14. September 1854 Nr. 238 R. G B. und auf die Bestimmungen der Wassergesetze [20]), welche dem ergriffenen Recurse ausdrücklich Suspensiveffect beilegen, auch in den anderen Fällen die Vollstreckung des Expropriationserkenntnisses zumeist bis zu dessen Rechtskraft sistirt.[21])

Die Vollstreckung des Expropriationserkenntnisses gehört gleichfalls zur Competenz der politischen Behörden.[22]) Sie erfolgt nach §. 7 der kais. Verordnung vom 20. April 1854 Nr. 96 R. G. B. durch executive Delogirung des Exproprianten und durch Androhung einer angemessenen Geld- oder Arreststrafe für den Fall, wenn der Expropriat den Unternehmer in der Besitznahme der enteigneten Sache stören, oder sich sonst eine Widersetzlichkeit zu Schulden kommen lassen sollte.[23])

---

[20]) Vgl §. 96 des böhmischen, §. 95 des mährischen, §. 91 des niederösterr. Landesgesetzes über die Benützung, Leitung und Abwehr der Gewässer.

[21]) Irrig ist allerdings die Begründung, mittelst welcher das Ackerbauministerium unter dem 26. November 1870 Z. 6561 (öst. Zeitsch. f. Verw. 1873 Nr. 9) die Anerkennung des Suspensiveffectes eines gegen ein Holzbringungserkenntniss eingelegten Recurses rechtfertigte; denn die Enteignung erfolgt unstreitig im öffentlichen Interesse. Würde es sich hier um eine blosse Parteisache handeln, so wäre die Fällung eines Expropriationserkenntnisses überhaupt nicht zulässig.

[22]) Mit Recht hat der oberste Gerichtshof mit Entscheidung vom 21. April 1869 Z. 4595 (Unger-Glaser Nr. 3388) ein hierauf abzielendes bei Gericht eingebrachtes Executionsgesuch wegen Incompetenz der Gerichte abgewiesen.

[23]) Unerklärlich ist es, wienach Mayerhofer a. a. O. II S. 1372 not. 1 die Vorschrift des Hofkanzleidecretes vom 30. April 1841, welches die Vollstreckung der anlässlich des Baues von Eisen-

Nach Art. 7 des Staatsgrundgesetzes über die richterliche Gewalt vom 21. December 1867 Nr. 144 R. G. B. haben die Gerichte über die Giltigkeit von Verordnungen im gesetzlichen Instanzenzuge zu entscheiden, und nach Art. 15 Abs. 1 eben desselben Staatsgrundgesetzes steht es in allen Fällen, wo eine Verwaltungsbehörde nach den bestehenden oder künftig zu erlassenden Gesetzen über einander widerstreitende Ansprüche von Privatpersonen zu entscheiden hat, dem durch diese Entscheidung in seinen Privatrechten Benachtheiligten frei, Abhilfe gegen die andere Partei im ordentlichen Rechtswege zu suchen. Im Grunde dieser gesetzlichen Bestimmungen kann allerdings nie bei Gericht ein directes Erkenntniss auf Ungiltigkeit einer administrativen Verfügung angestrebt werden [24]); nachdem sich indess die erstgedachte Bestimmung nicht nur auf allgemein anwendbare Verordnungen, sondern auch auf Verfügungen bezieht, welche von der Regierung in einem concreten Falle erlassen wurden, so steht der indirecten Anfechtung des Expropriationserkenntnisses im Rechtswege principiell ein Hinderniss nicht entgegen. Wenngleich es richtig ist, dass zur Besitzstörung ein eigenmächtiger Eingriff (§. 339 a. b. G. B.) und zur Nativität einer Schadenersatzforderung eine widerrechtliche Beschädigung (§. 1294 a. b. G. B.) erfordert wird, und wenngleich daher bei correctem Vorgange der Administrativbehörde eine Besitzstörungs- oder Entschädigungsklage gegen den die Vollstreckung des Expropriationserkenntnisses anstrebenden Unternehmer in merito nicht

bahnen gefällten Expropriationserkenntnisse aus dem Grunde den Gerichten zuwies, weil es „sich um Einräumung von Besitz- und Eigenthumsrechten handelt", noch als giltige Norm anführen konnte, nachdem ganz abgesehen vom §. 13 des Ges. vom 14. September 1851 Nr. 238 R. G. B. die von ihm selbst auf S. 1379 citirte Min. Vdg. vom 5. September 1874 Nr. 119 R. G. B. ausdrücklich erklärt, dass die in Rede stehende Besitzeinweisung „als ein Act der Vollstreckung eines politischen Erkenntnisses" der landesfürstlichen politischen Behörde erster Instanz zusteht.

[24]) In diesem Sinne hat auch der oberste Gerichtshof mit Entscheidung vom 7. Februar 1871 Z. 4775 (in der Zeitschrift Pravnik 1871 S. 451) die Klage der Prager Stadtgemeinde, mit welcher dieselbe die Ungiltigkeitserklärung aller ihr die Leistung eines

als begründet angesehen werden könnte [25]), so wäre es doch nicht gerechtfertigt, in einem solchen Falle überhaupt die Compentenz der Gerichtsbehörden in Abrede stellen zu wollen. [26]) Der Eigenthümer kann vielmehr, wenn der Unternehmer entweder überhaupt ohne Erwirkung eines Expropriationserkenntnisses von seiner Sache Besitz ergriffen hat [27]), oder wenn er nachweisen zu können vermeint, dass bei Fällung des Expropriationserkenntnisses die vom Gesetze vorgeschriebenen Förmlichkeiten ausser Acht gelassen wurden, den Unternehmer wegen Besitzstörung oder auf Leistung des Schadenersatzes im Rechtswege belangen, und das Gericht wird hiebei allerdings in der

---

Beitrages zur Erhaltung der landesfürstlichen Sicherheitswache auferlegenden Verordnungen begehrte, als zum gerichtlichen Verfahren nicht geeignet a limine abgewiesen. Ingleichen wies der oberste Gerichtshof eine auf Ungiltigkeitserklärung der Verfügung des Ackerbauministeriums, welche die Bringung von Waldproducten über fremden Grund und Boden gestattete, gerichtete und auf den cit. Art. 15 gestützte Klage mit Entscheidung vom 30. November 1875 Z. 12211 (Gerichtshalle 1876 Nr. 62) ab, weil es sich um keine Ansprüche civilrechtlicher Natur, sondern um eine Entscheidung handle, welche das Ackerbauministerium aus öffentlichen Rücksichten gefällt hatte.

[25]) Randa Besitz §. 7 b S. 147; vgl. auch die Entscheidung des obersten Gerichtshofes vom 24. November 1869 Z. 13154 (Unger-Glaser Nr. 3582).

[26]) Die entgegengesetzte Entscheidung des obersten Gerichtshofes vom 4. April 1866 Z. 2955 (Unger-Glaser Nr. 2443) datirt eben aus einer Zeit, wo das cit. Staatsgrundgesetz noch nicht erlassen war. Vgl. auch Hillbricht „über Gesetze und deren Anwendung auf Eisenbahnunternehmungen" in der „Gerichtshalle" 1869 S. 9 u. 10.

[27]) Vgl. die Entscheidung des obersten Gerichtshofes vom 18. November 1870 Nr. 417 (Unger-Glaser Nr. 3667), welche in einem solchen Falle ausdrücklich die gerichtliche Competenz anerkennt, dann Randa a. a. O. not. 34. Auch das Ministerium des Innern hat sich wiederholt (Entsch. vom 14. Februar 1874 Z. 2100, Zeitsch. f. Verw. 1874 Nr. 12 und vom 20. Januar 1875 Z. 7341 Zeitsch. f. Verw. 1876 Nr. 14) dieser Anschauung angeschlossen, indem es die nachträgliche Einleitung des Expropriationsverfahrens in Ansehung der vom Unternehmer eigenmächtig in Besitz genommenen Grundstücke verordnete. — Vgl. auch Koch a. a. O. §. 35 S. 78 ff. Einigermassen abweichend Meyer in Behrend's Zeitschr. VIII S. 604 ff.

Lage sein, sich in den Entscheidungsgründen des über
eine solche Klage zu fällenden Urtheiles über die Rechtmässigkeit des Enteignungserkenntnisses auszusprechen, und im Falle
einer verneinenden Beantwortung dieser Frage durch seinen
Ausspruch die Verfügung der politischen Behörde de facto unwirksam zu machen.

Der im Art. 15 Abs. 2 des Staatsgrundgesetzes über die
richterliche Gewalt verheissene Verwaltungsgerichtshof
wurde in neuester Zeit durch das Gesetz vom 22. October 1875
Nr. 36 R. G. B. pro 1876 thatsächlich ins Leben gerufen.

Beschwerden wegen behaupteter unrichtiger Anwendung
der Expropriationsgesetze durch die politischen Behörden würden
allerdings vom allgemeinen Standpunkte zur Competenz des
Verwaltungsgerichtshofes gehören, der nach §. 2 Abs. 1 des
citirten Gesetzes in allen Fällen zu erkennen hat, in denen
Jemand durch eine gesetzwidrige Entscheidung oder Verfügung
einer Verwaltungsbehörde in seinen Rechten verletzt zu sein
behauptet. Auch der Competenzausschliessungsgrund des §. 3
lit. b könnte hier nicht geltend gemacht werden, denn wenngleich die Unverletzlichkeit des Privateigenthums staatsgrund-
gesetzlich gewährleistet ist, so wäre es doch unrichtig, anzunehmen, dass die Verletzung des Eigenthumsrechtes durch einen
Act der vollziehenden Gewalt die Verletzung eines durch die
Verfassung gewährleisteten politischen Rechtes sei, derent-
wegen nach Art. 3 lit. b des Staatsgrundgesetzes vom 21. Dec.
1867 Nr. 143 R. G. B. beim Reichsgerichte Beschwerde
eingelegt werden könnte.[28])

Allein es ist hier weiter der Umstand in Betracht zu
ziehen, dass §. 3 lit. c des Gesetzes vom 22. October 1875

---

[28]) Mit Recht hat daher das Reichsgericht mit Erkenntniss vom 31.
Jänner 1873 Nr. 7 (Hye-Glunck, Sammlung der nach gepflogener
öffentlichen Verhandlung geschöpften Erkenntnisse des k. k. Reichs-
gerichtes Nr. 41) der vom Ministerium erhobenen Einwendung
der Incompetenz in einem Falle stattgegeben, wo ein Domainen-
besitzer durch die im Verwaltungswege verfügte Trockenlegung
seiner Teiche in seinem Eigenthumsrechte verletzt zu sein
behauptete.

von der Competenz des Verwaltungsgerichtshofes alle jene Angelegenheiten ausgeschlossen hat, „in denen, und insoweit die Verwaltungsbehörden nach freiem Ermessen vorzugehen berechtigt sind." [29]) Nachdem es nun unstreitig den politischen Behörden zusteht, im concreten Falle nach freiem Ermessen zu bestimmen, ob das allgemeine Beste die Entziehung oder Beschränkung des Privateigenthumes an einer bestimmten Sache erheische, so wird zu behaupten sein, dass diese Frage vor dem Verwaltungsgerichtshofe nicht erörtert werden darf, dass daher Expropriationserkenntnisse der politischen Behörden in dieser Richtung vor dem Verwaltungsgerichtshofe nicht angefochten werden können. [30])

Allein der eben erwähnte Ausschliessungsgrund gilt nur in Ansehung des materiellen Inhaltes des Expropriationserkenntnisses; wird hingegen der Enteignungsausspruch aus dem Grunde angefochten, weil bei Fällung desselben nicht alle vom Gesetze geforderten Formen beobachtet wurden, so liegt kein

---

[29]) Die Aufnahme dieser Bestimmung in das Gesetz muss allerdings, wie bereits von mehreren Seiten hervorgehoben wurde (vgl. Koller Bedenken gegen die Anträge der Regierung betreffend die Errichtung eines Verwaltungsgerichtshofes S. 17, Kissling Verwaltungsgerichtshof S. 13, dann meinen Aufsatz in Hartmann's Zeitschr. f. Gesetzg. und Praxis I. Bd. S. 121), als keineswegs glücklich bezeichnet werden. Denn wenngleich es selbstverständlich ist, dass von einer Gesetzesverletzung dort keine Rede sein kann, wo die Behörde nach freiem Ermessen zu handeln berechtigt war, so darf doch nicht übersehen werden, dass das meritum der Entscheidung des Verwaltungsgerichtshofes nach unserem Gesetze eben darin besteht, zu constatiren, ob ein Gesetz verletzt wurde, oder nicht. Macht man nun von derselben Frage zugleich auch schon die Competenz abhängig, so können aus diesem unnatürlichen Verhältnisse mitunter sehr unerquickliche Verwicklungen entstehen, da der Schwerpunkt des ganzen Verfahrens dann in die Entscheidung der Frage über die Zuständigkeit verlegt wird, über welche der Verwaltungsgerichtshof nach. §. 21 mitunter sogar ohne Einvernahme der Parteien entscheidet, wenn er nämlich dafür hält, dass die Unzuständigkeit eine „offenbare" ist.

[30]) Uebereinstimmend auch Pann Verwaltungsjustiz in Oesterreich (1876) S. 64.

Grund vor, die Competenz des Verwaltungsgerichtshofes anzuzweifeln.[31])

Durch die Einführung der Verwaltungsrechtspflege ist daher in Anschung der richterlichen Ueberprüfung des Expropriationserkenntnisses nur so viel gewonnen worden, dass während früher lediglich ein indirectes Erkenntniss vor dem Civilrichter über die Unwirksamkeit eines Expropriationserkenntnisses erwirkt werden konnte, nunmehr auch vor dem Verwaltungsgerichtshofe wegen constatirter Verletzung der gesetzlichen Formen direct die Ausserkraftsetzung des Enteignungserkenntnisses begehrt werden kann.

Die Ueberreichung einer solchen Beschwerde an den Verwaltungsgerichtshof hat jedoch in der Regel keine aufschiebende Wirkung.[32])

§. 18.

Das Entschädigungsverfahren im Allgemeinen.

Es ist Aufgabe des Entschädigungsverfahrens, einerseits den Werth jenes Objectes zu ermitteln, welches dem Einzelnen im Interesse der Verwaltung entzogen werden soll, andererseits aber auch jene Rechtssubjecte ausfindig zu machen, denen ein Anspruch auf Entschädigung gebührt, und auf welche sowohl bei Bestimmung als bei Auszahlung der Entschädigung Rücksicht genommen werden muss.

Was vorerst die Ermittlung des Werthes d. i. jenes Aequivalentes an Geld betrifft, welches den dem Berechtigten durch die Enteignung zugefügten Nachtheil auszugleichen geeignet ist, so ist auch diese Feststellung und Zuweisung der

---

[31]) Vgl. auch Kissling Beiträge zur Theorie des Verwaltungsrechtes II S. 54.

[32]) §. 17 des Ges. vom 22. October 1875 Der beschwerdeführenden Partei steht jedoch frei, um Sistirung der Vollstreckung bis zur Erledigung der Beschwerde bei der Verwaltungsbehörde anzusuchen. Letztere hat den Aufschub zu bewilligen, wenn der sofortige Vollzug durch öffentliche Rücksichten nicht geboten ist und der Partei durch diesen Vollzug ein unwiederbringlicher Nachtheil erwachsen würde.

Entschädigung ihrem Wesen nach ein Act der Verwaltungsthätigkeit des Staates, ein nothwendiger Ausfluss des auf Förderung der wirthschaftlichen Entwicklung der Gesammtheit gerichteten Strebens der Staatsverwaltung. Denn wie bereits oben[1])
dargelegt wurde, ist der Anspruch des Expropriaten auf Gewährung einer angemessenen Entschädigung als eine nothwendige,
im Wesen des Institutes selbst begründete Beschränkung
des Rechtes auf Enteignung aufzufassen, und es wäre sohin
nur consequent, dieselbe Behörde, welche über das Mass des
dem Einzelnen im Interesse der Gesammtheit aufzuerlegenden
Opfers zu entscheiden hat, auch darüber absprechen zu lassen,
in welcher Weise der hiedurch im Vermögen des Einzelnen
entstandene Ausfall wieder ausgeglichen werden soll.

Wenn daher manche Schriftsteller die Festsetzung der
Entschädigung als einen Act bezeichnen, der principiell, und
unter allen Umständen der Sphäre der Verwaltungsbehörden
entrückt und den Gerichten zugewiesen werden müsse[2]), so
kann dieser Auffassung vom abstracten Standpunkte aus keineswegs beigepflichtet werden.[3])

---

[1]) §. 13 d. W.

[2]) Bluntschli a. a. O. I S. 227, Treichler a. a. O. S. 160,
Häberlin a. a. O. S. 214, Brinz a. a. O. S. 472, Mayer a.
a. O., Thiel a. a. O. S. 134, Grünhut a. a. O. S. 237. In Consequenz dieser Auffassung wird auch behauptet, dass die Entscheidung darüber, ob der Expropriat berechtigt ist, eine Ausdehnung
der Enteignung zu begehren (§. 16 Z. 2), den Gerichten zustehe.
Mayer a. a O. Häberlin a. a. O. S. 179, Burckhardt a. a.
O. S. 242.

[3]) Vgl. dagegen insbesondere Stein a. a. O. S. 337, dann die ano-
nyme Besprechung des Gesetzentwurfes betreffend den Schutz und
die Ausübung der Fischerei in Oesterreich in der österr. Zeitsch.
f. Verw. 1876 Nr. 17. Es handelt sich hier einfach nur um einen
Act der Schätzung, und es ist Sache der positiven Gesetzgebungen zu bestimmen, welche Organe zur Vornahme von Schäz-
zungen der einen oder der anderen Art berufen sind. Daraus,
dass auch im civilgerichtlichen Verfahren Schätzungen vorkommen,
folgt noch nicht, dass alle Amtshandlungen, welche eine Schätzung
zum Gegenstande haben, nothwendig zur Competenz der Civilgerichte gehören müssen.

Es haben jedoch fast alle positiven Gesetzgebungen dem Enteigneten einen privatrechtlichen Anspruch auf Auszahlung einer angemessenen Entschädigung gewährt.

Die natürliche Folge solcher Bestimmungen ist, dass die Gerichtsbehörden es sind, welche über das Mass der dem Expropriaten gebührenden Entschädigung endgiltig abzusprechen haben.[4])

Ob hiebei diese Entscheidung den ordentlichen Gerichten, oder einem Specialgerichtshofe, einer Jury zugewiesen wird, ist für das Wesen der Sache gleichgiltig.[5]) Ebenso ist es nur von

---

[4]) S. die Zusammenstellung bei Koch a. a. O. S. 113.

[5]) Das französische Enteignungsgesetz verweist die Festsetzung der Entschädigung vor die Geschwornenbank. Ueber die Zusammensetzung der Letzteren und das dort zu beobachtende Verfahren enthält das Gesetz sehr ausführliche Bestimmungen. Auch nach englischem Enteignungsrechte entscheidet die Jury, wenn der Entschädigungsanspruch 50 £ übersteigt (bei geringeren Ansprüchen entscheiden zwei Friedensrichter) und der Enteignete es nicht vorzieht, die Entscheidung von Schiedsrichtern anzurufen. Gneist Selfgovern. §. 60 S. 329. Das ungarische Enteignungsrecht verweist alle aus Anlass einer im Weichbilde der Städte Pest-Ofen vorgenommenen Expropriation ungelöst gebliebenen Entschädigungsfragen vor ein ständiges Geschwornengericht und zwar selbst dann, wenn innerhalb des gedachten Gebietes auf Grund des allgemeinen Expropriationsgesetzes enteignet wird (§§. 40, 98 des 56. Ges.-Art. v. J. 1868). Nach diesen Gesetzgebungen hat die Jury nicht über das Recht auf Entschädigung selbst, sondern nur über die Höhe der Letzteren zu entscheiden, und es ist gegen den Ausspruch nur das Rechtsmittel der Cassationsbeschwerde zulässig. Für Deutschland empfehlen das Institut der Jury insbesondere Mittermaier a. a. O. S. 27, Treichler a. a. O. S. 163, 164, Meyer a. a. O. S. 325, Grünhut a a O. S. 237, Gneist a. a. O. §. 161 S. 952, wogegen Andere, so Buddens a. a. O. S. 402, Thiel a. a. O. S. 139 dasselbe noch für unzeitgemäss halten. Mit Unrecht eifert Stein (a a. O. S. 338) gegen die Bezeichnung der Jury als Gericht, nachdem er doch selbst (auf S. 336 und 341) eine privatrechtliche Verbindlichkeit zur Entschädigung anerkennt, ja sogar eine unbedingte Haftung der Verwaltung für die Leistung der Entschädigung nach Massgabe des bürgerlichen Rechtes statuiren will, über welchen Anspruch doch die Geschworenen definitiv zu entscheiden hätten.

untergeordneter Bedeutung, ob die Festsetzung der Entschädigung
sofort und definitiv durch das Gericht erfolgt, oder ob früher
noch eine Schätzung durch die administrativen Organe stattfindet,
gegen welche dann den Parteien die Anrufung der richterlichen
Hilfe, der Rechtsweg vorbehalten bleibt.[6]) Denn in diesem
Falle ist die administrative Schätzung nur ein vorbereitender
Act, und hat nur den Zweck, die sofortige Inbesitznahme des
benöthigten Objectes durch den Enteigner nach Zahlung oder
gerichtlichem Erlage der provisorisch festgestellten Entschädigung
zu ermöglichen.[7])

Auch nach österreichischem Rechte gebührt dem Expropriaten aus dem Gesetze (§. 365 a. b. G. B.) ein privatrechtlicher Anspruch auf angemessene Schadloshaltung gegen Denjenigen, der den Enteignungsausspruch erwirkt hat. Es gehört
daher auch bei uns die endgiltige Feststellung der Entschädigung zur Competenz der Gerichtsbehörden.[8])

Daneben enthalten jedoch fast sämmtliche, bestimmte Expropriationsfälle behandelnde Specialgesetze, wie auch jene
Gesetze, welche der Enteignung analoge Fälle zum Gegenstande
haben, besondere Bestimmungen darüber, auf welche Weise die
Entschädigung vorerst im administrativen Wege ermittelt
werden solle, und dass lediglich derjenigen Partei, welche sich
mit der von den Verwaltungsbehörden ermittelten Entschädigung

---

[6]) Dernburg a. a. O. §. 34, S. 58, Förster a. a. O. S. 146, not.
36, Zöpfl a. a. O. S. 508, §. 31 der sächsischen Verfassungsurkunde vom 4. September 1832 (bei Treichler a. a. O. S. 131).

[7]) Dies wird in der Regel dahin ausgedrückt, dass der Vorbehalt
des Rechtsweges keinen Suspensiveffect habe. Zöpfl a. a. O.
Martin a. a. O. S. 171 not. 1.

[8]) Zeiller a. a. O. S. 3, Nippel a. a. O. S. 209, Winiwarter a.
a. O. S. 120. Die Vorschrift des Hofkanzleidecrets v. 24. Feber
1836 (Prov. Ges. S. für Steiermark S. 244, Michel Privatr.
S. 403), wornach „in jenen Fällen, wo den politischen Behörden
das Erkenntniss über die Schadenersatzpflichtigkeit im administrativen Wege zusteht, dieselben auch berufen sind, über den Betrag
des Schadens zu erkennen", findet auf unseren Fall keine Anwendung.

nicht zufrieden stellen wolle, der Rechtsweg, jedoch ohne Suspensiveffect vorbehalten bleibe.[9])

Der Rechtsweg kann aber nach der ausdrücklichen Vorschrift des Gesetzes (§. 1 der Jos. allg. Ger. Odg.) nur mittelst einer Klage betreten werden.[10]) Eine solche Klage wird der Natur der Sache nach der Expropriat gegen den Enteigner auf Zahlung der ihm angemessen scheinenden Entschädigung, und zwar dann richten, wenn die im politischen Wege ermittelte Entschädigung seiner Ansicht nach zu gering ist. Glaubt jedoch der Expropriant, dass die von der Administrativbehörde bemessene Entschädigung zu hoch sei, so erübrigt ihm lediglich,

---

[9]) Schon das Hofdecret vom 11. October 1821 Z. 29059 hatte sich entschieden gegen die Feststellung eines allgemeinen Tarifes für die zu verabreichende Entschädigung ausgesprochen, und die Zuziehung von unparteiischen Schätzleuten angeordnet, den sich verkürzt haltenden Eigenthümern aber den Rechtsweg vorbehalten. Denselben Grundsatz stellt das die Ablösung der auf Aerarialstrassen bestehenden Privatmauthen behandelnde Hofdecret vom 13. October 1835, dann das Hof-Comm.-Dct. vom 19. Juni 1824 Z. 27345 rücksichtlich der bei Katastralvermessungen zugefügten Beschädigungen auf Dagegen spricht das Hofkanzlei-Dct. vom 13. Mai 1832 rücksichtlich der Beschädigungen anlässlich der Errichtung von Sanitätscordons nur davon, dass im politischen Wege eine gütliche Einigung über den Betrag der Entschädigung versucht werden solle, und dass, wenn dieser Versuch erfolglos bleibt, der Beschädigte auf den Rechtsweg zu verweisen ist. Das Hofd. vom 2. November 1837 (betreffend die Ermittlung der Entschädigung aus Anlass der Abhaltung von Militärwaffenübungen) und §. 32 des Gesetzes vom 29. Juni 1868 Nr. 118 R. G. B. (betreffend die Verabfolgung einer Vergütung für die zur Constatirung des Vorhandenseins der Rinderpest geschlachteten Viehstücke) enthalten hingegen Nichts von einem Vorbehalte des Rechtsweges, und §. 9 des Gesetzes vom 16. April 1873 Nr. 77 R. G. B. (betreffend die Deckung des Bedarfes an Pferden im Mobilisirungsfalle) schliesst den Rechtsweg ausdrücklich aus.

[10]) Nach ungarischem Rechte wird bei Expropriationen auf Grund des allg. Expr. Gesetzes die Entschädigung vom Gerichte im ausserstrittigen Wege unter Beiziehung von Sachverständigen ermittelt (§§. 412 ff. des allg. Expr. Ges.); nur wenn die Entschädigung von einem Geschworenengerichte festzusetzen ist, muss das Verfahren durch eine gerichtsordnungsmässig instruirte Klage eingeleitet werden (§. 50 des 56. Ges. Art. v. J. 1868).

den Weg des Aufforderungsprocesses zu betreten, und
den Expropriaten auf Darthuung seines Rechtes auf Verabfolgung
der im Verwaltungswege ermittelten Entschädigung bei sonstiger
Auflegung des ewigen Stillschweigens (§. 66 der Jos. allg. Ger.
Ordg.) zu belangen.[11]) Eine Ausnahme besteht nur rücksichtlich
der Enteignung zu Zwecken des von Privaten betriebenen Eisenbahnbaues, in Ansehung welcher — wie wir sehen werden —
ein ganz eigenthümliches Verfahren platzgreift, indem hier sofort
die gerichtliche Schätzung des Expropriationsobjectes bei
der Realinstanz angesucht werden kann.

Was aber die Ausfindigmachung der einzelnen Entschädigungsberechtigten anbelangt, so wurden die für
das materielle Recht massgebenden Grundsätze des österreichischen Rechtes bereits an einer anderen Stelle darzulegen
versucht.[12]) Wir haben daselbst die Ansicht vertheidigt, dass
in Ansehung der unbeweglichen Sachen nur diejenigen dritten
Berechtigten einen directen Entschädigungsanspruch gegen
den Exproprianten haben, deren Recht in die öffentlichen Bücher
eingetragen ist, während in Ansehung der übrigen Berechtigten
es lediglich dem Eigenthümer anheimgestellt bleibt, aus Anlass
des Verhältnisses, in welches er zu einer dritten Person rücksichtlich des ihm entzogenen Objectes getreten ist, etwa eine
höhere Entschädigung zu beanspruchen.[13]) Die Art der Geltendmachung der Ansprüche dritter
Berechtigter ist — jedoch nur für Tirol und Vorarlberg — durch
die Ministerial-Verordnung vom 8. December 1855 Nr. 213
R. G. B. geregelt.[14]) Die Realinstanz hat hiernach ein Edict

---

[11]) Wenn die meisten Gesetze nur davon sprechen, dass den sich
verkürzt haltenden Eigenthümern ohnedies der Rechtsweg vorbehalten bleibt, so haben sie eben nur den gewöhnlichen Fall vor
Augen, und es kann gewiss auch dem Exproprianten die Betretung
des Rechtsweges behufs Erzielung der Anerkennung einer geringeren
Entschädigungsverbindlichkeit nicht verwehrt werden.
[12]) Oben §. 14 d. W.
[13]) Vgl. oben S. 145 d. W.
[14]) Diese Min. Vdg. behandelt allerdings nur das anlässlich der Enteignung zum Behufe des Baues von Staatseisenbahnen zu beobachtende Verfahren; die Geltung der betreffenden Vorschriften

auszufertigen, darin alle Jene, welchen auf die einzulösenden
Realitäten ein Eigenthums- oder ein anderes dingliches Recht
zukömmt, aufzufordern, ihre Rechte innerhalb einer Frist von
90 Tagen schriftlich oder protokollarisch anzumelden, widrigens
die sich nicht Meldenden bei der Vertheilung des Entschädigungsbetrages unberücksichtigt bleiben, und jedes Anspruches wider
den Exproprianten aus dem Titel der Enteignung verlustig
werden. [15])

wurde jedoch mit Min. Vdg. vom 27. April 1859 Nr. 71 R. G. B.
auch auf die anderen Fälle der Expropriation zu öffentlichen
Zwecken ausgedehnt. — Mit Unrecht führt Kirchstetter Comm.
S. 171, 172 diese Gesetze als für die ganze Monarchie bindend
an. Nachdem die dort enthaltenen Vorschriften mit der Einrichtung
der Grundbücher in den bezogenen zwei Kronländern zusammenhängen, erscheint selbst deren analoge Anwendung in den übrigen
Kronländern mit der ratio legis nicht vereinbar.

[15]) Das französische Gesetz vom J. 1841 legt dem Eigenthümer die Verbindlichkeit auf, in der Edictalfrist alle diejenigen
anzuzeigen, denen ein Recht zu dem in Anspruch genommenen
Objecte zusteht, widrigens der Expropriant nur mit dem Eigenthümer verhandelt, dieser aber den dritten Berechtigten ersatzpflichtig wird. Art. 21: „... le propriétaire est tenu d'appeler
et de faire connaître à l'administration les fermiers, locataires,
ceux qui ont des droits d'usufruit, d'habitation ou d'usage ...;
si non il restera seul chargé envers eux des indemnités,
que ces derniers pourront réclamer". — Der Entwurf des preussischen Expropriationsgesetzes enthielt gleichfalls die Bestimmung,
dass der Eigenthümer ein Verzeichniss der dritten Berechtigten
vorzulegen habe, welche einen Anspruch auf Entschädigung erheben
könnten. Bei der parlamentarischen Behandlung des Entwurfes
kam man jedoch hievon ab, und das Resultat der Berathungen
war §. 25 des Gesetzes vom 11. Juni 1874, wonach zu der Localcommission ausser dem Eigenthümer nur jene Nebenberechtigten
besonders vorgeladen werden, welche sich selbst zur Theilnahme an dem Verfahren gemeldet haben. Die übrigen
Betheiligten werden bloss durch eine im Wege der öffentlichen
Blätter bekannt zu machende Vorladung aufgefordert, ihre Rechte
im Termine wahrzunehmen. — Während Grünhut (a. a. O.
S. 233) die Verfügung des französischen Gesetzes vollkommen
billigt, hält Thiel (a. a. O. S 127) die Bestimmung des schwei-
zerischen Bundesgesetzes vom 1. Mai 1850 (Art. 12 Nr. 2 und
Art. 14) für sachgemässer, der zufolge die Berechtigten ihre
Ansprüche binnen 30 Tagen nach der Kundmachung vom Auflliegen

In den übrigen Kronländern ist die Vorladung der dritten
Berechtigten zur Expropriationsverhandlung nur in Ansehung
der Expropriation zu Zwecken des Eisenbahnbaues, dann in dem
sog. Edictalverfahren im Sinne des Wassergesetzes (§. 82 Abs. 2
des böhm., §. 82 Abs. 2 des mähr., §. 78 Abs. 2 des niederösterr. Landesgesetzes) vorgeschrieben. [16]) Hiedurch ist allerdings
den dritten Berechtigten die Geltendmachung ihrer Entschädigungsansprüche im Expropriationsverfahren sehr erschwert.

Nachdem jedoch, wie bemerkt, die Ausmittlung der Entschädigung im politischen Wege ohnedies nur die Bedeutung
eines vorbereitenden Actes hat, während die endgiltige
Feststellung der Entschädigung dem Gerichte vorbehalten ist,
so ist es klar, dass durch die Betheiligung oder Nichtbetheiligung
des Nebenberechtigten in der Expropriationsverhandlung dessen
materieller Entschädigungsanspruch nicht berührt wird. Denn
wenngleich durch die Enteignung die Rechte Dritter in Anschung des Expropriationsobjectes ipso jure erlöschen,
insofern deren Fortbestand mit dem Zwecke, zu welchem expropriirt wurde, nicht vereinbar ist und wenngleich also in diesem
Sinne das Expropriationserkenntniss auch gegen den nicht
betheiligten Dritten wirksam ist, so kann doch ein Gleiches
keineswegs rücksichtlich des Entschädigungsanspruches
der Nebenberechtigten behauptet werden. Dieser Anspruch des
Inhabers eines dinglichen Rechtes erlischt nicht ipso jure
durch Ausfolgung der Entschädigung an den Eigenthümer, sondern
er kann selbständig im Rechtswege geltend gemacht werden.

Die Auszahlung des Entschädigungsbetrages erfolgt an
den Eigenthümer oder dessen ausgewiesenen Bevollmächtigten,

---

des Planes beim Gemeindeamte anzumelden haben, widrigens diese
Ansprüche auf den Unternehmer übergehen. der dann für selbe
in der Regel noch durch 6 Monate, jedoch nur bis zu einem von
der Schätzungscommission definitiv festzusetzenden Betrage zu
haften hat.

[16]) Nachdem die dritten Berechtigten aber nichtsdestoweniger als
„betheiligt" anzusehen sind, so wird denselben, wenn sie sich ohne
Vorladung zur Verhandlung eingefunden haben, dennoch rechtliches
Gehör weder in Betreff der Expropriations- noch in Betreff der
Entschädigungsfrage zu versagen sein.

sobald die Entschädigung in quanto et quali festgestellt ist. Aus wichtigen Gründen gestattet jedoch §. 1425 a. b. G. B. auch die gerichtliche Deposition der Entschädigungssumme. Und während sonst nach allgemeinen Grundsätzen nur im ordentlichen Rechtswege darüber entschieden werden kann, ob ein gerichtlicher Erlag mit Recht erfolgte, und ob ihm die rechtlichen Wirkungen der Zahlung zukommen, hat im Expropriationsverfahren die politische Behörde anlässlich der angesuchten Vollstreckung des Enteignungserkenntnisses die Rechtmässigkeit des Erlages zu beurtheilen, indem sie nach Erlag der provisorisch ermittelten Entschädigungssumme den Enteigner in den Besitz des in Anspruch genommenen Objectes einweist. [17])

Der Erlag der Entschädigungssumme wird insbesondere stattfinden:

1. wenn ausser dem bücherlichen Besitzer auch noch ein Naturalbesitzer auf Auszahlung der Entschädigung Anspruch erhebt; [18])

2. wenn durch die für das enteignete Immobile selbst ermittelte Entschädigungssumme ganz oder theilweise auch Ansprüche von dritten Berechtigten gedeckt werden sollen, deren Rechte in die öffentlichen Bücher eingetragen sind, und kein gütliches Uebereinkommen zwischen dem Eigenthümer und den Nebenberechtigten in Betreff der Ausfolgung der Entschädigungssumme an den Einen oder den Andern derselben zu Stande gekommen ist; weil sonst nach dem Principe des §. 443 a. b. G. B. der Expropriant, der dem Eigenthümer die ganze Entschädigungs-

---

[17]) Das preuss. Gesetz vom J. 1874 bestimmt im §. 37 ausdrücklich: „Ueber die Rechtmässigkeit der Hinterlegung findet ein gerichtliches Verfahren nicht statt."

[18]) Vgl. die Entscheidung des Min. des Innern vom 19. Januar 1871 Z 16015 ex 1870 in der öst. Zeitsch. f. Verw. 1871 Nr. 17. Alle politischen Instanzen hatten übereinstimmend den Bergwerksbesitzer nach gerichtlichem Erlage der Entschädigung trotz Einspruches des Naturalbesitzers in den Besitz eingewiesen, weil auf einen solchen Fall „allerdings die Vorschriften der §§. 103 Berg-G. und 1425 a. b. G. B. Anwendung finden."

14

summe ausfolgen würde, unter Umständen dieselbe Zahlung noch einmal dem dritten Berechtigten leisten müsste;[19]

3. wenn der Expropriant ausdrücklich erklärt, sich gegen die Feststellung der provisorisch ermittelten Entschädigung den Rechtsweg vorzubehalten.[20]) In diesem letzteren Falle ist es Sache der politischen Behörde, in Betreff der fortlaufenden Zahlung einer Vergütung für die während der Dauer des zu gewärtigenden Rechtsstrittes entgehenden Nutzungen an den Expropriaten eine der Sachlage entsprechende Verfügung zu treffen.[21]

Dagegen ist der Vorbehalt des Rechtsweges von Seiten des Expropriaten und dessen Erklärung, dass er den provisorisch ermittelten Entschädigungsbetrag nur als Abschlags-

---

[19]) Das preussische Expr. Gesetz gestattet bei theilweiser Enteignung eines Grundbesitzes die Auszahlung der Entschädigung an den Eigenthümer ohne Einverständniss der Hypothekargläubiger dann, wenn die auf dem gesammten Grundbesitz haftenden Hypotheken und Grundschulden den 15fachen Betrag des Grundsteuer-Reinertrages des Restgrundbesitzes nicht übersteigen (§. 38).

[20]) Das Gesetz schreibt nirgend vor, dass der Expropriant, um von der enteigneten Sache Besitz ergreifen zu können, die provisorische Ermittlung der Entschädigung unbedingt als richtig anerkennen müsse. Vgl. auch die Entscheidung des obersten Gerichtshofes vom 6. October 1874 Z. 10817 (Zeitsch. f. Verw. 1875 Nr 6). Eine abweichende Bestimmung enthält dermal rücksichtlich der Eisenbahnunternehmungen die M. V. v. 5. Sept. 1874 Nr. 119. R. G. B.

[21]) Eine interessante Entscheidung des Min. d. I. erfloss in dieser Richtung unterm 31. Juli 1870 Z. 10445 (Zeitsch. f. Verw. 1870 Nr. 47). Eine Kohlengewerkschaft hatte gegen einen Müller die Expropriation eines Wasserbezugsrechtes erwirkt. Das Erträgniss der Mühle wurde im polit. Wege mit 1750 fl. ermittelt, wogegen sich die Gesellschaft den Rechtsweg vorbehielt. Die erste Instanz ordnete den Erlag von 35000 fl. (als der 20fachen Ertragsziffer) an; die Landesstelle verfügte überdiess bis zur Durchführung des Rechtsstreites die Auszahlung des jährlichen Nutzungsentganges von 1750 fl. in 1/4jährigen Raten an den Expropriaten. Das Ministerium bestätigte die Entscheidung der zweiten Instanz, weil es Sache der politischen Behörden ist, provisorisch eine angemessene Entschädigung zu bestimmen, und weil dem Expropriaten der Bezug einer Entschädigung für den Nutzungsentgang bis zur Austragung des Streites füglich nicht verweigert werden kann.

zahlung anzunehmen gedenke, an sich noch kein hinlänglicher Grund zur Deponirung der Entschädigungssumme.[22])

Die Erfolglassung der erlegten Beträge erfolgt in dem sub 3. gedachten Falle nach rechtskräftiger Entscheidung des anhängig gemachten Strittes oder rechtskräftiger Präclusion des Exproprianten von der Ueberreichung der Aufforderungsklage. In den sub 1. und 2. gedachten Fällen werden die erlegten Beträge den Interessenten nur auf Grund ihres nachgewiesenen Einverständnisses[23]) oder eines rechtskräftigen Richterspruches erfolgt. Die Hypothekargläubiger können insbesondere verlangen, dass das Gericht die Vertheilung und Zuweisung des erlegten

---

[22]) Vgl. die Entscheidung des obersten Gerichtshofes vom 28. December 1871 Z. 15181 (Unger-Glaser Nr. 4377). Doch nur das in dieser Entscheidung ausgesprochene Princip ist richtig, keineswegs die Entscheidung selbst. Es wurde nämlich trotz des Protestes des Exproprianten die Erfolglassung des erlegten Betrages an den Expropriaten bewilligt, weil Ersterer nicht berechtigt war, die Ausfolgung des Depositums an den Verzicht des Expropriaten auf alle weiteren Entschädigungsansprüche zu knüpfen. Das Gericht konnte jedoch bei vorliegendem Proteste im ausserstrittigen Wege die Erfolglassung nicht bewilligen; die Frage, ob der in Rede stehende Erlag zur Besitzeinweisung des Exproprianten genügte, lag zur Entscheidung gar nicht vor, und konnte auch nur im politischen Wege entschieden werden.

[23]) Um ein solches Einverständniss möglichst zu erleichtern, bestimmt das preussische Expr. Ges., dass, wo die den Nebenberechtigten gebührende Entschädigung in dem Werthe des enteigneten Grundeigenthums begriffen ist, auf Antrag des Eigenthümers oder des betreffenden Nebenberechtigten schon im politischen Wege das Antheilsverhältniss festzustellen ist, nach welchem Beide an der Entschädigung participiren (§. 14 not. 12 d. W.). Der Regierungscommissär hatte die Aufnahme dieser Bestimmung in der Kammer lebhaft bekämpft. Höinghaus a. a. O. S. 133, 134, Daleke a. a. O. S. 108. — Ueberdies gestattet das preuss. Gesetz die Ausfolgung der deponirten Entschädigung an den Eigenthümer ohne Zustimmung der Nebenberechtigten im Sinne der Ablösungsgesetze dann, wenn Ersterer nachweist, dass er durch Meliorationen den Werth des Grundstückes um mehr erhöht habe, als die deponirte Entschädigungssumme für den abgetrennten Theil beträgt. (§. 19 d. Ges Meyer in Behrends Zeitsch. VIII S. 60, Daleke a. a. O. S. 133.)

14*

212

Betrages nach jenen Grundsätzen vornehme, welche für den
Fall der executiven Versteigerung einer Liegenschaft Geltung
haben.[24]

§. 19.
Verfahren anlässlich der Enteignung zu Zwecken des Bergbaues.

Bei der Enteignung zu Bergwerkszwecken tritt unter Umständen die Mitwirkung der zur volkswirthschaftlichen Pflege
des Bergbaues berufenen Behörde, der Bergbehörde ein. Es
ist jedoch hiebei stets der allgemeine Grundsatz festzuhalten,
dass die definitive Entscheidung darüber, ob und inwielange
eine zwangsweise Grundüberlassung stattfindet, der politischen
Behörde zusteht (§. 102 B. G.).

Handelt es sich um blosse Schurfarbeiten, so hat vorerst
der Schürfer dem Grundeigenthümer die Schurfbewilligung vor-
zuweisen und zu versuchen, sich mit demselben rücksichtlich
der allenfalls angesprochenen Entschädigung in Güte auseinan-
derzusetzen (§. 26 B. G.). — Kömmt eine Einigung nicht zu
Stande, so ist rücksichtlich des zu beobachtenden Verfahrens
zu unterscheiden, ob es sich um Vornahme von Schurfarbeiten
überhaupt, oder um die Ausübung einer Freischurflicenz handelt.

Im ersteren Falle hat der Bewerber lediglich bei der politischen Behörde um die Bewilligung einzuschreiten, seine Schurfarbeit beginnen zu dürfen (§. 27 B. G.). — Die politische
Behörde hat hierüber durch einen Abgeordneten den voraussichtlichen Schaden erheben zu lassen, und den Bittsteller anzuweisen, die zur Deckung dieses Schadens erforderliche Summe

---

[24] §. 13 d. M. Vdg. v. 8. Dec. 1855 Nr. 213 R. G. B. (§. 14 not. 19 d. W.)
Nachdem der dort ausgesprochene Grundsatz der Natur der Sache
entspricht, so steht der allgemeinen Anwendung desselben wohl
kein Bedenken entgegen. — Nach bairischem Rechte kann bei
Unzulänglichkeit der Entschädigung jeder Betheiligte 15 Tage
nach rechtskräftiger Festsetzung der Entschädigung die Einleitung
des Vertheilungsverfahrens veranlassen. Roth a. a. O. S. 183.

einstweilen sicherzustellen. [1]) Ist dies geschehen, so kann der Schürfer wohl mit der Arbeit beginnen, er hat jedoch binnen 30 Tagen [2]) um die Einleitung des Verfahrens über die zwangsweise Grundüberlassung bei der Bergbehörde anzusuchen, widrigens über Anlangen des Grundeigenthümers die weitere Schurfarbeit eingestellt werden muss. [3])

Will jedoch der Schürfer sofort oder nach bereits begonnenem Abbau einen Frei-Schurf, d. i. ein ausschliessliches Recht auf ein bestimmtes Schurffeld erwerben, so hat er der Bergbehörde den Punkt anzuzeigen, an welchem er einen Schurfbau zu beginnen und das Schurfzeichen zu setzen beabsichtigt. Die Verhandlung mit dem Grundeigenthümer bezieht sich daher sowohl auf die Gestattung der Aufstellung des Schurfzeichens als auch auf die Gestattung der Schurfarbeit. Bei Fruchtlosigkeit dieser Verhandlung hat sich auch das an die politische Behörde zu richtende Gesuch auf diese beiden Punkte zu er-

---

[1]) Wie Sicherstellung zu leisten ist, bestimmt das bürgerliche Recht in den §§. 1373 und 1377 a. b. G. B. Vgl. F. Schneider a. a. O. §. 77. Es dürfte jedoch nach Analogie des 2. Abs. des §. 103 B. G. ein gerichtlicher Erlag des ein für allemal festgesetzten Entschädigungsbetrages erfordert werden, weil sonst die Frage, ob die bestellte Sicherheit als genügend anzusehen ist, im Falle eines Streites immer erst im Rechtswege ausgetragen werden müsste, was der Absicht des Gesetzgebers nicht entsprechend erscheint.

[2]) §. 27 lit. b des B G. bedient sich wohl des Ausdruckes „sogleich", es steht jedoch einer analogen Anwendung des §. 28 B. G. gewiss Nichts im Wege. Vgl. §. 10 der mit Fz. M. Vdg. v. 5. October 1854 Z. 634 F. M. V. kundgemachten Vollzugsvorschrift. F. Schneider a. a. O. §. 77.

[3]) §. 10 der Vollz. Vorschrift und F. Schneider a a. O. erwähnen zwar nur der Sanction, dass der Grundeigenthümer in diesem Falle auf Zahlung der politischerseits erkannten und vorläufig sichergestellten Entschädigung zu dringen berechtigt wird; allein abgesehen davon, dass ein solches Begehren nach dem bürgerlichen Rechte gar nicht statthaft erscheint, wurde es wohl in dem Falle zu keinem Resultate führen, wenn der politische Commissar die provisorische Entschädigung niedrig fixirt, der Unternehmer daher an der Einleitung des ordentlichen Verfahrens kein Interesse hätte.

strecken, und ist sohin von dem Abgeordneten der politischen
Bezirksbehörde auch der durch Setzung des Schurfzeichens zu
verursachende Schaden zu ermitteln.

Nach Sicherstellung der so provisorisch ermittelten Entschädigung darf der Freischürfer wohl das Schurfzeichen auf-
stellen, er hat jedoch bis zur definitiven Entscheidung über
das sofort d. i. binnen 30 Tagen einzubringende Ansuchen um
die zwangsweise Grundüberlassung alle Arbeiten an dieser
Stelle zu unterlassen (§. 27 lit. c. B. G.).[1]) — Im Falle der
Schürfer nicht binnen dreissig Tagen von Aufstellung des
Schurfzeichens bei der Bergbehörde um die Verhandlung über
die zwangsweise Grundüberlassung einschreitet, so hat die politische Behörde auf Ansuchen des Grundeigenthümers das Schurfzeichen wegräumen zu lassen und hievon die Bergbehörde zu
verständigen (§. 28 B. G.).

Abgesehen von der dem Grundeigenthümer zustehenden
Berechtigung, im Grunde des §. 17 B. G. gegen die Vornahme
von Schurfarbeiten an den dort bezeichneten Orten Einspruch
zu erheben, können gegen eine solche Vornahme auch aus
öffentlichen Rücksichten Anstände obwalten. In dieser Hinsicht
bestimmt der Schlusssatz des §. 17 B. G., dass zu Schürfungen
auf öffentlichen Strassen und Eisenbahnen, an Wasserschutz-
bauten, innerhalb des Rayons einer Festung und der durch
besondere Vorschriften bestimmten Entfernung von derselben,
dann an den Reichs- und Landesgrenzen die Genehmigung der
zuständigen Verwaltungsbehörde erforderlich ist. Die gedachte
Behörde kann jedoch auch gegen die Zulässigkeit der Schürfungen an anderen Orten aus öffentlichen Rücksichten Bedenken

---

[1]) Es ist wohl selbstverständlich, und geht überdies aus den Worten
„an dieser Stelle" so wie aus §. 10 Vollz. Vorschrift klar hervor,
dass im Grunde dieser Vorschrift nur das förmliche Aufschliessen
eines hoffnungsvollen Punktes durch bergmännische Arbeit bis zu
der über die Grundüberlassung zu gewärtigenden Entscheidung
aufgeschoben werden soll, dass jedoch der Freischürfer bis dahin
mindestens ebensoviel Recht hat, als ein gewöhnlicher Schürfer,
daher schon nach Sicherstellung der provisorisch ermittelten
Entschädigung allgemeine Schürfungsversuche immerhin vornehmen kann.

erheben (§. 18 B. G.). — Damit die politische Behörde in
dieser Hinsicht die öffentlichen Interessen wirksam zu vertreten
im Stande sei, bestimmt §. 12 der Vollz. Vorschrift, dass jede
Schurfbewilligung von der Berghauptmannschaft (beziehungsweise
dermal nach dem Gesetze vom 21. Juli 1871 Z. 77 R. G. B.
von dem Revierbergamte) jener politischen Behörde in Abschrift
mitzutheilen ist, in deren Amtsbezirke das Terrain gelegen ist,
für welches die Schurfbewilligung lautet. Die Bergbehörde hat
übrigens Gesuche um Schurflicenzen de plano abzuweisen, wenn
sich aus den denselben beigeschlossenen Behelfen, oder bei den
im Falle des protokollarischen Anbringens des Gesuches etwa
von Amtswegen eingeleiteten Ergänzungserhebungen (§. 13
Vollz.-Vschrft.) ergibt, dass der angesuchten Schürfung Hindernisse im Sinne des §. 17 B. G. entgegenstehen, welche nicht
durch die vom Schurfwerber beigebrachten Beilagen behoben
erscheinen. Im entgegengesetzten Falle ist jedoch die Ein-
sprache des betheiligten Grundeigenthümers, beziehungsweise
der zuständigen Verwaltungsbehörde [5]) abzuwarten, und hat die
Bergbehörde, im Falle sich der Schürfer dem Einspruche nicht
freiwillig fügt, den Sachverhalt durch Augenschein zu erheben.
Zeigt sich hiebei, dass der Schurfbau im Sinne des §. 17 B. G.
unzulässig sei, so ist dem Schürfer, der ja wissen musste, dass
der angesuchte Schurfbau nach dem Gesetze unzulässig sei,
sofort die Fortsetzung oder der Beginn der Arbeit zu unter-
sagen.[6]) Anders, wenn von der Verwaltungsbehörde lediglich
Anstände im Sinne des §. 18 B. G. erhoben werden. In diesem
Falle soll die Bergbehörde im Interesse des Bergbaues möglichst
die Behebung der angeregten Bedenken anstreben. Wenn dies
jedoch nicht thunlich ist und zwischen den Berg- und Verwaltungsbehörden in Betreff der Abweisung des Gesuches eine

---

[5]) Nämlich Verwaltungsbehörde im weitesten Sinne, daher auch mit
Einschluss der Militärbehörde, wenn es sich um die Wahrung
fortificatorischer Interessen handelt.

[6]) §. 17 der Vollz. Vorschrift bestimmt überdies, dass in einem
solchen Falle der Schürfer für allen verursachten Schaden ersatzpflichtig zu erklären ist. Eine solche Erklärung wird jedoch bei
dem Umstande, als die Schadenersatzfrage ohnedies im Rechtswege auszutragen ist, von keiner Bedeutung sein.

Einigung nicht zu Stande kömmt, soll der Act dem Ministerium zur endlichen Entscheidung vorgelegt werden (§. 17 Vollz.-Vorschrift).[7]

Was nun das Verfahren bei der zwangsweisen Grundüberlassung selbst anbetrifft, so wird selbes durch ein Gesuch bei der Bergbehörde (und zwar nach §. 4 des Ges. vom 21. Juli 1871 bei dem Revierbergamte) eingeleitet, welche sich sofort mit der politischen Bezirksbehörde über den Zeitpunkt der zu pflegenden Localerhebungen sowie darüber ins Einvernehmen zu setzen hat, ob und welche Sachverständige beizuziehen seien. Zu dieser Erhebung sind der Bergbauunternehmer und der Grundbesitzer vorzuladen (§. 101 B. G.). — Bei der Localcommission selbst hat vorerst der Abgeordnete der Bergbehörde, erforderlichenfalls unter Zuziehung von Bergwerkssachverständigen zu erheben, ob überhaupt, auf wie lange und in welchem Masse die Bergbauunternehmung die zwangsweise Grundüberlassung rechtfertige, und welche Veränderung an dem Grundstücke durch die beabsichtigte Benützung voraussichtlich eintreten werde. Sodann hat der Abgeordnete der politischen Behörde zu erheben, welche öffentlichen Rücksichten bei der beabsichtigten

---

[7]) Nach dem preussischen Berggesetze entscheidet das Oberbergamt durch einen Beschluss darüber, ob und unter welchen Bedingungen die Schurfarbeiten vorgenommen werden dürfen (§. 8). — Gegen diese Entscheidung ist, insofern sie nicht die provisorische Bestimmung der Entschädigung und die für den Ersatz der allfälligen Werthsverminderung zu leistende Caution betrifft (welche Bestimmung nur im Rechtswege angefochten werden kann), der Recurs zulässig. Eigenthümlich ist die Bestimmung, dass, wie C. F. Koch in seinem Commentar, S. 58 und 59, aus der Entstehungsgeschichte des Gesetzes klar nachweist, der Rechtsweg nicht nur in Betreff der zu leistenden Entschädigung und der zu bestellenden Caution, sondern auch zur endlichen Entscheidung der Frage zulässig ist, ob die angesuchte Schurfarbeit im Sinne des §. 4 B. G. ohne Einwilligung des Eigenthümers stattfinden könne. In diesem letzteren Falle hat die Ergreifung des Rechtsweges sogar Suspensiveffect, wogegen die bloss gegen die Feststellung der Entschädigung oder der Caution gerichtete Beschreitung des Rechtsweges bei Sicherstellung der provisorisch ermittelten Entschädigung resp. Caution nach §. 9 B. G. den Beginn der Schurfarbeiten keineswegs zu hemmen vermag.

Enteignung zu beobachten sind, sowie auch durch landwirth-
schaftliche Sachverständige den dem Grundbesitzer entstehenden
Schaden feststellen zu lassen (§. 68 Vollz. Vorschft). — Kömmt
eine gütliche Einigung nicht zu Stande, so hat vorerst der Revierbeamte auf Grund der gepflogenen Erhebungen über die
Nothwendigkeit, den Umfang, die Zeitdauer der Grundüberlassung
und die Art der Zurückstellung des Grundstückes ein Gutachten
zu erstatten,[8]) und es ist sodann der Act an die politische
Behörde zu leiten, welche sowohl über die Grundüberlassung
als auch darüber erkennt, auf welche Zeit diese zu geschehen
habe. (§. 102 B. G.) — Lautet das Erkenntniss auf die zwangsweise Ueberlassung von Tagwässern, so sind zugleich die Bedingungen festzusetzen, unter welchen dem Bergbauunternehmer
das Wasserrecht zukommen soll. (§. 105, Abs. 2, B. G.)

Auch ist stets zugleich eine vorläufige Bestimmung über
die Art und Grösse der Entschädigung zu treffen. (§. 103, Abs. 1,
B. G.) — Gegen die Entscheidung ist nach allgemeinen Grundsätzen der Recurs an die höhere politische Behörde [9]), und
zwar, da das Gesetz diesfalls nichts Besonderes bestimmt, auch

---

[8]) Wohl nur im uneigentlichen Sinne nennt die Vollzugsvorschrift im
§. 68 dieses Gutachten „Erkenntniss", da die Fällung zweier abgesonderter Erkenntnisse über die Nothwendigkeit der zwangsweisen Grundüberlassung undenkbar ist. Im Falle die politische
Bezirksbehörde gegen den Antrag der Bergbehörde entweder gar
nicht oder nur in geringerem Masse auf die Grundüberlassung
erkannt hat, ist die Bergbehörde, und zwar offenbar vor der Inti-
mation des Erkenntnisses an die Parteien hievon zu verständigen,
und kann selbe den Act nöthigenfalls von Amtswegen der höheren
Behörde (das ist gegenwärtig der Berghauptmannschaft, eventuell
dem Ackerbauministerium) vorlegen (§ 69 Vollzugsvorschrift).

[9]) Zum Ueberflusse hat das Ministerium des Innern mit Erlass vom
12. März 1858 Z. 35548 (österr. Zeitschrift für innere Verwaltung
1858 Nr. 16) ausdrücklich erklärt, dass auch dem Grundeigenthümer gegen das auf Expropriation lautende Erkenntniss der
ersten Instanz das Recht des Recurses zusteht, nur haben die vor-
gesetzten Behörden nach Analogie des §. 69 der Vollz.-Vorsch.
ihre Entscheidungen über solche Recurse nur nach gepflogenem
Einvernehmen mit den Oberbergbehörden zu fällen.

rücksichtlich des provisorischen Ausspruches über die Entschädigung [10]) zulässig.

Demjenigen Theile, welcher sich bei der durch die politische Behörde provisorisch festgesetzten Entschädigung nicht beruhigen will, bleibt nach allgemeinen Grundsätzen die Ergreifung des Rechtsweges vorbehalten, selbe hindert jedoch, mag sie von dem oder jenem Theile ausgehen [11]), die Vollziehung des auf die Grundüberlassung lautenden Erkenntnisses nicht, sobald der Bergbauunternehmer den Ablösungsbetrag gerichtlich erlegt, oder die jährliche Entschädigung pupillarmässig sichergestellt hat (§. 103, Abs. 2, B. G.).

Ein besonders abgekürztes Verfahren tritt in dem Falle ein, wenn es sich um die blosse Setzung von Marksteinen und Grenzpflöcken bei Vermessung der Schurffelder oder Bergwerksmassen handelt. (§. 104 B. G.) In diesem Falle intervenirt lediglich die Bergbehörde, deren Abgeordneter bei der die Setzung der betreffenden Zeichen veranlassenden Amtshandlung den Standort der Marksteine und Pflöcke definitiv zu bestimmen, und, gleichzeitig die Grundbesitzer über ihre allfälligen Entschädigungsansprüche zu vernehmen hat. Die so angesprochene und im Falle der Anspruch überspannt erscheint, die vom Gemeindevorsteher über Aufforderung des Amtsabgeordneten im kurzen Wege ermittelte Entschädigung hat der Bergbauunternehmer dem Grundbesitzer über Auftrag der Bergbehörde zu leisten, doch ist gegen den betreffenden Ausspruch beiden Theilen der Rechtsweg [12]) vorbehalten. [13])

---

[10]) S. jedoch dagegen F. Schneider a. a. O. §. 332.

[11]) Das Gesetz unterscheidet nämlich nicht, ob der Bergbauunternehmer oder der Grundbesitzer den Rechtsweg ergriffen hat, und es wäre auch unbillig, dem Bergbauunternehmer zuzumuthen, sich einer unrichtigen Schätzung zu unterwerfen, um nur die Arbeit rechtzeitig beginnen zu können. Vgl. oben §. 18 not. 20.

[12]) Aus dem Schlusssatze des §. 70 Vollz.-Vschr., dass nämlich in diesem Falle „keinem weiteren Umzuge stattzugeben sei", lässt sich keineswegs folgern, dass hier der Rechtsweg ausgeschlossen sei. Zu dieser Ausschliessung wäre wohl eine ausdrückliche gesetzliche Verfügung erforderlich.

[13]) Nach dem preussischen Berggesetze erfolgt das Expropriations-

Handelt es sich schliesslich um die Errichtung einer Bergwerkseisenbahn, so ist die in den allgemeinen Gesetzen
vorgeschriebene Baubewilligung (§. 133 B. G.) der politischen
Landesstelle, und nur ausnahmsweise [14]) dem Finanz- (jetzt
Handels-) Ministerium vorbehalten. Die politische Landesstelle
hat hiebei zugleich die Expropriationsfrage nach Massgabe der
§§. 101—103 des allg. Berg-Gesetzes zu entscheiden. [15])

§. 20.

Das Verfahren anlässlich der Enteignung im Interesse der Landescultur.

Belangend vorerst die Bringung des Holzes zu Lande,
bestimmt §. 24 Abs. 2 des Forstgesetzes, dass über die Nothwendigkeit der Bringung des Holzes über fremde Gründe die
unterste politische Behörde nach Vernehmung der Parteien und

Erkenntniss durch einen gemeinschaftlichen Beschluss des Ober-
bergamtes und der Regierung (§. 142). Gegen dieses Erkenntniss
steht mit Ausnahme jener Bestimmung, kraft welcher die Entschädigung oder Caution provisorisch festgestellt wurde, der Recurs
an den betreffenden Ressortminister zu (§. 145). — Der Rechtsweg ist übrigens nicht nur über die Entschädigung, sondern auch
über die Verpflichtung zur Abtretung eines Grundstückes zulässig,
wenn die Befreiung von dieser Verpflichtung auf Grund eines
speciellen Rechtstitels oder auf Grund der Vorschrift, kraft welcher
gewisse Eigenthumsobjecte von der Zwangsenteignung zu Bergwerkszwecken ausgenommen sind (§. 136 Abs. 2), behauptet wird.
Vgl. C. F. Koch a. a. O. S. 232—237.

[14]) Wenn nämlich die zu erbauende Bergwerkseisenbahn in eine
andere, für den öffentlichen Verkehr bereits bestehende Eisenbahn
einmünden soll.

[15]) §§. 2. und 3. der Min.-Vdg vom 1. November 1859 Nr. 200 R. G.
B. Vgl. Michel a. a. O. S. 89, 90, der jedoch irrigerweise annimmt, dass die Austragung des Streites über die Entschädigung
im Rechtswege zur Causalgerichtsbarkeit der zur Ausübung der
montanistischen Jurisdiction bestimmten Gerichtshöfe erster Instanz
gehöre. Vgl. §. 65 der Jur. Norm vom 20. November 1852, Nr. 251
R. G. B.

der Sachverständigen zu entscheiden, und dabei auch eine vorläufige Bestimmung über die Entschädigung zu treffen hat. Gegen diese Entscheidung steht, und zwar sowohl in der einen wie in der anderen Richtung, beiden Theilen der Recurs an die höheren politischen Instanzen, d. i. die Statthalterei und in letzter Instanz an das Ackerbauministerium (M. Vdg. vom 29. Januar 1868, Nr. 12 R. G. B. in Verbindung mit Abs. III der Vdg. vom 20. April 1861, Nr. 49 R. G. B.) zu. (§. 77 Forst - Ges.) — Insofern über die strittigen Entschädigungs - Beträge im politischen Wege kein Uebereinkommen erzielt werden kann, steht beiden Theilen der ordentliche Rechtsweg frei; die Bringung des Holzes darf jedoch, sobald der vorläufig ausgemittelte Betrag erlegt ist, nicht aufgehalten werden. (§. 24, Abs. 4.)

Von ungleich grösserer Wichtigkeit sind die Bestimmungen des Gesetzes über die Triften. Zu jeder Holztrift, wie auch zur Errichtung von Triftbauten (Schlemmwerken) bedarf es einer besonderen behördlichen Bewilligung. Die Ertheilung dieser Bewilligung stand nach dem Forstgesetze (§. 26) in der Regel der Kreisbehörde, beziehungsweise in den Ländern, wo keine Kreisbehörden bestanden, der Landesstelle zu, es mochte die Trift nur durch einen Bezirk oder durch mehrere Bezirke desselben Kreises beabsichtigt werden. Auch konnte die Trift von der Kreisbehörde resp. der Landesstelle höchstens für 3 Jahre ertheilt werden. Sollte die Trift mehrere Kreise berühren, stand die Bewilligung der politischen Landesstelle zu, sollte selbe hingegen durch verschiedene Kronländer gehen, oder die Triftausübung auf mehr als 3 Jahre beabsichtigt werden, war die Bewilligung dem Ministerium des Innern vorbehalten. Diese Vorschriften kommen dermal mit der Massgabe zur Anwendung, dass die früher den Kreisämtern zustehende Bewilligungsbefugniss den politischen Bezirks-Behörden (Bezirks-Hauptmannschaften, Magistraten) zusteht (M. Vdg. vom 30. August 1868, Nr. 123 R. G. B.). — Demgemäss wird die Competenz der Landesstelle schon dort eintreten, wo die Unternehmung die Sprengel mehrerer politischen Bezirksbehörden betrifft. Die früher dem Ministerium des Innern vorbehaltenen Triftbewilligungen hat dermal das Ackerbauministerium zu ertheilen.

Nachdem in Betreff der zur Errichtung der Trift nöthigen Enteignungen die allgemeinen Vorschriften gelten (§. 30 Abs. 4 des Forst-Ges.), so hat auch dann, wenn die Triftbewilligung von der höheren Behörde ertheilt worden ist, dennoch die politische Behörde erster Instanz über die anlässlich der Unternehmung etwa nothwendig werdenden Expropriationen zu entscheiden.[1]) Die diesfalls an Ort und Stelle nothwendig erscheinenden Commissionen und Verhandlungen mit den Anrainern sind von der politischen Behörde unter Zuziehung von unparteiischen Sachverständigen zu pflegen, welche sich unter Anderem auch über die gebührenden Schadenersätze, sowie über die Art und Höhe der allenfalls zu leistenden Caution auszusprechen haben. Sind die Betheiligten mit dem diesfallsigen Ausspruche der Sachverständigen nicht einverstanden, und kann eine Vermittlung nicht erzielt werden, so sind die ausgemittelten Beträge einstweilen sicherzustellen, und die Parteien auf den Rechtsweg zu weisen. Den Anordnungen der politischen Behörde rücksichtlich des Triftbetriebes ist jedoch dessenungeachtet Folge zu leisten (§. 42 Forst-Ges.).

Nebst dieser vorangehenden Anmeldung und Ermittlung der Schadenersätze, schreibt das Forstgesetz vor, dass nach jedesmaliger Beendigung einer einzelnen Trift der Unternehmer hievon der politischen Behörde die Anzeige zu erstatten hat. Diese Behörde fordert unverweilt die sämmtlichen Betheiligten auf, ihre etwaigen Schadenersatzansprüche, insofern sie dies nicht bereits früher gethan haben sollten, binnen 14 Tagen anzumelden. Mit den einlaufenden Anmeldungen ist jedenfalls auf dieselbe Art vorzugehen, wie mit den aus Anlass der Bewilligung der Trift erhobenen Ansprüchen, es sind also nöthigenfalls Sachverständige behufs provisorischer Feststellung des Entschädigungsbetrages einzuvernehmen. Für die erst nach Ablauf

---

[1]) Vgl. die Entscheidung des Ackerbauministeriums vom 15. Feber 1873 Z. 9978 (Zeitsch. f. Verw. 1873 Nr. 9), mit welcher unter Hinweis auf den §. 77 des Forstgesetzes die politische Bezirksbehörde angewiesen wurde, über den Ersatz der durch eine höheren Orts bewilligte Trift verursachten Schäden in erster Instanz zu erkennen.

der 14tägigen Frist angemeldeten Ersatzansprüche wird der Triftunternehmer der Haftung entbunden. (§. 40.) Doch dürfte hiedurch die Geltendmachung solcher Ansprüche im ordentlichen Rechtswege keineswegs ausgeschlossen sein.

§. 21.

Das Verfahren anlässlich der Enteignung zur Regelung und Ausnützung der Wasserkräfte.

Die Regelung dieses Verfahrens ist ein Gegenstand der Landesgesetzgebung (§. 27 des Ges. v. 30. Mai 1869 Nr. 93 R. G. B.). Die diesfallsigen Bestimmungen der einschlägigen Landesgesetze lassen sich kurz etwa im Nachstehenden zusammenfassen:

Den politischen Behörden steht die Entscheidung aller Angelegenheiten, welche sich auf die Benützung, Leitung und Abwehr der Gewässer beziehen, sowie auch die Oberaufsicht über die Ausführung aller hierauf Bezug habenden Anlagen zu. In der Regel ist hier jene politische Bezirksbehörde competent, in deren Sprengel sich die Anlage befindet oder ausgeführt werden soll. Von dieser Regel treten rücksichtlich der Anlage neuer Unternehmungen nachstehende Ausnahmen ein:

a) Die Bewilligung von Anlagen, welche sich auf die wirklich zur Schiff- oder Flossfahrt benützten Strecken der fliessenden Gewässer beziehen, [1]) gehört zur Competenz der politischen Landesstelle. (§§. 76 Ab. 1 des böhm. und mähr., §. 72 Abs. 1 des niederösterr. Landesges.)

b) Im Falle sich die Anlagen über mehrere Verwaltungsbezirke, oder gar über mehrere Länder erstrecken, so ist in der Regel jene Behörde zuständig, in deren Gebiete sich der Hauptbestandtheil der Anlage befindet (§. 76 Abs. 3 des böhm. und mähr. Ges.), oder die hiezu von der höheren Behörde

---

[1]) Zu eng scheint jedenfalls der in den Gesetzen gebrauchte Ausdruck zu sein: „Anlagen in den zur Schiff- oder Flossfahrt benützten Strecken" etc.

designirt wird (§. 72 Abs. 3 des niederösterr. Ges.). Diese Behörde hat sich jedoch mit den übrigen betheiligten Behörden ins Einvernehmen zu setzen und erforderlichen Falles deren Mitwirkung anzurufen. Kömmt diesfalls eine Einigung nicht zu Stande, so steht die Entscheidung über die Zulässigkeit der Anlage der höheren Behörde, sohin der Landesstelle, eventuell dem Ackerbauministerium zu.[2])

c) Wenn eine mit der politischen Verwaltung betraute Gemeinde selbst als Unternehmer erscheint, so tritt die Competenz der nächst höheren politischen Behörde ein. Während in den zwei erstgedachten Fällen der höheren Behörde nur eventuell die Entscheidung über die Zulässigkeit der Anlage zusteht, ist in diesem Falle auch die Vornahme der Verhandlung der höheren Behörde (in der Regel Landesstelle) vorbehalten. (§§. 76 Abs. 2 des böhm. und mähr. Landesges.) Nach dem niederösterreich. Gesetze (§. 72 Abs. 2) hat hingegen in einem solchen Falle die Landesstelle lediglich jene politische Bezirksbehörde zu benennen, von welcher die Verhandlung zu pflegen und über die Zulässigkeit der Anlage zu entscheiden ist.

Die Gesuche um Bewilligung von Wasseranlagen sind bei der im Sinne der vorgedachten Bestimmungen zuständigen politischen Behörde einzubringen. Das Gesuch muss nebst Anderem auch die durch Zeichnungen veranschaulichte Angabe jener Grundstücke und Wasserwerke enthalten, deren Belastung mit Dienstbarkeiten oder gänzliche Abtretung der Unternehmer anstrebt. Auch sollen die Eigenthümer dieser Objecte angegeben werden. (§§. 78 lit. c. des böhm. und mähr., §. 74 lit. c. des niederösterr. Landesges.)[1])

<hr>

[2]) Das Gesetz (§§. 76 Abs. 3 des böhm. u. mähr., §. 72 Abs. 4 des niederöst. Landesges.) ordnet zwar nur die Vorlage der Verhandlung an die höheren Behörden „zur Entscheidung" an, ohne die Frage zu beantworten, ob diese Entscheidung sich auf die Bestimmung der zur massgebenden Erledigung zuständigen Behörde oder auf die Erledigung des Ansuchens selbst zu beziehen habe. Letztere Ansicht dürfte den Vorzug verdienen, da die Vorlage der „Verhandlung" überflüssig wäre, wenn von der Oberbehörde eine meritorische Erledigung nicht zu gewärtigen wäre.

[3]) Nach dem niederösterr. Gesetze soll das Gesuch auch die Angabe

Ueber dieses Gesuch hat die politische Behörde Vorerhebungen in der Richtung einzuleiten, ob sich das Ansuchen
überhaupt zur Einleitung des ordentlichen Verfahrens eigne.
Diese Vorerhebungen haben sich auch darauf zu erstrecken, ob überhaupt zur Ausführung der Anlage Abtretungen oder Belastungen
fremden Eigenthums nothwendig seien, ob nicht vielleicht noch
andere fremde Grundstücke werden herbeigezogen werden müssen,
und in welchem Masse voraussichtlich für diese Inanspruchnahme eine Entschädigung zu leisten sein wird. (§§. 79 lit c.
des böhm. und mähr., §. 75 lit c. des niederösterr. Landesges.)

Was nun das eigentliche Verfahren betrifft, so ist der
Einfluss desselben auf die Rechte dritter Personen verschieden,
je nachdem mit Rücksicht auf die Wichtigkeit der Unternehmung das sogenannte Edictalverfahren oder das abgekürzte
Verfahren eingeleitet wurde. Im Edictalverfahren ist eine öffentliche Verlautbarung zu erlassen, und sind überdies alle Betheiligten, wie auch die Pfandgläubiger und Servitutsberechtigten der abzutretenden oder mit Dienstbarkeiten zu belasten-
den Grundstücke besonders zur Verhandlung vorzuladen (§§. 82,
Abs. 2 des böhmischen und mährischen 78 Abs. 2 des niederösterreichischen Landesgesetzes). Die privatrechtlichen Ansprüche Dritter erlöschen denn auch in diesem Verfahren rücksichtlich des zur Ausführung der Unternehmung bestimmten
Terrains, wenn selbe in der Verhandlung selbst nicht zur Geltung gebracht wurden. Anders im abgekürzten Verfahren. Hier
findet nur eine Kundmachung durch Anschlag in der Gemeinde
statt, es werden nur die „bekannten Betheiligten" vorgeladen,
und es bleibt denjenigen Interessenten, welche zur commissio-
nellen Verhandlung gar nicht oder nicht rechtzeitig vorgeladen
wurden, für ihre Privatrechte der Rechtsweg dann vorbehalten,
wenn sie zur Verhandlung nicht erschienen sind (§. 83 Abs. 2
des böhmischen und mährischen, §. 79 Abs. 2 des nieder-

---

enthalten, inwieweit für die Abtretung oder Belastung fremden
Eigenthumes Entschädigungen zu leisten seien. Ein förmliches
ziffermässiges Entschädigungsanbot wird jedoch im Grunde
dieser Gesetzesstelle von dem Unternehmer bei Ueberreichung
des Gesuches noch nicht gefordert werden können.

österreichischen Landesgesetzes). In diesem Falle würden also die Betheiligten berechtigt sein, den Enteigner, der auf Grund des ohne ihre Intervention zu Stande gekommenen Expropriationserkenntnisses von fremden Grundstücken Besitz nehmen wollte, mit der Besitzstörungsklage oder mit der actio negatoria zu belangen, und so die Durchführung des Enteignungserkenntnisses zu verhindern.

Dieselbe Berechtigung muss aber in Consequenz der oben (§. 17) entwickelten Grundsätze den Betheiligten auch im Falle des Edictalverfahrens dann zugestanden werden, wenn das durchgeführte Verfahren an wesentlichen Gebrechen leidet. Wäre z. B. einem bücherlichen Nutzniesser die Vorladung nicht besonders zugestellt und wäre sohin ohne seine Mitwirkung implicite auch über den Fortbestand seines Rechtes entschieden worden, so wäre der Nutzniesser gleichfalls berechtigt, gegen die Invollzugsetzung des Enteignungserkenntnisses die Hilfe der Gerichte in Anspruch zu nehmen.

Bei der Verhandlung selbst sind auch die beanspruchten Enteignungen oder die beabsichtigte Einräumung von Dienstbarkeiten erschöpfend zu erörtern, und sind erforderlichenfalls Sachverständige beizuziehen, welche jedenfalls über die Höhe der provisorisch festzusetzenden Entschädigung ein Gutachten abzugeben haben.

Nach geschlossenem Verfahren hat die politische Behörde über die Zulässigkeit und die sonstigen Modalitäten der Anlage ein begründetes Erkenntniss zu schöpfen, und in demselben auch den Umfang der etwa bewilligten Zwangsabtretungen oder der zwangsweise eingeräumten Dienstbarkeiten klar auszudrücken. Im Falle einer Collision mehrerer Bewerber ist insbesondere auch zu beachten, dass jene Unternehmung auf besondere Berücksichtigung Anspruch habe, von der sich die mindeste Belästigung Dritter vorhersehen lässt.

Im Falle bei der Verhandlung in Betreff der Entschädigung ein gütliches Uebereinkommen nicht zu Stande kam, ist in dem Expropriationserkenntnisse zugleich eine provisorische Bestimmung über die Art und Grösse der zu leistenden Entschädigung zu treffen, und es darf die Ausübung der Dienstbarkeit oder Besitznahme des enteigneten Grundes [4]) nicht gehindert werden, sobald der provisorisch ermittelte Entschädigungsbetrag bezahlt oder gerichtlich erlegt, beziehungsweise die jährliche Entschädigung sichergestellt worden ist (§§. 87, Abs. 3 des böhmischen und mährischen, §. 83 Abs. 3 des niederösterreichischen Landesgesetzes).

Derjenigen Partei, die durch die Festsetzung dieser Entschädigung in ihren Rechten verkürzt zu sein vermeint, bleibt der ordentliche Rechtsweg vorbehalten. [5])

---

[4]) Es liegt auf der Hand, dass der hier vom Gesetzgeber gebrauchte Ausdruck: „es dürfe die Enteignung selbst nicht gehindert werden" — nur auf einem Versehen bei Redaction des Gesetzes beruht.

[5]) Allerdings bestimmen die §§. 87 Abs. 2 des böhm. und mähr., 83 des niederösterr. Landesgesetzes in Uebereinstimmung mit §. 17 des Reichsgesetzes, dass bei Abgang eines gütlichen Einverständnisses der Betrag der Entschädigung durch gerichtlichen Befund mit Zuziehung beider Theile nach den Grundsätzen des Expropriationsverfahrens zu bestimmen sei, ohne des Vorbehaltes des Rechtsweges ausdrücklich zu erwähnen, und es könnte sonach den Anschein haben, als ob es hier ähnlich wie bei der Enteignung zu Zwecken des Privat-Eisenbahnbaues einer Klage nicht bedürfte. Der Gesetzgeber beruft sich auf die Vorschriften über das Expropriationsverfahren und übersah hiebei, dass wir bisher ein einheitliches Expropriationsverfahren gar nicht besitzen. Bei dieser Sachlage ist nun anzunehmen, dass sich der Gesetzgeber auf die allgemeinen Vorschriften über das Expropriationsverfahren, nicht auf die rücksichtlich der Enteignung zu Zwecken des Eisenbahnbaues geltenden besonderen Bestimmungen berufen wollte. Darum erwähnen auch die schon nach dem Jahre 1870 zu den letzteren Vorschriften erflossenen Nachtragsverordnungen der Enteignung im Sinne des Wassergesetzes gar nicht mit einem Worte. Für die im Texte vertheidigte Ansicht spricht auch der Umstand, dass die Besitznahme des enteigneten Objectes schon nach dem Erlage der von der politischen Behörde ermittelten Entschädigung ausdrücklich gestattet wird, und dass es wohl kaum entsprechend gewesen wäre, neben der Ermittlung der Entschädigung durch die politische Behörde auch noch die gerichtliche Schätzung als zweites Provisorium zu statuiren, welches eventuell (wenn nämlich bei der Schätzung nicht alle Vorschriften über den gerichtlichen Kunstbefund beobachtet wurden) nochmals im Rechtswege angefochten werden könnte.

Gegen die Entscheidung der politischen Bezirksbehörde kann binnen 14 Tagen die Berufung an die politische Landesstelle, und wenn Letztere, sei es in erster oder zweiter Instanz entschieden hat, an das Ackerbauministerium ergriffen werden. Dieselbe hat Suspensiveffect (§. 96 des böhmischen, §. 95 des mährischen, §. 91 des niederösterreichischen Landesges.); doch kann bei Gefahr am Verzuge ungeachtet der erfolgten Berufung von der politischen Behörde die Bewilligung zur Vornahme jener Vorkehrungen ertheilt werden, welche zur Beseitigung der Gefahr unbedingt nothwendig sind.

§. 22.

Das Verfahren anlässlich der Enteignung behufs Herstellung öffentlicher Verkehrswege.

Die diesfalls bestehenden gesetzlichen Vorschriften sind äusserst dürftig. Das Directorialhofdecret vom 27. Sept. 1793 (kundgemacht von der Landesstelle in Kärnthen am 1. Nov. 1793, Kropatschek'sche Ges. Slg. Franz II. im 3. Bd. Nr. 968) hatte bestimmt, dass die Grundstücke, welche zu einer öffentlichen Strasse auf immer verwendet werden, dem Eigenthümer nach unparteiischer Schätzung aus dem Wegfonde abzulösen seien. Die Schätzung ist von zwei Schätzmännern, deren einen die Strassendirection für den Wegfond, den anderen der Eigenthümer des abzulösenden Grundes benennt, in Gegenwart eines Kreisbeamten vorzunehmen und der Betrag, wenn er 25 fl. nicht übersteigt, dem nutzniessenden Inhaber baar hinauszuzahlen. Das Hofkanzleidecret vom 2. Mai 1818 Z. 21734 enthält die lakonische Bestimmung, dass sich bei Ablösung jener Gründe, welche zur Erweiterung der Post- und Commercialstrassen den Privaten abgenommen werden, nach den Vorschriften der §§. 364 und 365 a. b. G. B. zu benehmen sei.[1]

---

[1] Die Behauptung Stubenrauch's (a. a. O. S. 167), es sei nach diesem Gesetze eine förmliche gerichtliche Schatzung der einzuziehenden Grundstücke bei der Realinstanz zu veranlassen, und die Parteien hiezu gerichtsordnungsmässig vorzuladen, scheint demnach auf einem Missverständnisse zu beruhen.

Die Sorge für Herstellung und Instandhaltung der öffentlichen Strassen und Wege gehörte schon nach der Organisation des J. 1853 zum Wirkungskreise der politischen Bezirksbehörde (Blg. A der M. Vdg. vom 19. Januar 1853 Nr. 10 R. G. B. §. 28). — Den Kreisbehörden lag diesfalls die Oberaufsicht, sowie auch in dem Falle die Bewilligung zur Herstellung neuer Strassen ob, wenn Letztere über den Umfang eines Amtsbezirkes hinausreichen sollten. Handelte es sich jedoch um Anlegung solcher Strassen, bei welchen eine z w a n g s w e i s e E n t e i g n u n g stattfinden sollte, oder welche sich über zwei oder mehrere Kreise ausdehnen sollten, hatte die Kreisbehörde, bevor sie zur weiteren Verhandlung schritt, über solche Strassenanlagen Bericht an die v o r g e s e t z t e p o l i t i s c h e B e h ö r d e zu machen, und deren Weisung einholen (Blg. B. §. 26, Abs. 2 ebendas.). Aus dieser Bestimmung im Zusammenhalte mit §. 32 lit. d der Blg. C geht hervor, dass das Erkenntniss über die Zulässigkeit der Expropriation aus Anlass der Herstellung von Strassenzügen der politischen Landesstelle zusteht, und dass die Kreis-, beziehungsweise jetzt die politische Bezirksbehörde nur über die rücksichtlich des G e g e n s t a n d e s und U m f a n g e s dieser Expropriation auftauchenden Z w e i f e l zu entscheiden hat.

Hiemit stimmt auch §. 3 der Min. Vdg. vom 21. April 1857 Nr. 82 R. G. B. überein, welcher die in den Ländern diesseits der Leitha diesfalls bestehenden Vorschriften dahin zusammenfasst, es stehe der Ausspruch, dass in einem gegebenen Falle selbst die zwangsweise Enteignung einzutreten habe, (das Expropriationserkenntniss) · der p o l i t i s c h e n L a n d e s s t e l l e und im Recurswege dem Ministerium des Innern im Einvernehmen mit den betheiligten Ministerien zu.

Das Verfahren anlässlich der Enteignung, welche sich behufs Gewinnung der zum Strassenbaue nothwendigen M a t e r i a l i e n als erforderlich herausstellt, weicht von jenem, das rücksichtlich der Enteignung, welche die Einziehung von Grundstücken in die S t r a s s e n t r a c e s e l b s t zum Gegenstande hat, zur Anwendung kommt, nicht ab.[2])

---

[2]) Das preussische Expropriationsgesetz vom J. 1874 ordnet rück-

Betreffend das Entschädigungsverfahren enthält §. 2 der gedachten Min. Vdg. vom 21. April 1857 die Bestimmung, dass das Mass der Entschädigung im Wege einer ordentlichen Schätzung zu ermitteln ist. Eine solche Schätzung ist ohne Rücksicht auf etwa vorhandene Tarife von Fall zu Fall von der einschlägigen politischen [a]) Behörde mit Zuziehung des Baubeamten, in dessen Sprengel das benöthigte Object liegt, durch unparteiische Schätzmänner vorzunehmen. Die so ermittelte Entschädigung ist im Falle gänzlicher Ablösung des Grundes sofort bei der Abnahme desselben zu erfolgen [b]), oder, wenn die Erfolgung an den Eigenthümer wegen der Rechte dritter Personen, oder aus anderen Gründen rechtlichen Bedenken unterliegt, bei der Realinstanz zu hinterlegen (§. 4).

Die Parteien, welche sich mit der ihnen im administrativen Wege zuerkannten Entschädigung nicht zufrieden stellen, sind bezüglich des Quantums dieser Entschädigung auf den ordentlichen Rechtsweg zu verweisen (§. 3 Abs. 2 ebenda).

Es wurde bereits oben (S. 68) darauf hingewiesen, dass in Oesterreich das Expropriationsrecht den landesfürstlichen Behörden vorbehalten ist, und den Organen der Selbstverwaltung

---

sichtlich der zwangsweisen Entnahme von Wegbaumaterialien im §. 53 ein besonders abgekürztes Verfahren an. Vgl. Meyer in Behrend's Zeitschr. VIII S. 604.

[a]) Das Hofkzdt. vom 23. December 1820 (Prov. G. S. f. Oberösterr. 1821 S. 118) und die Verordnung des laibacher Guberniums vom 2. Mai 1828 Z. 8852 (Prov. G. S. S. 151) (Michel Handb. S. 404 und 405) dann §. 11 des steiermärkischen Landesgesetzes vom 9. Januar 1870, betreffend die Competenz und das Verfahren in Angelegenheiten öffentlicher, nicht ärarischer Strassen und Wege (Mayerhofer a. a O. S. 1375), sprechen zwar von einer gerichtlichen Schätzung, doch haben diese Vorschriften nie allgemeine gesetzliche Geltung erlangt; mit Unrecht lässt daher die Praxis mitunter die gerichtliche Abschätzung zu.

[b]) Das Hofkanzleidecret vom 19. Juli 1827 Z. 18878 (böhm. Prov. Ges. Slg. IX. Bd. Nr. 210, Selner System. Darstellung aller über das Strassenwesen und Eisenbahnen bestehenden k. k. österreich. Gesetze und Verordnungen §. 122) ordnet den Kreisämtern die schleunige Ausmittlung der Entschädigungsbeträge an, „damit die Parteien unaufgehalten zu ihrer Befriedigung gelangen" (oben §. 15 not. 14).

keineswegs zusteht. Wenn daher behufs Errichtung und Erhaltung von Landes-, Bezirks- oder Gemeindestrassen und Wegen Expropriationen nothwendig werden, so treten rücksichtlich der Competenz und des Verfahrens die allgemeinen Grundsätze ein. Die autonomen Organe können nur dort, wo ein Grundstück unbestrittenermassen den Bestandtheil eines ihrer Aufsicht unterliegenden öffentlichen Weges bildet, die Art der öffentlichen Benützung desselben regeln, es kann ihnen jedoch nicht zustehen, in Fällen, wo die Oeffentlichkeit des Weges bestritten wird, zu entscheiden, und so gewissermassen implicite ein Expropriationserkenntniss zu fällen. [5])

Eine ´Abweichung von den allgemeinen Grundsätzen über die provisorische Ermittlung der Entschädigung besteht nur rücksichtlich des Falles, wo aus Anlass der Regulirung der Baulinie eine zwangsweise Enteignung stattfindet. Hier hat nach einigen Landesgesetzen die baubewilligende Behörde (also in der Regel das Gemeindeamt) eine angemessene Caution zu bestimmen, nach deren Leistung die Führung des Baues nicht mehr sistirt werden kann (§§. 7 der böhm., 67 der mähr., 68 der schles. Bauordnung).

---

[5]) Vgl. die im §. 5 not. 10 erwähnten Entscheidungen, ferner die Entscheidung des Min. d. In. vom 1. April 1871 Z. 3128 und des obersten Gerichtshofes vom 13. April 1871 Z. 4315 (öst. Zeitsch. f. Verw. 1871 Nr. 32) und der steiermärkischen Statthalterei vom 21. Nov. 1867 (Zeitsch. f. Verw. 1868 Nr. 43). Der im entgegengesetzten Sinne erflossenen Entscheidung des Min. d. Innern vom 15. August 1871 Z. 10945 (Z. f. Verw. 1872 Nr. 3) ist leider gar keine Begründung beigefügt. — §. 135 II c. der preuss Kreisordnung weist dem Kreisausschusse die Entscheidung darüber zu, ob ein Weg, dessen Oeffentlichkeit strittig ist, für den öffentlichen Verkehr in Anspruch zu nehmen ist, behält jedoch der Partei, welche behauptet, dass der Weg die Eigenschaft eines Privatweges habe, den Rechtsweg vor, und bestimmt ganz entsprechend, dass, wenn im gerichtlichen Verfahren der Weg für einen Privatweg erklärt wird, derselbe die Eigenschaft eines öffentlichen Weges nur in Folge des Expropriationsverfahrens erhalten könne.

§. 23.
Das Verfahren anlässlich der Enteignung zu Zwecken des Eisenbahnbaues.

Die eminente praktische Wichtigkeit, die alle das Eisenbahnwesen betreffenden Fragen in neuester Zeit erlangt haben,
brachte es mit sich, dass die österreichische Enteignungsgesetz-
gebung auf diesem Gebiete in ungleich erhöhterem Masse thätig
war, und verdanken wir gerade diesem Umstande fast alle das
Enteignungsverfahren behandelnden Specialbestimmungen.

Diese Bestimmungen weichen, namentlich was das Entschädigungsverfahren anbelangt, von den für die übrigen Expropriationsfälle massgebenden Normen nicht unwesentlich ab;
vergeblich wäre es aber, nach inneren Gründen zu forschen,
welche einen Erklärungsgrund für diese Erscheinung bieten
würden. Vielmehr ist nur der äussere Entwicklungsgang unserer
Gesetzgebung die Veranlassung, dass das Expropriationsverfahren
nicht nach einheitlichen Grundsätzen geregelt, sondern für die
einzelnen Fälle der Entziehung von Privateigenthum zu öffentlichen Zwecken auch in verschiedener Weise bestimmt wurde.

Das Verfahren anlässlich der Enteignung zu Zwecken des
Eisenbahnbaues wird aber am besten übersichtlich derart behandelt, dass wir die einschlägigen Gesetzesbestimmungen in
einige Hauptgruppen zusammenfassen.

a. Die Enteignung anlässlich der Vornahme der Vorarbeiten.

Die Bewilligung zu den Vorarbeiten ertheilt das Handelsministerium im Einvernehmen mit dem Ministerium des Innern
und dem Armee-Obercommando (§. 2 Abs. 1 des Concess. Ges.
vom 14. September 1854 N. 238 R. G. B.) [1]). — Dem Gesuche

---

[1]) Nach dem preussischen Gesetze vom J. 1874 wird die Erlaubniss
zur Vornahme von Vorarbeiten von der Bezirksregierung (§. 5)
beziehungsweise jetzt, nachdem die Kreisordnung allgemeine Geltung erlangt hat, vom Regierungspräsidenten (§. 56 lit. a) ertheilt.

um Ertheilung einer solchen Bewilligung ist der Plan des Unternehmens wenigstens in allgemeinen Umrissen beizuschliessen, und die Zeit anzugeben, innerhalb welcher die Vorarbeiten begonnen und vollendet werden sollen. (§. 3 Abs. 3 ebend.) Durch die betreffende Bewilligung erlangt der Concessionswerber das Recht, die zum Zwecke der Vorerhebungen nöthigen Messungen und Nivellirungsarbeiten vorzunehmen (§. 4 Abs. 1), und es hat diese Bewilligung nur für den in derselben ausdrücklich bestimmten Zeitraum Giltigkeit.

Es wurde bereits früher bemerkt, dass auch zum Behufe der Vornahme solcher Vorarbeiten fremdes Eigenthum zwangsweise in Anspruch genommen werden kann. Ueber das hiebei zu beobachtende Verfahren enthält das Gesetz keinerlei besondere Vorschriften, und es wäre gewiss nicht gerechtfertigt, zu solchen Arbeiten, deren Rückwirkungen auf das Privateigenthum doch meist nur untergeordneter Natur sind, den ganzen Apparat in Bewegung zu setzen, welchen die anlässlich des Eisenbahnbaues selbst in's Werk zu setzende Entcignung erfordert. Es dürfte vielmehr hier eine sinngemässe Anwendung der rücksichtlich des Verfahrens bei Gestattung von Schürfungsversuchen auf fremdem Grund und Boden bestehenden Vorschriften (oben §. 19) am Platze sein, zumal auch hier der Concessionswerber durch die Bewilligung zu den Vorarbeiten noch kein ausschliessliches Befugniss zur Vornahme solcher Arbeiten erwirkt hat. (Arg. §. 4 Abs. 2) [2]).

b. Das Abtretungsverfahren anlässlich des eigentlichen Eisenbahnbaues.

Zur Einleitung des Abtretungsverfahrens bedürfen Private einer Concession, deren Ertheilung früher dem Landesfürsten vorbehalten war (§. 2 Abs. 2 Concess. Ges.), und dermal den

---

[2]) Für Staatsbahnen enthalten die böhmischen Gub.-Decrete vom 9. August 1843 Z. 44935 (Prov. G. S. Nr. 211) und vom 23. Oct 1843 Z. 59418 (Prov. G. S. Nr. 273 S. 659) in Betreff der Ausmittlung der Entschädigung für die bei Tracirung von Eisenbahnlinien ins Mitleid gezogenen Grundstücke ziemlich eingehende Bestimmungen.

gesetzgebenden Factoren zusteht (§. 11 lit. d des Gesetzes vom 21. December 1867 Nr. 141 R. G. B.).

Zur Erwirkung dieser Concession bedarf es eines Gesuches an das Handelsministerium, dem auch der **Plan** des ganzen Unternehmens und das gehörig ausgearbeitete **Project** beigeschlossen werden muss (§. 5 Z. 4 Concess. Ges.). — Das Handelsministerium hat zuvor über das Project durch die betreffende Statthalterei eine Commission von Sachverständigen zu berufen, welche mit Zuziehung von Abgeordneten der competenten Militär- und Civilbehörde, **dann der Betheiligten** den Befund aufzunehmen, und sodann ein Gutachten zu erstatten hat, worüber mit dem Ministerium des Innern und dem Armee-Obercommando das Einvernehmen zu pflegen ist (§. 6 ebd.). Diese hier vorgeschriebene Einvernahme der Betheiligten ist jedoch keineswegs obligatorisch, sondern dient dem Ministerium nur zur **Information**, ob auf die Ertheilung der Concession anzurathen sei. Es könnte daher selbstverständlich auch aus der Unterlassung einer solchen Einvernahme keinerlei weitere Consequenz gezogen werden.

Zu dieser vorgängigen Localcommission ist in dem Falle, wenn eine projectirte Eisenbahn über bereits verliehene Grubenfelder oder schon bestehende Bergbaue angelegt werden soll, der Bergbauberechtigte, wie auch ein Abgeordneter der Berghauptmannschaft (dermal nach dem Gesetze vom 21. Juli 1871 ein Revierbeamte) beizuziehen, und auf Grund der vorgelegten Erhebungen von der politischen Landesstelle im Einverständnisse mit der Berghauptmannschaft zu entscheiden, ob und unter welchen Bedingungen der Fortbetrieb des Bergbaues unterhalb der Eisenbahn stattfinden dürfe. — Gegen die bezügliche Entscheidung steht der Recurs an das Ministerium des Innern offen, welches hierüber im Einverständnisse mit dem Handels- und dem Ackerbauministerium entscheidet (§. 6 der M. Vdg. vom 2. Jänner 1859 Nr. 25 R. G. B.).[3]

---

[3] Es wäre vielleicht entsprechender gewesen, die Austragung von Differenzen der gedachten Art dem eigentlichen Expropriationsverfahren vorzubehalten, allein §. 7 der Min. Vdg. vom 2. Jänner 1859 bestimmt ausdrücklich, dass die Verpflichtung des Unter-

Ist nun einer Privatunternehmung die Concession wirklich
ertheilt worden, so erwirbt selbe hiedurch das Recht, auf Enteignung aller jener Räume anzutragen, welche zur Ausführung
der Unternehmung unumgänglich nothwendig erkannt werden
(§. 9 lit. c des Concess. Ges.).

Zur Einvernahme der Betheiligten darüber, welche Räume
zur Ausführung wirklich nothwendig sind, ist für Staatseisenbahnbauten die Abhaltung besonderer Localcommissionen vorgeschrieben, bei welchen nach den für die Einlösung der Gründe
zum Baue öffentlicher Strassen bestehenden Vorschriften vorzugehen ist. Diese Commissionen werden von den Bezirkshauptmannschaften unter Intervention der von der Generaldirection
für die Staatseisenbahnen abzuordnenden Commissäre gepflogen,
und hiezu sämmtliche Interessenten, d. i. alle jene vorgeladen,
welchen auf den einzulösenden Grund dingliche Rechte zustehen, wenn solche durch die beabsichtigte Einlösung unwirksam
gemacht oder geschmälert werden sollen (§§. 5—10 der dem
Hofdct. vom 8. November 1842 Z. 654 J. G. S. beigefügten
Instruction). — Als Eigenthümer einer Realität oder Gerechtsame
ist in der Regel Derjenige anzusehen, der in den öffentlichen
Büchern als solcher eingetragen ist, und nur, falls die öffentlichen Bücher hierüber keinen Aufschluss geben sollten, ist sich
an den factischen Besitzstand zu halten (§. 9 Abs. 2 der dem
Hofk. Präs. Erl. vom 11. Juni 1844 Z. 33534 angehängten
Geschäftsordnung). Es sind jedoch die Hypothekargläubiger,
deren Aufenthalt nicht bekannt ist, oder welche nicht in der
Provinz wohnhaft sind und auch keinen bekannten Bevollmächtigten haben, zu dieser Verhandlung nicht persönlich vorzuladen, sondern ihre Rechte durch einen für sie von der Realinstanz ad actum zu bestellenden, und zu der Verhandlung bei-
zuziehenden Curator zu wahren (Hofkammerpräs. Erl. vom
18. November 1842 Z. 1249). [4])

---

nehmers zur eventuellen Entschädigung des Bergbauberechtigten
in die Concessionsurkunde selbst aufgenommen werden
solle.

[4]) Kundgemacht in Böhmen mit Gub. Cir. Vdg. vom 9. Dec. 1842
Z. 7746, Prov. Ges. Slg. Nr. 342, S. 719. Auch bei Michel
Handb. S. 419.

Die Anwesenden sind im Protokolle zu verzeichnen, und es soll auch die nachträgliche Einvernahme der Nichterschienenen nach Thunlichkeit veranlasst werden (§§. 10, 11 d. Instr.). — Wenn es weiter im §. 11 der gedachten Instruction heisst, dass den Nichterschienenen ihre allfälligen Rechte vorbehalten bleiben, so bezieht sich dies (unter Voraussetzung der ordnungsmässigen Vorladung) offenbar nur auf die ihnen eventuell zustehende Entschädigungsforderung, und müssen die Abwesenden jedenfalls als in die Abtretung willigend angesehen werden. [5]

Bei Privateisenbahnen kommen dieselben Grundsätze analog zur Anwendung, doch haben die Unternehmer jedenfalls früher in Betreff der Erwerbung des Grundes ein gütliches Uebereinkommen zu versuchen, und die politische Behörde intervenirt daher nur rücksichtlich jener Objecte, in Betreff welcher eine Einigung beider Theile nicht zu Stande kam (§. 9 lit. c. Conc. Ges.).

Kömmt auch bei der Commission eine Einigung über die Abtretungspflicht nicht zu Stande, so sind die Aeusserungen beider Theile zu Protokoll zu nehmen, und der Act der politischen Landesstelle vorzulegen, welche ein förmliches Expropriationserkenntniss fällt.

Hingegen entfällt die Nothwendigkeit der Fällung eines Expropriationserkenntnisses, wenn von Seite des Expropriaten gegen die Nothwendigkeit der begehrten Abtretung keine Einwendung erhoben wird, und die Ansichten der Parteien nur in Betreff der zu verabreichenden Entschädigung auseinandergehen. Dies hatte früher der Staatsministerialerlass v. 29. Dec. 1863, Z. 25793—1966 [6]) und die Min. Vdg. vom 16. April 1859, Z. 7407—100 [7]), wie auch die Praxis [8]) allgemein aner-

---

[5]) Eine gegentheilige Ansicht würde in der That das ganze Abtretungsverfahren illusorisch machen, und bestimmt denn auch §. 11 der Instr., dass durch nachträgliche Einvernahme das Einlösungsgeschäft in seinem Fortgange nicht beirrt werden darf.

[6]) Bei Pollanetz-Witteck a. a. O. S. 68.

[7]) Bei Hillbricht a. a. O. S. 13.

[8]) Vgl. die übereinstimmenden Entscheidungen des k. k. obersten Gerichtshofes vom 3. Feber 1858 Z. 875 (Unger-Glaser Nr. 506), vom 23. December 1869 Z. 14726 (Unger-Glaser Nr. 9613) und

kannt.[9]) In neuerer Zeit scheint allerdings der Wortlaut des §. 4 des Gesetzes vom 29. März 1872, Nr. 39 R. G. B. die Ansicht aufkommen zu lassen, dass das Expropriationserkenntniss nur dann entbehrlich werde, wenn sich die Parteien über die Abtretung des Gegenstandes der Expropriation g e g e n e i n e d u r c h g e r i c h t l i c h e S c h ä t z u n g z u e r m i t t e l n d e E n t s c h ä d i g u n g einigen. Allein, wenn auch eine solche specielle Einigung nicht zu Stande kömmt, sondern nur im Allgemeinen von Seite des Expropriaten die Nothwendigkeit der Abtretung anerkannt wird, wäre ein Expropriationserkenntniss thatsächlich gegenstandslos, und scheint uns daher der cit. Art. 4 eine extensive Interpretation in dem oben bezeichneten Sinne gebieterisch zu erheischen. [10])

Gegen das Expropriations-Erkenntniss steht den Parteien der Recurs an den Minister des Innern offen. Die Recursfrist

vom 3. Feber 1871 Z. 827 (Zeitsch. f. Verw. 1871 Nr. 22, Unger-Glaser Nr. 4045).

[9]) Mit Unrecht erblickt H i l l b r i c h t in den citirten Ministerial-Erlässen, welche dem Geiste der Bestimmung des §. 9 des Conc.-Gesetzes vollkommen entsprechen, „ein bedenkliches Hinausgreifen über die im Concessionsgesetze vom J. 1854 ausgesprochenen Grundsätze" —. Der Staatsministerial-Erlass vom 29. Dec. 1863 spricht allerdings nur davon, dass die Nothwendigkeit eines förmlichen Expropriationserkenntnisses dann entfalle, wenn gegen die Grundabtretung an sich und den Umfang derselben von Seiten des G r u n d e i g e n t h ü m e r s kein Anstand erhoben wird, allein es versteht sich wohl von selbst, dass auch der blosse Inhaber eines dinglichen Rechtes durch seinen Widerspruch gegen die Abtretung die Fällung des Expropriationserkenntnisses nothwendig machen kann.

[10]) Die im entgegengesetzten Sinne erflossene Entscheidung des obersten Gerichtshofes v. 18. September 1873 Z. 9045 (Gerichts-Halle 1874, Nr. 23), dann eine hiemit conforme Entscheidung des Min. des Innern vom 20. Jänner 1875 Z. 7341 (Zeitsch. f. Verw. 1876 Nr. 14) legen etwas zu ängstlich den Wortlaut des Gesetzes in die Wagschale, und übersehen hiebei, dass schon §. 9 des Concessionsgesetzes die Fällung eines Expropriationserkenntnisses ob submissionem wenn auch nicht ausdrücklich, so doch seiner ganzen Tendenz nach geradezu ausschliesst.

beträgt jedoch in diesem Falle lediglich 14 Tage. (Min. Vdg. vom 27. August 1870, Nr. 113 R. G. B.)

Wenn es sich bloss um das Bedürfniss der zeitlichen Benützung fremden Eigenthumes handelt, kommen rücksichtlich der Fällung des Expropriations-Erkenntnisses dieselben Grundsätze zur Anwendung. (§. 9 lit c. Abs. 3 Conc. Ges.)

Was nun die Uebernahme des enteigneten Objectes durch die Unternehmung betrifft, so verordneten für die Staatseisenbahnen §. 18 der Instr. u. §. 9 der Min. Vdg. v. 8. Dec. 1855, Nr. 212 R. G. B., dass bei der Einlösungscommission den Grundbesitzern zugleich eröffnet werden solle, bis wann die eingelösten Gründe zur Verfügung der Generaldirection gestellt werden müssen.

Bei Privateisenbahnen darf vor Zahlung resp. Deposition der Entschädigungssumme die Besitzergreifung der expropriirten Grundstücke nicht erfolgen, und es könnte, im Falle die Besitznahme vor diesem Zeitpunkte erfolgen würde, der Expropriat nach allgemeinen Grundsätzen die Hilfe des Gerichtes in Anspruch nehmen. [1])

Hingegen kann nach Leistung oder Erlag des ermittelten Entschädigungsbetrages die in Vollstreckung des Expropriations-Erkenntnisses erfolgende Einsetzung in den Besitz oder in die

---

[1]) §. 13 des Conc.-Ges., welcher alle Angelegenheiten, die sich auf Vollziehung der Bestimmungen dieses Gesetzes beziehen, vom Rechtswege ausschloss und vor die politischen Behörden wies, ist unzweifelhaft durch Art. 7 des Staatsgrundgesetzes über die richterliche Gewalt wesentlich modificirt worden. Allerdings ist bei einem derartigen Uebergriffe der Unternehmung die Ingerenz der politischen Behörden keineswegs ausgeschlossen, und wurden denn auch mit Handelsmin.-Erlass vom 31 Jänner 1859 Z. 1646—33 (Pollanetz-Witteck a. a. O. S. 56, Michel a. a. O. S. 94) die politischen Behörden angewiesen, strenge darüber zu wachen, dass die Eisenbahnunternehmungen sich vor Rechtskraft des Expropriationserkenntnisses und Erlag des Schätzungsbetrages keine Eingriffe in die zu expropriirenden Grundstücke erlauben. Eine Ausnahme von der im Texte aufgestellten Regel besteht in Tirol und Vorarlberg; dort darf durch die Entschädigungsverhandlung überhaupt die Abtretung nicht gehemmt werden (Min. Vdg. vom 27. April 1859, Nr. 71 R. G. B., Abs. 4).

Benützung des Gegenstandes der Expropriation weder durch Anfechtung der Schätzung im Instanzenzuge von Seite des Expropriaten noch durch Betretung des Processweges aufgehalten
werden. (§. 1 des Ges. v. 29. März 1872, Nr. 39 R. G. B.)[12])
Doch hat sich der Expropriant noch durch 8 Tage nach dem
Tage der an den Gegner erfolgten Zustellung des Bescheides,
wodurch die vollzogene Schätzung zu Gericht angenommen
wurde, jeder Aenderung an dem Gegenstande der Expropriation
zu enthalten, und wird während dieser Frist die Aufnahme eines
Beweises zum ewigen Gedächtnisse über den Zustand des expropriirten Objectes angesucht und bewilligt, so ist an den Exproprianten ein Verbot dahin zu erlassen, dass er noch bis zur
Beendigung der Beweisaufnahme jede Aenderung des Zustandes,
welcher durch Letztere dargethan werden soll, zu unterlassen habe.[13])

Weder ein gegen die Bewilligung der Beweisaufnahme,
noch ein gegen das Verbot von Aenderungen ergriffener Recurs
hat aufschiebende Wirkung. (§. 3 ebd.)[14])

_____

[12]) Das Gesetz enthält zwar die Worte „von Seite des Expropriaten“
  nicht: es folgt jedoch aus der Natur der Sache, dass die Unternehmung den Erlag nur auf Grundlage einer Schätzung vornehmen
  kann, die sie nicht selbst im Recurswege anficht. Anders wäre
  es freilich mit dem Vorbehalte des Rechtsweges, wenn dieser nicht,
  wie wir sehen werden, auf Seiten der Unternehmung aus anderen
  Gründen ausgeschlossen wäre.
[13]) Das preussische Expropriationsgesetz, welches die Regel aufstellt,
  dass die Besitznahme erst dann stattfinden dürfe, wenn die Entschädigung im Rechtswege festgestellt ist, jedoch in dringlichen
  Fällen ausnahmsweise die Vollziehung der Enteignung schon nach
  Zahlung oder Hinterlegung der im administrativen Wege ermittelten Entschädigung gestattet (§. 34), enthält für den letztern Fall in
  §. 35 ähnliche Bestimmungen. Jeder Betheiligte kann hiernach
  binnen 7 Tagen nach dem ihm bekannt gemachten, die Dringlich-
  keit aussprechenden Beschlusse verlangen, dass der Enteignung
  eine Feststellung des Zustandes von Gebäuden oder künstlichen
  Anlagen vorangehe. Vor Beendigung des betreffenden gerichtlichen Verfahrens darf die Besitzeinweisung nicht stattfinden.
[14]) Mit Min.-Erlass vom 28. Juli 1872 Z. 1771 (M a y e r h o f e r a. a.
  O. S. 1379) wurden die politischen Behörden angewiesen, die Parteien über den Inhalt des Gesetzes vom 29. März 1872, insbeson-

c. Das Entschädigungsverfahren anlässlich des eigentlichen Eisenbahnbaues.

Das Entschädigungsverfahren ist wesentlich verschieden, je nachdem es sich um Grundeinlösungen zu Staatseisenbahnbauten, oder um solche Einlösungen handelt, die von privaten Concessionären vorgenommen werden.

1. Bei Staatseisenbahnbauten ist gleich wie bei den Grundeinlösungen zum Baue öffentlicher Strassen mit der Abtretungsverhandlung selbst eine administrative Schätzung zu verbinden, über deren Vornahme die bereits oft erwähnte Instruction vom 8. November 1842 eingehende Bestimmungen enthält. [15]) Diese Schätzung hat sich, da sich nicht immer genau vorausbestimmen lässt, wie viel Grund zum Baue benöthigt werden wird, auf die Einheiten der Grundmasse zu beziehen (§. 13), und sind die auf dem eingelösten Grunde für dritte Personen haftenden dinglichen Rechte (selbstverständlich insoweit sie sich hiezu eignen) besonders zu veranschlagen. (§. 14.) Hiebei sind die Schätzleute ihres aufhabenden Eides ausdrücklich zu erinnern (§. 12). Nach Beendigung der Schätzung ist mit dem Interessenten in Betreff der Grundüberlassung ein gütliches Uebereinkommen zu versuchen und ihre Aeusserungen zu Protokoll zu nehmen. (§. 16.) [16]) — Kömmt eine Einigung

---

dere aber die Bestimmungen des §. 3, welche sich auf die Beweisaufnahme zum ewigen Gedächtnisse beziehen und über die daselbst enthaltene Fristbestimmung entsprechend zu belehren.

[15]) Letztere wurden in Böhmen kundgemacht mit Gub. Präs. Decret vom 15. September 1842 Z. 6200 Prov. Ges. Slg. Nr. 274, S. 567, und erfloss daselbst hiezu später auch das erläuternde Hofkammer-Präs.-Decret vom 11. Juni 1844 Z. 593 (kundgem. in Böhmen mit Gub.-Det. vom 11. Juni 1844 Z. 33531 Prov. Ges. S. Nr. 166, S. 360. Michel Handb. S. 419 und 422). Dem letzteren Decrete sind „weitere Bestimmungen über den Geschäftsgang bei den Grundeinlösungen" angehängt, die eine erläuternde Paraphrase der Instruction vom 8. November 1842 enthalten.

[16]) In Tirol und Vorarlberg hat behufs Einvernahme sämmtlicher Interessenten die Realinstanz die in Folge des Edictalverfahrens eingelaufenen Anmeldungen in ein eigenes Verzeichniss zu bringen,

nicht zu Stande, so ist den Betheiligten zu eröffnen, dass bei dem gemachten Anbote beharrt werde, und es ihnen überlassen bleibe, ihre Mehrforderung im Rechtswege auszutragen. [17])

Der im administrativen Wege ermittelte Entschädigungsbetrag ist den Interessenten in jenem Zeitpunkte, der zur Abnahme des Grundstückes bestimmt ist, zu bezahlen, oder wenn die Bezahlung wegen Uneinigkeit der Betheiligten über die Art der Vertheilung der Entschädigung oder aus anderen wichtigen Gründen nicht erfolgen kann, bei der Realinstanz in gerichtliche Verwahrung zu erlegen. (§. 18 der Instr., §. 10 der Min. Vdg. vom 8. December 1855.)

2. Bei Privateisenbahnbauten findet eine Schätzung des zu expropriirenden Objectes durch die Verwaltungsbehörde nicht statt, sondern es hat die Gesellschaft bei Abgang eines gütlichen Uebereinkommens bei der Realinstanz die gerichtliche Schätzung des benöthigten Objectes anzusuchen. Dieses Ansuchen kann jedoch erst dann gestellt werden, wenn das Expropriations-Erkenntniss in Rechtskraft erwachsen ist, oder wenn bei der Ablösungsverhandlung die Interessenten gegen die Nothwendigkeit der Abtretung keine Einwendung erhoben haben [18]), und dieser Umstand von dem zu dieser Verhandlung abgeord-

---

und selbes nach Ablauf der Edictalfrist der Grundeinlösungscommission zur Amtshandlung mitzutheilen (§. 8 der Minist.-Vdg vom 8. December 1855 Nr. 213 R. G. B.).

[17]) §. 17 der Instr. und §. 9 der Min.-Vdg. vom 8. December 1855 enthalten überdies die Bestimmung, dass erforderlichen Falles sofort die Vornahme der gerichtlichen Schätzung zu veranlassen sei. Diese Schätzung würde jedoch der Natur der Sache nach den Rechtsweg nicht ausschliessen, sondern könnte höchstens den Charakter eines Kunstbefundes zum ewigen Gedächtnisse (§. 188 Jos. Ger.-Odg.) an sich tragen. Die Richtigkeit dieser Ansicht geht auch aus §. 21 der dem Hofkammerpräs.-Decret vom 2. Juni 1844 Z. 593 angehängten Geschäftsinstruction hervor, wonach der erwähnte gerichtliche Augenschein dann zu veranlassen ist, „wenn aus was immer für einem Grunde besorgt werden muss, dass ohne die vorausgehende Beaugenscheinigung oder Wertherhebung die allenfällige Vertheidigung in Rechtswegen erschwert, oder gar verhindert werden könnte."

[18]) Vgl. oben not. 10.

neten Commissär der Verwaltungsbehörde bestätigt wird. (§. 9
lit. c. des Conc. Ges., §. 4 des Ges. v. 29. März 1872).

Gegen die gerichtliche Bewilligung der Schätzung, sowie
gegen alle zum Zwecke derselben ergangenen gerichtlichen Verfügungen findet ein abgesonderter Recurs nicht statt; Beschwerden
dagegen können in dem Recurse gegen den Bescheid, wodurch
die vollzogene Schätzung zu Gericht angenommen wird, geltend
gemacht werden, und ist dieser Bescheid beiden Theilen von
Amtswegen zuzustellen. (§. 2 des Gesetzes vom 29. März
1872.) [19])

Die gerichtliche Schätzung hat sich nicht auf die Ermittlung
des gemeinen Werthes des unmittelbar in Anspruch
genommenen Objectes zu beschränken, sondern selbe soll im
Sinne der oben (§. 15) dargelegten Grundsätze überhaupt alle
Nachtheile erheben, die dem Expropriaten durch die ihm
angesonnene Abtretung entstehen. Nur diejenigen Nachtheile,
die mit der Abtretung eines bestimmten Objectes nicht
zusammenhängen, sondern nur eine Folge des Eisenbahnbaues überhaupt sind, welche daher nicht speciell den
Expropriaten, sondern überhaupt die Anrainer treffen,
ohne Rücksicht darauf, ob selbe von der Expropriation betroffen
werden, oder nicht, sind kein Gegenstand der hier in Rede
stehenden gerichtlichen Schätzung.

Die Praxis jedoch, welche ganz allgemein die Erhebung
der für die sog. „Wirthschaftserschwernisse" zu leistenden Ver-

[19]) In einem speciellen Falle, wo die erste Instanz den vollzogenen
Schätzungsact zu Gericht angenommen, hingegen das Oberlandes-
gericht über Recurs des Expropriaten diesen Bescheid behoben
und eine Ergänzung der Schätzung angeordnet hat, entschied der
oberste Gerichtshof mit dem sub Nr. 45 in das Spruchrepertorium
eingetragenen Erkenntnisse v. 27. März 1873, dass durch den §. 2
des Ges. v. 29. März 1872 der Revisionsrecurs nicht ausgeschlossen
ist, wenn in Vollstreckung eines Expropriationserkenntnisses in Eisen-
bahnangelegenheiten die von der ersten Instanz vorgenommene
Schätzung von derselben zu Gericht angenommen wurde, diese
Annahme jedoch vom Oberlandesgerichte behoben wird.

16

gütung aus dem Expropriationsverfahren ausscheiden will, kann als im Gesetze begründet nicht angesehen werden. [20])

---

[20]) Nach dem Wortlaute des Abs. 6 der M. Vdg. vom 5. September 1874 Nr. 119 R. G. B. kann dermal kein Zweifel entstehen, dass die im §. 9 des Conc. Ges. erwähnte Werthsermittlung einen Bestandtheil des Expropriationsverfahrens bildet, während von der Vergütung der im §. 10 lit. b des Conc. Ges. erwähnten Nachtheile die Inbesitznahme des in Anspruch genommenen Objectes durch den Exproprianten keineswegs abhängig zu machen ist. Streitig ist nur, welche Nachtheile unter den §. 9 und welche unter den §. 10 lit. b des Conc. Ges. fallen, und in dieser Richtung scheint uns einzig die im Texte aufgestellte Unterscheidung den Intentionen des Gesetzgebers und dem Wortlaute des Abs. 5 des Ges. v. 5. September 1874 zu entsprechen. Dagegen hat der oberste Gerichtshof mit Entscheidung vom 1. April 1873 Z. 2596 (Gerichtshalle 1874 Nr. 34) einen Schätzungsact, in welchem auch die durch die gezwungene Abtrennung eines Theiles einer Wirthschaft eingetretene Entwerthung der Restgrundstücke berücksichtigt war, zu Gericht nicht angenommen: „weil nach §. 9 der M. Vdg. vom 14. Sept. 1854 Nr. 238 R. G. B. nur der Werth der abzutretenden Grundstücke durch gerichtliche Schätzung zu bestimmen war, während die im §. 10 lit. b jener Verordnung erwähnten Schadenersatzansprüche anderweitig geltend gemacht werden müssen." Dieser Entscheidung kann aus dem Grunde nicht beigepflichtet werden, weil die Entwerthung der Restgrundstücke nicht eine Folge des Eisenbahnbaues überhaupt, sondern eine specielle Folge der theilweisen Enteignung ist, daher keineswegs unter den Gesichtspunkt des §. 10 lit. b des Conc. Ges. fällt. Aehnlich verhält es sich mit dem in Nr. 46 der österr. Zeitsch. für Verw. vom J. 1872 mitgetheilten Rechtsfalle. Einem Bleichebesitzer war eine Fläche von etwa 600 $\square^0$ expropriirt worden, in Folge dessen eine Fläche von weiteren etwa 2000 $\square^0$ als Bleiche unbrauchbar wurde. Das Ministerium des Innern gestattete mit Erlass vom 29. Juni 1872 Z. 8160 und 8399 die Besitznahme nach Erlag der für die unmittelbar in Anspruch genommenen 600 $\square^0$ allein ermittelten Entschädigung und wies den Exproprianten an, seinen Anspruch auf Entschädigung wegen Entwerthung der restlichen 2000 $\square^0$ abgesondert im Rechtswege auszutragen. — Im Geiste solcher Entscheidungen wäre das Princip unhaltbar, dass der Expropriat nur gegen vorgängige Leistung oder Deposition einer vollständigen Entschädigung seines Eigenthumes verlustig werden soll, während doch schon die Instruction vom 8. November 1842 den politischen Behörden im Expropriationsverfahren nicht nur die

Der §. 9 des Concessionsgesetzes besagt überdies, dass unter Umständen selbst gegen das Ergebniss der gerichtlichen Schätzung der Rechtsweg nicht ausgeschlossen ist. Und zwar soll dieser Rechtsweg dem Expropriaten, welcher auf eine höhere Entschädigung Anspruch zu haben glaubt, dann zustehen, wenn bei der Schätzung nicht alle Vorschriften über den gerichtlichen Kunstbefund beobachtet wurden.[21] Nachdem es sich hier um eine contra rationem legis erlassene Vorschrift handelt,[22] welche eine analoge Anwendung nicht zulässt, so ist zu behaupten, dass dem Enteigner ein Rechtsmittel der gedachten Art nicht zusteht.[23] Einen praktischen

Ermittlung des gemeinen Werthes des abzutretenden Objectes selbst, sondern die Abschätzung aller dem Expropriaten durch die Abtretung entstehenden Nachtheile zur Pflicht macht! Warum sollte aber gerade für die bei Privateisenbahnen ausnahmsweise vorgeschriebene gerichtliche Schätzung ein anderes Princip massgebend sein? Wenn z. B. der Expropriat eine besondere Entschädigung desshalb beansprucht, weil er eine auf dem Restgrundstücke stehende Scheuer gegen die ihr vom Betriebe der Eisenbahn drohende Feuersgefahr schützen müsse, so mag er mit diesen Ansprüchen auf den abgesonderten Rechtsweg verwiesen werden, weil dieser behauptete Nachtheil mit der stattgefundenen Enteignung nicht zusammenhängt; anders verhält es sich jedoch mit jenem Schaden, der dem übrigen Besitzthume des Expropriaten durch die Enteignung selbst entsteht, nach §. 305 a. b. G. B. einen Bestandtheil des (ausserordentlichen) Werthes der enteigneten Sache bildet, und daher nach Vorschrift des §. 9 des Conc. Ges. im Expropriationsverfahren selbst vergütet werden muss.

[21] Dieselbe Bestimmung enthielt bereits §. 8 des älteren Concessionsgesetzes vom 30. Juni 1838, Pol. Ges. Slg. GG. Bd. S. 247.

[22] Die gerichtliche Schätzung anlässlich der Enteignung zum Behufe des Baues von Privateisenbahnen ist nämlich ein Act der freiwilligen Gerichtsbarkeit, auf welchen §. 16 des kais. Patentes v. 9. August 1854 Nr. 208 R. G. B. Anwendung findet. Die erwähnte Gesetzesstelle schliesst aber den Rechtsweg gegen die in Angelegenheiten der Gerichtsbarkeit ausser Streitsachen getroffenen Verfügungen des Richters im Allgemeinen aus, und gestattet die Ergreifung des Rechtsweges abgesehen von einem ausdrücklichen Vorbehalte nur dort, wo die Rechte dritter, bei der Verhandlung nicht betheiligter Personen eintreten, oder das Gesetz der Partei ausdrücklich ein eigenes Klagerecht gewährt.

[23] In diesem Sinne entschied auch der oberste Gerichtshof den

16*

Werth hat dieser Vorbehalt des Rechtsweges ohnedies nicht, da formale Gebrechen des Verfahrens auch im Recurswege behoben werden können, und eine Ueberprüfung des materiellen Inhaltes der Aussagen der Sachverständigen weder im Recursnoch im abgesonderten Processwege statthaft ist (§. 200 allg. Ger. Odg.). [24]

Da dem Gesagten zufolge dem Exproprianten in diesem Falle die Ergreifung des Rechtsweges unmöglich ist, und der Vorbehalt des Rechtsweges von Seite des Expropriaten, wie oben gezeigt (§. 18 not. 22), die Deposition der Entschädigungssumme schon nach allgemeinen Grundsätzen zu rechtfertigen nicht geeignet ist, so muss der gerichtliche Erlag der Entschädigungssumme, um die Besitzeinweisung des Eisenbahnunternehmers begründet erscheinen zu lassen, allerdings u n b e d i n g t d. h. derart erfolgen, dass nach Behebung der der Empfangnahme von Seite des Expropriaten entgegenstehenden Hindernisse die Erfolglassung des erlegten Betrages an denselben ohne weitere Anstände erfolgen kann (Abs. 5 der M. Vdg. vom 5. September 1874).

d. Das Verfahren anlässlich der Entschädigung der Anrainer.

Die den Eisenbahnunternehmungen im §. 10 lit. b. des Concessionsgesetzes auferlegte Verbindlichkeit, allen Schaden am öffentlichen oder Privatgute zu ersetzen, welcher durch den fraglichen Eisenbahnbau veranlasst worden ist, hängt mit der Enteignung nur insoferne zusammen, als das den Eisenbahnen zugestandene Recht, auf die Expropriation anzutragen, wohl der legislative Grund der erwähnten Verfügung gewesen sein mag. Es folgt daher aus der Natur der Sache und ist auch im Abs. 6 der M. Vdg. vom 5. September 1874 ausdrücklich ausgesprochen,

---

21. December 1871 Z. 11361. (Unger-Glaser Nr. 4374) unter ausdrücklicher Berufung auf den §. 18 des kais. Patentes vom 9. August 1854.

[24]) Vgl. die Entscheidungen des k. k. obersten Gerichtshofes vom 24. November 1869 und 28. December 1869 (Unger-Glaser Nr. 3581 und 3612).

dass die im Grunde des §. 10 lit. b. des Conc. Ges. vorgeschriebene Entschädigung der Anrainer keinen Gegenstand des eigentlichen Expropriationsverfahrens bildet.

Es ist in dieser Richtung insbesondere gleichgiltig, ob den Anrainern durch den Eisenbahnbau ein directer Schade zugefügt, oder ob selbe lediglich indirect dadurch benachtheiligt werden, dass eine Benützung ihres Eigenthumes in der bisherigen Weise fernerhin aus polizeilichen Gründen unstatthaft ist. Die Durchführung eines förmlichen Abtretungsverfahrens und die Fällung eines Expropriationserkenntnisses ist in dem letzteren Falle ganz überflüssig, da es sich hier nicht um eine Enteignung im Sinne des §. 365 a. b. G. B., sondern lediglich um allgemeine Beschränkungen im Sinne des §. 364 a. b. G. B. handelt, welche sich unter anderen Verhältnissen der Eigenthümer ohne alle Vergütung gefallen lassen müsste, welche jedoch hier ausnahmsweise eine Entschädigungsforderung gegen die Eisenbahnunternehmung begründen. [25])

---

[26]) Eine andere Ansicht wird hingegen in der Entscheidung des Handelsministeriums vom 23. Januar 1874 Z. 37676 (Zeitschr. f. Verw. 1875 Nr. 3) und in dem vom k. k. Ministerium des Innern im Einverständnisse mit den Ministerien des Ackerbaues und des Handels herausgegebenen Circular-Erlasse vom 30. December 1874 Z. 14005 (öst. Zeitschr. f. Verw. 1875 Nr. 4, S. 16) ausgesprochen. Es wird daselbst erklärt, dass die anlässlich des Baues von Eisenbahnen allenfalls sich als nothwendig herausstellende Bannlegung der benachbarten Privatwaldungen als eine theilweise Expropriation anzusehen sei, und wird das Verfahren derart geregelt, dass nach Rechtskraft des Bannlegungserkenntnisses und fruchtlosem Vergleichsversuche von der politischen Behörde ein Expropriationserkenntniss des Inhaltes zu fällen sei, dass sich der Waldbesitzer die auferlegte Beschränkung des Wirthschaftsbetriebes seines Waldes gegen die im Wege einer gerichtlichen Schätzung festzusetzende Entschädigung gefallen lassen müsse, worauf dann die gerichtliche Schätzung im Sinne des §. 9 des Conc. Ges. veranlasst werden solle. Allein wenn schon von der zur Handhabung des Forstgesetzes berufenen Behörde ein Bannlegungserkenntniss gefällt wird, so ist die Nothwendigkeit eines Expropriationserkenntnisses wohl nicht abzusehen. Einem solchen Erkenntnisse geht auch jede Grundlage ab, da die Bannlegung schon rechtskräftig ausgesprochen und überdies von dem Antrage des Exproprianten ganz unabhängig ist.

Es bleibt vielmehr bei Privateisenbahnbauten lediglich den Anrainern überlassen ihre Ansprüche gegen die Unternehmung im Rechtswege auszutragen, ohne dass hierwegen der Fortgang der Unternehmung im Mindesten beeinflusst werden könnte. Die Competenz der Gerichte zur Entscheidung der diesfälligen Ersatzansprüche wurde auf Grund der a. h. Entschliessung vom 26. Juni 1864 mit Handelsmin. Erl. vom 28. Juli 1864 Z. 9400—868 ausdrücklich anerkannt. [26])

Dagegen ist bei Staatseisenbahnbauten die vorläufige Intervention der politischen Behörden in Betreff der Ausmittlung eines angemessenen Entschädigungsbetrages keineswegs ausgeschlossen. Der betreffende Schade ist vielmehr, wenn die Partei sich mit der ihr von der Generaldirection der Eisenbahnen angebotenen Vergütung nicht zufrieden stellt, von der untersten politischen Behörde nach Analogie der bestehenden Expropriationsvorschriften, selbstverständlich unter Vorbehalt des Rechtsweges festzusetzen. [27]) Die Befolgung der im öffent-

---

[26]) Pollanetz-Witteck a. a. O. S. 36. Im gleichen Sinne erfloss auch die in das Judicatenbuch sub Nr. 49 eingetragene Entscheidung des obersten Gerichtshofes vom 28. December 1862, Z. 6190, dann die weiteren Entscheidungen vom 20. Juli 1864 Z. 5237 (Unger-Glasser Nr. 1948) und vom 14. Febr. 1871 Z. 1273 (Unger-Glaser Nr. 4049), schliesslich die Entscheidung des Handelsministeriums vom 9. Dec. 1865 Z. 16279 (Zeitschr. f. Verw. 1868 Nr. 10), mit welcher die Entscheidung der Landesstelle behoben wurde, laut deren Inhalt eine Eisenbahnunternehmung schuldig erkannt worden war, einem angrenzenden Waldbesitzer für die erschwerte Holzbringung eine im Wege gerichtlicher Schätzung zu ermittelnde Entschädigung bei Vermeidung politischer Execution zu bezahlen. Mit Unrecht eifert Exterde (Dr. Ernst Baron: „Gehören die im §. 10 lit. b. der M. Vdg. vom 14 October 1854 Nr. 238 R. G. B. genannten Schadenersatzansprüche vor das gerichtliche oder administrative Forum?" in der öst. Zeitschr. f. Verw. 1872 Nr. 45) gegen diese Entscheidungen; das von ihm vornehmlich angerufene Hofkanzleidecret vom 29. August 1844 Z. 23449 hat lediglich Staats- und keineswegs Privateisenbahnen vor Augen.

[27]) Rücksichtlich der zur feuersicheren Herstellung der in der Nähe der zu erbauenden Eisenbahn gelegenen Objecte erforderlichen Kosten wird dies durch den Hofkammer-Präsidial-Erlass von 18. Jan. 1844 Z. 46 E. (Pollanetz-Witteck a. a. O. S. 77),

lichen Interesse erlassenen Anordnungen der politischen Behörden ist jedoch von der Ermittlung und Auszahlung der allenfalls angesprochenen Entschädigung ganz unabhängig, vielmehr ist den betreffenden Anordnungen der politischen Behörden unweigerlich Folge zu leisten.[28])

§. 24.
Die Kosten des Expropriations-Verfahrens.

Von den Theoretikern wird meist die Anschauung vertheidigt, dass die Kosten des Abtretungsverfahrens unter allen Umständen dem Enteigner zur Last fallen, und dass die Kostenfrage im Entschädigungsverfahren nach allgemeinen processualen Grundsätzen zu beantworten sei [1]), oder dass diesfalls das Verhältniss zwischen dem von dem Exproprianten gemachten Anbote und dem endgiltig ermittelten Entschädigungsbetrage massgebend sein solle.[2])

dann §. 17 lit c. der dem Hofkammerpräs.-Decr. vom 2. Juni 1844 Z. 593 allegirten Geschäftsordnung und in Betreff des durch die an Bergabhängen und in Gebirgsgegenden anzuwendenden Vorsichten den Nutzungsberechtigten zugefügten Nachtheiles im Hofkanzlei-Decr. vom 29. August 1844 Z. 23449 ausdrücklich ausgesprochen.

[28]) §. 3 des Hofd. v. 29. August 1844.

[1]) Häberlin a. a. O. S. 217. Koch a. a. O. S. 123. Beschorner a. a. O. §. 73 S. 107. In diesem Sinne bestimmen auch die §§. 30 und 43 des preuss. Expr.-Ges., dass die Kosten des administrativen Verfahrens, sowohl des über die Enteignung als über die Entschädigung der Unternehmer zu tragen hat, und dass ihm, wenn er in Ansehung der Entschädigung selbst auf richterliche Entscheidung angetragen hat, jedenfalls die Kosten der ersten Instanz zur Last fallen. Vgl. auch Dalcke a. a. O. S. 111 und 127, Meyer in Behrends Zeitschr. VIII. Bd. S. 602. Nach dem preuss. Berggesetze (§. 147) hat die Kosten des Expropriationsverfahrens für die erste Instanz der Bergwerksunternehmer, für die Recursinstanz der unterliegende Theil zu tragen.

[2]) Meyer a. a. O. S. 330, Grünhut a. a. O. S. 259. Das französische Gesetz lässt die Kosten den Enteigner tragen, wenn die Jury eine dem Begehren des Exproprianten gleichkommende Entschädigung ausgemessen hat, wogegen im Falle die Entschädigung

Nach österreichischem Rechte hat über die Kosten des Abtretungsverfahrens, sowie der zum Behufe der provisorischen Ermittlung der Entschädigung von der Verwaltungsbehörde durchgeführten Verhandlung die politische Behörde nach freiem Ermessen zu erkennen; als Regel hat zu gelten, dass die Kosten für commissionelle Erhebungen von jener Partei zu tragen sind, welche die Einleitung des Verfahrens angesucht hat, dass jedoch die durch muthwillige Einwendungen verursachten besonderen Kosten dem Excipienten zur Last fallen. (§. 234 des Berg-Ges., §§. 99 des böhm., 98 des mähr., 94 des niederösterr. Wassergesetzes.[3])

Insoweit das Verfahren vor den Gerichten durchgeführt wird, und speciell rücksichtlich der durch die Betretung des Rechtsweges verursachten Kosten kommen die allgemeinen processualen Grundsätze zur Anwendung.[4])

Schliesslich haben viele Staaten anlässlich der Expropriationsverhandlungen ausgedehnte Erleichterungen rücksichtlich der Bemessung und Entrichtung der sonst anlässlich der Vermögensübertragungen und der hierauf bezüglichen Urkunden-

---

das Anbot des Exproprianten nicht erreicht, die Kosten dem Enteigneten zur Last fallen. Fällt die Entscheidung zwischen die beiderseitigen Anbote, so sind die Kosten nach Verhältniss zu theilen (Art. 40). Das italienische Gesetz v. Jahre 1865 legt im art. 37 die Kosten der Durchführung des Kunstbefundes (spese giudiziarie perla nomina dei periti e quelle di perizia) in der Regel dem Enteigner zur Last, dem Expropriaten nur dann, wenn die ermittelte Entschädigung kleiner ist als das vom Exproprianten gemachte Anbot. Beträgt die Differenz beider nicht mehr als ein Zehntel, so hat jeder Theil die Hälfte der Kosten zu tragen.

[3]) §. 28 der M. Vdg. v. 3. Juli 1854 Nr. 169 R. G. B. bezieht sich bloss auf die vorschussweise Berichtigung der Commissionskosten und behält dem Zahler ausdrücklich das Regressrecht an die Gegenpartei oder einen Dritten vor.

[4]) Nach §. 398 der allg. G. O. ist in der Regel und dermal nach §. 24 des Gesetzes vom 6. Mai 1874 Nr. 69 R. G B. ausnahmslos dem Sachfälligen der Ersatz der Processkosten aufzuerlegen. Die Kosten sind nach §. 403 der G. O. jederzeit vom Richter zu mässigen.

Abfassungen und Amtshandlungen zu leistenden Gebühren
eintreten lassen.⁵) In Oesterreich sind alle jene Urkunden, welche über
die Abschätzung oder Abtretung von Immobilien, deren sich die
Eigenthümer im öffentlichen Interesse entäussern müssen, errichtet
werden, bedingt gebührenfrei, so lange von diesen Urkunden
kein anderer Gebrauch, als für die Durchführung der Entäusserung zu öffentlichen Zwecken gemacht wird. Diese Befreiung
kommt nicht nur den die Abtretung des Besitzthumes und die
Auszahlung der Entschädigung betreffenden, sondern auch jenen
Urkunden zu statten, welche die Ausfolgung der etwa hinter-
legten Entschädigung an den Eigenthümer zu ermöglichen bezwecken, speciell daher auch den Erklärungen, laut deren Inhalt
sich die Tabulargläubiger oder sonstigen Interessenten mit der
Auszahlung der Entschädigung an den Eigenthümer einverstanden
erklären. (T. P. 102 lit f. des Gebührenges. v. 9. Febr. 1850.)⁶)

---

⁵) Thiel befürwortet (a. a. O. S. 165, 166) derartige Erleichterungen
und Nachsichten nur rücksichtlich solcher Unternehmungen, welche
keinerlei Gewinn für Privatpersonen abwerfen sollen. Vgl. auch
Rössler a. a. O. §. 200 S. 476, dann §. 73 des ungar. allg. Expr.
Gesetzes vom 9. December 1868, welcher eine theilweise Gebühren-
befreiung dann eintreten lässt, wenn die Expropriation zum
Zwecke eines Unternehmens geschieht, welches sogleich oder im
Laufe der Zeit Eigenthum des Staates wird. Nach dem preuss.
Gesetze (§. 43) kommen im administrativen Verfahren nur Auslagen, nicht Stempel und Sporteln zur Anwendung und es sind
sämmtliche Verhandlungen vor den Gerichten, Grundbuch- und
Auseinandersetzungsbehörden mit Ausnahme der Processverhand-
lungen gebühren- und stempelfrei.
⁶) Vgl. auch Michel a. a. O. S. 94. Nähere Vorschriften über das
diesfalls zu beobachtende Verfahren enthält die Finanz-Min.-Vdg.
v. 8. October 1854 Nr. 268 R. G. B.

Nachtrag. *)

Zu §. 9, not. 9. — Dagegen gestattet §. 3 des Gesetzes vom 27. Mai
1876 Nr. 115 (in dem am 23. Sept. 1876 versendeten XXXII Stücke
des Reichsgesetzblattes), betreffend die Auftheilung der cultur-
fähigen Gründe in Dalmatien, die zwangsweise Einbeziehung solcher
im Privatbesitze befindlicher Grundstücke von geringerer Ausdehnung in die Vertheilungsmasse, welche nach dem Auftheilungs-
plane derart zwischen den der Waldcultur zu widmenden Gründen
zu liegen kommen, dass ihre Belassung im fremden Besitze der
Bewirthschaftung und Sicherheit der angrenzenden Waldgründe
unzweifelhaft nachtheilig wäre. Die Besitzer dieser Grundstücke
müssen durch unentgeltliche Ueberlassung eines anderen mindestens
gleichwertbigen Grundstückes der Vertheilungsmasse, welches ihren
wirthschaftlichen Bedürfnissen thunlichst entspricht, vollständig entschädigt werden. Insofern sich diese Besitzer durch den Grund-
tausch benachtheiligt erachten, können sie die Ergänzung des
Werthes ihrer Grundstücke in Geld oder auch die gänzliche Entschädigung in Geld anstatt der ihnen angebotenen Gründe von der
Gemeinde fordern. Ueber die Art und Grösse der Entschädigung
entscheiden die politischen Behörden mit Vorbehalt des ordentlichen Rechtsweges.

Der im Monate September 1876 publicirte Referenten-Ent-
wurf eines Reichsgesetzes, betreffend die Zusammenlegung der
Grundstücke, die Theilung gemeinschaftlicher Grundstücke und
die Regulirung gemeinschaftlicher Nutzungsrechte, nimmt in Betreff
der Frage, ob die Einleitung der Commassation nur dann stattfinden solle, wenn dieselbe von den betheiligten Grundbesitzern
einstimmig verlangt wird, oder ob das Gesetz die Einleitung
der Commassation auch dann zugestehen solle, wenn dieselbe bloss
von einer Mehrheit der Betheiligten provocirt wird, keine feste
Stellung. Die in erster Linie beantragte Fassung des §. 8 will in
Verbindung mit §. 9 der Landesgesetzgebung allgemein die Bestimmung vorbehalten, welche Mehrheit des betheiligten Grund-
besitzthumes dazu erforderlich sei, um die Minderheit zu ver-
pflichten, mit ihren Grundstücken der Commassation beizutreten.
Nach der in zweiter Linie beantragten Fassung des §. 8 würde

---

*) Veranlasst durch während der Drucklegung dieses Werkes
erfolgte Publicationen.

jedoch eine Majorisirung nur dann stattfinden können, wenn es sich gleichzeitig um die Entwässerung oder Bewässerung des betreffenden Grundcomplexes handelt, die Ausführung dieser Melioration im Zusammenhange mit der Commassation gesichert erscheint, die Unterlassung der Commassation aber jene Melioration verhindern oder wesentlich erschweren würde. Ausserdem wird in dem Rundschreiben des Ackerbauministeriums, mit welchem dieser Entwurf zur Begutachtung mitgetheilt wurde, die Frage aufgeworfen, welche Erfolge von einem Commassationsgesetze dann zu erwarten wären, wenn die Zusammlegung nur auf Grund eines einhelligen Beschlusses der Betheiligten, jedoch unter Aufrechthaltung der im Gesetzentwurfe sonst eingeräumten Erleichterungen und Begünstigungen stattfinden könnte.

Berichtigung. In derselben Anmerkung (S. 100 d. W.) wolle Zeile 7 von unten statt „§. 9 des Gesetzes vom 6. Febr. 1868" gef. „§. 9 des Gesetzes vom 6. Febr. 1869" gelesen werden.